高等学校教材

航天法概论

主　编　胡建发　高国柱
副主编　张超汉　夏春利　聂明岩　孔得建

西北工业大学出版社

西　安

【内容简介】 本书旨在介绍人类航天活动及其相关的规则。全书共14章；第1章梳理航天法的现状与发展脉络；第2章论述航天法的概念和特征，分析总结航天法的渊源及其表现；第3章搭起现行航天法的基本内容框架；第4～13章阐述航天发射、载人航天、卫星通信、卫星导航、卫星遥感、外空资源开发、外空责任、航天贸易、知识产权保护以及外空非军事化等现行航天法具体规则方面的内容；第14章专门介绍我国航天立法的基本情况。

本书既可以用作法学专业本、专科生的必修课或选修课教材，也可以用作非法学专业本、专科生的基础课和通识课教材，还可以供航天法的研究者和相关人员阅读参考。

图书在版编目(CIP)数据

航天法概论/胡建发，高国柱主编. —西安：西北工业大学出版社，2021.8
　ISBN 978-7-5612-7835-2

Ⅰ.①航… Ⅱ.①胡… ②高… Ⅲ.①航空法-研究-中国 Ⅳ.①D922.296.4

中国版本图书馆CIP数据核字(2021)第169980号

HANGTIANFA GAILUN
航 天 法 概 论

责任编辑：曹　江	策划编辑：杨　军
责任校对：朱晓娟	装帧设计：李　飞

出版发行：西北工业大学出版社
通信地址：西安市友谊西路127号　　邮编：710072
电　　话：(029)88491757，88493844
网　　址：www.nwpup.com
印 刷 者：兴平市博闻印务有限公司
开　　本：787 mm×1 092 mm　　1/16
印　　张：17.5
字　　数：462千字
版　　次：2021年8月第1版　　2021年8月第1次印刷
定　　价：56.00元

如有印装问题请与出版社联系调换

前　言

航天法是伴随航天技术应用而兴起的一个新兴法律门类。近年来，人类对外空的探索和利用不断深入，尤其是外空商业化和私人外空活动的快速发展，使得航天法的重要性日益显现。因此，本书就是为推进我国高校航天法教育教学实践的发展和普及航天法律知识而编写的。

本书由西北工业大学和北京航空航天大学的航空航天法专家牵头主编，参加编写的还有北京理工大学、南京航空航天大学、中国政法大学、西北政法大学、深圳大学、暨南大学以及国际空间大学等国内外高校理论界的学者。此外，我们还邀请了中国长城工业集团有限公司的法律专家参加了编写工作。故本书也是一本在国内率先由航天法理论界与实务界联合编写的航天法教科书。

本书具有下述特点：

1)体例新颖。本书共14章，分为上、下两篇，其中：上篇为总论，内容涉及第1章"绪论"、第2章"航天法的基础"以及第3章"航天法的基本规则概述"；下篇为分则，内容涉及第4章"航天发射规则"、第5章"载人航天规则"、第6章"卫星通信规则"、第7章"卫星导航规则"、第8章"卫星遥感规则"、第9章"外空资源开发规则"、第10章"外空责任规则"、第11章"航天贸易规则"、第12章"外空知识产权保护规则"、第13章"外空非军事化规则"以及第14章"我国航天立法的现状与未来展望"。这样的体例安排比较新颖，但是这种编写体例上的创新能否得到学界的认可尚不可知。同时，尽管我们也希望能够系统地梳理航天法的现有规则，但是航天法的快速发展很可能使本书的内容难免产生一定的缺漏，因此，恳请广大读者在使用本书时能给予最大的包容和理解。

2)内容全面。本书全面介绍了现行航天法的主要规则和制度。我国现有教材主要涉及外层空间法，而对于国家航天法涉及不多。这当然是有原因的。航天法一般指以国际条约为主要内容的外层空间法，而且国内航天法也是在其基础上发展起来的。近年来，随着各国航天活动，尤其是私人航天活动的增多，大量的国内航天法也纷纷出台，预示着国家航天法开始进入独立发展的新时代。本书在介绍现行外层空间法律制度的基础上，对美、俄、日等国的航天立法总体情况进行了梳理，并对部分国家在特定领域的航天法律制度进行了分析和解读。就我国而言，目前缺乏一部《航天法》是当前我国航天立法中最大的短板。随着我国《航天法》正式列入全国人大"十三五"立法规划,有关的立法论证和研讨会也多次召开,可以预见,我国《航天法》的出台将指日可待,其在维护我国法治航天国家形象和推进航天国际合作方面都具有重要意义。本书最后一章专门介绍了我国航天立法的基本情况。

3)可读性强。一般而言,编一本解读法律方面的书籍总得遵循一套自成一体的学理框架,而学理性越强也就意味着内容越抽象,因此,学理性越强的书阅读起来也就越困难。本书不仅适用于法学专业,也适用于非法学专业,其读者主要是相关专业的本、专科生,由于这部分读者理论水平相对有限,故本书在理论方面有意降低了要求。同时,人类快速迭代的航天技术使航天法的结构和形式无时不在变动,与航天法有关的理论也处于发展之中,再加上航天法这一新兴法律门类自身的独特性,使得航天法教材编写很难仿效传统法律教材的编写模式。故本书寻求一条务实的路线,以航天及相关活动为主线,对航天法的规则进行分类和梳理,这不仅使本书更具有现实针对性,而且也大为增强了本书的可读性。

4)实用性强。航天科技对航天法的影响决定了航天法是动态发展的。因此,本书紧扣航天法最新发展动态,立足于人类航天活动实践,切实把握航天及相关活动规则的主线和脉络,系统梳理了到目前为止的航天法律规范,例如:第6章"卫星通信规则"主要根据最新版的《无线电规则》编写完成;第11章"航天贸易规则"则以与航天出口有关的最新规则为基础进行编写;第14章"我国航天立法的现状与未来展望"对于我国航天立法最新进展进行介绍;等等。因此,本书也可作为一本航天法律法规的工具书,为航天法的学习者和研究者提供必要的参考。

本书由胡建发、高国柱担任主编,张超汉、夏春利、聂明岩、孔得建担任副主编。胡建发编写第1章～第3章,聂明岩编写第4章,于焕编写第5章,夏春利编写第6章,孔得建编写第7章,龙杰编写第8章,张超汉编写第9章,吉益霖编写第10章,潘春娟编写第11章,陈志杰编写第12章,吕卓艳编写第13章,高国柱编写第14章。

本书的编写与出版得益于多方面的鼎力相助,在此笔者有必要一一致谢!首先,要感谢参加本书编写的各位同仁,没有大家的辛勤付出,本书不可能完成,谢谢大家!其次,要感谢资助本书出版的西北工业大学教务处的领导和老师!同时,本书的编写也是在西北工业大学新文科建设项目"建设航天强国背景下我国参与外空安全与治理法律问题研究"的推动下完成的,在此,一并感谢西北工业大学学科建设办和发展规划处的领导和老师,最后,还要感谢西北工业大学出版社的各位老师,没有他们的倾力帮助,本书也不可能顺利得以出版,谢谢他们!最后,编写本书曾参阅了相关文献资料,在此谨向其作者表示感谢!

由于笔者水平有限,书中难免存在不足之处,敬请广大读者批评指正。

编　者

2021年2月

目 录

上篇 总 论

第1章 绪论 … 3
1.1 航天法的源起 … 3
1.2 航天法的现状与取得的成就 … 5
1.3 航天法的局限性及其发展面临的挑战 … 9

第2章 航天法的基础 … 13
2.1 航天法的概念与特征 … 13
2.2 航天法的渊源 … 17
2.3 外层空间法体系 … 22
2.4 主要国家和地区的航天法 … 31

第3章 航天法的基本规则概述 … 42
3.1 立法概况 … 42
3.2 航天发射及相关规则 … 43
3.3 空间应用及相关规则 … 44
3.4 航天活动其他相关的规则 … 47
3.5 其他规则 … 49

下篇 分 则

第4章 航天发射规则 … 53
4.1 发射许可制度 … 53
4.2 发射损害赔偿制度 … 57
4.3 发射登记制度 … 62
4.4 其他有关问题 … 67

第 5 章 载人航天规则 ··· **70**

5.1 载人航天中的宇航员制度 ··· 70
5.2 载人航天中的国际空间站制度 ··· 73
5.3 与载人航天有关的外空旅游制度 ·· 78

第 6 章 卫星通信规则 ··· **87**

6.1 卫星通信相关概念 ·· 87
6.2 卫星通信管理组织制度 ·· 89
6.3 卫星通信国际法律制度 ·· 98
6.4 卫星频率和轨道资源管理制度 ·· 102

第 7 章 卫星导航规则 ·· **112**

7.1 卫星导航的基础 ··· 112
7.2 卫星导航管理制度 ·· 117
7.3 卫星导航法规体系与制度 ··· 124

第 8 章 卫星遥感规则 ·· **139**

8.1 卫星遥感相关概念 ·· 139
8.2 卫星遥感的国际法律制度 ··· 141
8.3 卫星遥感的国内法律制度 ··· 151

第 9 章 外空资源开发规则 ··· **158**

9.1 外空资源开发一般理论 ·· 158
9.2 外空间资源开发及其现行制度 ·· 163
9.3 外空资源开发法律制度的发展与建议 ··································· 170

第 10 章 外空责任规则 ·· **179**

10.1 外空责任法理基础 ··· 179
10.2 外层空间法中的责任制度 ·· 184
10.3 主要国家航天立法中的责任制度 ······································· 194

第 11 章 航天贸易规则 ·· **199**

11.1 国际航天产品及技术贸易制度 ·· 199
11.2 国外航天产品及技术贸易制度 ·· 204
11.3 我国航天产品及技术贸易制度 ·· 213

第 12 章　外空知识产权保护规则 ·· 220
12.1　外空知识产权及其保护 ··· 220
12.2　主要的外空知识产权保护制度 ·· 222
12.3　其他的外空知识产权保护制度 ·· 232

第 13 章　外空非军事化规则 ··· 237
13.1　外空非军事化的一般理论 ··· 237
13.2　外空非军事化的国际法律制度 ·· 239
13.3　主要航天国家的外空非军事化政策与制度 ························ 246

第 14 章　我国航天立法的现状与未来展望 ································· 250
14.1　我国现行航天法律制度 ·· 250
14.2　我国现行航天法律体系存在的问题及完善建议 ················· 263

参考文献 ··· 270

# 上篇 总论

第1章 绪 论

历经半个多世纪的发展,人类的航空航天事业突飞猛进,出现了火箭发射、载人航天、空间通信、卫星导航、地球遥感以及外层空间(简称"外空")采矿等外空探索和利用的各类活动。同时,在进行这些活动的过程中,也产生了一系列新的法律问题。这些法律问题不仅与各国的安全和利益有关,更涉及全人类的共同安全和长远利益,需要依照各国共同或单独制定的法律原则、规则和制度加以解决。

1.1 航天法的源起

航天法源于20世纪五六十年代逐步形成的外层空间法(简称"外空法")。在人类探索和利用外空的最初10年,国际社会尚未就人类的外空活动加以专门的规制,有的就是一般国际法上的原则性规定。

伴随人类外空探索和利用活动的逐步深入,专门规制航天活动的外空法慢慢形成并发展起来。1957年10月4日,苏联发射第一颗人造卫星Sputnik1号后,国际社会就立即给予了高度重视。联合国大会(简称"联大")在1958年11月14日通过的决议中指出,为了保障外空物体的发射,完全用于科学及和平目的,应共同研究一套监督机制。1958年12月13日,联大通过题为"外空之和平使用问题"的第1348(ⅩⅢ)号决议,确认"人类对于外空祸福与共,而共同之目的则在于使外空仅用于和平之途",并成立了由阿根廷、澳大利亚、巴西、加拿大、法国、日本、印度、波兰、瑞典、苏联、英国以及美国等18个国家代表组成的"外空和平使用问题专设委员会"。1959年12月12日,第十四届联大通过了《和平使用外空之国际合作》1472号决议,将"外空和平使用问题专设委员会"改为常设机构,称为"和平利用外层空间委员会"(United Nation's Committee On the Peaceful Use of Outer Space,UNCOPUOS)(简称"联合国外空委"),由24个国家的代表组成。联合国外空委的任务包括研究和平利用外空可能产生的法律问题,并且成为制定、编撰外空法的主要机构,由此拉开了外空国际立法的序幕。

1963年12月13日,第十八届联大通过了《各国探索和利用外层空间活动的法律原则宣言》(简称1963年《外空宣言》)第1962号决议,内容体现了现行外空条约的所有特征。此后,经过联合国外空委的艰苦努力,1966年12月9日,联大又通过了《关于各国探索和利用外层空间包括月球与其他天体活动所应遵循的原则的条约》(简称1967年《外空条约》),为形成联合国主导的现行外空法体系奠定了重要基础。

至今,外空立法已经形成了以联合国五项外空条约和一系列联大外空决议(包括原则和宣言等)为主要框架的、涵盖了国际法与国内法的外空活动原则、规则和制度体系。回顾历史,可以将外空法的形成与发展分为下述3个阶段:

第一阶段是1956—1979年的外空硬法形成时期。

这一阶段以美、苏两国外空争霸为背景,当时的外空法默认了美、苏两国在外空事实上的主导地位,形成了美、苏两个超级大国外空共治的格局。这一阶段外空法的主要特征是:参加外空活动的只有国家这一级的主体,外空活动的焦点主要集中在美、苏这两个超级大国身上,其他国家开展外空活动还处于初期探索阶段,其总体规模很小。因此,这一时期的外空法首先反映出一种国家主导的倾向,外空探索的风险也只有美、苏两国才能承担。因此,这一阶段所达成的协议主要是在美、苏两国利益不发生冲突的前提下达成的,实质上就是美、苏两国为瓜分外空利益和资源而进行的妥协,其他国家大都没有切身利益和能力直接参与其中。由于只涉及两个国家之间的利益冲突,其他国家没有能力或者囿于国内事务而无暇顾及,因而这个时期相对比较容易地达成了一些条约,所以在外空立法方面取得的成果是比较显著的。这一时期,是外空条约制定的高峰期,联合国五项外空条约都是在这个时期形成的,奠定了外空国际法体系的基础。

第二阶段是1980—1992年的外空软法以及国内航天法迅速发展时期。

第一阶段后期,世界外空活动的主要特征已开始发生变化,首先是越来越多的国家开展了外空活动,然后,其他非政府实体也开始不断地参与进来,于是出现了两种趋势:一是各国对外空的利益需求日益增长,以至于要达成一项平衡各国外空利益的国际协议越来越难。事实上,1975年《关于登记射入外层空间物体的公约》(简称1975年《登记公约》)是最后一个被众多联合国成员国广泛认可和批准的国际"公约",1979年签署的《指导各国在月球和其他天体上活动的协定》(简称1979年《月球协定》)的缔约国迄今也只有18个,并且不包括美、苏(俄)等主要的外空发达国家。二是随着大规模私营商业航天活动的增长,国家航天法以及与外空探索和利用有关的外空私法开始迅速发展起来,比较典型的是美国1958年《国家航空航天法》,其目的是规范日益增多的私营实体的外空活动。

第三阶段是1992年至今外空法的重新释义时期。

冷战后,随着苏联的解体,继承苏联的俄罗斯实力大不如前,原先已形成的外空平衡之天平开始倒向美国。美国成为独霸外空的唯一超级大国,并凭借其在国际组织中的一票否决权,多次阻挠对现行外空条约的修订。这一阶段外空立法的特征是以联大决议的形式对外空法的主要概念进行重新定义。与此同时,私营公司、跨国实体等非国家主体开始参与外空探索和利用。随着外空技术的迅猛发展,人类参与外空活动的范围不断扩大、程度日益加深,这使得整体外空的局势变得更加复杂。一方面,美国、欧洲、日本和俄罗斯等国家和地区航天立法和外空私法得到较快发展;另一方面,外空公法的发展却面临重重现实困境,这主要是因为冷战后,国际政治格局的重新调整,使外空条约的实施环境发生了变化,外空条约的修订也变得更加困难了。特别是美、苏外空互相制衡的旧时代结束以后,国际社会形成这样一种共识,那就是外空不再被视为超级大国的竞技场,而是一种重要的国家经济战略资源。在这样一种情况下,出现了外空商业化的新趋势,一些航天发达国家鼓励本国私营企业参与外空活动,并且希望借助私营资本的力量辅助国家外空战略的实现。

1.2 航天法的现状与取得的成就

前已述及,国家航天法是从20世纪八九十年代开始发展起来的,并逐步成为现行航天法的另一个重要的组成部分。然而,国家航天法并非同外空法完全独立①。事实上,无论是外空法,还是国家航天法,都为人类航天活动提供了法治保障,取得了举世瞩目的成就。尤其是作为外空法基石的联合国五大外空条约,在人类航天事业发展方面居功至伟,极大地推动了人类的外空探索和利用,并不断增进全人类的福祉。

1. 外层空间法

外空法源于人类外空活动中形成的重要原则,并指导各国进行外空实践,是现代国际法的一个新分支。目前,外空法方面已形成了以联合国五项外空条约以及一系列联大原则、决议为主体的外空法体系。

联合国五项外空条约包括1967年《外空条约》《营救宇宙航行员、送回宇宙航行员和归还发射到外层空间的实体的协定》(简称1968年《营救协定》)、1972年《空间物体造成损害的国际责任公约》(简称1972年《责任公约》)、1975年《登记公约》以及1979年《月球协定》等。以这些条约为核心形成了外空法体系。截至目前,联合国五项外空条约除了1979年《月球协定》外,均得到了包括美国以及中国在内的大多数国家的签署或加入。

根据上述条约,人类外空探索和利用应当遵循下述原则:①人类共同利益原则②。②不得据为己有原则③。③和平利用原则④。④救援宇航员原则⑤。⑤外空物体登记和管辖原则⑥。⑥国际责任原则⑦。⑦保护外空环境原则⑧。⑧国际合作原则⑨。⑨自由探索和利用原则⑩。

---

① 在一定程度上,外空法的规定构成国家航天立法的依据。因为根据1967年《外空条约》第六条的规定,国家对本国(不论是政府部门,还是非政府的团体组织)的外空活动承担责任并且负责许可和持续监督。为了履行该项义务,国家可以制定国内法。

② 要求任何国家对外空,包括月球和其他天体的探索、利用和开发,都必须是为全体人类谋取福利和利益。该原则包括不得损害其他国家的权利和利益,也包括不得仅为获取片面私利而利用外空。也有否定将"人类共同利益原则"作为人类外空活动原则的观点。

③ 要求任何国家不得通过主权要求、使用或占领的方法,或采取其他任何措施,将外空据为己有。这项原则包括外空不得被任何国家占有,也包括不许任何自然人或团体占有。

④ 要求各国不得在绕地球的轨道上放置任何携带核武器或其他大规模毁灭性武器的物体,不在天体上配置这种武器,也不以任何其他方式在外空部署这种武器;各国必须把月球和其他天体专门用于和平目的,禁止在天体建立军事基地和设施,禁止在天体试验任何类型的武器以及进行军事演习。

⑤ 要求各国应将宇航员视为人类派往外空的使者,在宇航员发生意外、遇难或在另一国境内或公海紧急降落的情况下,各国应进行一切可能的援助,并尽快安全地将他们送回该航天器的登记国家。在外空活动的任何国家的宇航员应向其他国家的宇航员提供一切可能的援助。

⑥ 要求外空物体的发射国应对该外空物体进行登记。该登记国对该外空物体及其所载人员保持管辖及控制权。

⑦ 要求对于本国政府或非政府团体的外空活动或物体对其他国家造成的损害,国家应承担责任。国家还对其参加的国际组织的外空活动承担共同责任。

⑧ 要求国家从事外空活动时,应采取适当措施,避免使外空遭受有害污染,或使地球环境受到不利的影响。

⑨ 要求各国在外空领域的活动,应彼此合作互助。该原则体现在外空活动和制度的各个方面。

⑩ 必须指出,"自由探索和利用原则"体现了自由主义的价值观,而如果这种价值观在外空成为主流,则极有可能被霸权国家滥用,从而不利于1967年《外空条约》所倡导的"全人类共同利益"的实现和"为所有民族谋福利",也不利于推进外空法治和构建外空人类命运共同体,因此,应当施以一定程度的限制。

基于上述原则,现行外空法确立了下述4项制度。

(1) 发射登记制度

发射登记制度主要内容包括:①发射国应对其发射的外空物体进行登记,包括将该外空物体载入其所保存的适当内容的国内登记册,同时在切实可行的范围内尽快将有关情报报告联合国秘书长,以便在其保存的总登记册里进行登记。②外空物体若由两个以上发射国发射,应由其共同决定其中的一个国家进行登记。③外空物体的登记国对该外空物体拥有所有权和管辖控制权。④若登记国切实知道其所登记的物体已不复在轨道上存在,也应尽快通知联合国秘书长。

(2) 宇航员营救制度

宇航员营救制度主要内容包括:①各国在获悉或发现航天器上的人员在其管辖区域、公海或不属于国家管辖的任何地方,发生意外、遇难或紧急降落时,应立即通知其发射国及联合国秘书长。②对获悉或发现在一国领土内的宇航员,领土所属国应立即采取一切可能的措施营救宇航员,并给予他们一切必要的帮助。对获悉或发现宇航员在国家管辖范围以外的区域,必要时,凡力所能及的缔约国,均应协助寻找和救援。对于发现的宇航员,应立即安全地交还发射国。③对于发生意外的外空物体应送还其发射国。在一国管辖区域内发现的外空物体或其组成部分,应根据发射国的要求,采取切实的措施对该外空物体进行保护。同时,这种保护行动可以请求发射国的协助,并且发射国应支付他国有关保护和归还行动的费用。④如果一国有理由认为在其境内发现的外空物体是具有危险和有害性质的,则可通知发射国在该国的领导和监督下,立即采取有效措施,消除这种危险。

(3) 外空责任制度

外空责任制度主要内容包括:①国家对其外空活动承担国际责任,并应保证本国活动的实施,符合国际法的规定,不论这种活动是其政府部门或非政府实体从事。非政府实体的外空活动,应得到其国家的批准和持续监督。②《责任公约》对于外空物体造成损失的赔偿责任制度,做出了具体的规定。根据公约,损害赔偿应由该物体的发射国承担。这里的发射国包括发射或促使发射外空物体的国家以及从其领土或设施发射外空物体的国家。"发射"包括未成功的发射在内。两个或两个以上的国家共同发射外空物体时,对所造成的损害应当承担共同的或单独的责任。③发射国对其外空物体在地球表面或给飞行中的飞机造成的损害,应负有赔偿的绝对责任。发射国对其外空物体在地球表面以外的其他任何地方,对其他国家的外空物体,或所载人员或财产造成损害,负有赔偿的过错责任。④发射国的外空物体在地球表面以外的地方,对另一发射国的外空物体造成损害,并因此对第三国或第三国的自然人或法人造成损害时:如果是在第三国的地球表面或对飞行中的飞机造成的,则前两国对第三国负绝对责任;如果对地球表面以外的其他地方的第三国外空物体或所载人员财产造成损害,则前两国依各自的过错承担相应的责任。⑤发射国外空物体对于下面两种人员造成的损害不适用《责任公约》:该国的国民;在外空物体从发射至降落的任何阶段内参加操作的或者应发射国的邀请而留在紧接预定发射或回收区的外国公民。

(4) 月球及其他天体制度

月球及其他天体制度主要内容包括:①月球及其他天体的自然资源是人类的共同继承财产,任何国家不得对月球及其他天体提出主权要求或据为己有。②月球供各国专为和平目的使用,禁止在月球使用武力,或以武力相威胁,或从事任何其他敌对威胁行为,禁止在月球建立军事基地、设施、设置核武器或大规模毁灭性武器、试验任何类型武器或军事演习。③月球及其他天体不应遭受破坏。④月球及其他天体的探索和利用应为全人类谋福利。⑤外空探索和利用活动应尽可能通知联合国秘书长、科学界及各国。⑥各国对其在月球上的人员、运载器、站所保有管辖权和控制权。⑦各国应对其在月球及其他天体的活动承担国际责任。

此外,由于航天技术的迅速发展带来的各种与卫星遥感、广播电视的卫星直播、外空使用核动力、空间碎片、地球静止轨道、无线电频率分配以及国际空间站等方面的问题,国际社会也形成了一系列规制外空活动的原则、宣言和建议。

2.国家航天法

现行外空法为国家航天立法提供了依据①。为了履行其国际义务,一些航天国家一般都会制定本国的航天基本法或者其他航天单行法。下面以主要国家的航天立法为例,简要总结国家航天立法的主要模式、关键要素与基本经验。

(1)主要国家航天立法的模式

国家航天立法大致可分为综合立法和单行立法两类。在综合立法模式下,以俄罗斯等国的航天立法为代表,一般都以一部航天基本法为基础,该法也是这个国家的航天母法。例如《美国国家航空航天法》(1958年)、《俄罗斯航天活动法》(1993年)、《法国空间活动法》(2008年)、《日本航天基本法》②(2008年)等都属于航天母法。航天母法在一国航天立法体系中属于最高法,具有最高法律效力,其他航天相关法作为它的子法,其规定不能与母法相冲突。当然,也不都是严格按照先"母法"后"子法"的顺序,也有"子法"先行,后制定"母法"的情况。例如我国目前正在制定的航天法。

在单行立法模式下,以美国等国家的航天立法为代表,一般都以航天特定事项的单行法为基础。这里的航天单行法主要包括:①对航天活动进行管理的法律,例如《加拿大国家空间局法》(2001年)、《日本国家宇宙开发事业团法》(2002年)。②对特殊航天活动进行规范的法律。例如,美国商业航天方面的系列法律③以及《比利时空间物体发射、运行和导航活动法》(2005年)等。③为履行国际条约而制定的法律。例如《意大利关于实施空间物体所造成损害之国际责任公约的法律》(1983年)、《西班牙根据联合国1974年公约在西班牙建立射入外层空间物体登记簿的法律》(1995年)等。

值得说明的是,这两类航天立法模式不能仅从形式上区分,因为综合立法模式下也有航天单行法,如《俄罗斯导航定位活动法》(2009年),单行立法模式下也有航天综合法,如《美国国家航空航天法》(1958年),而应该抓住事物的主要矛盾和次要矛盾,也就是它们在整个航天法律体系中的主次地位来进行区分。

(2)主要国家航天立法的内容

对于国家航天立法的内容,国内外学者提出了不同的观点。国内有学者提出,国家航天立

---

① 1967年《外空条约》第六条规定,各缔约国对其(不论是政府部门,还是非政府的团体组织)在外层空间(包括月球和其他天体)所从事的活动,要承担国际责任,并应负责保证,本国活动的实施符合本条约的规定。非政府团体在外层空间(包括月球和其他天体)的活动,应由有关的缔约国批准,并连续加以监督。

② 又称《日本宇宙基本法》,本书为了表述一致,对日本类似规范性文件中的"宇宙"一词通常用"航天"代替。

③ 美国促进商业航天方面的法律包括《卫星通信法》(1962年)、《商业航天发射法》(1984年,2004年修订)、《商业航天竞争法》(1992年)、《商业航天法》(1998年)、《商业航天运输竞争法》(2000年)等。

法的内容涉及与外空活动有关的管理、授权、登记、保护、责任和促进等6个方面。[①]德国科隆大学和德国航空航天中心"国家航天立法工作组"对国内航天立法要素进行了研究,认为国家航天立法的核心内容包括空间活动的批准、外空活动的监督、外空物体的登记、赔偿规则以及其他规则等五方面。工作组在2004年柏林召开的关于"迈向欧洲国家外空立法的协调路径"研讨会上提出,对于国家航天立法,各国差异较大,可能使航天工业被法律环境最优的国家吸引,从而产生不正当竞争的结果。个别国家还可能通过修改相关规定或者降低标准,以吸引航天投资。因此,有必要协调各国(至少是欧洲国家)对以下几方面的规定:①批准外空活动的行政程序的期限和费用等。②批准外空活动的技术性的安全评价要求。③责任事项(赔偿的国家对直接造成损失的行为予以追偿的可能性)。④第三方责任强制保险。国际法协会外空法委员会的《国家空间立法示范法(草案)》规定,国家航天立法一般应包括对私人外空活动的要求、许可证的内容、许可证的转让、保险、登记、监督、环境评价、赔偿以及争端解决等方面的内容。

总之,授权、登记和责任3个要素是国家航天立法所必须具备的。因此,无论从国家航天立法的应然层面还是实然层面,国家航天立法的内容都至少应包含这3个要素。当然,不同国家的航天法还可以根据实际情况做出其他方面的规定。

(3)主要国家航天立法的经验

1)以本国实际情况为立法的基础。主要国家的航天法,基本上都是国家为了满足本国航天事业发展需要,在特定阶段,通过立法手段对本国外空活动进行规范和保障的产物。由于各国航天发展实际情况不同,其航天立法的发展历程也不尽相同,呈现出一定的国家特色和阶段性特征。例如,美国航天立法最为完备,其一向奉行法治先行策略,体现出很强的实用主义,特别是在航天立法方面具有很强的超前性,二十世纪五六十年代,美国不仅制定了《国家航空航天法》,而且还制定了一系列与促进商业航天发展有关的法律。俄罗斯虽然航天技术非常发达,但是直到1993年才制定本国《航天活动法》,并在此基础上形成了其他与航天相关的法律和法令。

2)以循序渐进为立法工作的基本原则。主要国家航天法律体系的建设并非一蹴而就的。各国大都是先建立规章,再出台法律,立法的层次是递进的。这主要体现在:航天法规范的对象逐步从单一地规范政府实体向规范包括私人主体在内的多元主体拓展;立法领域从单一的公法向公法、私法结合拓展;立法的目的也从促进航天活动发展向综合保障航天活动安全、利益和发展转变;以及适时修订完善现有的航天立法。例如,美国1958年《国家航空航天法》自颁布以来,经历了多次修订,其中"综合管理规定"这一部分几乎所有的条款都进行了修改。俄罗斯的《航天活动法》自1993年颁布以来,也已经进行了9次修订和增补。

3)以维护国家利益和国家安全为立法的主要目的。冷战期间,苏联率先将人类的第一颗人造地球卫星送上太空后,出于保障国家利益和国家安全的目的,美国迅速出台了1958年《国家航空航天法》,从而在法律上为美国航天技术赶超苏联奠定了基础。在航天技术遥遥领先之后,美国又颁布航天出口管制法规,限制敏感航天技术转移,防止危害美国的国家安全。日本2008年颁布了新的《航天基本法》,为基于国家安全的外空活动提供了法律依据,并于2011年修订了《国家宇宙开发事业团法》,从而使日本宇宙航空研究开发机构(Japan Aerospace Exploration Agency, JAXA)可以进行与防卫相关的研究。

---

① 李滨.外层空间国内立法的趋势及中国的立法选择[J].北京航空航天大学学报(社会科学版),2007(4):48-50.

1.3 航天法的局限性及其发展面临的挑战

现行航天法为迄今为止人类所从事的大部分航天活动提供了保障。但是,随着国际格局的重新调整以及各国利益冲突的加剧,现行航天法在调整人类航天活动的各种关系方面越来越显得捉襟见肘,尤其是当技术发展太快而出现了新的问题、提出了一些新挑战时,现行航天法并没有或者还来不及给出较好的解决办法。为此,有必要分析现行航天法存在的局限性及所面临的挑战。

1. 航天法的局限性

航天法的局限性体现在作为其主要构成部分的外空法的局限性。下述以现行外空条约为例,简要分析现行外空法的局限性。

(1) 现行外空条约对外空资源开发缺乏直接规制

外空资源开发是外空的经济价值受到关注以后出现的一种新型外空活动。随着各国对外空资源关注度的持续攀升,人们的视野逐渐从外空的政治方面逐步转向外空资源开发对经济增长的促进方面。现实中,外空资源开发潜在地为各国提供了新的产业发展机会并将逐步成长为世界经济新的增长点。然而,现行外空条约却鲜有对此进行直接的规制。1967年《外空条约》没有提出外空资源的概念。1979年《月球协定》虽然有月球及其他天体上的自然资源这个提法,但是该协定没有界定外空资源的概念,也缺乏针对外空资源进行开发的具体制度,更何况迄今为止,该协定仅有18个缔约国,不包括美、苏(俄)等航天发达国家。在这种情况下,美国政府公开表明立场,不承认外空资源是"全人类共同继承的财产"。[①]因此,鉴于外空资源的法律地位争议特别大,目前,联合国外空委也没有计划将外空资源开发规则的制定提上议事日程。但是,美国国会2015年制定的《外空资源开采法》,明确赋予美国公民和美国私人公司享有对外空资源的一系列财产权。2017年卢森堡立法规定"外空资源可以据为己有"则直接挑战了1967年《外空条约》规定的"禁止据为己有原则"。

(2) 现行外空条约对外空部署武器的禁止不彻底

现行规制外空武器的条约主要是1967年《外空条约》,1979年《月球协定》也做了类似的规定。由于当时国际社会主要关注"核武器和大规模杀伤性武器"——正如1984年杰克·马诺所说"太空技术的发展是与核战略紧密联系在一起的",[②]而没有考虑禁止部署除此之外的其他"常规武器",也没有对"外空武器"进行明确的界定,而按照有的学者对"外空武器"的定义[③],各种事实上的"外空武器"已经存在了几十年,正如詹姆斯·莫尔兹所提出的,到1962年

---

① Executive Order on Encouraging International Support for the Recovery and Use of Space Resources[EB/OL]. (2020 – 04 – 06)[2020 – 04 – 07]. https://www.whitehouse.gov/presidential-actions/executive-order-encouraging-international-support-recovery-use-space-re.

② Jack Manno, Arming the Heaven: The Hidden Military Agenda for Space, New York: Dodd, Meed, 1984, p. 36.

③ 摧毁或破坏太空物体的任何系统;从太空轨道打击太空、空中、地面、海洋上的目标的任何系统。包括陆基、天基、海基、空基的反导系统,以及其他反卫星系统(包括电子、激光、微波武器、射频武器、动能武器、核爆炸系统等)。参见:何奇松.太空武器化及中国太空安全构建[J].国际安全研究,2020(1):43.

时,美、苏就已经开始全面实现外空武器化了。① 然而,这些"外空武器"却都不在禁止之列。由此造成两方面的严重后果:①外空军备竞赛长期得不到有效规制,尤其是冷战后,世界政治格局发生重大调整,美国趁机谋求外空霸主地位,大力推行导弹防御、多次开展外空军事演习并不断加强美国天军的力量,将其他国家拉入外空军备竞赛,从而使外空安全(Security)状况变得脆弱,整体外空安全形势堪忧。②从 20 世纪 80 年代开始,中、俄多次提交防止外空武器化的条约草案,而美国基于外空是美军的战略和战术"终极高地"而拒绝与中、俄和国际社会就外空武器化问题进行谈判,使外空军备控制的局面长期陷入僵持状态。

(3)现行外空条约对空间碎片致使外空环境恶化的应对不足

截至 2019 年 7 月 1 日,在轨的航天器有 5 029 个,其中仅 1 000 多个航天器还在正常工作,其余的都已经丧失功能,变成了空间碎片。又如 2019 年 5 月 24 日,美国太空探索技术公司(Space X)启动"星链"(Starlink)计划,将首批 60 颗试验卫星送入外空,发射后一个月证实,其中 45 颗已成功入轨,另有 3 颗失联,而且所有这些卫星都将在任务完成后成为新的空间碎片。据统计,目前数亿 mm 级以上的空间碎片运行在地球轨道空间,总质量达到几千吨。如此多的空间碎片,将对新的航天发射和在轨航天器的安全运行都构成极大威胁。由此可见,外空安全的形势十分不乐观。那么,现行外空条约对此所作应对如何呢?

1)现行外空条约没有定义何为空间碎片。虽然联合国外空委和机构间空间碎片协调委员会(Inter-Agency Space Debris Coordination Committee,IADC)将空间碎片界定为,地球轨道上在轨运行或再入大气层的无功能的人造物体及其残块和组件,但是这个界定不同于国际条约上的定义,其法律约束力是有限的。由于缺乏明确的法律定义,进一步的国际法规制也就没有基础。

2)现行外空条约关于责任的规定缺乏针对性。1967 年《外空条约》虽然规定了保护外空环境的原则②,但是没有规定损害环境的责任。1972 年《责任公约》虽然规定了外空物体民事侵权的责任,但是无法适用于空间碎片造成的损害,这主要因为空间碎片是否属于外空物体还不清楚,空间碎片鉴定困难,导致其所属者很难查明。1975 年《登记公约》对应当登记的外空物体也缺乏明确界定,空间碎片是否适用该公约也存在疑问。

3)现行外空条约有关外空环境的规定缺乏可操作性。按照美国空间碎片专家 Kessler 的研究,以目前空间碎片的增长速度预测,如果不采取任何措施,70 年后的空间碎片将布满整个近地轨道,使这个空间彻底不可用。可见,为了使外空环境适应外空可持续发展的需要,有必要对空间碎片采取适当的处置措施。1967 年《外空条约》第九条规定了各缔约国应为保护外空环境采取必要的适当措施,虽然该规定也可以适用于空间碎片治理,但其宣示意义更强但缺乏实践上的可操作性。因此,严格从法律上来看,采取这类措施还不是一项法律义务,实践中,

---

① James Clay Moltz, The Politics of Space Security: Strategic Restraint and the Pursuit of National Interest, Palo Alto, California: Stanford University Press, 2010, p. 120.

② 1967 年《外空条约》第九条规定,各缔约国从事研究、探索外层空间(包括月球和其他天体)时,应避免使其遭受有害的污染,以及地球以外的物质,使地球环境发生不利的变化。若必要,各缔约国应为此目的采取适当的措施。若缔约国有理由相信,该国或其国民在外层空间(包括月球和其他天体)计划进行的活动或实验,会对本条约其他缔约国和平探索和利用外层空间(包括月球和其他天体)的活动,造成潜在的有害干扰,该国应保证于实施这种活动或实验前,进行适当的国际磋商。缔约国若有理由相信,另一缔约国计划在外层空间(包括月球和其他天体)进行的活动或实验,可能对和平探索和利用外层空间(包括月球和其他天体)的活动,产生潜在的有害的干扰,应要求就这种活动或实验,进行磋商。

各缔约国(尤其是产生碎片较多的空间大国)也并不认为其有责任采取相关措施。从实际所采取的措施来看,各国一般只对本国即将发射的外空物体采取空间碎片减缓之类的预防性措施,而对主动清除本国或外国的空间碎片则存有顾虑,主要是因为这类行为缺乏国际法上的依据。仅就主动清除技术而言,这类技术一般比较敏感,而且只有少数几个国家掌握了这方面的技术,如果允许这几个国家清理本国的空间碎片,它们就可以清理别国的空间碎片,也就可以摘除别国正常运行的卫星。但是,如果不采用这类技术,已经产生的空间碎片不可能自动减少,就算按照某些技术专家的说法,外空有自我净化的能力,但是这个自我净化的时间必然会相当漫长,这显然不适应当下人类外空活动的蓬勃发展。

2. 航天法的发展面临的挑战

随着航天技术的快速迭代,人类航天活动的能力和范围不断拓展,作为规制人类航天活动的航天法的发展也面临诸多挑战。这些挑战,尽管主要是新技术引起的新问题所带来的,但是也有新技术叠加旧问题所带来的。总体上,航天法的发展面临着如下两方面的挑战。

(1)"新技术+新问题":外空商业化方面的挑战

冷战结束后,信息技术和经济全球化强化了外空商业竞争,推进了外空商业化和私有化进程。外空商业化是外空经济价值的体现,是人类在探索和利用外空的过程中出现的一种新现象和新趋势。私人主体以独立身份参与到外空领域,标志着外空进入商业化时代。[①]但现行外空条约的主体是国家,对私人实体不适用,这使私人实体的外空商业活动在国际层面处于无法可依的状态。虽然《外空条约》第六条规定,国家可以通过立法对本国私人实体的外空活动进行监管,但是如果国家航天法与现有外空法冲突了又该如何处理?这方面一个典型的例子就是,为了鼓励对外空资源开发的投资,美国2015年制定了《外空资源开采法》,赋予美国公民和美国私人公司对开采的外空资源享有一系列财产权。而这样的规定很可能已经与《外空条约》第二条规定的"不得据为己有原则"[②]相冲突。之所以出现这种情况,就是因为现行航天法没有对外空资源开发做出直接的规定。上述情况可以视为外空商业化对航天法发展的一个挑战。外空商业化对航天法发展的第二个挑战是现行外空法没有预见到低轨小卫星星座建设带来的诸多新问题。例如小卫星星座(如 Space X 的"星链"计划)抢占频谱和轨道位置、大幅提高卫星碰撞概率以及卫星互联网对国家网络安全的威胁等。[③]目前,随着卫星商业应用的大幅增多,全球计划发射的低轨小卫星已经超过 60 000 颗,大约是当前全球在轨卫星的 30 倍。[④]可见,低轨小卫星星座建设对包括现行外空条约在内的整个外空法体系都构成了挑战。此外,随着外空商业化的发展,可以预见,在外空商业活动方面必将产生大量的新纠纷,而现行外空法关于纠纷解决机制的规定与外空商业活动的需要还存在一定的距离,主要是外空商业活动的规则还没有建立起来。这也是外空商业化对航天法发展的一个挑战。

---

① Freeland Steven. Fly Me to the Moon: How Will International Law Cope with Commercial Space Tourism? [J] Melbourne Journal of International Law, 2010, 11:90-118.

② 1967年《外空条约》第二条规定,各国不得通过主权要求、使用或占领等方法,以及其他任何措施,把外层空间(包括月球和其他天体)据为己有。

③ Margaux Morssink, An Equitable and Efficient Use of Outer Space and Its Resourses and the Role of the UN, the ITU and States Parties, Froehlich, Annette (Ed.), Legal Aspects Around Satellite Constellation, Springer, 2019, pp.110.

④ 截至 2018 年 12 月,全球在轨功能性卫星已经超过 2 000 颗,达到 2 063 颗。转引自:李寿平.外空安全面临的新挑战及其国际法律规制[J].山东大学学报(哲学社会科学版),2020(3):54.

(2)"新技术+旧问题":外空武器化方面的挑战

外空武器化主要指在外空发展和部署武器。现行外空条约不排除外空军事力量的使用,也未明确禁止对外空物体使用武力,只是对在特定空间部署特定武器做了限制,这无疑为发展外空武器打开了方便之门。前已述及,外空武器化问题早已成为公开的秘密。它实际上仍然是一个过去遗留下来的问题。只是到了今天,随着航天科技、人工智能的发展,外空武器化更加成为部分国家外空战略的重要组成部分。

外空武器化对航天法发展的第一个挑战是现行外空法对于"外空武器""外空物体""使用武力"和"威胁使用武力"等概念很难界定。例如,一颗商业卫星平时用于民用通信,战时则可以用来发送军事情报,甚至还可以用作卫星武器去攻击别国外空资产。为了解决这方面的问题,中国和俄罗斯等国做了很多努力,但收效并不算大。在裁军谈判会议框架下,中、俄两国多年来一直都在努力构建防止外空军备竞赛和武器化的国际法律框架,多次向裁军谈判会议提交了《防止在外空放置武器、对外空物体使用或威胁使用武力条约》的草案,希望在裁军谈判框架下对上述概念的界定达成一致,并确立不对外空物体使用或威胁使用武力的原则,[①]但是,由于法治理念上的不统一,美国等国家对于中、俄等国提出的条约草案一直持反对态度。

外空武器化对航天法发展的第二个挑战是形成与"外空透明度和建立信任措施"有关的条约比较困难。在这个方面,国际社会也做了大量的努力,虽说进展不小,但至今仍然没有取得成功。联大自1982年后,每年的决议都确认建立信任措施的实质性建议,可成为防止外空军备竞赛国际协定的组成部分。多年努力形成的主要成果是,2013年7月23日,由"外空透明和建立信任措施政府专家组"提交的一份关于外层空间活动中的透明度和建立信任措施问题的政府专家组报告,但是,仍然未能促成联大通过一项"外空透明度和建立信任措施"方面的条约。对此,有学者建设性地提出,国际社会至少需要构建两项基本法律制度,一项是外空活动通报机制,另一项是建立信息分享机制。[②]但是,这两项法律制度本身就很难形成,因此上述提议很可能还是隔靴搔痒,对于提高外空透明度和建立信任措施缺乏实质性助益。

当然,法律不是万能的,外空法当然也是如此。国家之间在航空航天领域的技术差异是客观存在的,而现行外空法也已经意识到各国技术上的不均衡,但它并没有因为一国暂时没有技术能力而剥夺它参与外空活动的权利。[③]这对于那些技术暂时落后的国家无疑是有意义的。也许这正是以1967年《外空条约》为代表的外空条约的可贵之处,也正是在这个基础之上,现行航天法形成和发展起来,并取得了今天的成就。因此,说航天法存在一定的局限性,既不是吹毛求疵、要贬低外空法的价值,也不是固步自封、做脱离实际的空谈,而是为了"实事求是"地从航天法发展的现实中发现问题和以"具体问题具体分析"的态度去解决问题,从而更加务实地推进航天法的与时俱进,使其更好地服务于21世纪的外空法治,为构建外空人类命运共同体做出制度上的更大的贡献。

---

① 《美国政府对"防止在外空放置武器、对外空物体使用或威胁使用武力条约"草案的评论》,《中国空间法年刊(2008)》,北京:世界知识出版社,2009年,第332—336页。转引自:李寿平.外空安全面临的新挑战及其国际法律规制[J].山东大学学报(哲学社会科学版),2020(3):60.

② 李寿平.外空安全面临的新挑战及其国际法律规制[J].山东大学学报(哲学社会科学版),2020(3):61.

③ 正如1967年《外空条约》第一条所述,探索和利用外层空间,应为所有国家谋福利和利益,而不论其经济或科学发展程度如何……所有国家可在平等、不受任何歧视的基础上,根据国际法自由探索和利用外层空间,自由进入天体的一切区域。

第 2 章　航天法的基础

2.1　航天法的概念与特征

2.1.1　概念

何谓航天法？至今，学界尚未形成统一的定义。这与定义航空法的情况很类似。对此，本书希望借鉴航空法学界的经验。在航空法发展史上，各国的学者曾尝试从不同角度给航空法（国际航空法和国内航空法）下定义，例如，阿根廷航空法学者文斯卡拉达将航空法定义为"一套支配由航空活动引起的或经其修改的制度与法律关系的，公法与私法，国际与国内的原则与规范"[1]。荷兰航空法专家迪德里克斯—弗斯霍尔则将航空法定义为"管理空气空间的使用，并使航空、公众和世界各国从中受益的一套规则"[2]。我国著名航空法学家赵维田认为，虽然这些定义希望尽可能把航空法的特征表述清楚，但是，其最终效果却似乎并不理想。[3]所以，当时的一些航空法权威著作，一般回避了给航空法下一个综合性的定义，而只谈"航空法的性质"，例如，肖克劳斯与博蒙所著《航空法》[4]。对航空法进行界定为什么这么难，很可能是因为其所调整的社会关系不稳定，因为人类航空活动中的各类社会关系会随着航空技术的快速发展而变化。因此，赵维田认为，作为一种常识性理解，而不作为严格科学性定义而言，可以将航空法定义为"一套调整人类航空活动中各种法律关系的规则体系"。这可以说是航空法学界关于航空法的最短的定义。当然，这个定义也并非完美。但该定义的优势是很明显的，因为在该定义下，航空法具有较强的包容性和延展性。

因此，本书不打算从学术上对"航天法"按其特征进行界定。事实上，航天与航空相比，其内涵与外延无论在广度还是深度上都更宽泛、更复杂。那么，采用列举式的方法，很可能使得航天法的调整范围变窄。故本书从广义视角将航天法界定为"一套调整国家或国际组织、非政府实体以及自然人等各类主体在航天及相关活动中产生的各类社会关系的规则体系"。总体而言，航天法的内涵主要体现在下述三方面。

---

[1] Videla Escalada:Aeronautical Law(1979)p.2.
[2] I.H.Ph.Diederiks-Verschoor:An Introduction to Air Law.(6th)1979.p.1.
[3] 赵维田.国际航空法[M].北京:社会科学文献出版社,2000.
[4] Shawcross and Beaumout:Air Law(4th)1977.p.11-12.

1) 航天法适用于航天及相关活动中的各类主体。目前,这类主体的范围已经非常广泛,不仅包括国家、政府实体和各类国际组织,还包括非政府实体或私人。随着外空商业化的发展,从事外空活动的私人公司纷纷出现,如美国的 Space X 公司就是其中的典型代表。2015 年,美国为了激励私人投资外空资源开发,专门制定了《外空资源开采法》,授权美国公民获得对所开采的外空资源的财产权。

2) 航天法调整人类航天及相关活动中的各类社会关系。一般而言,这方面的社会关系既包括航天发射、载人航天、卫星通信、卫星导航、卫星遥感、外空资源开发和外空旅游等主要的航天活动中的各类社会关系,也包括人类在外空知识产权保护、航天产品与技术贸易、推进外空非军事化、国际空间站建设以及保护外空环境等方面形成的各类社会关系。除此之外,从国家航天立法的角度考虑,航天法还要调整国家航天管理及相关领域中的各类社会关系,包括航天发射许可、活动监管、责任承担以及出口管控等方面的社会关系。

3) 航天法既包括国际"硬法"规范和"软法"规范,也包括各国制定和认可的法律、法规、规章和政策性规范。本书航天法是指广义上的航天法,其主要特点是航天法规则的范围比较广泛,既包括有法律拘束力的外空条约和国家航天法,也包括国际组织和机构[①]所通过的不具有法律拘束力的决议、宣言和建议等外空软法规范,还包括各国外交部门、航天管理部门、科技管理部门、商业部门及其他航天领域大型企事业单位等所制定和颁布的航天政策白皮书、航天科技发展战略以及航天产业发展规划,等等。

2.1.2 特征

随着人类航天活动不断走向深入,作为调整航天关系的航天法日益显现出有别于传统法律部门的独立性。有学者从国内航天法的角度,总结了航天法所具有的国际性、综合性、系统性和发展性等四方面的特点[②]。这里,结合国际和国内航天立法情况,本书认为,航天法总体上具有下述 5 个方面的特征。

1. 国际性

航天法的国际性可以从两个方面来看:①从航天法渊源来讲,航天法的两个部分——国际航天法和国内航天法,尽管不属于同一个法律体系,但是它们之间存在密不可分的关系。因为国际航天法属于国际法,所以国际航天法具有国际性是显而易见的。对国内航天法而言,国家承担外层空间法上的义务[③],国家一般通过国家航天立法的形式履行这些义务,因此,国内航天法又可视为是外层空间法的延伸,这为国内航天立法加入了国际法的元素。②从外空活动范围来看,外层空间和空气空间虽然分界不明确,但这两部分在物理性和法律性上均有较大区别。尽管物理划界的问题至今未解决,但从法律上来讲,这两个区域的法律性是确定的,即各

---

① 如联合国外空委、欧盟、欧空局、国际电信联盟、机构间空间碎片委员会以及海牙外空资源治理工作组、国际法协会、国际空间法协会等官方、半官方和民间机构等。
② 黄建余,冯旭.航天法的主要特征与基本原则初探[J].北京航空航天大学学报(社科版),2020(6):107-113.
③ 一般地,外层空间法是国际法的新分支,属于特别国际法的范畴,其基本渊源是外空条约。这里所谓外层空间法上的义务主要是外空条约规定的义务,例如,现行《外空条约》第六条、第七条和第八条规定,各国对本国(不论是政府部门,还是非政府的团体组织)的外空活动负有许可审批、监督和管辖、发射登记以及承担国际责任等方面的义务。这些义务是国家制定国内航天法的主要依据。

国对外层空间不享有主权,而对空气空间则享有领空主权。[①]然而,任何国家的发射活动都不可能局限于本国领空,这表明人类的外空活动具有跨国性。既然如此,作为规范人类外空活动的航天法必然具有国际性。

2. 技术性

航天法的技术性主要体现在:①航天法的技术性源于航天活动的高技术性。航天是由现代航天技术催生和推动的高技术性活动。在一定程度上,作为调整人类航天活动中各种关系的规则体系,航天法也可以说是现代航天技术发展的结果。例如航天法的主要客体,包括火箭、卫星、宇宙飞船以及国际空间站,等等,均与国内民法通常意义上的客体不同,其最大的不同点就在于它具有极强的高技术特点。②航天技术专家在航天立法中的作用越来越大。就国际立法而言,联合国和平利用外层空间委员会(Committee on the Peaceful Uses of Outer Space, COPUOS)同时设立了技术和法律两个分委员会,并使其技术专家和法律专家协同完成有关的立法工作。目前,联合国五项外空条约均是这两个分委员会的专家共同起草完成,并以 COPUOS 的名义提交联合国大会表决通过的。也可以说,现行外层空间法就是法律与技术结合的产物。另外,外层空间与空气空间的分界,这是航天立法绕不过去的一个终归需要解决的问题。而这个问题本身就具有极强的科技背景。事实上,它也是科技界和法律界长期争论的话题。[②]同样地,国内航天立法也需要技术专家参与。而且技术仍在飞速发展,航天技术专家在航天立法中的作用只会越来越大,这也是航天立法区别于其他部门立法的最基本的特征。纵观世界,航天法不仅没有停止发展的脚步,反而在不断地加速并迅速发展为一个涵括国际法与国内法的规则体系,这背后除了人类探索太空好奇心的驱使,主要就是有航天科技发展作为推动力。未来,航天技术每发展一步,航天法也将随之前进一步。与此类似,在执法、司法和守法等航天法实施过程中,也不同程度地提出了技术方面的要求。

3. 全面性

航天法的全面性充分体现在航天法调整迄今一切人类航天活动,包括军事航天、民用航天和商业航天中的各种社会关系。有学者从国家航天立法的角度提出航天法具有系统性,认为"航天工程的体系性和航天活动主体的多样性,决定了航天法的系统性特征"。[③]但是,本书认为,航天法的"全面性"与"系统性"还是有所区别的。因为航天技术不仅涉及面比较广,而且具有军民两用性,因此,在横向上航天法具有"系统性",在纵向上航天法具有"融合性"(即"军、民、商"3 类航天关系综合调整)。也就是说,"全面性"这一特征更能概括航天法在横向和纵向等两个维度上的特点。

事实上,无论是外层空间法,还是国内航天法,都涉及军事航天的内容。外层空间法方面,例如 1967 年《外空条约》规定,在外空探索和利用方面,只要是为了"和平目的",允许使用军事人员和一切的设施和设备(当然也包括军用的设施和设备),该条约还禁止在外层空间部署核

---

① 当然,近年来,学术界一直存在对"临界空间"法律地位的讨论。
② 各方观点主要集中在两个方面,即"功能论"与"空间论"之间的争论。关于外层空间和空气空间的分界,在学术界至今也没有定论。实践中,各国大致接受海平面以上大约 100km 作为外层空间和空气空间分界的标准。
③ 转引自:黄建余,冯旭.航天法的主要特征与基本原则初探[J].北京航空航天大学学报(社科版),2020(6):107-113. 国务院新闻办公室,2016 中国的航天[EB/OL].(2016-12-27)[2020-08-10].http://www.gov.cn/xinwen/2016-12/27/content_5153378.htm.

武器和大规模杀伤性武器以及在外层空间和天体进行军事演习和武器试验,等等。国际社会的一系列军控条约和规范性文件也有关于外空军控的内容。国内航天法方面,例如1958年《美国国家航空航天法》明确规定,该法适用于军事航天、民用航天和商业航天。其他国家的立法也都做出了类似的规定。当前,我国正在制定《航天法》,与军事航天立法有关的问题也是一个绕不过去的话题。

4. 综合性

航天法具有兼具公法属性和私法属性的综合性特征。[①]航天法的综合性,主要体现在其所调整的社会关系具有广泛性和复杂性。首先,航天法不同于民法、经济法及行政法等传统的法律部门,它们通常都是按照一定的社会关系,例如平等主体之间的关系、不平等主体之间的关系以及社会利益关系等来进行分类的,而航天法调整的关系是人类航天活动中的社会关系,这类关系行业性比较强,一般涉及航天发射、载人航天、空间应用、外空资源开发、外空责任以及外空非军事化等多个不同的航天领域。因此,航天法不像传统部门法那样调整某一类社会关系,这是决定航天法具有综合性的主要原因。此外,航天法调整的社会关系特别复杂,主要体现在,航天法在调整某一类社会关系时往往需要综合运用多方面的手段。就航天发射而言,航天法在调整这类关系时,需要运用行政许可、监督管理与登记等传统公法的调整手段,也要运用民法、商法等传统私法的调整手段。除了国内法的手段,还涉及国际法的手段,比如在确定发射责任方面,需要通过外交途径,并遵守特定的国际索赔程序性规定。

5. 发展性

现代社会,科技对法律产生了深刻影响。这对于航天法也不例外。而且,作为一个技术性极强的法律部门,航天法受到技术的影响尤为深刻。可以说,"航天技术、航天活动的快速发展以及航天领域社会关系的日益复杂,决定了航天法的发展性特征"[②]。从理论上看,一切法律部门,包括民商法、经济法与行政法等传统法律部门在内,都要受到科技变革的影响,因而所有的法律部门都处在不断发展的进程中。但是,航天法受到的技术影响与传统法律部门所受到的非常不同。一般认为,航天法已成为一个独立于传统法律部门的法律门类。但尽管如此,航天法仍是一个尚未"建构"完成和还未定型的新兴法律部门。

前已述及,航天法伴随技术而生,且随技术的发展而发展,这个过程实际上就是航天法不断"建构"的过程。当今社会,航天技术突飞猛进,尤其是航天技术应用,无论是广度还是深度都正在经历深刻变革,这使航天法将长期处于不断"建构"的进程之中。这也意味着航天法的发展具有极大的不确定性。反观传统法律部门,包括民法、商法和行政法等,其法律框架和理论都是大致确定的,其对技术变革的回应和进化也是大体确定的。尽管人工智能、大数据等新技术推动了传统法律部门的发展,但这种发展只是使传统法律部门在既定基础上发生量变。而快速迭代的航天技术对航天法的形成与发展却可以产生"质变性"的变革。因此,发展性是航天法的重要特征之一。

[①] 转引自黄建余,冯旭.航天法的主要特征与基本原则初探[J].北京航空航天大学学报(社科版),2020(6):107-113. 参见:高国柱.我国航天法的调整事项与立法要素研究[J].中国航天,2019(10):44-48;冯国栋.论中国商业航天的法律体系构建[J].中国航天,2017(9):8-14.

[②] 转引自黄建余,冯旭.航天法的主要特征与基本原则初探[J].北京航空航天大学学报(社科版),2020(6):107-113. 参见:贺其治,黄惠康.外层空间法[M].青岛:青岛出版社,2000:28-30;李寿平.21世纪空间活动新发展及其法律规制[M].北京:法律出版社,2016:5-45;尹玉海,郑婷婷,姚鸿,等.月球探索与开发的国际法律问题研究[M].北京:中国民主法制出版社,2013:1-46.

2.2 航天法的渊源

法律渊源,又称法的渊源,这里用来指那些来源不同[①],因而具有法的不同效力、意义和作用的法的表现形式。所谓航天法的渊源,也就是各种调整航天及相关活动关系的全体规则的表现形式。航天法的渊源主要体现在国际和国内两个层面,这两个层面的航天法虽然同属航天法的范畴[②],但是它们分别处在两个不同的法律体系,一个属于国际法,一个属于国内法,因而它们的表现形式完全不同。

2.2.1 国际层面

在国际层面,航天法主要由两类规范组成:①作为"特别国际法"[③]的外层空间法[④]。②人类航天活动应当遵守的"一般国际法"。虽然一般国际法并非专门的航天法律规范,但是根据外空条约的规定,包括《联合国宪章》在内的一般国际法对于人类航天活动仍然有着很强的约束力,这类国际法规范除了《联合国宪章》以外,还包括《关于各国依照〈联合国宪章〉建立友好关系和合作国际法原则宣言》等,都是人类航天活动中必须遵守的,这在外层空间法的几大条约中也多有提及[⑤]。因此,国际层面的航天法也应具有"一般国际法"的渊源和"特别国际法"的渊源。

1.一般国际法的渊源

根据《国际法院规约》第三十八条[⑥]的规定,国际法的渊源主要包括条约、国际习惯、一般

---

① 如立法、行政或司法等国家机关制定的法律、法规、判例和法律解释,以及执政党制定和发布的政策或者特定组织机构制定和提出的意见和建议,等等。

② 当然,这两个层面的规则地位不同,李寿平教授在其参编的《国际公法学》中指出,国际条约是外层空间法最主要的法律渊源,国内立法自1979年以后逐渐成为外层空间法的重要渊源,对于人类的外空探索和利用发挥了不可或缺的规范作用。参见:国际公法学编写组.国际公法学[M].北京:高等教育出版社,2016:342-343。

③ 所谓特别国际法,主要是指国际法的各个分支,包括国际海洋法、国际空间法、国际环境法、国际刑法、国际人权法、外交关系法、战争法、人道主义保护法、条约法以及争端解决法,等等。

④ 在我国教科书中,"国际空间法"一般是独立的一章,但国际空间的两个部分——空气空间和外层空间法律地位不同,这使得国际空间法也大致需要划为两块:①空气空间法,适用于空气空间,有的书称之为"国际航空法",确立了国家领空主权制度。②外层空间法,适用于外层空间,有的书直接称之为"空间法",确立了平等、自由探索和利用外层空间,应当为了人类共同的福利和利益以及和平目的等方面的原则和制度。这里所谓国际层面的航天法主要指外层空间法。参见:国际公法学编写组.国际公法学[M].北京:高等教育出版社,2016:333。

⑤ 例如1967年《外空条约》规定"所有国家可……根据国际法自由探索和利用外层空间(包括月球和其他天体)……""各缔约国在进行探索和利用外层空间(包括月球和其他天体)的各种活动方面,应遵守国际法和联合国宪章,……";1972年《责任公约》也有类似的规定,如"遇损害之造成系因发射国从事与国际法,尤其是联合国宪章……不得免除任何责任";1979年《月球协定》规定得更加明确,例如"月球上的一切活动,包括其探索和利用在内,应按照国际法,尤其是联合国宪章的规定……""月球的探索和利用……应依照联合国宪章规定……"以及"所有缔约各国……在平等基础上,并按照国际法的规定在月球上从事科学研究的自由。"参见:联合国外层空间事务厅.ST/SPACE/61/REV.2,纽约,2017年,第4、16、31-33页。

⑥ 《国际法院规约》是确定国际法渊源最权威的依据,其第三十八条规定,法院裁判国际法上的各项争端,应适用的依据包括,"(子)不论普通或特别国际协约,确立诉讼当事国明白承认之规条者。(丑)国际习惯,作为通例之证明而经接受为法律者。(寅)一般法律原则为文明各国所承认者。(卯)在第五十九条规定之下,司法判例及各国权威最高之公法学家学说,作为确定法律原则之补助资料者。"经当事国同意,法院还可以依据"公允及善良"原则裁判案件。http://www.un.org/zh/documents/statute/index.shtml.

法律原则、司法判例和国际公法学家学说以及善良公允原则等 5 个方面。其中,条约和国际习惯是主要渊源,司法判例和国际公法学家学说是辅助渊源,善良公允原则是起补充作用的国际法渊源,而"一般法律原则"作为国际法的渊源,则是一个在国际法上极有争议和难于界定的问题。①

下述以条约和国际习惯这两类主要的国际法渊源为例,简要说明航天法在一般国际法方面的渊源。

1)条约。在一般国际法方面,成为航天法的国际法渊源的条约既包括有普遍意义的、造法性的多边条约,也包括一些特定国家间所形成的契约性的双边条约,但主要是多边条约,其中,最为重要的多边条约是《联合国宪章》,其中,确立了和平、安全与合作的宗旨以及七项国际法的基本原则②,成为各国在航天活动方面必须遵守的国际法规范。此外,还包括与国际责任、国际组织、国际环境、国际人权、国际人道、国际刑法、国际争端解决以及条约本身等有关的条约。

2)国际习惯。目前,除了特别国际法(包括外层空间法)上的国际习惯,如人类共同继承财产、外层空间禁止据为己有以及对海盗(劫机)、贩卖毒品和人口等国际性犯罪的普遍管辖等以外,一般国际法方面所形成的国际习惯并不多,与航天有关的主要有国家主权、不背信弃义、国际法继承以及自卫等。

2. 特别国际法的渊源

外层空间法属于特别国际法,是航天法的主要方面。所谓航天法的特别国际法渊源,也就是外层空间法的渊源。从狭义上来讲,外层空间法的渊源指国家与国家之间、国家与国际组织之间签订的双边或多边外空条约。但实际上,不仅联合国通过的不具有法律约束力的规范(一般称为外空"软法")可以作为外空法的渊源,而且条约以外的其他种类国际法渊源也都可以成为外空法的渊源。

1)条约。①多边条约。这方面的条约,尤其是联合国大会(以下全部简称"联大")通过的五项外空条约见 2.3.1 节,尽管其缔约国数量各不相同,有的条约缔约国甚至非常少③,但是,它们当然成为外层空间法最为重要的渊源。实践中,这几大条约一般被称为外空"硬法",因为它们对缔约国的约束力是强制性的。此外,还有与外空环境保护有关的多边条约,以及美国、俄罗斯、加拿大、日本和欧盟各国在 1998 年签署的《关于民用国际空间站的政府间协定》④,等等。②双边条约。尤其是冷战时期美、苏之间的条约或安排,对外层空间法的发展产生了重要的推动作用。如《限制反弹道导弹系统条约》(1972 年)(Treaty on the Limitation of Anti-Ballistic Missile Systems, ABM)就是美苏之间签署的一项双边条约,构成了外空军备控制方面的重要法律渊源之一。一般而言,双边条约也是多边公约的先导。如《外空条约》(1967 年)也是在美、苏的主导之下发展起来的。目前,这方面的条约很多,例如中国已与巴西、巴基斯坦、

---

① 邹瑜.法学大辞典[M].北京:中国政法大学出版社,1991.
② 《联合国宪章》第二条确立了七项基本原则,即会员国主权平等原则、会员国善意履行国际义务原则、会员国和平解决国际争端原则、会员国不得使用威胁或武力原则、会员国协作联合国行动原则、非会员国承担国际和平及安全的责任原则、联合国不干涉他国国内政原则等。此后,又增加了民族自决原则、自然资源的天然主权原则等。
③ 例如截至目前,1979 年《月球协定》的缔约国仍然只有 18 个。
④ 该协定规定了交叉豁免、管辖权、乘员守则、知识产权保护等方面的制度,对我国未来运营空间站具有很大的借鉴意义。

欧空局等有关国家或国际组织签署了多项有关航天合作的双边条约。③国际组织条约。例如2001年正式筹建的亚太空间合作组织（Asia-Pacific Space Cooperation Organization，APSCO)的《亚太空间合作组织公约》，又如设立国际通信卫星组织（International Telecommunications Satellite Organization，INTELSAT）的两个协定——《国际通信卫星组织协定》和《国际通信卫星组织经营协定》，国际电信联盟的《无线电规则》以及其他设立外空国际组织①的条约或协定等。

2）国际习惯。国际习惯的形成一般应当满足两个条件，即客观上长期一致的实践；主观上确信这种长期一致的实践是一项法律义务等。②通常认为，这两个条件缺一不可。然而，作为国际法的新分支，外空法出现得比较晚，也就不可能形成长期一致的实践，因此，按传统国际法理论，外空国际习惯是很难形成的。目前，公认的外空国际习惯还是非常少见。③但是，在快速发展的外空科技推动下，尤其是经过商业航天的激励，人类对外空的探索和利用活动飞速发展，这使外空国际习惯的形成可能性大增。随着国际法理论的发展，特别是"速成国际习惯法"④的提出，在一定程度上挑战了传统的国际法观念，率先为外空国际习惯的形成和发展创造了理论条件。⑤当然，关于"速成国际习惯法"这一理论，无论在学术界，还是在实务界都还存在不小的争论。因此，外空法中的某些原则和制度，如禁止据为己有、全人类共同继承财产等，能否成为外空法国际习惯，一时还难有定论。⑥

3）软法。外空软法是相对于条约和国际习惯等外空"硬法"而言的，作为由法学家创设的一个理论上的概念，它并非指一个新的独立的国际法渊源，它的最大特点就是不具有法律约束力，但是，大多数国家都会选择遵守它，因此它能够产生实际的执行效果，特别是在条约和国际习惯缺位的情况之下，外空软法可以发挥重要的作用。虽然目前学术界对外空软法还有很多争议，但是不妨碍我们根据这一特点将外空软法定义为，"国际社会针对外空探索和利用而制定的，虽然不具有法律约束力，但是能够产生实际执行效力的、区别于条约和国际习惯的国际

---

① 例如国际海事卫星组织（International Maritime Satellite Organization，IMMARSAT），已更名为"国际移动卫星组织"、国际空间通信卫星组织（International Telecommunications Satellite Organization，INTERSPUTNIK）、欧洲航天局（European Space Agency，ESA）、阿拉伯卫星通信组织（Arab Satellite Communications Organization）和欧洲通信卫星组织（European Communications Satellite，EUTELSAT）等。

② 根据传统国际法理论，国际习惯形成须具备两个因素：①有一般的实践或通例存在。②一般的实践或通例被各国所接受为法律。

③ 李寿平教授指出，"在遥感活动中不需要被遥感国的事先同意就是一项国际习惯。"参见：国际公法学编写组.国际公法学[M].北京：高等教育出版社，2016：343；他还认为，"空间碎片减缓正逐步成为一项国际习惯。"参见：李寿平.外空安全面临的新挑战及其国际法律规制[J].山东大学学报（哲学社会科学版），2020（3）：57.

④ 郑斌教授认为，现代国际习惯法可以不是主要依赖国家实践因素，而是更多地在联合国和其他国际组织的推动下通过国际公约或国际决议等形式快速形成法律确信的方式而产生。参见：郑斌.联合国关于外层空间的决议：速成国际习惯法[J].印度国际法杂志，1965（5）.

⑤ 国外有学者提出，"不得据为己有原则"在《外空条约》之前就已经成为了一项国际习惯，即外空是不属于任何国家管辖的"全球公域"。我国著名国际法学家王铁崖认为，《月球协定》第六条确立的"月球及其他天体的自然资源为人类共同继承财产"原则也是一项国际习惯。

⑥ 现实中，美国政府的反对最为强烈，而且其颁布的相关法令进一步明确了其反对立场。如，2020年4月6日，美国白宫发布的总统令明确提出，外层空间不是全球公域；美国不是《月球协定》的缔约国；美国希望各国抵制将《月球协定》规定的"月球及其他天体的自然资源作为全人类共同财产"作为一项国际习惯法。实际上，2015年，美国就已颁布了《外空资源开采法案》，授权美国公民和私人实体享有对所开采的外空自然资源的占有、运输、交易和收益等一系列财产权。

法律规范,通常表现为国际组织等通过的决议、宣言和建议等"。① 从外空法发展史来看,外空软法为外空条约和国际习惯的形成和发展奠定了基础。就外空条约而言,《外空条约》和《登记公约》的形成正是基于1961年《外空和平使用之国际合作》、1963年《各国探索和利用外层空间活动的法律原则宣言》和1963年《普遍及彻底裁军问题》等联大通过的三项决议。对国际习惯来说,一项软法规范,如果经过多国反复且一致地实践,并且国际社会认其法律约束力,那么它便可以转化为国际习惯。正如上文提到的"空间碎片减缓正逐步成为一项国际习惯"就是基于联合国外空委的《空间碎片减缓准则》《外空活动长期可持续准则》等外空软法规范。

4)辅助资料。所谓辅助资料是指本身不作为法律渊源,但可用以证明法律渊源存在从而成为确定外空法律渊源的必要补充资料。根据《国际法院规约》的规定,国际法渊源的辅助资料主要有司法判例和各国权威最高之公法学家学说。就外空法司法判例而言,国际法院迄今尚无相关判例,但近年来,随着外空商业活动的出现,在国内已有若干与外空有关的司法案例。对此,美国绝大多数法学家都认为,这些司法判例可以成为确定外空法律渊源的补助资料,因为它们反映了有关国家的司法实践,体现出该国对特定外空法律问题的司法观点,对其他国家处理同样或类似问题有参考价值。就外空法学说而言,鉴于外空法还处在成长初期。另外,也考虑到霍伯、王铁崖、郑斌、贺其治等公法学家的观点和《科隆空间法评注》等著作在现有外空法研究中引用较多,因此,在一定程度上,这些著作和学术观点可以作为权威的外空法学家学说。

2.2.2 国内层面

为了履行《外空条约》第六条规定的国家监管义务和要求,一些空间国家制定了国家航天法,以保障和促进本国航天事业的发展。② 自此,国家航天法成为航天法的重要渊源。20世纪80年代后期,外层空间法进展艰难、近乎停滞,在此背景下,更多的国家着手制定与航天有关的国内法律和法规。目前,国家航天法的渊源大体可从以下不同角度进行介绍。

1)从立法主体看,广义国家航天法相比狭义国家航天法,其立法机关更为复杂。狭义的国家航天立法,主要指中央权力机关的航天立法活动。例如,我国全国人大及其常委会、美国国会以及英国议会等进行的航天法制定活动,如美国1958年《国家航空航天法》和英国1986年《空间活动法》的制定,就属于狭义的国家航天立法情况。

广义的国家航天立法,主要指除中央权力机关外有立法权的其他机关所进行的航天立法活动。这类立法体现在:①横向上,主要指中央行政和司法机关所进行的航天立法活动。前者如我国国务院和美国联邦政府等制定的行政法规、规章和行政令等;后者如我国最高人民法院发布的可直接作为裁判依据的司法解释和虽不能作为裁判依据但对下级法院审判有指导作用的案例。对英美法系国家,就是指包括联邦最高法院在内的上级法院制定的对下级法院有拘束力的判例法等。②纵向上,指地方有立法权的机关所进行的航天立法活动。在多数如中国这样的单一制国家,航天基本法由中央立法机关制定,但是地方立法机关也可以制定仅适用于地方的法规和规章。在如美国这样的联邦制国家,尤其是各州权力比较大的情况,航天基本法

---

① 尹玉海,余佳颖.外层空间软法规制之发展及其价值判断[J].北京航空航天大学学报(社会科学版),2019(1):106.
② 贺其治.外层空间法[M].北京:法律出版社,1994:3.

由联邦制定,适用于美国全境,但是州政府也可制定其他在本州适用的航天法律法规。

2)从法的效力看,国家航天法也分为有强制力的"硬法"规范和无强制力的"软法"规范。国家航天"硬法"规范主要是指国家权力机关制定的法律、法规、规章以及立法、司法解释和判例法等。这类法律由特定立法机关、遵循严格立法程序进行狭义的立法所形成,一般具有稳定的法律效力,在国家航天立法中占据主导地位,但这类法律规范数量较少。本书从广义上界定航天法,因此,本书所谓国家航天法,除了上述"硬法"规范外,还应包括那些虽然没有很强约束力,但是却能起到一定规范作用的国家航天"软法"规范。这类规范包括国家航天政策[①]、航天发展战略、航天产业振兴计划以及航天科技中长期发展规划,等等。

3)从法的内容看,国家航天法主要涉及许可、登记、监管和责任等几个方面的内容。国家航天立法是国家履行外空条约义务的要求。在航天立法方面,各缔约国承担的基本义务主要体现在《外空条约》第六条的规定[②]以及《登记公约》第二条第1款的规定[③]。这两条规定,既是外空条约缔约国承担的义务,也是各缔约国进行航天立法的直接依据。根据上述条约义务的要求,国家航天立法的主要内容和基本要素,包括责任、授权、监督以及登记等4个方面。当然,这并不意味着国家航天法只涉及这些内容。实际上,不同的国家航天立法的内容可以更为宽泛,并且可以根据本国实际情况采取不同的立法模式,常见的有基本法和单行法的模式。有的国家制定了航天基本法,例如美国、英国、俄罗斯、日本等国;有的国家制定了航天许可法[④]、航天责任法[⑤]以及发射登记法等,例如我国2001年制定了《空间物体登记管理办法》、2002年制定了《民用航天发射项目许可证管理暂行办法》等;有的国家还制定了航天组织法、航天出口管制法[⑥]以及航天商业法[⑦],等等,也有的国家既有航天基本法,也制定了一系列航天单行法规,例如俄罗斯。

4)从法的形式看,理论上讲,国家航天法既包括成文法,也包括不成文法;前者是自上而下的,而后者则是自下而上的。

一般来讲,国家航天法主要指的是国家制定的成文法规范,但惯例和判例这类不成文法规范也能产生一定的规制作用。对此,不同国家有不同的认识。这往往与历史上形成的国家法

[①] 2015年12月13日,英国发布了首个《国家空间政策》,旨在为本国航天产业创建稳定的政策环境,使其能够把握空间探索带来的全球机遇。

[②] 参见:国际空间法:联合国文书ST/SPACE/61/REV.2,第5页。《外空条约》第六条规定,"各缔约国对其(不论是政府部门,还是非政府的团体组织)在外层空间(包括月球和其他天体)所从事的活动,要承担国际责任。并应负责保证本国活动的实施,符合本条约的规定。非政府团体在外层空间(包括月球和其他天体)的活动,应由有关的缔约国批准,并连续加以监督。保证国际组织遵照本条约之规定在外层空间(包括月球和其他天体)进行活动的责任,应由该国际组织及参加该国际组织的本条约缔约国共同承担。"

[③] 参见:国际空间法:联合国文书ST/SPACE/61/REV.2,第25页。1976年《登记公约》第二条第1款规定,"发射国在发射一个外空物体进入或越出地球轨道时,应以登入其所须保持的适当登记册的方式登记该外空物体。每一发射国应将其设置此种登记册情事通知联合国秘书长。"

[④] 对航天活动的特定环节进行的立法,主要集中于发射许可和特定外空活动许可两个方面,美国还对发射场的运营许可做了规定。代表国有挪威、瑞典、俄罗斯、荷兰、巴西等。

[⑤] 对航天活动的相关事项进行的立法,仅韩国2007年制定的《空间责任法》。

[⑥] 对航天活动的特定环节进行的立法,西方国家中对产品技术出口管制中涉及航天产品与技术出口管制的内容均属此类(巴统、瓦森纳安排、MTCR等),美国有多部法律包含航天产品与技术的管制,包含军品清单和商业清单两大类。

[⑦] 属于对航天活动的相关领域进行立法,凡属于规范、调整和管制商业航天活动的,均属此类,美国对航天商业发射、遥感系统的商业化运行、GPS、空间站、航天飞机、商业航天飞行、商业航天运输、商业发射竞争力、空间资源探索与利用等均属于此类。德国、加拿大、日本等也有关于遥感系统运行的法律。

制传统有关。回顾历史,大陆法系国家有成文法传统,其国内法主要是成文法,如德国和法国;而英美法系国家有不成文法传统,其国内法主要是不成文法(包括司法判例和惯例),就像英国和美国,特别是英国,其宪法主要是不成文的惯例。然而,在今天,这两大法制传统之间已不再界限分明。事实上,无论成文法国家,还是不成文法国家,其国内航天立法的成文法主导以及不成文法的成文化已经成为必然,尤其对于空间发达国家而言,航天法的技术性使得成文法更能适应技术迭代,推动航天法发展的现实需要。就以英国和美国来说,两国都专门制定了本国的航天基本法。尤其美国的国内航天立法十分发达,而且具有很强的超前意识,例如现行美国法律法规的集大成者——《美国法典》的第 51 篇"航空航天法"正是源于 1958 年颁布的《国家航空航天法》。此外,美国国会还制定了其他与航天有关的单行法,如 2015 年制定的《外空商业发射竞争法》及其第四部分《外空资源开采法案》等。

5)从法的调整看,国家航天法既有对航天行业的各类社会关系进行特别调整的航天专门法,也包括那些调整与航天有关的社会关系的航天相关法。

所谓航天专门法指的是调整航天行业的各类社会关系的法律规范,既包括综合性的航天基本法,也包括航天许可、航天登记、航天责任、航天组织以及航天出口管制等方面的航天单行法,狭义的国家航天法主要指的是航天专门法这一类。广义的国家航天法,除了上述狭义的国家航天法以外,还包括那些调整与航天有关的社会关系的法律规范。本书将这类法律规范统称为"航天相关法"。这类法律规范比较复杂,但凡涉及对航天相关的社会关系进行调整的法律规范,主要是民法、刑法、行政法及其诉讼法等传统部门法中与航天有关的法律规范都属此类。据此,航天相关法可以扩展成航天民事、航天商事、航天经济、航天行政、航天贸易、航天刑事及航天军事等方面的法律规范。宪法是国内航天立法的最高依据,因此,宪法的有关规定也可以成为航天相关法的内容。最后,关于航天专门法和航天相关法的关系,也就是当两者对同一事项都做出了不同规定时,应当如何处理?本书认为,可参照"特别法优于一般法"的原则,优先适用航天专门法的规定。

2.3 外层空间法体系

自 1963 年以来,联大通过了五项外空条约和一系列与外空活动的法律原则、宣言或者决议,以及其他国际组织和机构也制定了一些与外空有关的国际规范性文件,初步形成了现行外层空间法的基本框架体系。

2.3.1 联大外空条约

在联合国外空委及其下属法律小组委员会的努力下,联大先后通过了 1967 年《外空条约》、1968 年《营救协定》、1972 年《责任公约》、1976 年《登记公约》以及 1979 年《月球协定》。上述五项外空条约构成了外层空间法的核心框架。

1. 1967 年《外空条约》

鉴于联大决议缺乏法律约束力,在美、苏等国达成协议的情况下,法律小组委员会开始了起草条约的进程。在 1963 年《关于各国探测及使用外空工作之法律原则宣言》的基础上,1966

年12月19日,联大通过了《关于各国探索和利用外层空间包括月球与其他天体活动所应遵循的原则的条约》①,即1967年《外空条约》,于1967年1月27日开放签字,1967年10月10日生效。世界上的主要航天大国,如美国、俄罗斯、印度、日本、韩国、法国等均是该条约的批准国。中国于1983年12月加入。该条约也是联合国五项外空条约中批准国最多的条约。

1967年《外空条约》是整个外层空间法体系的核心,被誉为"外空宪章"。也就是说,其他外空国际规范都必须以它为基础,如1967年后的13年里,国际社会制定的其余四个专门性外空多边条约基本上都是对1967年《外空条约》中原则性规定的细化和补充。但是,随人类外空活动的深入,《外空条约》的不完善之处凸显。

①《外空条约》是个框架性条约,缺乏具体的制度,缺乏相应的监督机构和实施细则。②由于历史的局限,它很难预知外空军事活动的发展,与外空军事化规制不相适应,也引起很多的争议,例如,《外空条约》中"和平目的"是"非侵略性"还是"非军事化"? 如何在外空行使《联合国宪章》所规定的自卫权? 另外,条约只禁止核武器和其他种类大规模毁灭性武器,但对大规模毁灭性武器未作说明,对其他类型的武器也没有明确约束,这是否暗示可以部署常规武器? 对此,美国坚决反对修改条约。可以说,正是利用了这样的漏洞,美国利用外空大搞军事演习和军备竞赛,甚至着手部署外空武器。③《外空条约》未明确规定争端解决的程序和机构。《外空条约》仅提及缔约国的磋商程序,而对磋商不成该如何解决未作规定。因此,在外空争端方面只能适用争端解决的一般国际法规则。

2. 1968年《营救协定》

20世纪60年代以来,国际社会在从事具备高风险的航天活动中发生了多起灾难性事故。如1962年9月,苏联的一颗人造卫星残骸落到美国康斯康辛州,营救技术落后的苏联必须通过寻求第三国的援助来迅速搜救宇航员和航天器。1967年1月27日,美国的"阿波罗—号"飞船在卡纳维拉尔角基地进行模拟发射时,乘员舱电路起火导致3名宇航员不幸身亡。这使得国际社会再度重视对营救宇航员和空间物体方面的立法。

1967年12月19日,在《外空宣言》第九条②和《外空条约》第五条③的基础上,联大以第2345号决议通过了《营救宇航员、送回宇航员和归还射入外层空间的物体的协定》,即《营救协定》,于1968年4月24日在伦敦、莫斯科和华盛顿开放签署,1968年12月3日正式生效,我国在1988年12月14日加入,目前世界上主要航天国家均已加入该条约。此外,欧洲空间局(European Space Agency,ESA)和欧洲气象卫星应用组织(European Organisation for the Exploitation of Meteorological Satelites,EUMETSAT)也发表声明愿意受该条约的约束。

---

① 《外空条约》规定外空探索和利用应为了全人类的共同利益;所有国家都可按照国际法自由进入外层空间,并享有科学考察的自由;各国不得通过主权要求、使用或占领等方法将外空据为己有;外空活动应遵守包括联合国宪章在内的国际法;禁止在地球轨道、天体和外层空间放置载有核武器或其他类型的大规模毁灭性武器;外空应专用于和平目的;各国应营救和送还遇到意外的宇航员、返还落入本国境内的他国空间物体;缔约国应对其外空活动承担国际责任,非政府实体的外空活动应经缔约国批准并受其持续监督;登记国对其空间物体保有管辖权和控制权;外空活动应避免使外空和地球受到污染,各国应就外空活动所产生的有害干扰及有关争端进行磋商;等等。

② 《外空宣言》第九条规定,各国应视航天员为人类在外空之使节,遇其发生意外,遭受危难,或在外国领土或公海上紧急降落时,应给予一切可能之救助。对作此种降落之航天员,应安全迅速送回其所乘外空飞器之登记国。

③ 《外空条约》第五条规定,在外层空间和天体进行活动时,任一缔约国的宇宙航行员应向其他缔约国的宇宙航行员提供一切可能的援助。

众所周知,载人航天既是人类共同的事业,也是极具风险的探险活动,因此,载人航天中的宇航员理应受到特别的尊重、荣誉和保护。《营救协定》呼吁全力营救发生意外、遇难或紧急降落的宇航员,完全、迅速地交还宇航员和归还发射到外层空间的物体。[①]该协定对宇航员的法律地位和营救、外空物体的管辖、控制和返还以及营救费用和消除危害等方面的问题进行了规定,其目的就是建立一种制度,使各缔约国负有主动营救和返还别国宇航员和外空物体的义务[②],而且还根据宇航员的降落地的不同情况分别做出不同的规定[③]。

当然,《营救协定》也存在不完善的地方。例如,由于《营救协定》对非缔约国无约束力,故当宇航员因意外降落在非缔约国管辖区域时,究竟应当如何处理?目前来看,只能按照国际习惯或者由国家按照一般法律原则解决。如果在发现外空物体或其组成部分的缔约国宣布的合理期限内,外空物体仍无人认领,有关缔约国应如何处理这些物体?一般视为这些物体已经被发射当局废弃。由于《营救协定》对"空间物体"界定不明,实践中,对于发射过程中所产生的废弃物,例如运载火箭的残体,或弃星回落地球过程中未燃烧尽的碎片,降落地的缔约国是否需要通知?一般不需要,除非对降落地国造成损失。诸如此类的问题都是需要加以研究和解决的问题。

3.1972 年《责任公约》

1961 年,联大通过第 1721 号决议建立了空间物体的自愿登记制度(与 1976 年《登记公约》不同),这为构建空间物体的损害责任制度提供了基础。为此,联大有关决议要求外空委着手制定有关射入外层空间物体的损害赔偿责任的规则。经过反复磋商和酝酿,在 1971 年 11 月 29 日,联大第 2777(XXVI)号决议通过了《空间物体所造成损害的国际责任公约》,即 1972 年《责任公约》,公约于 1972 年 9 月 1 日生效,世界上主要航天国家均已加入,中国也于 1988 年 11 月加入。此外,ESA、EUMETSAT、欧洲通信卫星组织(European telecommunications satellite organization,ESTO)这三个国际组织发表声明愿意受该条约的约束。

《责任公约》规定了完整的责任赔偿制度:①赔偿主体是发射国。《责任公约》第一条第 3 款对"发射国"概念做了规定,即一个国家可能成为发射国的四种不同情况:自己发射空间物体;或者促使(私人主体)发射;或者从其领土上发射;或者从其设备上发射空间物体。②责任基础方面有绝对责任和过错责任两种[④]。③损害的范围包括生命损失、身体伤害、健康损害以及财产损失,没有涉及精神损害。④赔偿的限额方面没有限制,即以恢复原状为原则全部赔偿

[①] 也有一些国家主张,外空游客也应给予类似宇航员的地位,如其遇到紧急情况,仍应加以救援。

[②] 《营救协定》规定,任何缔约国一旦发现宇航员或外空物体遇到意外事故或危难,无论是降落在缔约国境内还是公海上,都有义务采取救助措施并通知发射国或联合国秘书长,并尽快予以返还。

[③] 如果降落地为缔约国管辖区域,降落所在的缔约国应立即采取一切可能的措施援救航天员,并提供一切必要协助,并将所采取的措施及其进展情况通知发射当局及联合国秘书长。如果降落地为不属于任何国家管辖的区域,比如公海或者南极北极地区,那么,有关缔约国应当在"必要时"和"力所能及"的范围内,"协助寻找和营救"航天员,保证他们迅速得救。一般而言,降落在缔约国管辖的区域内,降落地国家对于救助该航天员负有首要的和主要的责任,而发射当局则处于次要的和协助的地位,而当航天员降落在不属于任何国家管辖的区域时,发射当局应负有首要的和次要的责任,其他缔约国则处于次要的和协助的地位。这是考虑了国际法中"属地优越权""属人优越权"及"国家主权"等理论的结果。

[④] 《责任公约》第二条和第三条规定,发射国应对其空间物体在地球表面或给飞行中的飞机所造成的损害负有赔偿的绝对责任,任一发射国的空间物体在地球表面以外其他地方,对另一发射国的空间物体或其所载人员或财产造成损害时,只有在损害是由于前者的过失或其负责人员的过失而造成的条件下,该国才对损害负有责任。

到损害发生之前的状态。⑤求偿适用的法律是国际法和公平合理原则,不是国内法。⑥求偿的程序一般是通过外交途径向发射国提出,受害国或其可能代表的自然人或法人也可以直接向发射国的法院、行政法庭或机关提出赔偿要求。⑦求偿的时限是在损害发生之日起或判明应负赔偿责任的发射国之日起一年。

《责任公约》仍然存在不完善之处:①关于过错责任的举证。根据《责任公约》的规定,一国空间物体对他国空间物体造成的损害,发射国只在有过失或者其负责人员有过失的情况下才承担责任。在这种情况下,举证责任由受害国承担,但是因为发射活动是由发射国来控制和操作的,受到损害的国家一般无法获得有关发射的数据和信息,所以过错的举证非常困难。②《责任公约》对"空间物体"缺乏明确界定。尽管绝大多数学者认为空间碎片应当被包含在空间物体中,但公约并未明确规定"空间物体"是否包括空间碎片。随着空间碎片的增多,由此引起的损害纠纷也必将大量出现。③《责任公约》规定了通过谈判途径来解决争端,谈判不能达成解决协议时,任何一方可以要求设立赔偿委员会,但是赔偿委员会的裁决只是建议性的,在实践中缺乏执行力。④《责任公约》的制度设计有利于受害国,但是,随着航天商业化趋势的发展,卫星在轨转移、租赁的情况日益增多,这通常意味着做为空间物体的卫星的实际控制人已经发生了变化,但公约对此无任何规定,由此可能导致"一朝为发射国,终生是责任国"的不合理现象。⑤《责任公约》更加侧重于对人和财物的保护,其规定的"损害"一词是否包括环境损害,还不是很确定。

4.1976年《登记公约》

1961年12月20日,联大第1721号决议确立了一种登记制度①,但这只是联大通过的决议,并无法律拘束力,其中登记是自愿的,且决议的规定过于原则,由此各国登记的信息差异较大,故制定一项登记空间物体有关信息②的公约是必要的。

1974年11月12日,联大对法律小组委员会起草并经外空委批准的《登记公约》草案进行了审议和表决,以第3235号决议通过了《关于登记射入外层空间物体的公约》,即1976年《登记公约》,1975年1月14日开放供签署,1976年9月15日该公约正式生效。目前,世界上主要航天国家均已加入该公约,中国也已于1988年11月加入。此外,ESA、EUMETSAT等发表声明愿意承担该条约规定的权利与义务。

《登记公约》主要是要求各国将其发射的外空物体向联合国登记,以便联合国和世界其他国家了解各国外空物体发射情况。1976年《登记公约》对《外空条约》第八条的登记原则做了进一步的扩展。该公约设定的最重要的国际义务之一是向国家登记簿和联合国秘书长保管的

---

① 该制度敦促将空间物体射入或跃出地球轨道的国家,尽速向联合国秘书长登记该空间物体的基本信息,据此,美国、苏联、法国、日本等许多国家纷纷向联合国递交登记资料。

② 这类信息,请参考外层空间事务厅提交的一份工作文件(A/AC.105/C.2/2010/CRP.7),该文件反映了目前各国和国际组织在登记空间物体时所提供的通常信息以及联大决议所建议的额外信息,共有三个部分:第一部分是按照《登记公约》或联大第1721号决议提供的信息,包括:是否属于新的空间物体登记或以前登记的空间物体的补充信息;发射国/国际政府间组织;代号;发射日期和地域或地点;基本轨道参数;空间物体的一般功能;状态变化;第二部分是按2007年12月17日联大第六十二届会议第75次全体会议上通过的决议(A/RES/62/101)中的建议提供的附加信息,主要有3类:①运行状况的变化;②基本轨道参数;③其他信息;第三部分按前述决议(A/RES/62/101中的建议提供的有关空间物体监管变化的信息,包括:监管变化的日期;新拥有者或经营者的身份;轨道位置的变动;空间物体的功能变化;第四部分是自愿提供的补充信息,包括空间物体拥有者或经营者;运载火箭;空间物体在轨运行所环绕的天体;其他信息。

国际登记簿提供信息。《登记公约》要求登记的对象是所有"发射进入或超出地球轨道的空间物体"。登记分两级：①要求缔约国在国家一级设立登记册。②国家要负责将本国的外空物体向联合国登记。登记是缔约国的一项强制性的义务。

《登记公约》存在的主要问题是：①公约的某些规定不明确，如发射国和空间物体的概念等。②公约中有些条款执行情况不理想，如有些发射国不能及时向联合国提供登记资料，这与规定的登记时间模糊（比如公约没有要求发射前必须登记）有直接关系。③公约要求登记的某些信息[①]与空间物体（如军民两用卫星）信息保密冲突，这极大地影响了一国外空物体登记的积极性。而且，公约对于拖延、甚至不登记的情况缺乏责任追究制度。

5. 1979 年《月球协定》

随着人类探索外空能力的增强，各国意识到有必要对月球和其他天体的资源开发和利用做出明确的规定。根据部分成员国的提议，外空委向联大提出了起草条约的建议，得到了联大的核可，经过激烈的辩论和磋商，最终形成了《指导各国在月球和其他天体上活动的协定》，即《月球协定》的草案，1979 年 12 月 5 日，联大第 34/68 号决议正式通过了这一协定，并于 1979 年 12 月 18 日开放供签署，1984 年 7 月 11 日生效。

《月球协定》重申了《外空条约》的各项原则，确定了在月球上活动的主要法律原则：月球非军事化原则；国际合作与互助原则；科学研究和探索自由原则；保护月球环境原则；人类共同继承财产和国际开发制度；协商制度和和平解决国际争端原则。平衡了各国的利益，规定了月球和其他天体及其自然资源是全人类的共同财产、月球及其他天体的和平利用和非军事化、月球上的人和物的管辖和控制权以及制定月球资源开发的国际制度，等等，为外空国际合作的发展奠定了重要基础。

尤其是，《月球协定》规定：月球及其自然资源均为人类共同继承财产，不得由国家依据主权要求，通过利用或占领，或以任何其他方法据为己有；缔约各国承诺一俟月球自然资源的开发即将可行时，便建立指导此种开发的国际制度。这一条款引发了巨大争议。根据《月球协定》第十八条，在其生效后的 1994 年，应当对其进行审查，以便确定是否需要修正。但从当时审议的情况看，虽然少数缔约国主张尽快建立月球资源开发制度，但多数缔约国认为时机并不合适。就现在的情况看，有关月球及其他天体的资源开发制度可能还存在许多变数，不排除一些航天大国在技术足够成熟时自行制定双边或多边开发的协议，从而进一步将《月球协定》边缘化。

《月球协定》最大的不足就是批准的国家数太少，到现在为止也仅有 18 个缔约国。目前，世界上主要航天国家中，除了印度、法国是签署国（未批准）之外，其他均未签署或加入该条约，这无疑在一定程度上降低了《月球协定》的地位和实际影响。

综上所述，联合国上述 5 项外空条约构成了外层空间法的核心和基础。然而，这些条约中，除《外空条约》有 125 个缔约国以外，其余条约的缔约国都不多，尤其是《月球协定》仅有 18 个缔约国批准，这显然与《月球协定》的重要性不相称。而且前已提及，航天技术迅猛发展，航天商业化不断加速，这些无疑都对外空条约的现代化提出了严峻的挑战。

---

① 1976 年《登记公约》规定应当登记的信息包括：发射国或多данных发射国的名称；外空物体的适当标志或其登记号码；发射日期和地域或地点；基本的轨道参数，包括交点周期、倾斜角、远地点、近地点；空间物体的一般功能。

2.3.2 联大通过的外空决议、原则和宣言

1958年,联合国和平利用外层空间委员会,即联合国外空委成立。自此,外层空间法逐步发展成为国际法的一个分支。其中,联合国外空委功不可没。绝大多数联大通过的外空决议、原则和宣言最初都是外空委完成的。

1. 决议

在1967年《外空条约》之前,联大通过了3项决议,即1961年《外空和平使用之国际合作》①、1963年《各国探索和利用外层空间活动的法律原则宣言》②以及1963年《普遍及彻底裁军问题》③等,这些决议为《外空条约》和《登记公约》等的形成奠定了重要基础。

2000年以后,联大通过了5项决议,即2000年《关于使用地球静止轨道的一些问题》④、2004年《适用"发射国"概念》⑤、2006年《外层空间活动中的透明度和建立信任措施》⑥、2007年《关于加强国家和国际政府间组织登记空间物体的做法的建议》⑦、2013年《就有关和平探索

---

① 决议提出了探索和利用外层空间必须遵循的两个重要原则:①国际法,包括联合国宪章在内,对外空及各天体一体适用;②外空及各天体可任由各国依国际法规定探测及使用,不得为任何国家所专有。参见:国际空间法:联合国文书 ST/SPACE/61/REV.2,第71页。

② 宣言概括性地规定了各国进行外层空间活动的9个原则:①外空的探索与利用必须为全人类谋福利和利益;②外空及天体可由各国在平等基础上根据国际法自由探索及利用;③任何国家不得对外空及天体提出主权要求,也不得以任何方式据为己有;④各国在探索和利用外空时应遵守国际法规定;⑤各国对本国的外空活动,不论由政府或非政府团体进行,均负有国际责任;⑥各国探索和利用外空须遵守合作与互助的原则;⑦发射国对射入空间的物体及物体内的人员保持管理、控制和所有权;⑧发射和促使发射物体进入外空的国家及其境内或设施发射物体的国家,对射入空间的物体所造成的损害负有国际责任;⑨各国应视航天员为人类派往外层空间的使节,遇其发生意外或在外国领土紧急降落时,应给予一切可能之救助。宣言对于国际外层空间立法具有开创性的意义,特别是对后续联合国通过的5个外空条约具有奠基作用。

③ 决议规定,勿将任何载有核武器或任何他种大规模毁灭性武器之物体放入环绕地球之轨道,勿在天体上装置此种武器,或以任何方式将此种武器滞留于外空。转引自:尹玉海,余佳颖.外层空间软法规制之发展及其价值判断[J].北京航空航天大学学报(社会科学版),2019(1):108.

④ 决议提到,关于地球静止轨道的使用,法律小组委员会建议,"如已利用轨道/频谱资源的一国与希望利用该资源的一发展中国家或另一国同时对利用该频谱/轨道资源提出了同样的申请,已有利用机会的国家应采取一切实际可行的步骤,使该发展中国家或该另一国家对所申请的轨道/频谱资源享有平等的利用机会"。

⑤ 20世纪70年代末以来,人类外空活动发展迅猛,新的空间技术不断出现。同时,随着外空领域国际合作的日益深入,一个发射活动经常涉及两个或者两个以上的国家,实施空间活动的主体从国家扩展到跨国公司等非政府实体,这些都是在调整外层空间活动的五项基础性条约制定后出现的,一定程度上对现有的外层空间法律制度带来了挑战,其中"发射国"的概念是比较突出的问题之一。经过法律小组委员会讨论,决议提出,鉴于目前推进制定国际空间法遇到的困难,当遇到应当处理的有关空间物体的问题时,应由成员国通过实施国内立法加以解决。

⑥ 决议邀请各国,"提出关于国际外层空间的透明度和建立信任措施的具体建议,以利维持国际和平与安全,促进国际合作,防止外层空间军备竞赛。转引自:尹玉海,余佳颖.外层空间软法规制之发展及其价值判断[J].北京航空航天大学学报(社会科学版),2019(1):110.

⑦ 决议提到,空间物体的一般登记信息包括:①所适用的空间研究委员会国际代号;②作为发射日期参考时间的协调世界时;③作为基本轨道参数标准单位的公里、分和度;④除《登记公约》要求提供的一般功能之外,与空间物体功能有关的任何实用资料;"附加登记信息包括:①所适用的地球静止轨道位置;②运行状态的任何变化(特别是当空间物体不再发挥功能时);③衰变或重返的大致日期,如果国家能够核实该资料的话;④将空间物体移至弃星轨道的日期和实际状况;⑤空间物体正式资料的网络链接"等。

和利用外层空间的国家立法提出的建议》①,等等。

2. 原则和宣言

自 1979 年《月球协定》之后,外空条约没有取得任何进展。随着外空新技术的快速发展,人类空间活动的需求大幅增长,为了规范越来越多的主体参与外空活动,联合国通过了 3 项外空原则和一项外空宣言,即 1982 年《各国利用人造地球卫星进行国际直接通信广播所应遵守的原则》②、1986 年《关于从外层空间遥感地球的原则》③、1992 年《关于在外层空间使用核动力源的原则》④、1996 年《关于开展探索和利用外层空间的国际合作,促进所有国家的福利和利益,并特别要考虑到发展中国家的需要的宣言》⑤等,随后,这几项文件都成为了 5 项外空条约的重要组成部分。

这些原则和宣言,虽然严格讲不具有法律约束力,但是这并不妨碍各国在实践中接受它们,从而有可能形成相关的国际习惯法规则。同时,作为联大通过的决议,它们在很大程度上也代表了国际社会对特定问题的法律理念,对外层空间法在相关领域的发展具有指导作用,将来也极有可能在这些原则和宣言的基础上,形成有约束力的法律规范。

2.3.3 联合国以外的规则

1. 国际组织的文件

国际组织的文件主要包括《空间千年:关于空间和人的发展的维也纳宣言》⑥、《外空活动长期可持续准则》(Long-Term Sustainability of Outer Space activities, LTS)⑦、《亚太空间合

---

① 决议提到,各国在颁布本国空间活动监管框架时酌情考虑的要素,包括国家监管框架所针对的空间活动的范围;国家对在其领土上实施的空间活动的管辖权;国家对其公民和法人的空间活动的审批和监督;空间活动审批机关及其授予、修改、暂停或取消许可的条件和程序;国家审批条件设置的基本要求及其他考虑因素;持续不断的监督和监测的适当程序以及强制机制;国家登记机关应要求运营人或所有人提交登记空间物体的相关信息以便向联合国秘书长提交这些信息;国家可酌情规定保险要求和赔偿程序以确保损害索赔得到适当偿付;以及对在轨空间物体所有权或控制权发生转让时应确保对非政府实体的空间活动继续实施监督;等等。
② 从 1980 年起,有关外空活动的新的国际立法通过联大决议的方式开始适用,这就是外空国际软法规则开始发挥作用的开始。当时,国际社会讨论了一个颇受争议的问题——频段的重叠和对从国家其他实体传来的信号加以干扰,最终以联大决议的形式为卫星直接电视广播提出指南。
③ 决议提及的问题是,被遥感国在多大程度上可以不允许遥感国遥感,或者允许遥感国遥感之后,可以获得什么益处。
④ 该原则提到,空间物体使用核动力的安全使用准则和标准、安全评价、重返时的通知(包括系统参数、关于核动力源的放射危险性的资料)、促成协商、各国提供必要协助以及载有核动力源的空间物体产生的责任和赔偿,等等。
⑤ 联大和平利用外层空间委员会在发展中国家的要求下,委员会努力就《外空条约》第一条第 1 款意义上的国际合作,各国应当如何完成其义务的事宜提出具体建议。决议表明,在实施合作义务时,各国在选择方法和途径的问题上几乎享有完全的自由。
⑥ 1999 年 7 月 19 日至 30 日,第三次联合国探索与和平利用外层空间会议,即第三次外空会议在维也纳召开,100 多个国家和地区的代表与会,会议通过了《空间千年:关于空间和人的发展的维也纳宣言》。
⑦ 2019 年 6 月 12 至 21 日,联合国外空委第 62 届会议上通过了自 2010 年以来逐步达成一致的外空活动长期可持续性(Long-Term Sustainability of outer space activities, LTS)序言和 21 条准则,并决定将其作为本届会议报告附件,鼓励各国和政府间国际组织自愿执行已通过的内容,以及明确指出外空委是机制化讨论执行和审查准则问题的主要平台。

第2章 航天法的基础

作组织公约》①、《国际电信联盟组织法》②、《国际电信联盟公约》③、《无线电规则》④、《禁止为军事或任何其他敌对目的的使用环境致变技术公约》⑤、《全面禁止核试验公约》⑥、《在重大自然或技术灾害中协调利用空间设施的合作宪章》⑦、《外空活动争端任择性仲裁规则》⑧、《欧盟外空活动行为准则》(草案)⑨，以及《移动设备国际利益公约关于空间资产特定问题的议定书》⑩等。

---

① 该公约于2006年在北京签署，是地区性外空利用条约，目的是为缔约国增进对外空资源的认识和合理利用，促进亚太地区稳定和经济的发展，主要成员包括中国、孟加拉国、印度尼西亚、伊朗、秘鲁、蒙古、巴基斯坦和泰国等国家。

② 《国际电信联盟组织法》第一条规定，国际电联有权实施无线电频谱的频带划分，无线电频率的分配，以及无线电频率指配和对地静止卫星轨道的相关轨道位置的登记，以避免不同国家无线电电台之间的有害干扰等，该法规第四十四条确定了地球静止轨道利用的基本原则。这些工作与航天活动存在着密切联系，尤其是在卫星无线电频率分配和地球静止轨道位置的分配方面。

③ 《国际电信联盟公约》(ITU Convention)源于1932年制定的《国际电信公约》，是《国际电信联盟组织法》的补充，主要规定了电信联盟职能的行使、关于大会和全会的一般条款、议事规则、仲裁和修订等内容。中国于1920年加入国际电信联盟(当时为国际电报联盟)。1949年中华人民共和国成立后，其席位曾一度被非法剥夺。1972年5月30日，电信联盟理事会通过决议，恢复了中华人民共和国在这一组织的一切权利，1973年，中国政府签署并批准了新的《国际电信公约》。1982年，中国政府又签署了修改后的《国际电信联盟公约》。

④ 《无线电规则》是国际电联的行政规则之一，采取自动生效的方式，其第九条和第十一条规定了国际电信联盟的卫星业务频率协调程序，主要有两种方式：一种是后验的分配方式，指的是依据ITU的频率协调程序进行的卫星网络或卫星资料的提前公布、协调、频率指配的通知和登记这一三段式程序所进行的频轨资源分配，其实质上是一种"先来先得"的分配方式，即只要按照《无线电规则》所规定的协调程序进行了协调，并最终在频率登记总表进行了频率指配的登记，该频率的使用权就得到了国际认可；另一种是先验的分配方式，是有计划地在名义上将频率轨道位置分配给若干国家，而不论其是否有实际需要或能力来利用这些轨道位置。

⑤ 1976年12月10日订立于纽约，1978年10月5日生效。目前有75个缔约国，安理会五大常任理事国均是其缔约国。公约的宗旨是，禁止在军事上或任何其他敌对行动中使用环境致变技术，以使人类免遭此种使用之危害，巩固世界和平和各国之间的相互信任。

⑥ 《全面禁止核试验条约》简称《条约》是一项旨在促进全面防止核武器扩散与促进核裁军进程，从而增进国际和平与安全的条约。该条约中的全面禁止核试验，也包括禁止在外层空间进行核试验。1996年9月10日，第五十届联大续会以158票赞成、3票反对、5票弃权的压倒多数票通过决议，正式认可条约文本。9月24日，《条约》在纽约联合国总部开放供签署。中国自始至终参加了《条约》谈判，并在东道国美国之后第二个签署了这项条约，同时发表了中国政府声明，重申了中国一贯主张全面禁止和彻底销毁核武器，并为早日实现这一目标继续努力奋斗的原则立场。

⑦ 该宪章旨在提供一套空间数据接收与交付的标准化系统，并通过授权用户向受到自然或人为灾害影响的地区提供服务。每一个成员机构都提供了各自相应的资源来支持宪章以减缓灾害对人类生命和财产的影响。该宪章于2000年11月1日正式宣布实施。2007年5月24日，中国航天局局长孙来燕在位于巴黎的欧洲航天总部签署了该宪章，自此中国国家航天局成为该国际减灾合作机制的正式成员。目前，加入国家宪章的成员机构包括中、美、欧、印、法、日等十余个国家的有关机构。

⑧ 该规则意味着外空领域的争端可以通过常设仲裁法院解决。常设仲裁法院下的仲裁对包括非政府实体之内的所有实体开放，而适用与否完全取决于当事国的合意，其裁决因为当事国接受常设仲裁法院的管辖而具有强制性，保证了通过常设仲裁法院解决外空争端所要求的权威性。该规则同时规定参与仲裁的仲裁员必须具有空间专业知识，如果仲裁过程中达不到所需专业水平，仲裁庭可以选定专家协助仲裁员裁决；对于仲裁过程中的保密事项则通过"保密专家"防止相关信息泄露以维护裁决公正。

⑨ 美国国务院负责外空与防务政策的副助理国务卿罗斯(Frank Rose)在第七届伊兰·拉蒙国际外空会议上表示，外空安全受到了"不负责任行为者"的威胁。他说，对外空系统不负责任的行为不仅仅影响到外空环境，扰乱了全球所依赖的民用、商用以及国家安全方面的卫星服务，甚至可能给子孙后代带来破坏性的影响。罗斯表示，基于上述原因，美国决定与欧盟和其他国家共同制定《空间活动行为准则(草案)》。

⑩ 该公约是国际民航组织和国际统一私法协会2001年10月29日—11月16日在南非开普敦召开外交会议制定，于2004年4月1日生效。我国全国人大常委会于2008年10月28日审议批准了该公约。

2. 其他文件

其他文件主要包括空间碎片减缓和外空军控等两方面的文件:

1) 空间碎片减缓方面的文件。主要有:①机构间空间碎片协调委员会①(Inter-Agency Space Debris Coordination Committee, IADC)的《空间碎片减缓指南》(2002 年、2007 年修订)②;②联合国外空委的《关于空间碎片的技术报告》(1999 年)③、《空间碎片减缓准则》(2007 年)④、《外层空间核动力源应用安全框架》(2009 年)⑤;③国际法协会空间法委员会的《关于保护环境免受空间碎片损害的国际文件》(1994 年)⑥,等等。

2) 外空军控方面的文件。主要有:①2002 年 11 月在海牙制定的"防止弹道导弹扩散行为准则"⑦;②2008 年中俄两国向裁军谈判会议提交的《防止在外空放置武器、对外空物体使用或威胁使用武力条约(草案)》⑧;③2015 年联大一委通过的"不首先在外层空间部署武器"决议(草案)⑨。

上述文件,有的以条约的形式出现,而大部分不是条约,也不属于国际法的其他渊源,但可以将其划归为外空软法一类。也就是说,它们不具有法律强制力,但是,实际上,它们仍然能够发挥规制的作用,尤其是现行外空法缺位时,其作用更不可小觑。

---

① 机构间空间碎片协调委员会是由美国航空航天管理局、欧空局、日本宇宙开发事业团和俄罗斯航天局联合发起,于 1993 年 10 月 26 日在俄罗斯的加里宁格勒成立,1995 年 6 月中国国家航天局正式加入。

② 由 IADC 制定,要求各国制定政策,保证在未来的外空活动中对空间碎片的产生加以控制。

③ 由联合国和平利用外层空间委员会科技小组公布,但该报告不指导空间碎片减少的规范和实践。

④ 由联合国和平利用外层空间委员会第 50 届会议以《IADC 空间碎片减缓指南》为基础而制定,这套准则为会员国和国际组织采取措施缓减空间碎片提供了指导,其内容包括限制轨道中意外碰撞的可能性、限制航天器在任务结束后长期存在于低地轨道区域等一系列规定。

⑤ 2009 年 5 月 19 日,联大以第 A/AC.105/934 号文件正式通过了联合国外空委与国际原子能机构共同制定的《外层空间核动力源应用安全框架》。该文件由前言和正文两部分内容组成。正文分为 6 节,其中第 3、4、5、6 节分别为政府指南、管理指南、技术指南和术语表等。

⑥ 由国际法协会空间法委员会制定,规定了空间碎片引起的责任和损害赔偿的原则。

⑦ "准则"的目标是通过透明和建立信任措施等手段,防止可运载大规模杀伤性武器的弹道导弹扩散。目前"准则"有 134 个参加国。中国反对大规模杀伤性武器及其运载工具的扩散,对导弹及其相关物项和技术实行严格的出口管制,因此,中国与"防止弹道导弹扩散海牙行为准则"的宗旨和目标是一致的。中国愿与"准则"成员国保持接触和沟通,加强导弹防扩散领域的交流与合作。

⑧ 草案提出,通过谈判达成一项新的国际法律文书,防止外空武器化和外空军备竞赛,维护外空的和平与安宁。显然,这是《外空条约》第四条限制外空军事化(尤其是禁止外空武器化)的体现。当然,该草案因为美国的反对而至今未能生效,但其内容已经在国际社会产生了重要影响。

⑨ 草案鼓励所有国家、特别是具备航天能力的国家考虑做出不首先在外层空间部署武器的政治承诺。事实上,自 2004 年俄罗斯在联大负责裁军和国际安全事务的第一委员会(简称"联大一委")做出"不首先在外空部署武器"的政治承诺以后,国际社会普遍对此表示赞同,更有国家以实际行动予以支持。2015 年俄、中等 39 个国家共同提出了一份"不首先在外层空间部署武器"决议草案。2015 年 11 月 3 日,联大一委对该决议草案进行了表决,草案以 122 个国家赞成、47 个国家弃权、4 个国家反对的压倒性多数获得了通过,其中投反对票的国家是以色列、乌克兰、美国和格鲁吉亚。不过,联大下属的各专题委员会通过的决议草案还有待联大全会投票才能决定最终通过与否。https://news.un.org/zh/audio/2015/11/307082,2020 年 11 月 1 日访问。

2.4　主要国家和地区的航天法

在航天技术发展和外空形势的需求下,各主要航天国家根据国情纷纷制定了本国的航天法律法规。目前,已有20多个国家制定了本国的航天法。[①]众所周知,美、俄两国的国内航天立法颇为典型,故本部分将重点介绍该两国的航天立法情况,并对欧洲区域组织及部分欧洲国家的航天立法进行简要梳理。对于亚洲国家的航天立法情况,本书主要介绍了日本,至于我国的航天立法情况,本书将在最后一章进行专门介绍。

2.4.1　美国

美国航天立法涉及航天发射、载人航天、卫星通信、卫星导航、卫星遥感、外空资源开采、国际空间站等多方面的内容,形成了包含监管、登记、许可、保险和赔偿以及产业促进和国际合作等一系列体制机制在内的集行政法、民法、商法、经济法、刑法于一体的法律制度体系。虽然形式和内容不断变化,但是,美国航天立法基本维持在3个层次,即联邦法律、行政法规和州立法。

1.联邦法律

2010年底完成的《美国法典》共分为51编,其第51编是国会单独以《国家航天和商业航天法案》(下称《法案》)为名颁布的联邦法律。随后,1958年《美国国家航空航天法》[②]停止施行。《法案》不仅是美国航天法律的汇编,也是一部独立的法律,是美国航天法体系中最重要的法律渊源。《法案》包括7个分编,框架如下:总则、一般项目和政策[③]、管理[④]、航天航空的科研与教育、商业项目[⑤]、地球观测(陆地遥感政策、遥感、地球科学)、进入外空[⑥]。

《法案》规定美国航空航天局(National Aeronautics and Space Administration,NASA)[⑦]的管理职能,主要有:①制定、颁布、颁发、废除和修订规章制度和实施法律赋予它的权力;②任命执行上述职能所需要的官员和雇员;③获取、使用和处置财产和设施以及接受无条件赠与的服务和财产;④与联邦各部门、其他私人或公共部门进行公平交易、有偿或无偿地使用其服务、

---

① 例如,1958年以来,先后有下列国家制定了本国的航天基本法:美国(1958年)、俄罗斯(1993年)、瑞典(1982年)、英国(1986年)、南非(1993年)、乌克兰(1996年)、澳大利亚(1998年)、比利时(2005年)、韩国(2005年)、荷兰(2006年)、法国(2008年)以及奥地利(2011年),等等。

② 1958年,美国颁布《国家航空航天法》,这是已知最早的一部国内航天法,共包括4部分、20条、304款。它第一次系统地提出了美国航天活动的目的、目标和建立美国航天管理和指导机构等有关问题。

③ 涉及国家航空航天项目、责任等。

④ 涉及拨款、预算和决算、合同和采购、管理和评审、国际合作与竞争、奖励、安全、卫生保健等。

⑤ 涉及空间商业、商业性可重复利用的外空运输、外空商业竞争、空间商业化办公室、外空商业发射活动、外空运输基础设施许可等。

⑥ 涉及航天飞机和替代品的利用、商业航天的价格政策、外空探索主动权、载人航天独立调查委员会、国际空间站、近地物体、发达国家为了安全利用外空的合作等。

⑦ NASA是美国最重要的民事航天管理主体,负责管理和实施载人航天工程(航天飞机)、深空探索工程、政府空间发射、国际空间站、与航天相关的科研教育及国际合作等。

设备、人员和设施;⑤代表国家研究、调查、决定、赔偿和支付向美国提出的 25 000 美元以下的索赔;⑥根据总统的外事政策开展关于和平利用外空的国际合作,明确对中国的限制和国家利益;⑦与美国武装部队签订协议,聘用美国武装部队人员到 NASA 工作,执行与美国国防部指派的职责相同的职责,等等。

《法案》规定 NASA 的常规性管理权主要有以下几项:第一,设置贡献奖,授权航空航天局长规定奖励的条件和数额,对于航空航天活动具有重大价值的小项目和个人给予金钱奖励。第二,规定了属于美国专有财产的情形、用户的及时报告制度、专利委员会授予航空航天方面专利的限制及相关纠纷的解决、专利的放弃和专利的保护。第三,保险和补偿条款。①为遭受航天器用户提供第三方责任险。对于航天器用户对第三方造成的人身或财产损失首先要通过其责任保险进行赔偿,对于超过保险范围的索赔,由 NASA 提供全部或部分的补偿。第三方实际疏忽或明知故犯的除外。②为试验型航空航天飞行器的开发提供责任保险或补偿,包括第三方责任险。③交叉免责条款(Cross-Waivers)。

除《法案》外,联邦航天立法还包括《通信卫星法案》(1962 年)、《通信法修正案》(1982 年)、《商业航天发射法》(1984 年)①、《遥感商业化法案》(1984 年)、《遥感政策法案》(1992 年)、《商业航天法案》(1998 年)、《外空商业运输责任制度的拓展》(2009 年)、《卫星电视发展法案》(2010 年)、《卫星电视发展及地方保护法案》(2010 年)等。特别是,美国总统 2015 年 11 月 25 日签署的《外空商业发射竞争法》②,该法第四部分即为"外空资源探索与利用法"③,首次以国内立法形式赋予美国自然人和私人实体享有对外空自然资源的财产权。

此外,联邦航天立法还包括国会颁布的航天单行法。在管理权限方面,主要包括《国家航空航天局管理授权法案》(2008 年)、《国家航空航天局授权法案》(2010 年);在发展拨款方面,主要包括《亨特邓肯国防授权法案》(2009 年、2010 年)、《巩固和进一步持续拨款法案》(2012 年);在出口管制方面,主要包括《出口管理法》《武器出口控制法》④,等等。

2. 行政法规

《联邦规则法典》是对管理性规则的汇编,这些规则的制定主体是各联邦部门和机构。一般地,《联邦规则法典》的效力低于《美国法典》,但可与《美国法典》同样被援引,以作为司法裁判的依据。

这方面主要有:①白宫发布的《美国国家空间政策》(2010 年)。②国务院在国会《武器出口控制法》的基础上进一步制定出了更加详尽的《国际武器贸易条例》,对美国国防产品、技术或服务贸易的开展,在制度的具体操作层面上做出了详细的规定,由国务院政治与军事事务管理局下的国防贸易控制办公室具体负责执行。国务院还制定了《关于许可证申请的审核时间

---

① 对于较为成熟的航天发射活动,美国政府的政策较为宽松。该法明确了美国将促进私营的商业发射和再入及相关服务,美国政府只在必要的范围内规范这些航天活动。该法明确了美国对商业性空间发射的管理以空间商业发射许可证管理为手段,并明确了许可证的主管机关、发放对象、种类和期限、发放评审程序等详细内容。

② 该法的宗旨为,通过鼓励私营部门投资、创造更加稳定及可预测的监管条件,为发展中的商业航天产业培育增长环境,以及达成其他目的,内容包括激励私人航天竞争及创业、商业遥感、空间商业办公室以及外空资源探索和利用 4 个部分。

③ 该法可追溯到 2014 年 7 月 10 日美国众议院对《小行星法》的提案(后改为《外空资源探索与利用法》)。2015 年 5 月 21 日,美国众议院通过了《外空资源探索与利用法》(后改为《外空商业发射竞争法》)。

④ 《武器出口控制法》确定了美国对国防产品、技术或服务进行出口控制的各项程序、违法责任承担及其他法律规则,并明确规定了"军品控制清单"的具体内容,将卫星及其相关航天产品全部纳入"军品控制清单"之内,为美国现行航天产品贸易的规范管理奠定了重要的法律基础。

政策》(2009年)。③国家航空航天局发布的《免责条款的最后规定》(2008年)、《航天项目与国家环境政策法案的关系》(2008年)、《关于航天飞机项目不动产和财产的处置》(2008年)、《关于专业责任的航天员守则》(2008年)、《关于核光谱望远镜阵列项目的安全评估》(2009年)、《陆地卫星政策与陆地遥感政策的一致性问题》(2009年)、《NASA低轨道空间商业运输项目成员的资格要求》(2010年)。④商务部根据国会《出口管理法》出台了具体管理产品和技术出口的《出口管理规章》(1996年)，规定包括商业卫星在内的航天产品作为第十类特殊商品，必须接受《出口管理规章》的严格管控，并由美国商务部出口管理局具体负责对相关航天产品的出口管理。商务部国家海洋与大气管理局(National Oceanic and Atmospheric Administration，NOAA)发布的《关于谷歌月球X-Prize奖项的竞赛者》(2008年)、《关于航天发射活动与海洋哺乳动物的保护》(2009年、2010年)。⑤国防部发布的《与国家情报办公室(Office of the Director of National Intelligence，ODNI)的协调备忘录》(2008年)、陆军发布的《空间政策：军规900-1》。⑥司法部发布的《关于两个卫星公司反垄断争端的调查决议》(2008年)[1]。⑦美国商业空间运输局根据《商业空间发射法》制定《商业空间发射条例》，授权美国联邦航空管理局(Federal Aviation Administration，FAA)作为商业发射许可证的管理部门，还规定了商业发射许可证的审批、发放和监督的程序以及许可证持有人应具备的条件。美国运输部航空管理局发布的《关于商业发射、许可证交易的系列决定》(2008年)、《关于航天发射的环境评估》(2009年、2010年)、《关于载人和再入飞行器的任务风险控制的免责》(2010年)以及被收入2006年《联邦规则法典》第14编第3章的"运输部联邦航空局商业航天运输"。⑧联邦通信委员会发布的《关于许可证交易的决定》(2008年)、《卫星许可程序》(2008年、2009年)、《关于私人实体对于运行全球卫星系统的服务申请》(2009年)、《应国家情报办公室法案要求向国会作出的第十个报告》(2009年、2010年)、《船载卫星地面站的管理规程》(2009年)、《静止轨道和非静止轨道的卫星轨道协调》(2010年)以及《关于空间碎片减缓的第二个报告和法规》(2004年)[2]。

3. 州立法

州立法体现了州政府与联邦政府在航天管理方面的关系，体现了州政府对航天产业发展的关注。这方面的立法主要包括：佛罗里达州的《关于航天飞行的通知与同意法案》(2008年)、《航天企业责任》(2011年)；夏威夷州的《关于航天发展的议案》(2008年)、《关于旅游的议案》(2009年)；弗吉尼亚州的《关于航天活动免税法案的修改》(2008年)；阿拉斯加州的《关于航天公司更名的法案》(2009年)；新墨西哥州的《关于航天飞行通知与同意的法案》(2010年)；德克萨斯州的《航天活动的有限责任》(2011年)。这一系列规定的重要性并不限于其内容本身，它们对于研究美国空间法律制度的立法层级和管理主体制度具有重要的意义。

2.4.2 俄罗斯

俄罗斯航天立法采用"母法＋子法"的模式。在母法方面，即通过综合性的航天活动基本

---

[1] 此处"两个卫星公司"指根据《通信卫星法》和《遥感商业化法》，为了让私人资本介入卫星通信和卫星遥感等航天活动，分别成立的"通信卫星公司"和"地球卫星观测公司"。

[2] 该文件规定了空间碎片减控的原因、目的、已有的努力、存在的分歧和立法的考虑。

法,从根本上规范国家的空间法律框架;在子法方面,以航天基本法为基础,根据航天活动性质和具体实践,制定形成规范不同领域航天活动关系的子法体系。从立法实践来看,俄罗斯则是采用"先母法后子法"的发展模式,即先制定母法界定航天法的立法原则和框架,接下来对母法进行具体化,从而形成不同层次的航天子法体系。俄罗斯航天法体系相对较为完整,涉及以下几个层次的法律规范。

1. 俄联邦立法

这方面立法主要有俄联邦议会制定和公布的《关于俄罗斯联邦外空政策的优先地位的声明》(1993年)、《导航定位活动法》(2009年,这是俄罗斯首个关于卫星导航的法律,并规定了网络用户的相关权利与责任)以及作为俄罗斯国家航天活动基本法的《航天活动法》(1993年,后经过多次修订)。

1993年,俄罗斯制定了《航天活动法》,并于1996年修订。该法包括7章、30条,明确了俄罗斯航天活动[1]的目的[2]、原则和基本概念,规定了航天活动的组织与分工(确立了俄罗斯航天局和其他部门的地位与作用)、航天计划与拨款定货制度、知识产权保护、航天客体与基础设施管理[3]、安全、国际合作原则、责任等内容。该法令禁止军事核武器在月球上进行军事应用和外空蓄意污染等。该法还指令当局起草关于通信卫星、导航卫星和遥感卫星等的许可证制度。

2. 俄联邦总统令

《关于外空活动管理机构的总统令》(1992年)授权组建了俄罗斯航天局(1999年改组为俄罗斯航空航天局)。俄罗斯航空航天局是联邦的行政机构,旨在实行国家政策,协调并管理外空活动领域企业和组织的活动,实施有战略意义的军用火箭技术、军用航空和火箭/空间技术、实验航空学工作以及实现俄联邦外空规划和发展俄罗斯民用航空技术的联邦专门计划。俄罗斯航空航天局局长由俄罗斯联邦政府任免,下设由局长任主席、副局长以及下属部门领导、主要科学家和专家组成的委员会[4]。此外,还设有由局、科学院领导成员、科学家和设计师、资深专家以及国防部、其他有关联邦行政当局的机关、航空与火箭-空间工业重要组织的代表和独立专家组成的负责提供咨询的"科学技术委员会"。

《关于导弹航天工业管理体系总统令》(2013年)基本认可俄政府于同年9月4日俄政府在航天改革会议上公布的航天改革的最新方案。根据该方案,俄航天局作为国家机关继续保留,并履行国家订货方和制定航天政策的职能,及继续管理下属的十多个航天科研院所和组织机构;原航天局下属的大部分航天工业企业脱离航天局,加入一个新成立的超大型控股公司,由其作为总承包商集中执行国家订货任务。

此外,俄罗斯还颁布了《俄罗斯联邦在火箭工业领域实施国家政策的总统令》(1998年1月20日)、《关于俄联邦国家奖励的总统令》(1998年4月10日)以及《关于联邦执行权机关结构的总统令》(1999年),等等。这些总统令经过长期的适用,将逐步上升到国家法律的形式,

---

[1] 该法规定,航天活动包括:空间研究;将空间技术利用于通信、电视、无线电广播;从外层空间遥感地球,包括生态监测与气象;利用卫星导航与地形测量系统;载人外空飞行;在外层空间生产原材料或者某种产品;利用空间技术实施的其他活动。

[2] 该法旨在为经济、科学和技术发展、巩固国防和国家安全以及进一步发展俄联邦的国际合作。

[3] 对航天客体和基础设施的管理进行规定是该法的突出特点,特别是对宇航员及机组的管理进行了规定。

[4] 委员会成员(除按职务需要参加的)须由局长提名并经俄联邦政府批准。委员会负责审议保证探索与利用外层空间、发展航空技术等方面的最重要的问题;审议航空航天局的活动及其结构组成、干部的挑选、配备和培训等方面的问题。

从而成为俄罗斯重要的国家航天法渊源。

3. 俄联邦政府令

俄联邦政府令是在国家航天活动基本法的基础上,根据航天相关总统令的要求,按照行业和具体业务的内容分类,由俄罗斯联邦政府制定的规制俄罗斯国家航天活动的行政性法规。

这方面的规定主要包括《关于俄罗斯联邦外空活动的国家支持与保障的决定》(1993年)、《关于特定活动项目许可的决定》(1994年12月24日)、《关于提高效率、火箭工业部门结构重建措施的决定》(1994年7月25日)、《关于实施有利于经济、科学、俄罗斯联邦安全的外空活动的决定》(1995年)、《关于批准航天活动许可证条例的决定》[①](1996年)、《关于同意俄罗斯联邦国家航天政策的决定》(1996年)、《关于完成俄罗斯空间项目和国际空间协定的实施方案》(1996年)、《关于〈俄罗斯联邦在火箭工业领域实施国家政策的总统法令〉的实施措施决定》(1998年)、《关于以军事目的利用空间系统和空间群在外空活动领域提供服务的决定》(1999年4月8日)、《关于俄罗斯航空航天局问题的决定》(1999年7月15日)、《关于批准俄罗斯航空航天局章程的决定》(1999年10月25日)、《关于批准空间系统与空间群飞行试验国家委员会章程的决定》(2000年12月30日)、《关于特定活动项目许可的决定》(2000年4月11日)、《俄罗斯联邦政府关于批准航天活动许可证条例的决定》(2006年)以及2015年7月13日颁布的《俄罗斯航天国家公司联邦法》(该法授权成立隶属政府管理采取企业化运作的"俄罗斯航天"国家公司,对其目标以及俄联邦总统和俄联邦政府在国家集团公司中的权力等都做了规定),等等。

俄联邦政府还颁布了一系列规划,主要包括《俄联邦1999—2005年航天规划》《俄联邦2006—2015航天规划》《2013—2020年俄罗斯航天活动国家规划》《2016—2025年俄罗斯联邦航天发展规划》《2030及未来俄罗斯航天活动发展战略》[②]《2030及未来俄罗斯航天活动发展战略的基本原则》《2012—2020格洛纳斯系统维护、开发和利用专项计划》以及《2006—2015年俄罗斯航天发射场发展规划》等。这些规划以法律的形式,明确了俄罗斯航天领域的重点发展方向及任务的阶段性部署。

4. 行业性规章制度

这是俄罗斯最复杂的航天活动规范体系。俄罗斯有关航天活动的各种部门规章和规定有200多个,内容涉及国家航天活动的各个具体环节。

俄罗斯还制定了一些相关的法规、规章和政策,包括《俄罗斯航空航天局规章》[③](1995年)、《空间站机组人员行为法》(2002年)、《批准高分辨率资源卫星DK航天测绘计划,地面遥感数据的接收、处理和分发规定》(2005年)、《俄罗斯联邦建立和发展空间数据基础设施纲要》(2006年)、《地理空间信息获取、利用和提供规定》(2007年)、《2020年前俄罗斯联邦国家测绘发展纲要》(2010年)、《地球遥感数据条例》(2013年)等。

---

① 该条例对许可证的类型、形式和有效期,发放条件和程序,拒绝发放、暂停或中止其效力以及有关许可证的其他问题进行了规定。

② 该战略旨在提升固定、移动、广播通信卫星市场活力以及通过与欧洲制造商建立合资公司的方式逐步提升卫星的研制能力等。

③ 该规章提到俄罗斯航空航天局是以和平为目的,在外层空间领域执行国家政策和实现太空计划的联邦执行机构,从而形成了由总统—联邦政府—联邦空间活动和国防执行机构构成的三级垂直组织管理体系。

俄罗斯由计划经济转向市场经济并对外开放后,其航天企业所有制也向多元化变化,俄罗斯航天事业因为有了法律的保障,减少了因政府领导人的变化造成的不利影响,从而获得了长期持续的发展。

2.4.3 欧洲

欧洲[①]航天立法主要指欧洲区域层面的航天立法,主要包括欧洲空间局(也称"欧空局")法律框架、欧盟航天法以及欧盟国家航天立法等。以下从欧洲区域和部分欧盟国家两个层面概述欧洲航天立法的基本情况。

1.欧洲区域性航天立法

(1)《建立欧洲空间局公约》

西欧空间合作最早的两个机构是欧洲火箭发展机构和欧洲外空研究机构,1975年两个机构合并组成欧空局(European Space Agency,ESA)——欧洲地区外空合作的最高组织形式和常设机构,其法律基础是《建立欧洲空间局公约》。该公约由26个条文和5个附件组成,全面规定了ESA的目标、主要职责、成员身份、法律地位、机构组成、项目组成、工业政策、资金分摊、知识产权和争端解决等制度[②]。欧空局共有18个成员国[③]和加拿大、匈牙利、罗马尼亚、波兰等合作国家,是世界范围内最重要的航天力量之一。

(2)《欧盟运作条约》

欧盟对外空活动的管辖权主要由《欧盟运作条约》规定。该条约规定,欧盟相关机构应当制定并实施长期的外空政策,包括设置相关的外空项目,与欧空局的合作等。欧盟对于外空活动的关注不断增加,外空方面的管辖权也获得增强,其对于欧盟法律体系产生了重要的影响。

(3)《外空活动行为准则(草案)》

为扩大欧盟在外空法方面的影响力,2008年12月,欧盟理事会通过了《外空活动行为准则(草案)》,其目的是通过一个软法性文件,规定一系列加强外空透明度和信任措施的规则及其相应机制,吸引尽可能多的外空国家参与,以加强外空的安全、安保和可预测性。欧盟意图将该准则草案对世界各国开放,签署一个无法律拘束力的软法性文件。与此相对应的是美国史汀生研究中心的《国际外空活动行为准则》。

(4)《欧洲外空政策决议》

2007年5月22日,欧盟和欧空局29个成员国通过和发布了欧洲第一部统一的外空政策——《欧洲航天政策决议》,其目的在于将各个欧盟成员国和欧空局的外空事业统一起来。以《欧洲外空政策决议》形式发布的欧洲外空政策文件主要包括两大部分:①欧洲外空总体战略构想,强调了外层空间对社会、经济、外交、军事、安全、科技和可持续发展等方面的重要性,强调了外空资产对于欧洲的独立、安全和繁荣的关键作用,强调欧洲必须更加努力以保护和改

---

① 欧洲共有40多个国家,除去俄罗斯和乌克兰、白俄罗斯等东欧国家外,主要指欧盟和欧洲空间局等所包含的国家,约30个。
② 赵海峰.欧洲外空法律政策及其对中国与亚洲的影响[J].北京航空航天大学学报(社会科学版),2011(1):21.
③ 主要指包括来自欧盟的16个国家以及挪威、瑞士等。

善其全球竞争能力。②为未来进一步的计划与实施,详细介绍了应用、安全与防务、进入太空、国际空间站和空间探索、科学与技术、管理、产业政策、国际关系和实施等方面的重要问题①,涉及鼓励公私部门投资空间产业、重视技术创新和先期开发、不同机构对外空的管辖权以及协调成员国和欧洲层面的空间活动等内容。该政策首次在欧洲层面上确定了探索外层空间的原则和目标。

(5)《欧洲气象卫星应用组织公约》

欧洲气象卫星组织对于欧盟外空活动也产生了一定的影响。欧洲气象卫星应用组织是由法国、德国、英国、意大利等44个欧洲成员国及其气象部门建立的政府间组织。总部设于德国达姆施达特。其基本文件《欧洲气象卫星应用组织公约》于1986年6月19日开始生效。欧洲气象卫星应用组织的主要目标是建立、维持和应用欧洲气象业务卫星系统,同时也尽可能地考虑世界气象组织的建议。欧洲气象组织也参与到欧洲的区域外空活动之中,并以观察员的身份出席欧洲外空理事会会议。

2. 欧洲典型国家航天立法

欧洲国家对外空立法比较重视,而且在近期获得了重要的进展。绝大多数外空活动能力较强的国家均通过了国内外空立法。欧洲部分国家较早就通过了国内航天立法,主要有早期的挪威、瑞典和英国以及近期的比利时、荷兰、法国、奥地利等国家。其中,尤其以荷兰和法国等两国的航天立法为典型。

(1)荷兰

2006年6月13日,荷兰颁布了其空间活动法,全称是《关于外空活动与建立空间物体登记处的规定》,共有7章28条。该法第三条至第十条以及第二十五条规定了荷兰外空活动的许可制度②。该法也简要规定了空间物体的登记制度和损害赔偿责任制度③。与荷兰政府承担的风险相对应,该法对有关的外空活动进行了严格的监管,这不仅体现在极具操作性的许可制度方面,还体现在实施方面的处罚规定中。该法共有9个条文(第十五条至第二十三条)规定了罚则,如此详尽的法律责任的规定在欧洲各国航天立法中非常突出。

(2)法国

受欧盟外空体制特殊框架的限制,法国空间活动立法存在明显的滞后问题。在新法颁布以前,法国的空间立法主要由一些政令和法令组成,主要包括《关于成立空间研究委员会的法令》(1959年)及对其加以修改的第703号法令(1961年)、《关于成立国家空间研究中心的第1382号法令》(1961年)、《关于国家空间研究中心条例的253号法令》、《关于成立空间委员会的第508号法令》(1989年)及对其加以修改的第1102号法令(1990年)。上述政令和法令主要是成立有关机构并赋予相应职权的规定,尤其缺乏对民用或商用航天活动的具体规定。

2008年6月3日,法国颁布了《关于空间活动的第518号法令》,即《法国空间活动法》,以

---

① 薛培元. 欧洲航天政策决议[J]. 国际太空,2007(8):1-4.
② 该规定以列举的方式阐明了对许可证附加规定和限制的理由、对申请加以拒绝的事由以及撤销许可证的原因等。
③ 在荷兰政府依有关联合国条约承担了赔偿责任后,有权向肇事方全部或部分追偿,但持证人的损害责任被限定在保险金额内,荷兰政府对持证人的追偿也同样限定在保险金额以内。这意味着实施空间活动的持证人可以通过责任保险的方式转移风险,对于超过保险金额之外的赔偿,由荷兰政府来承担。这大大降低了私人从事外空活动的风险,为其开展正常的经营创造了良好的外部环境。

基本法的形式对外空活动的许可制度、责任制度等做出了原则性规定,使得该法成为法国空间立法的核心和基础。该法规定政府为其人民提供了财政担保以赔偿因外空活动所造成的人身、财产或环境损失,确保与空间活动相关的技术风险可以被适当减轻,且不至于损害私人承包商的竞争力。该法还明确规定了法国在空间活动方面应当履行的国际义务。[①]

该法共8编30条[②],主要内容体现在下述几方面:

1)关于外空活动的许可制度,该法规定了"须经许可的空间活动""许可条件""被许可人的义务""行政与刑事处罚"等4章。法国对外空活动许可申请进行审查的重点是股东品性、财政和职业证明以及其欲运行的系统和程序是否符合公布的技术规范,尤其是保护公共卫生和环境及人身和财产安全方面的规定。被许可人最为重要的义务是空间运营者应维持必要的保险或财产担保以及配合有关行政机关或公务人员进行的核查活动。如果持证人不履行其应尽义务或者其请求从事的活动可能危及法国国防利益或法国对其国际义务的遵守,则可以撤销或中止该许可。该法还规定了主要与许可有关的7项违法行为。

2)关于外空物体的登记制度,法国长期以来没有明确的立法规定。实践中由国家空间研究中心保存一份国内登记册,由法国外交部定期向联合国提交登记文件。该法虽然仅有第十二条做了简要规定,但却为国家空间研究中心履行相关登记职能提供了法律依据。该条要求,当法国负有登记义务时,已发射的外空物体应依照最高行政法院的法令和参事院政令规定的方式登记于由国家空间研究中心代表国家而持有的登记册上,为有关登记的后续立法提供了基础。

3)关于空间活动的责任制度,该法区分了空间活动致第三方损害的责任和空间活动参与者的责任等两类责任。对于前者,该法规定,对于尚未从运营人的财政担保或保险中获得赔偿金额数额的补偿,法国有权向其提出追偿诉讼。追偿诉讼限于按照第十六条、第十七条确定的在发射阶段或发射后,包括在空间物体返回地球期间造成损害的数额。[③] 但此种限额不适用于经营者故意过错情况,并且,如果造成损害的空间物体是经许可的空间活动的一部分,且为国家利益的行为造成的后果,则国家不提出追偿诉讼。为确保法国空间活动的顺利进行,除存在故意情形或对此种损害另有相反规定的情况下,空间活动的参与者之间彼此免于追究对方的责任。

除荷兰、法国外,其他成员国也制定了专门的外层空间法,如挪威的《关于从挪威领土发射物体进入外层空间法》,瑞典的《空间活动法》和《空间活动法令》,英国的《外层空间法》以及比利时的《比利时关于空间物体发射、飞行或导航的法律》,等等,在此不做一一介绍。

---

① 尤其指以下5个方面的义务:①对空间活动的普遍国际义务(指1967年《外空条约》第六条)的遵守,即保障国家的空间活动符合外空条约的国际义务以及授权和监督非政府实体从事空间活动;②空间物体的损害赔偿义务;③空间物体的登记义务;④禁止在外空轨道放置核武器和大规模杀伤性武器的义务;⑤当空间活动对其他国家造成潜在危害时进行调解和磋商的义务。

② 分别是:定义(第一条)、空间活动的许可(第二条至第十一条)、已发射空间物体的登记(第十二条)、责任(第十三条至第二十条)、与研究法典相关的规定(第二十一条)、知识产权(第二十二条)、空间数据(第二十三条至第二十五条)、过渡性条款与最后条款(第二十六条至第三十条)。

③ 该法第十六条规定,在财政法规定的框架内,考虑到可能遭受的风险,尤其是对发射地点性质的考虑,依本法颁发的许可证应当规定一个数额,在发射阶段造成损害时,如果损害低于该数额则行使追偿诉讼,如果损害高于该数额则由国家提供担保。该法第十七条也做了类似的规定,但针对发射阶段以后造成的损害。

2.4.4 日本

随着日本国内航天立法的加强,日本军民航天工业发展取得较大成就。尤其是 2008 年《航天基本法》颁布以来,日本航天产业化进程明显加快,航天产品进入国际市场的速度和在国际市场上的竞争力大幅提升。

1. 新《航天基本法》

2008 年 5 月 9 日,日本众议院第 169 次会议通过了新《航天基本法》,并于 8 月 27 日正式生效。该法取代了 1969 年 5 月 9 日颁布的日本第一部《航天基本法》。新《航天基本法》包括前言、正文以及 2 个附件。新《航天基本法》提出了日本航天开发的 6 个基本理念[①],确定了日本航天开发的 11 项基本政策[②]。该法在理念上具有典型的"寓军于民"的特点:一方面,该法提出的"依据日本宪法的和平主义理念",彻底地否定了原《航天基本法》的"和平利用"理念;另一方面,该法扩大了参与航天活动的主体范围以及建立协调的航天管理机构[③],目的在于强化日本航天产业的竞争力以及促进航天技术成果的产业化。该法的 3 个核心部分,即"推进航天开发利用工作的基本方针""政府采取措施确保综合、有计划地实施航天开发利用""推进以新'航天基本计划'为基础所制定的政策的落实"体现出该法的基本内容,包括:航天开发应遵守相关的国际约束,遵照日本宪法和平主义的理念;改变以往研究开发中心,开发外空的方针开发的目的,变为"进行战略性的外空开发,为我国的安全、产业振兴等做贡献";在内阁中设立以首相为本部长的航天开发战略本部,国家有责任实施综合措施,包括分配必要的预算及完善综合的试验设备等;如果在自卫权的范围内,卫星可用于军事目的;航天开发应为提高日本国民生活水平做贡献;为振兴外空产业,将对相关企业给予税制和金融层面的优惠政策,从而加强技术力量和国际竞争力等。

2.《航天活动法》及《航天基本计划》

依据新《航天基本法》的规定和要求,日本政府制定了《航天活动法》及《航天基本计划》。

(1)《航天活动法》

2009 年,《航天活动法》起草完成,主要内容包括航天活动未来的商业化和私营化的过程以及日本如何应对执行新近发展的外层空间法,如外空登记制度、第三方外空损害责任、空间碎片减缓以及"发射国"的概念,等等。

2018 年 11 月 15 日,日本正式出台《航天活动法》,使航天航空研究开发机构(Japan Aerospace Exploration Agency, JAXA)和其委托的三菱重工业公司以外的私营企业,只要通过国家审查并达到一定的标准,就有机会使用运载航天火箭发射人造卫星,其中,国家审查的内容包括了运载火箭在构造和性能上能否确保安全等。另外,从事火箭发射的企业必须含有损失

[①] 即航天和平利用、提高国民生活、产业振兴、人类社会发展、国际合作以及关心环境。
[②] 即有助于提高国民生活的人造卫星应用;确保国际社会和平,安全以及保障国家安全;自主地发射人造卫星等;促进民间企业者参与航天开发利用等;保持以及提高可靠性;推进尖端的航天开发利用等;保护环境;确保人才,振兴教育和学习等;与航天开发应用有关的信息管理。
[③] 规定,航天活动的主体可以是国家、国际组织、政府实体,也可以是国营、私营或公私合营企业;由内阁机构统一协调空间活动,提升空间机构的地位,增强私营企业投资空间产业的信心,进一步促进空间活动的商业化和私营化。

赔偿保险,以备发生事故而造成损害,但是如果损失金额巨大,保险金额不足以赔偿,将由国家来承担一部分损失。

(2)《航天基本计划》

2009年,日本制定了第一份《航天基本计划》,之后经历2013年、2015年两次修订,最新版本是2020年6月新修订的。以下大概介绍除2015年以外的其他3个版本。

2009年6月2日,日本公布的《航天基本计划》预言"到21世纪中叶,航天将像20世纪六七十年代的电子、汽车和计算机产业一样,成为引领国际经济和产业发展的新兴产业";提出要"通过执行航天基本计划,提高航天开发能力和应用水平,增强航天产品在国际市场上的竞争力"。该计划分为3个部分:①促进航天开发和利用的基本政策;②由政府实行的综合系统的措施;③基本航天计划应遵守的具体措施。其目的在于实现新《航天基本法》的基本原则和规划,体现了日本航天政策的新发展。为了实现航天的有效利用,日本《航天基本计划》规定了9个系统①和项目②的开发与利用计划。

2013年1月,日本重新公布的新《航天基本计划》明确了"加速推进航天产业化"的基本目标;"扩大应用"和"确保自主性"的基本方针;"安全保障和防灾""振兴产业"和"航天科学等新领域"等三大重点项目;"定位卫星""遥感卫星""通信广播卫星"和"外空运输系统"等4项基础设施;夯实产业基础、展情报收集和调查分析、推进航天外交、明确安全保障政策、认真考虑环境问题以及"灵活、有效地应用航天成果,实现掌握情报、情报共享和统一指挥、管理"等5项基本措施。③

2020年6月,日本新修订的《航天基本计划》(下称《计划》),其前言开宗明义地提出,太空开发事业对于日本的安全保障和经济社会具有重大意义。在军用方面,《计划》提出"如果缺少对太空的利用,现代的安全保障将无从谈起",并提出了一整套包括小型卫星星座建设在内的提升太空军备力量的方案,以实现《防卫计划大纲》④提出的"在航天利用领域确保优势地位"的目标;在民用方面,《计划》提出"日本将改变以政府为主导的航天开发计划,积极鼓励民间企业参与其中,力争在21世纪30年代早期实现翻一番"的目标。此外,《计划》专门将"增进国民对太空开发事业的理解"和"夯实太空开发事业的人才基础"⑤作为重要的战略目标,并为此制定了全面而长远的规划。

---

① 《航天基本计划》规定的9个系统,其中就包括应用于亚洲和其他地区的陆、海勘测卫星系统,地球环境勘测与气象卫星系统,先进信息与通信卫星系统,导航卫星系统和为了安全目的的卫星系统等5个应用系统。

② 《航天基本计划》还规定了4个研发项目:空间科学项目、人类空间活动项目、太阳能卫星系统研发项目以及小演示卫星项目。

③ 包括如下几方面:"官民协力,面向国外推出一揽子服务式空间基础设施"和"加快研发与推进应用"的新策略;强化航天政策委员会和宇宙航空研究开发机构的功能;"脚踏实地推进多国间合作""强化双边合作""开展国际对话";"执行外空态势感知体系"和"开发清除空间碎片技术"等。

④ 2018年12月最新版《防卫计划大纲》特别强调"在宇宙空间获得优势地位"的重要性,并提出"要在太空领域,拥有干扰敌方指挥控制、信息通信的能力。"同时宣布,要在航空自卫队内部新编一支所谓的宇宙作战队。

⑤ 2020年《航天基本计划》特别提到,未来需要重点培养的太空人才还包括既具备太空领域专业知识,又能成为太空领域与其他领域之间沟通桥梁的人才、善于制定太空国际规则的人才、促进国际太空合作的人才、开拓太空产业市场的人才、能够分析太空开发事业所产生的社会效果和经济效果的人才以及能够通过太空开发事业创造出新产业的人才等。计划指出,上述这些人才都必须在人文社会科学领域具有深厚的造诣。

3.《航天研发机构法》

2002年12月13日通过了《航天研发机构法》。根据该法,日本建立了JAXA,由文部科学省管理,由文部科学省宇宙开发委员会负责监督。与此同时,受限于"仅用于和平目的"政策的规定,JAXA仅能进行纯粹的科学以及非军事活动。日本在2012年6月通过《独立行政法人宇宙航空研究开发机构法》,对JAXA进行改革,首先将"限于和平目的"的条款改为"根据宇宙基本法和平利用的基本理念"。根据新法的解释,宇宙航空研究开发机构今后可以研制用于安保、防卫的间谍卫星,使外空开发可以用于防卫领域,扩大军事航天开发应用。其次对JAXA的管理机制进行改革,私人可以参与航天计划,实现航天开发商业化。随着日本《航天基本法》的出台,JAXA作为一个执行日本航天活动的核心机构,能够实现航天商业化,扩大外空利用以及促进航天的科学与技术进步。

这里,值得说明的是,我国是唯一还没有出台国内航天基本法的航天大国,但这并不意味我国在从事航天活动时无法可依。事实上,我国不仅参加了除《月球协定》外的联合国其他四项外空条约,而且还制定了《空间物体登记管理办法》《民用航天发射项目许可证管理暂行办法》及航天相关产品出口管制等多部单行法规。目前,我国十三届全国人大五年立法规划已经将中国航天法立法升格为第二类立法项目,相关立法工作已进入全面加速阶段,相信这部法律的出台将为我国新时代航天强国建设奠定重要的法律基础。

第3章 航天法的基本规则概述

3.1 立法概况

航天活动,又称空间活动,其范围比较广泛。可以说,人类对外空的探索和利用及与之有关的活动均属于航天活动的范畴。2016年《中国的航天》白皮书将航天活动分为"空间科学""空间技术"和"空间应用"等3个领域。如果按照相关度为标准,还可将其分为两大类:①直接的外空活动,包括航天发射及相关活动[1]、深空探测活动[2]以及卫星应用[3]等;②间接的外空活动,包括空间科学研究、航天系统[4]的建设和运行、航天科研生产、宇航员选拔与训练等。

从国家立法来看,由于各国航天能力存在明显的差异,其立法规制的航天活动的范围也存在较大差别。例如,欧洲各国大多以发射活动(许可、登记、赔偿)为主要规范对象,部分国家还颁布了有关卫星遥感数据的法律(如德国)。俄罗斯于1993年颁布了《航天活动法》,主要对航天活动的定义、目标与原则、空间活动的组织、空间活动的资金和技术支持、空间基础设施管理、宇航员的选拔与培训、空间活动安全、事故调查与搜救、国际合作、法律责任与损害赔偿责任等作了规定,并制定了必要的配套立法,如空间活动的许可和卫星导航等相关领域的法律。在美国,除了判例法以外,联邦政府或州政府还根据"事项立法"的需要,制定了多项与航天活动有关的法律法规,其内容在2.4节介绍"主要国家和地区的航天法"中已有详细介绍,此处不再赘述。

结合现行国际规则和各国立法所规范的航天活动的环节或领域,本书各章的内容大体可划分为以下3个层面:①涉及航天发射及其相关的规则(包括载人航天方面的规则);②涉及空间应用及其相关的规则(包括卫星应用和外空资源开发方面的规则);③与航天活动相关的外空责任规则、航天出口管制规则、外空知识产权保护规则以及外空非军事化规则,等等。此外,从规范我国航天活动、促进航天事业发展角度着眼,本书最后一章将系统地介绍我国现有的航天法律体系及其最新立法进展。

---

[1] 主要包括载人发射、测控通信、运行控制、空间操作以及返回等方面的活动。
[2] 主要包括探月、探火及其资源开发等。
[3] 主要包括卫星通信、卫星导航、卫星遥感以及外空科学实验等。
[4] 主要包括发射系统、运载器系统、卫星系统、测运控系统和地面应用系统等。

3.2 航天发射及相关规则

3.2.1 航天发射规则

为突破空气空间界限[①]而进行的航天发射活动,意味着航天器及其所搭载的载荷将进入一个没有国家管辖权的"国际公域"[②],在这个新领域,不应该、也不能够存在法律的真空地带,为此有必要进行相关立法,以规制这类活动。

航天发射的军民两用性决定了这方面的规则一般比较复杂。因为既然航天发射涉及军用和民用航天两类发射活动,那么航天发射的规则也应当适用于这两方面的活动。但是,由于军用航天与国家安全有密切联系,世界所有航天国家的航天立法都不约而同地遵循了严格的保密要求。本书第4章将主要对民用航天发射相关的立法情况进行介绍。

在国际立法层面,包括外空硬法规范,如《外空条约》(1967年)、《责任公约》(1972年)、《登记公约》(1975年)等,以及《外空宣言》(1963年)和《就有关和平利用外层空间国家立法提出的建议》(2013年)等外空软法规范,它们都分别涉及与航天发射相关的许可、登记、责任和保险等方面的规定。从国家立法层面,世界主要空间国家的立法[③]主要规定了授予许可的条件(包括程序性要求)、要求购买第三方责任保险或提供资金担保以及要求提供射入外空的物体的登记信息等方面的内容。本书第4章还将分析与航天发射有关的发射场和商业发射中的法律问题。

3.2.2 载人航天规则

所谓载人航天就是人类驾驶和乘坐载人航天器在外空从事各种探测、试验、研究、生产、军事应用、旅游等活动的往返飞行活动。载人航天标志着人类真正走向太空进而实现飞天梦想。人类在载人航天领域所取得的成就,除了外空技术的原因,也是人类运用法律技术的结果。

现行载人航天规则将宇航员视为"人类派往外空的使者",赋予宇航员相当于国际法上外交使者的特权,要求降落地国应尽其所能地援救他国的宇航员、返还他国的载人航天器等。此

[①] 关于空气空间与外空界限的划分一直以来是一个具有争议的问题,关于该问题的详细讨论,参见:FRANCIS L, LARSEN P B. Space Law: A Treatise [M]. Surrey: Ashgate Publishing Limited, 2009:153 - 174.

[②] 外空作为"国际公域"的法律性质近年来开始受到一定的挑战,如美国2015年《外空资源探索与利用法》赋予美国人开采小行星及外空资源的权利,2020年的《阿尔特弥斯协定》则试图推动月球资源的开采。一系列类似规则和协议的推出使美国逐渐偏离诸多国际公约确定的基本原则,相应地,外空作为"国际公域"的性质也有逐渐被否定的趋势。关于美国2015年《外空资源探索与利用法》,参见:聂明岩.美国允许私人实体外空采矿立法对国际及国内法发展的影响[J].西部法学评论,2018(1):96 - 103.关于美国2020年协定及其对外层空间"国际公域"性质否定的分析,参见 JAKHU R S. Artemis Accords: Challenges and Opportunities [EB/OL]. [2020 - 07 - 10]. https://www.mcgill.ca/iasl/files/iasl_ram_jakhu-presentation_at_iasliaass_webinar-10jul20-final.pdf.

[③] 例如,我国2002年发布的《民用航天发射项目许可证管理暂行办法》《空间物体登记管理办法》《关于促进商业运载火箭规范有序发展的通知》以及英国2018年《空间工业法》,等等。

外,载人航天规则还涉及与国际空间站有关的规则。尽管载人航天飞行发生在外空,但是这方面的规则仍然体现在国际和国内两个层面。

从国际层面的规则来看,外空条约包括《外空条约》(1967年)、《营救协定》(1968年)等,特别是《营救协定》(1968年)专门确立了与宇航员及飞行有关的制度。与空间站有关的规则,除了《外空条约》(1967年)及《月球协定》(1979年)外,主要是《政府间关于详细设计、研发、运行和使用永久性载人民用空间站安排的协议》(1988年)、《国际空间站人员行为守则》(2000年)以及《关于民用国际空间站合作的政府间协议》(1998年)和作为其补充的各国航天局签订的政府间谅解备忘录,主要规定了国际空间站的刑事管辖、交叉豁免制度等。与外空旅游有关的规则,主要是《营救协定》(1968年),还有《责任公约》及前述国际空间站的相关规则。从国家立法层面来看,这方面的制度和规则还十分有限,涉及宇航员的主要是各类保险制度,如航天专项保险以及劳动者的社会保险等;涉及外空旅游的规定主要是合同法以及旅游双方意思自治,如英国《航天产业法》(2018年)中同意接受航天活动风险必须通过签署"知情同意书"来明确表示。

自苏、美宇航员首次步入太空和实现登月以来,更多的空间国家获得了进入太空的技术和能力。2003年,中国实现了首次载人飞行,成为继美、俄之后,第三个有载人航天能力的国家。欧盟、印度和日本也相继成为"准载人航天国家(或地区)"。随着越来越多的国家加入载人航天主体行列,特别是非政府实体的介入和外空商业化的发展,包括即将兴起的太空旅游飞行所产生的各种新问题,都对现行载人航天相关的法律规则带来重大挑战。

本书第5章将主要对与载人航天相关的规则进行介绍。

3.3 空间应用及相关规则

3.3.1 卫星通信规则

有关卫星通信的国际法律规则,主要是国际电信联盟及其组织机构所制定的一系列规范性文件,主要包括两方面:①《国际电信联盟组织法》《国际电信公约》《无线电规则》《国际电信规则》以及《国际电信联盟大会、全会和会议总规则》《关于强制解决与〈国际电信联盟组织法〉、〈国际电信公约〉和行政规则有关的争端的任选议定书》等国际无线通信活动的"硬法";②一些不具有法律约束力的决议、决定、建议以及无线电规则委员会批准的"程序规则"等。

上述规则的主要功能是负责"无线电频率和任何相关的轨道"的管理、分配与使用。《国际电信联盟组织法》强调,无线电频率作为有限的自然资源,必须依照《无线电规则》的规定,合理、有效、经济以及公平地使用。在这些规则中,《无线电规则》至关重要,其详细规定了上述资源的获取和分配方法,包括各国遵循平等不独占地使用以及"先占先得"的原则。自1959年起,该规则历经多次修订,其最新版是2019年世界无线电通信大会修订通过的《无线电规则》,该版规则确立了卫星频率和轨道位置分配的规划法和协调法等两种方式,巧妙地平衡了发达国家和发展中国家、空间大国和空间能力弱的国家以及频率轨道位置的先占国家和后来国家的利益。《无线电规则》还规定了无线电干扰处理的事后争端解决方式。

关于卫星通信规则的内容,将在本书第 6 章进行详细的介绍和解读。

3.3.2　卫星导航规则

卫星导航规则涉及卫星导航的管理、认证、应用、运营、国家主权、数据和隐私保护以及法律责任等方面的制度。本书第 7 章将详尽地介绍这方面的规则。此处仅做简要概述如下。

卫星导航的国际规则主要有《外空条约》《责任公约》等外空法,以及国际民用航空和国际海事领域的有关规则,包括有法律约束力的《国际民用航空公约》及其附件 10"航空电信-第 Ⅰ 卷无线电导航设施",以及没有法律约束力的文件,如《关于实施和运行 CNS/ATM 的政策声明》(1994 年)、《国家对于全球导航卫星系统服务的权利和义务宪章》(1998 年)和《制定并详细拟订一个适当的长期法律框架来管理 GNSS 的实施》(A32-20 决议)等。

卫星导航的国内规则比国际规则更为充分。这方面值得介绍的有美、俄、欧以及中国的立法。其中,美国已经形成了相关的法规政策体系,主要包括《美国天基定位、导航和授时政策》(2004 年)、《国家航天政策》(2020 年)等国家政策,以及《联邦成文法大全》[①]相关编目、《联邦行政法规大全》和案例法,还包括为了推广 GPS 的应用而与其他国家和地区签订的多个双边或多边合作文件。俄罗斯的卫星导航政策主要有《格洛纳斯系统维护、发展与使用 2012—2020 年规划》(2012 年)、《2030 年前使用航天成果服务俄联邦经济现代化及其区域发展的国家政策总则》(2014 年)等;法规方面主要是《俄罗斯联邦导航法》(2009 年),还有 1998 年制定的《俄罗斯国防工业军转民法》(规定了格洛纳斯系统的军民共建与共用的原则);此外,俄罗斯还多次发布格洛纳斯(GLONASS)系统应用的总统令,以及与我国政府签署了有关的合作协议。欧盟的卫星导航法规体系由欧盟制定的条例、指令和决定构成,主要涉及卫星导航系统建设和开发、系统和公共安全、组织机构的设立以及国际合作等方面的内容。

我国与卫星导航有关的法规体系还不健全,但是随着"卫星导航条例"进入立法程序,我国卫星导航有关的立法已经取得了较大进展。目前来看,与卫星导航有关的政策偏多[②],而法律法规仍极度缺乏。现有的相关法律缺失,规章仅有两部,即《中国人民解放军卫星导航应用管理规定》(2014 年)和《道路运输车辆动态监督管理办法》(2014 年颁布,2016 年修订)等。此外,中国卫星导航定位应用管理中心先后颁布了《北斗卫星导航产品质量检测机构能力要求(试行)》《北斗卫星导航产品质量检测机构审查办法》《北斗导航民用服务资质管理规定》《北斗导航民用服务资质审查实施办法》和《北斗导航民用服务资质监督管理办法》等若干管理性文件。

---

① 《联邦成文法大全》又称《美国法典》。
② 主要有由国务院办公厅发布的若干政策性文件,如《关于促进信息消费扩大内需的若干意见》(国发〔2013〕32 号)、《国家卫星导航产业中长期发展规划》(国办发〔2013〕97 号)、《关于促进地理信息产业发展的意见》(国办发〔2014〕2 号)、《国家突发事件应急体系建设"十三五"规划》(国办发〔2017〕2 号)等,以及国务院部门在卫星导航领域出台的若干文件,如《促进卫星应用产业发展的若干意见》(发改高技〔2007〕3057 号)、《关于北斗卫星导航系统推广应用的若干意见》(国测办发〔2014〕8 号)、《国家民用空间基础设施中长期发展规划(2015—2025 年)》(发改高技〔2015〕2429 号)和交通运输部和装备发展部联合发布《北斗卫星导航系统交通运输行业应用专项规划》(2017 年)等。

3.3.3 卫星遥感规则

随着卫星遥感技术的发展,人类在卫星遥感地球的活动中产生的特殊法律问题和社会关系要求制定一套卫星遥感相关的法律规则。但是,到目前为止并没有一个关于卫星遥感的专门性国际条约,与卫星遥感有关的法律问题主要以《外空条约》为最基本的国际法依据。此外,联合国通过的决议——《关于从外层空间遥感地球的原则》(1986年)则是第一个专门针对卫星遥感进行规范的国际法律文件。在该原则的起草过程中,先后提出了1970年阿根廷提案、1974年苏联-法国联合草案等8个提案,并且在1974年苏联-法国提案基础上于1978年形成了《关于地球遥感数据的转让和使用的莫斯科公约》。

从国家立法层面而言,部分国家为了对卫星遥感活动实施管制,需要制定有关的法律法规和政策。其中,美国、加拿大等国的卫星遥感立法相对较为成熟。尤其是美国的卫星遥感法律法规和政策体系颇为发达,已经形成《遥感商业化法》(1984年)、《遥感政策法》(1992年)以及《商业遥感政策》(2003年)等所构成的卫星遥感法律法规和政策体系。加拿大《遥感空间系统法》(Remote Sensing Space Systems Act)(2005年)也是一部比较典型的卫星遥感的综合性国内法。该法确立了政府在卫星遥感方面的许可权、干预权、优先权以及监督惩罚权等4项权力。此前,美、加两国签订了《美国、加拿大政府关于商业遥感卫星系统的政府间协议》(2005年)。中国目前没有专门的遥感活动法,特别是缺乏遥感系统运行许可方面的立法,但存在很多遥感数据分享的行政规范性文件,自然人和法人在中国的管辖范围内所从事的民用遥感活动可以适用与遥感有关的规章,如2001年和2002年分别出台的关于空间物体登记和航天发射许可的两个法规。因此,我国未来有必要借鉴其他国家的立法经验,制定适应我国卫星遥感活动管理需要的法规政策。

有关卫星遥感的规则将在本书第8章进行介绍和解读。

3.3.4 外空资源开发规则

随着地球资源的日益匮乏,人类逐渐将眼光投放到遥远外空那似乎取之不尽的地外资源。特别是近年来,外空资源开发越来越引起各国的重点关注。但是,外空法理论与实务界并没有对此做好充分的准备。

无论是一般国际法或作为特别国际法的外空法,还是国内航天法,都没能为外空资源开发提供有效的法律规制。这也是当前外空资源活动方面遇到的主要问题。而且,在外空资源开发立法方面,还存在着较多的有待研究和解决的具体法律问题,例如,外空资源如何定义?外空的法律地位是什么?外空资源有何种法律地位?以及如何理解"月球及其他天体的资源属于人类共同继承财产"等等。

尽管如此,现有规则仍然可以为外空资源开发提供一定的规制,并成为进一步开展有关立法的法律基础和依据。例如《外空宣言》(1963年)、《外空条约》(1967年)、《营救协定》(1968年)、《责任公约》(1972年)、《登记公约》(1975年)以及《月球协定》(1979年)等,尤其是《外空条约》(1967年)和《月球协定》(1979年)成为外空资源开发的主要国际法渊源。同时,也包括一些外空资源开发国家所制定的相关国内法。当然,这些国内法仍然应当以国际法和外空法为基础。

以美国为代表的外空资源开发国家的立法对现行外空法提出了重大挑战。例如,美国国会于2015年颁布了《外空资源探索与利用法》,特别是特朗普政府连续发布了一系列的航天政策,挑战了《月球协定》对外空资源法律地位的规定,也增加了形成外空资源国际开发具体制度的难度,更威胁到《外空条约》所确立的"不得据为己有"原则,这必将破坏外空的正常秩序和外空活动的可持续发展。

关于外空资源开发规则及其发展,本书第9章将进行专门的解读和论述。

3.4 航天活动其他相关的规则

3.4.1 外空活动责任规则

外空活动责任首先是外空法层面所确立的法律责任。就国际立法过程而言,国际社会自1959年就一直关注"航天器的损害责任"问题。然而,美、苏两国对是否应就外空责任问题进行国际立法长期未能达成共识。直到1963年《外空宣言》率先打破了制定外空损害赔偿责任规则的僵局。[①] 随后的1967年《外空条约》则标志着外空法迈出了实质性的一步,其不仅延续了《外空宣言》关于外空活动责任的规定,而且首次在国际法上确立了外空活动的国际赔偿责任。在联大的敦促下,1972年9月1日,联合国外空委制定的《责任公约》正式生效,其对外空物体造成涉外损害的责任主体、求偿主体、归责原则、赔偿方式和条约适用等问题进行了规定。

从国际立法内容来看,一般国际法和外空法规定了外空物体造成损害的赔偿责任和外空活动违反国际义务所引起的一般国际责任等两类责任。前者是1972年《责任公约》所规定的一种不具有惩罚性的法律责任,这也是本书第8章主要介绍的外空活动责任规则。后者主要是外空活动妨碍外空可持续利用,例如大量空间碎片造成的外空环境污染,从而引起的一般国际法上的,包括联合国国际法委员会《国际法不加禁止行为引起有害后果的国际责任条款草案》规定的国际法律责任。

外空活动责任还体现在国内法层面所确立的责任。国内立法主要源于国际法,尤其是外空法对缔约国的义务。根据《外空条约》的要求,国家有必要制定管理本国的外空活动的法律规则。目前,世界上主要空间国家都针对本国外空活动进行专门立法,其中就包括对国际责任制度方面的规定,其大致有通过专门立法规范外空活动损害责任和在基本性的外空法中确立外空活动责任的专门章节等两种立法模式。本书第8章主要介绍了美国、俄罗斯、日本、英国、意大利、澳大利亚、菲律宾、葡萄牙、比利时以及新西兰、芬兰等国有关外空活动责任的规定。在当前我国正在积极酝酿制定航天基本法的背景下,研究和分析主要国家外空活动责任的基本规则,对我国外空活动的立法具有积极的借鉴意义。

外空活动责任相关规则将在本书第10章予以介绍和解读。

---

① 《外空宣言》规定,各国均对本国的外空活动负有国际责任,并应当保证本国的外空活动遵守本宣言所规定的原则。

3.4.2 航天贸易相关规则

航天贸易法是调整航天产品、技术与服务交易关系的法律规范的总和。航天出口管制规则是航天贸易法的重要组成部分,其所针对的主要管制对象是军用及军民两用的物项、技术。相关规则主要体现在国际立法和国内立法两个层面。航天贸易法规则将在本书第11章进行介绍和解读。此处仅做简要概述。

1)在国际立法层面,国际社会关于防扩散的法律法规是航天国际贸易的重要法律渊源,其中,《导弹及其技术控制制度》《瓦森纳安排》等都是比较典型的法律制度。

2)在国内立法层面,可以分别从国外和国内两个方面来看。首先,域外国家和地区,主要以美国和欧盟的相关立法为主,尤其是在航天贸易方面的法律制度比较成熟。美国的出口管制体系主要由"军品物项"和"两用物项"两大部分组成。前者主要针对武器、军火和防务产品、技术和服务的输出进行管理,法律基础是《武器出口管制法》(1976年)及其施行条例《国际武器贸易条例》和附属的《军品控制清单》;后者则主要管理既可以用于民用目的,也可以用于军用目的的产品和技术的出口,法律基础是《出口管制法》(2018年)及《出口管制条例》(1979年)。欧盟的军品出口管制法律主要有《军事技术和设备出口管控共同条例》(2008年)。《欧盟理事会第428/2009号条例》(2009年)是欧盟两用物项出口管制的主要法律依据,用以"设立欧盟层面的两用物项出口、转让、经纪和过境管制制度"。此外,欧盟各成员国国内立法也是成员国两用品出口管制的法律依据。其次,从国内立法来看,我国的出口管制法律法规也已经形成体系,主要包括《国家安全法》《对外贸易法》《出口管制法》等法律层次的规范,《监控化品管理条例》《核出口管制条例》《军品出口管理条例》《核两用品及相关技术出口管制条例》《导弹及相关物项和技术出口管制条例》《生物两用品及相关设备和技术出口管制条例》等行政法规和规章层次的规范,有关的航天出口管制清单。

3.4.3 外空知识产权规则

随着人类航天探索的深入,外空创新创造形成的知识产权蓬勃发展,并产生了如何保护外空形成的有一定特殊性的知识产权的法律保护问题。这对传统知识产权法提出了现实挑战。外空知识产权法既源于又有别于传统知识产权法。外空知识产权法的发展具有重要的现实意义,特别是外空知识产权保护规则极大地鼓励和促进了在外空进行的创新和创造。

从国际法的角度来看,外空知识产权保护有别于对主权国家范围内所产生知识产权的保护,而国际社会尚未形成外空知识产权保护的专门规则,只有一些与外空知识产权保护有关的国际条约或软法性文件可以参照适用。例如《外空条约》《登记公约》《亚太空间合作组织公约》《世界知识产权组织版权条约》《保护工业产权巴黎公约》《保护文学和艺术作品伯尔尼公约》《与贸易有关的知识产权协定》和《关于从外层空间遥感地球的原则》等文件中的相关规定。

相较而言,国内知识产权法适用于保护外空知识产权的空间更为广阔。尽管属地管辖权能否使国内法适用于外空,在学术界仍然有分歧,但是既然可以将外空物体视为国家领土的延伸,那么,国内法中的知识产权规则,例如我国的《专利法》《商标法》《著作权法》《植物新品种保护条例》《集成电路布图设计保护条例》《民法典》以及《国家安全法》《保密法》《反不正当竞争法》,等等,也完全可以适用于在我国登记的外空物体上所形成的知识产权。

本书第 12 章将重点介绍我国与外空活动有关的知识产权法律制度。

3.4.4 外空非军事化规则

在外空军备竞赛大趋势下，要实现"外空非军事化"的目标必定是相当棘手和困难的，但是，这仍然是全人类值得追求的一个理想，并且具有非常重要的理论和现实意义。构建与外空非军事化有关的规则体系是一个重要的途径。这方面的规则主要体现在国际和国家两个层面。具体内容将在本书第 13 章进行分析和介绍。此处仅做简要概述。

从国际层面来看，现有国际法（尤其是外空法）对外空非军事化起到一定的规范作用，在一定程度上制约了外空军事化发生彻底失控。这方面，既有限制外空军事化的原则性规范，也有较为具体的制度规则。例如《联合国宪章》所确立的禁止使用武力原则及其两种例外情况——集体自卫和单独自卫，特别是单独自卫对于外空如何实施还有待进一步研究。就外空条约而言，《外空条约》和《月球协定》中的相关条款对外空非军事化都做出了具体规定。此外，一些国际规范性文件也对外空非军事化问题具有规范和保障作用。例如，《禁止在大气层、外空和水下进行核武器试验条约》是首个涉及规范外空军事化和武器化问题的国际条约。又如，联大第 1884(XVIII)号决议的有关内容被纳入《外空条约》第 4 条。再比如，联合国《禁止为军事或任何其他敌对目的使用改变环境的技术的公约》被认为是可以被适用于限制反卫星武器的一项国际条约，从而避免使外空环境遭受严重影响。

从国家层面来看，中、美、俄等国的有关立法和实践对外空非军事化产生了重要影响。为了推进外空非军事化，中国不仅在国内层面进行了相关立法，而且在国际层面也付出了艰苦努力。这方面比较典型的是，中、俄等国共同向联合国裁军谈判会议提交了《防止在外空放置武器、对外空物体使用或威胁使用武力条约》草案，并主导推动联大通过了关于成立"防止外空军备竞赛"政府专家组的决议等。此外，中国新修订的《国家安全法》也对反对外空武器化和确保外空安全做出了规定。《俄罗斯联邦航天发展规划：2016—2025》也将"捍卫国家和国家安全"和"履行各项空间协议和国际条约"作为俄罗斯空间发展的优先任务。然而，长期以来，美国在外空领域一直秉持单方面安全的立场，不仅早就成立了太空军司令部、建立了外空战研究中心以及进行了大规模的外空军事演习，而且曲解《外空条约》(1967 年)并率先提出所谓"先发制人"的外空自卫权，还带头否决了《防止在外空放置武器、对外空物体使用或威胁使用武力条约》草案的通过，等等，这些都对国际社会推进外空军控进程蒙上了层层阴影。

3.5 其他规则

在航天法领域，除上述规则以外，还有一类正在形成中的规则，就是与外空可持续发展有关的规则，这部分内容本书不做专门介绍。这里只介绍与外空环境保护有关的立法情况。空间碎片是破坏外空环境的头号大敌，也是外空可持续发展的主要威胁，因此，下面从总体上对空间碎片治理有关规则进行梳理。

从外空法来看，有关规制空间碎片的规则不多，且主要以软法规范为主。这主要是因为还有很多问题尚待研究，例如，外空法中的"空间碎片"如何界定？《责任公约》中的"损害"是否包括环境损害？以及国家应否承担空间碎片清除的责任？等等。因此，在有较强约束力的外空硬法方面,《外空条约》第九条只是大致确立了保护外空环境的原则,《责任公约》也只是一般性地规定了国家对其外空活动造成损害所应当承担的责任,至于这种责任是否包括空间碎片引起的责任还不明确。在外空软法方面,主要有如下4个国际规范性文件:1994年,国际法协会外空法委员会通过《关于保护环境免受空间碎片损害的国际文件》,是第一个推动空间碎片问题进入法律规制的国际文件;1999年,联合国外空委科技小组公布了《关于空间碎片的技术报告》;2002年,IADC出台《空间碎片减缓指南》,是目前国际层面应对减缓空间碎片的核心文件;2007年,联合国外空委第50届会议通过了以IADC《空间碎片减缓指南》为基础而制定的《联合国空间碎片减缓指南》。这些文件的共同特点是缺乏法律的强制约束力。因此,在解决空间碎片问题方面能起到的作用是比较有限的。

在国家和地区航天立法方面,美国、欧洲区域、法国以及俄罗斯都制定了关于空间碎片减缓的技术标准和程序性规范。例如,美国国家航空航天局颁布的《限制空间碎片的程序要求》(2009年)及《美国政府轨道碎片减缓标准规程》等。又如,欧洲空间局颁布的《减缓空间碎片手册》(2002年)、《空间碎片安全和缓减标准》(2000年)以及《减缓空间碎片行为准则》(2004年)等。此外,还包法国航天局制定的《空间碎片安全规定》(1999年)以及俄罗斯前航天航空局制定的《外空技术条款》(2000年)和《减缓空间碎片的普遍性规定》等。

就我国相关标准制定而言,我国一直很重视对导致空间碎片的航天活动进行规制,特别是在航天活动产生空间碎片的减缓方面不遗余力,积极展现了作为一个负责任的航天大国应有的国际形象。具体来看,原国防科工委在2005年颁布了航天行业标准《空间碎片减缓要求》(QJ 3221—2005),对航天活动各个阶段碎片的减缓提出了明确的要求,同时也对空间碎片管理要求进行了规定。原国防科工局于2009年11月下发并于2010年1月1日正式实施的《空间碎片减缓与防护管理暂行办法》(2015年已经修订为《空间碎片减缓与防护管理办法》),对我国空间碎片的管理机制及空间活动中的空间碎片减缓要求进行了明确规定。目前,空间碎片方面的航天行业标准《空间碎片术语》(QJ20132—2012)以及国家标准《空间碎片减缓要求》(GB/T 34513—2017)已正式颁布。总体来说,我国处理空间碎片问题所采取的主要是预防的方式,建立预警机制以避免发射的外空物体与空间碎片发生撞击,建立防护工程以降低撞击后产生新碎片的可能性,开展空间环保工程,以从技术层面减少空间碎片的产生等。

总之,航天法的各类规则对人类外空活动都起到了重要的保障作用。现行航天法规则,通过对外空的法律地位、外空活动的基本原则以及具体的外空法律制度的规定,构建了人类外空活动"游戏规则"的基本框架体系。这些规则在促进各国外空探索和利用活动的同时,也使人类的大部分外空活动处于一套相对公平合理的法律框架的规制和约束之下。

需要特别说明的是,以发展的眼光看,21世纪的航天技术突飞猛进,人类航天活动的广度与深度空前拓展,各类新的航天活动在航天商业化的驱动下大量出现,这使航天法在未来很长时期将处于一个充满不确定性的演化进程之中。同时,与人类航天活动有关的各种新的法律问题也将层出不穷。以此为背景,航天法的规则系统[①]内部必然会演化和派生出新的分支规则,这些新规则当然是本书无法容纳的。但即使仅就现行航天法规则而言,情况可能也是如此。虽然本书以"广义"航天法为视角但是受本书篇幅所限,实际上涉及的航天活动规则很可能还是非常有限的。故接下来的章节将仅对现阶段航天法的主要规则进行简要梳理和介绍。

---

① 虽然不能说存在一个统一的航天法体系,但是从系统的角度,我们可以将广义上的航天法视为一个由外空法方面的规则和国家航天法方面的规则构成的规则系统。

下篇 分则

第 4 章 航天发射规则

所谓航天发射,现有国际公约并没有明确的界定。但这并不意味着在航天发射活动中所产生的问题处于无法可依的状态。事实上,除开各国国内法中与航天发射有关的规则,在现有的外空公约框架体系中,《外空条约》(1967 年)、《责任公约》(1972 年)以及《登记公约》(1975年)的相关条款以及联合国大会发布的相关原则、决议等都可以适用于航天发射活动。鉴于主要国际公约中更倾向于采用"外空活动"或者"空间活动"的说法指代航天活动,故本章讨论的航天发射活动属于"外空活动"的组成部分。下文中如无必要,不单独强调"航天发射"的概念。

4.1 发射许可制度

4.1.1 国际法与航天发射许可

作为航天法最重要的法律渊源之一,《外空条约》(1967 年)第六条明确规定:"各缔约国对其(不论是政府部门,还是非政府的团体组织)在外层空间(包括月球和其他天体)所从事的活动,要承担国际责任,并应负责保证本国活动的实施,符合本条约的规定。非政府团体在外层空间(包括月球和其他天体)的活动,应由有关的缔约国批准,并连续加以监督。"

本条规定明确了除了政府之外的私人实体参与外空活动的权利,而对于这一权利的赋予,源于当时美、苏双方的博弈与妥协。联合国大会于 1963 年一致通过的《各国探索和利用外层空间活动的法律原则宣言》的第 1962(XVIII)决议是 1967 年《外空条约》主要规则的重要来源[1]。第六条的规定便是源于 1962(XVIII)决议的第五项原则。而对 1962(XVIII)决议的最初提议中,苏联最初坚持"所有外空活动应仅由国家开展"的观点。而当时已经在国内计划开展私营电信卫星业务的美国自然无法认同苏联这一观点。后经过英国提议以及两国的进一步协调,再经工作组提议,形成了第六条最终的文本[2]。

显然,1967 年《外空条约》赋予了非政府实体参与外空活动的能力,这与美国的诉求一致。但是与此同时,这一条要求条约缔约国对其私人实体从事的外空活动承担国际责任。由国家

---

[1] 1967 年《外空条约》前言中明确提到:(……)回顾了 1963 年 12 月 13 日联大一致通过为《各国探索和利用外层空间活动的法律原则宣言》的(十八届)第 1962 号决议(……)。

[2] 关于本条谈判历史的详细介绍,参见:HOBE S, SCHMIDT-TEDD B, SCHROGL K-U Cologne Commentary on Space Law: Vol. I [M]. Berlin: Berliner Wissenschafts-Verlag, 2017: 378 - 382.

为其非政府实体的行为承担国际责任的规定并非传统国际法的通常做法①,这一要求在很大程度上体现了条约最终文本对于苏联立场的考虑。当然,本条同时要求缔约国政府对私人实体开展的外空活动进行批准和连续监督,为缔约国国内航天法的制定奠定了法律基础②。值得注意的是,第六条较为宽泛地使用了"外空活动"这一措辞,而之后的国际条约中并未对其具体含义进行进一步明确。随着越来越多的国家获得航天发射能力,国内航天立法的内容也逐渐变得多元化③,不过对于航天发射活动的许可的规定是多数国家航天法的主要内容。

对于国内航天法如何确定航天发射许可的条件,国际条约没有进一步的规定。新千年伊始,欧洲学者开始意识到国内航天立法对外空活动(包括发射活动)授予许可的条件的差异在航天商业活动和国际合作逐渐成为常态的背景下存在较大弊端,提出了在欧洲层面进行一定程度的统一④。2012年,国际法协会所属的空间法委员会推出《索菲亚范本》,提出了若干示范条款,供世界各国航天立法参考。2013年,联合国大会通过了《就有关和平利用外层空间国家立法提出的建议》⑤决议(以下简称《国内空间立法决议》),对各国颁布国内航天立法时应考虑的要素进行了说明。

国际法协会的《索菲亚范本》是业内专家学者的学术建议,联合国大会决议自身亦不具有法律约束力⑥。各国在制定本国立法过程中可以参考,并无遵守义务。但无论是国际法协会还是联合国大会,对于世界各国都有普遍影响。而航天活动的开展也早已经不是冷战时期两大集团互相对立的情形,合作和交流已经成了主要航天国家的共识,国内航天立法一定程度上的统一和协调有客观必要性。故而,对于两份文件相关内容的了解,仍具有积极意义。

《索菲亚范本》共14条,其中第三至第六条涉及外空活动许可的内容⑦。发射活动是范本中"外空活动"的必要环节,因此,所有针对"外空活动"许可进行的规定适用于航天发射活动。第三条规定所有外空活动都要经过授权,第四条较为详尽地规定了授予外空活动许可的条件,包括9个具体要求⑧。第五条提议主管部门对所许可的外空活动进行持续性监督,但并未进

---

① FRANCIS L, LARSEN P B. Space Law: A Treatise[M]. Surrey: Ashgate Publishing Limited, 2009: 66-67.
② KERREST A. Status of Implementation of National Space Legislation and Results of the Project 2001 Plus Working Group[M]//HOBE S, SCHMIDT-TEDD B, SCHROGL K-U. "Project 2001 Plus"-Global and European Challenges for Air and Space Law at the Edge of the 21st Century [M]. Cologne: Carl Heymanns Verlag, 2006: 51.
③ 关于国内航天立法的发展以及世界主要国家航天立法的情况介绍,可以参见:JAKHU R S. National Regulation of Space Activities [M]. Dordrecht, Heidelberg, London, New York: Springer, 2010.
④ 关于该问题具体介绍及讨论可以参见科隆大学"2001项目加:21世纪全球及欧洲航空与航天法的挑战"项目框架下的相关成果:HOBE S, SCHMIDT-TEDD B, SCHROGL K-U. "Project 2001 Plus"-Global and European Challenges for Air and Space Law at the Edge of the 21st Century [M]. Cologne: Carl Heymanns Verlag, 2006.
⑤ 就有关和平探索和利用外层空间的国家立法提出的建议. A/RES/68/74,2013年12月16日。
⑥ 关于联合国大会决议种类以及不同种类的法律效力的研究,可以参考:STUBBE P. The UN General Assembly Resolutions Pertaining to Outer Space[M]//HOBE S, SCHMIDT-TEDD B, SCHROGL K-U eds. Cologne Commentary on Space Law: Vol. III [M]. Cologne: Carl Heymanns Verlag, 2015: xxxv-xxxiv.
⑦ HOBE S. The ILA Model Law for National Space Legislation[J]. German Journal of Air and Space Law, 2013(1): 81-95. Hobe教授是国际法协会空间法委员会《索菲亚范本》报告人,对范本进行评论,评论与示范法草案一同提出,目的在于对每一条的制定背景进行解释。评论不属于国际法协会(International Law Association, ILA)决议正式文本的组成部分。
⑧ 这9项要求分别为:运营者的财政状况满足从事空间活动的要求;运营者的可靠性得到证明且具备所需的技术知识;符合本法规定,所为的空间活动不会对地球以及外层空间的环境造成破坏;符合本法规定,所为的空间活动满足空间碎片减缓要求,空间活动符合公共安全的标准;空间活动不破坏国家安全的利益;空间活动不违反(破坏)该国的国际义务及其外交政策利益;运营者遵守国际电信联盟(International Telecommunication Union, ITU)关于频率分配和轨道位置的规则;运营者遵守本法规定的保险要求。

一步规定监督的细节性要求。第六条则针对授权许可的取消、中止及修改进行了简要说明。

联合国大会通过的《国内空间立法决议》针对航天发射的规定相对简单、宽泛,仅提及"国家监管框架所针对的外空活动的范围可酌情包括:向外层空间发射物体以及这类物体的返回、发射场地或重返场地的运作以及在轨外空物体的运行和控制"。此外,提出"各国应考虑到作为发射国以及作为负责任的国家因本国外层空间活动而在联合国各项外层空间条约之下承担的义务……同样还应对其公民和(或)在其管辖和(或)控制的领土上创建、登记或设有机构的法人在其他地方实施的外空活动进行审批并确保对其进行监督";关于审批机构,《国内空间立法决议》提出有建立类似机构的必要性,而关于该类机构的具体工作程序和职责,则依据不同国家的国内法规则确定。另外,《国内空间立法决议》提及了审批外空活动,包括航天发射活动的条件,重点强调为"与国家承担的国际义务保持一致,尤其应当与联合国各项外层空间条约所规定的义务一致,并与其他相关文书保持一致",且应"有助于确定外空活动以安全的方式进行,尽量减少对人、环境或财产造成的威胁,并确定这些活动不致对其他外空活动造成有害干扰;此类条件还应与申请人的经验、专业知识和技术资格挂钩",还可以"包括尤其是符合和平用外层空间委员会《空间碎片缓减准则》的安全和技术指标"。

4.1.2 国内法与航天发射许可

《索菲亚范本》和联合国大会《国内空间立法决议》基本上勾勒了国内法规则中针对航天活动进行管理和协调的方式。事实上,上述文件也是在充分考虑现行主要国家航天法相关规定的基础上制定的。因此,若希望了解有关航天发射许可的相关规则,对世界主要空间国家的国内法进行考察很有必要。

关于航天发射许可规则,世界主要国家航天法中一般会规定一个主管部门,这与《索菲亚范本》和联合国大会《国内空间立法决议》的要求类似,不过,对于这个主管机关的类型,不同国家的做法有所差别。日本著名空间法学者青木节子将这些主管机构分为如下四类:

①政府(The Government)作为主管机构。②政府某部门(A Ministry or Department of The Government)作为主管机构,如果进行详细划分,又可以分为教育与科学技术部门,经济、工业与贸易部门,交通部门以及外事部门等。③政府专门委员会(A Special Governmental Committee)。④国家航天机构(National Space Agency)[①]。近年来,随着世界各国对航天事业的投入加大,设置专门机构管理本国航天事务的趋势越发明显。例如,2018 年 7 月,澳大利亚在工业、科学能源与资源部下设澳大利亚航天局[②]。其他以国家航天机构作为主管部门的

---

① AOKI S. Practical Background of National Space Law[M]// HOBE S, SCHMIDT-TEDD B, SCHROGL K-U. Cologne Commentary on Space Law: Vol. Ⅲ [M]. Cologne: Carl Heymanns Verlag, 2015: 514-515.

② 事实上,澳大利亚的工业、科学能源与资源部的职能非常广泛,从其设置形式上看,亦可归至第二类,新设的航天局隶属该框架之下。有关澳大利亚工业、科学能源与资源部具体信息,可以参见:Ministers for the Department of Industry, Science, Energy and Resources [EB/OL]. https://www.minister.industry.gov.au/;澳大利亚航天局的相关介绍则可参见:Australian Space Agency [EB/OL]. https://www.industry.gov.au/about-us/about-the-australian-space-agency.

例子包括美国国家航空航天局①，俄罗斯航天局②以及巴西航天局③等。

航天发射许可规则最重要的内容是授予许可的条件，对此，各国做法不尽相同，但有很多共通之处。总结起来，许可授予一般应满足如下条件：①申请人应具备开展航天发射的技术能力；②申请人应具备充足的开展相关活动的财力（包括充足的资金或者保险等）；③相关活动应保障公共健康、公共安全以及人员和财产安全；④申请活动应满足国家签署的国际公约的义务要求；⑤相关活动应保护外空环境，应满足包括但不限于空间碎片减缓等要求；⑥申请活动应满足国家对外政策、国家利益以及国家安全的要求④。依据青木节子教授的总结，澳大利亚、奥地利、法国、荷兰、英国以及美国的相关国内航天发射法律法规对上述6项要求都有所规定，只是在表述上略有差异⑤。

除了实体层面的要求，世界各国国内航天法中对于外空活动（包括航天发射活动）的许可还有诸多程序性要求。因为各国法律体系存在较大差异，航天活动管理体制也千差万别，所以很难对不同国家航天发射许可程序要求进行协调统一。不过欧洲学者很早就意识到，随着商业航天发射活动的不断增加以及国际商业航天合作的愈加频繁，航天企业很可能通过改变公司注册地或总部所在地的方式选择适用那些对其开展相关活动有利的国内法，造成所谓的许可证买卖（License Shopping）⑥。从许可程序层面看，清晰、透明且简便的规则自然更受欢迎。当然，作为规则制定者，也不应一味迎合商业航天发展，从而降低监管要求，但是制定清晰、透明且简便的程序规则仍是十分必要的。

我国航天发射许可规则主要规定在2002年的《民用航天发射项目许可证管理暂行办法》（以下简称《暂行办法》）之中。该《暂行办法》由当时的国防科技工业委员会发布，属于部门规章⑦。《暂行办法》第四条规定："国防科工委对民用航天发射项目实行统一规划和管理，负责审查、批准和监督民用航天发射项目。"明确了航天发射活动的监管和许可授予部门。关于授予发射许可应满足的条件，《暂行办法》第五条列举了以下六方面：①遵守国家法律、法规，保守国家秘密；②申请的项目不危害国家安全，不损害国家利益，不违反国家的外交政策和已签署

---

① 美国国家航空航天局（NASA）是美国联邦政府的一个独立机构，负责制定、实施美国的民用航天计划、与开展航空航天科学研究。关于美国国家航空航天局的更的信息，可以参见：National Aeronautics and Space Administration. About NASA[EB/OL]. [2019-12-12]. https://www.nasa.gov/about/index.html.

② 此处所说的俄罗斯航天局其实是指俄罗斯航天国家集团公司。其为俄罗斯主理航天事业的国营企业，前身为1992年成立的俄罗斯宇航局，之后曾更名为俄罗斯航天局以及俄罗斯联邦航天局，2015年起，从政府机构改组为依俄罗斯法律注册的国有公司。负责俄罗斯各项空间科学与载人航天计划，同时继承苏联的航天计划。关于该机构的具体介绍可以参见：ELIZABETH H. Roscosmos: Russia's Space Agency [EB/OL]. [2018-01-30]. https://www.space.com/22724-roscosmos.html; 俄罗斯航天国家集团公司官方网站英文版可以参见：http://en.roscosmos.ru/.

③ 关于巴西航天局的具体介绍可以参见：International Astronautical Federation. Brazilian Space Agency (AEB)[EB/OL]. https://www.iafastro.org/membership/all-members/brazilian-space-agency-(aeb).html; 巴西空间局官方网站（葡萄牙语）参见：https://www.gov.br/aeb/pt-br.

④ AOKI S. Practical Background of National Space Law[M]//HOBE S, SCHMIDT-TEDD B, SCHROGL K-U eds. Cologne Commentary on Space Law: Vol. Ⅲ [M]. Cologne: Carl Heymanns Verlag, 2015: 518.

⑤ Ibid.

⑥ 关于许可证买卖的介绍和分析，参见：NIE M. Legal Framework and Basis for the Establishment of Space Cooperation in Asia[M]. Zuerich: Lit Verlag: 59-60.

⑦ 根据2008年3月15日第十一届全国人民代表大会第一次会议通过的《关于国务院机构改革的决定》，不再保留"国防科学技术工业委员会"的机构设置；将原国防科工委除核电管理以外的职责都纳入新成立的中华人民共和国工业和信息化部；同时，成立国家国防科技工业局，由工业和信息化部管理。

并发生效力的国际公约;③申请的项目不会因重大过失或故意行为对公众的健康、安全和财产构成无法补偿的危害;④具有国家有关部门发放的从事所申请项目的相关许可文件;⑤具备从事所申请项目的技术力量、经济实力及完善的技术资料;⑥法律、法规、规章规定的其他条件。

如果与学者总结的世界其他国家航天发射许可要求进行比较,可以发现《暂行办法》第五条列举的条件与之基本类似,比较明显的差异体现在该条并未提及对于外空环境保护的要求,尤其是空间碎片减缓的要求。当然,这并不意味着申请者可以忽略此项要求,因为在第六条的程序要求中,《暂行办法》明确要求申请人应提供的材料应包括"如何避免污染和空间碎片问题以及其他有关安全的补充材料"。

关于申请航天发射许可的程序规则,除了《暂行办法》第六条的规定外,2018年1月10日,原国防科工局发布的"民用航天发射项目许可",对民用航天发射项目许可审批的申请和办理进行了具体说明①。

4.2 发射损害赔偿制度

航天发射活动具有高风险性,如果发生损害,可能涉及对地面上的人员或财产、空气空间飞行器及其所载乘客以及外层空间的其他外空物体的损害,具有多元化特征。同时,航天活动自身的国际性特征使得相关损害赔偿责任的确定更加复杂。《外空条约》(1967年)以及之后的《责任公约》(1972年)都试图对外空物体的损害赔偿责任进行规定。

4.2.1 《外空条约》与航天发射损害赔偿

《外空条约》(1967年)第七条规定:"凡进行发射或促成把实体射入外层空间(包括月球和其他天体)的缔约国,及为发射实体提供领土或设备的缔约国,对该实体及其组成部分在地球、天空、或外层空间(包括月球和其他天体)使另一缔约国或其自然人或法人受到损害,应负国际上的责任。"

本条笼统规定了缔约国对于航天发射造成损害应承担赔偿责任,有以下3点值得注意:

1)本条规定航天发射造成损害责任承担的主体为进行发射、促成发射、从其领土和从其设备发射的缔约国,这与《责任公约》(1972年)中对"发射国"的定义一致。显然,公约试图通过扩大责任承担主体范围,保障航天发射受害人的利益得到最大限度的保障。

2)本条明确造成损害的对象可能在地球、天空或外空的自然人或法人。

3)《外空条约》第六条规定了国家对本国私人实体航天发射行为承担国际责任,本条规定从其领土、设备发射外空物体的缔约国应对相关损害承担赔偿责任。不过从条约英文作准文本看,第六条对于"责任"一词的表述采用的措辞为"Responsibility"而本条则采纳"Liability"(International Liable)一词。从两条规定的本意看,第六条更倾向于强调国家对本国私营实体所从事外空活动所应该承担的国际"管控责任",因此在同一条的后半部分明确了国家对本国

---

① 民用航天发射项目许可[EB/OL].[2018-01-10]. http://www.sastind.gov.cn/n6195634/n6195706/n6195716/n6427833/c6428394/content.html.

私营实体航天发射活动的许可和持续性监督。而本条则更加注重对相关损害的赔偿责任。

4.2.2 《责任公约》与航天发射损害赔偿

有关航天发射损害赔偿更为细节性的规定体现在《责任公约》(1972年)中。正如公约前言中所述:"制定关于外空物体所造成损害之责任之有效国际规则与程序,以特别确保对此等损害之受害人依本公约规定迅速给付充分及公允之赔偿……有助于加强为和平目的探测及使用外空方面之国际合作。"公约共28条,对相关的定义术语、责任承担规则以及损害赔偿规则等做出了较为详尽的规定。

鉴于本书后文中设有专章介绍"外空责任法",对于《责任公约》与航天发射损害赔偿的具体内容在此不予展开。

4.2.3 国内法与航天发射损害赔偿

依据《外空条约》以及《责任公约》的相关规定,对于航天发射损害赔偿的主体主要是国家,私人实体开展的航天发射活动造成的损害同样如此。国内航天立法主要针对私人实体的相关活动,从立法实践看,各国航天法一般会明确规定从事航天活动实体应满足本国缔结的国际公约的义务要求。这可以看作是国内法与有关航天损害赔偿责任公约的连接。

针对赔偿责任本身,国家为私人活动造成的损害履行了赔付义务之后,政府可以向造成损害的运营者行使追索权。《责任公约》(1972年)并未对航天活动造成的损害赔偿设定限额,但正如上述,不同国家为了鼓励本国私营实体开展航天活动,一般会设定其追索款项的额度。此外,为了保障国家可以在一定程度上有效行使追索权,多数国内航天法会将购买第三方责任保险或提供资金担保作为授予航天发射许可的前提。例如,澳大利亚法律规定航天发射许可申请人应购买保险或满足资金要求[1];法国相关法律规则也要求申请者提供保险或经有权部门认定的资金保障[2];此外,美国法[3]、日本法[4]以及韩国法[5]等都做了类似的规定。

关于政府行使追索权的限额规定,不同国家实践不甚统一,有的国内法规定追索金额上限为保险赔付金额的上限,同时对保险额度有相关要求。当然,依据国内航天法的实践,为获得航天活动许可应购买的第三方责任险保险金额本身也是由国家自行确定的,这便要求国内立法根据本国私营实体航天活动的具体情况而确定。例如,奥地利法规定政府追索限额为保险额度,并明确除了相关部门规定的例外情况,保险额度最低应为6 000万欧元[6]。荷兰法亦有

---

[1] Part 2-Insurance/financial requirements, Australia Space (Launches and Returns) (Insurance) Rules 2019.

[2] Art. 6 para. 1, French Space Operation Act.

[3] 51 U.S.C. § 50914-U.S. Code-Unannotated Title 51. National and Commercial Space Programs § 50914. Liability insurance and financial responsibility requirements.

[4] 日本于2016年通过的《空间活动法》(Space Activities Act)对此有详细规定。关于日本《空间活动法》的介绍,可以参见:HIROKO Y., DAIKI I. Space Law Review (Edition I) [EB/OL]. [2019-12]. https://the lawr eviews.co.uk/edition/the-space-law-review-edition-1/1211969/japan.

[5] Art. 6 (1) Space Damage Compensation Act.

[6] Section 11 Para.2, 4, Federal Law on the Authorization of Space Activities and the Establishment of a National Space Registry.

类似规定,不过对于保险额度并未明确确定数额,而是规定由相关部门在考虑最大程度涵盖风险的前提下确定①。有的国内法则直接规定一个追索的上限金额②,例如,法国法规定了6 000万欧元的限额③,韩国法对此的规定则为2 000亿韩元(约2亿美元)④,而印度对此的要求则为1亿美元⑤。美国法的规定与上述国家稍有不同,虽然也设置了具体的限额,但是依据不同损害设置了不同额度,针对第三人的损害,这一追索额度最高为5亿美元,而若涉及政府财产的损失,这一额度则可达10亿美元⑥。

4.2.4 航天发射责任保险

航天发射保险并非是一个严格的学术概念,从近年来的发展看,保险业使用更多的一个术语是航天保险或航天项目保险。中国太平洋保险公司对于航天保险有过较为详细的介绍,将其分为火箭和卫星的制造阶段的保险、发射前保险、发射保险和卫星在轨寿命保险⑦。这是根据航天项目进展的不同阶段划分的,其实也就是根据航天发射的一个流程划分的。不过,从航天发射活动涉及的诸多内容角度看,现行普遍接受的航天保险的概念主要是基于火箭、卫星以及发射服务作为有价值的商品和服务角度考虑的,这当然十分重要,是航天发射保险的重要内容。但是从航天发射的其他角度看,至少还有如下两类保险内容值得考虑:①各国为履行《外空条约》和《责任条约》框架下,国家对本国私人实体外空活动造成损害应负赔偿责任的义务而普遍在国内航天法中规定的私人实体航天发射第三方责任保险,并以此作为私人实体取得航天发射许可证的前提。②针对宇航员和外空游客的人身险。必须承认的是,无论是宇航员还是外空游客,都是航天发射活动的最直接的参与者,理应被纳入航天发射保险范畴。本节重点关注火箭与卫星保险以及航天发射第三方责任,宇航员及外空游客保险内容可参考本书后文有关载人航天法的相关内容。

1.火箭与卫星保险

从历史发展情况看,最早出现的火箭与卫星保险主要体现为卫星发射前保险,可以追溯至1965年伦敦劳埃德保险公司对"早鸟"卫星国际通信卫星Ⅰ号("Early Bird" Satellite Intelsat Ⅰ)的保险,但此次保险涵盖范围仅限于卫星发射前的物理性损害⑧。1965年成功实践之后,

---

① Section 3 para. 4, Space Activities Act.
② AOKI S. Practical Background of National Space Law[M]// HOBE S, SCHMIDT-TEDD B, SCHROGL K-U eds. Cologne Commentary on Space Law (Vol. III) [M]. Cologne: Carl Heymanns Verlag, 2015: 530 - 534.
③ Art. 6 para. 1, French Space Operation Act.
④ RHEE S-M. Current Status and Recent Developments in Korea's National Space Laws[J]. Journal of Space Law, 2009(35): 537.
⑤ SAGAR D. Compulsory Insurance: Basic Features of National Insurance Regulations[C]//HOBE S, SCHMIDT-TEDD B, SCHROGL K-U eds. Project 2001 Plus: Global and European Challenges for Air and Space Law at the Edge of the 21st Century-Towards a Harmonized Approach for National Space Legislation in Europe. Proceedings of the Workshop. Berlin: 29 - 30 January 2004, 100.
⑥ 51 U.S.C. § 50914-U.S. Code-Unannotated Title 51. National and Commercial Space Programs § 50914. Liability insurance and financial responsibility requirements.
⑦ 太平洋保险. 什么是航天保险[EB/OL].[2017 - 11 - 02]. http://www.cpic.com.cn/c/2017 - 11 - 02/1226730.shtml.
⑧ SGROSSO G C. Insurance Implications about Commercial and Industrial Activities in Outer Space [C]// Proceedings of the 36th Colloquium on the Law of Outer Space, Graz, 1993: 187.

1968年对于国际通信卫星Ⅲ号(Intelsat Ⅲ)的保险范围则涵盖了发射前和发射保险。当然,彼时卫星保险的发展尚处于较为初级的阶段,并未做详细划分,对于火箭的保险则较为少见。经过多年实践,火箭和卫星保险业务已经发展得相对成熟,依照某保险经纪公司的介绍,目前火箭和卫星保险的分类大致包括卫星发射和在轨保险、发射风险保障、卫星运载器保险、卫星分离后保险、卫星在轨保险、临时空间再保险、卫星运送和发射前保险、卫星收益损失保险等[1]。简言之,航天技术的日益成熟降低了活动自身的风险,与此同时,航天活动数量的增加对相关保险有迫切需求。在此前提下,国际社会保险业多年实践积累的经验可以相对容易地构建火箭与卫星的专门保险框架体系,以目前情况来看,火箭和卫星保险已经基本被纳入现代保险框架体系中,发展相对完善。

从我国发展情况看,上文提及的太平洋保险公司对火箭和卫星保险的分类较为详尽,具体而言:制造阶段的保险分为火箭和卫星制造保险,保险方式与其他财产保险类似[2]。发射前保险也分为火箭和卫星的发射前保险,主要承保包括火箭和卫星从制造场地运送到发射基地阶段、在基地的暂时储存阶段、火箭和卫星的对接阶段、火箭和卫星的燃料加注阶段以及意向点火后发动机紧急关机或意向点火后火箭未脱离发射架臂的风险。发射保险主要承保从火箭点火起飞开始将卫星送入预定轨道和卫星定点后实现在轨道测试直至交付使用为止阶段的风险。卫星在轨寿命保险承保卫星在轨道运营期间的风险直至卫星寿命结束。

总体而言,我国对于火箭与卫星保险的认知相对成熟,也存在不少相关实践。以卫星保险为例,研究者做过如下总结[3]:我国目前卫星保险仍以发射前、发射和在轨保险为主要类型。发射前保险更多的是一种财产保险,涵盖范围一般包括卫星本身、发射设备、卫星发射场相关财产以及其他对发射活动意义重大的财产。发射前保险期限始于卫星装载准备运往发射场之时,终于卫星和运载火箭对接。发射前阶段面临风险是航天发射所有阶段中风险最小的,因此保险费用最低,平均水平为被保财产价值的 $0.01\% \sim 0.05\%$。发射阶段保险则主要承保卫星发射过程中可能遇到的风险,保险承保起讫时间以第一级火箭发动机点火时刻起,以整个卫星进入预定运行轨道开始到履行下一步功能为止。卫星正常运转之后,其在轨阶段保险一般持续 $1 \sim 3$ 年,此阶段保费一般为被保财产价值的 1.2%。

除了保险类型之外,可以提供火箭及卫星保险的相关保险公司的发展也并非一蹴而就。从国外的发展情况看,目前可以承保火箭及卫星保险的公司已经较为成熟。我国航天技术处于世界领先地位,但是相当长的一段时间里,商业航天并未得到充分发展,对于保险的需求不高。20世纪90年代中期,我国开展航天发射保险多为外国公司承保,我国国内保险公司一般仅承担一次发射活动中3%左右的保险份额[4]。但是在经历1996年发射事故之后,我国长征系列火箭开始受到国际航天保险市场的质疑,为了为卫星行业的发展创造一个稳定的环境,在

---

[1] 更多的关于外空保险包括火箭及卫星保险的详细介绍与分析,可以参见:NIE M. Legal Aspects of Insurance Regarding Space Activities and the Situation in China: An Analysis Based on the New Development of Space Commercialization [J]. Korean Journal of Air & Space Law and Policy,2017(1):385-417.

[2] 主要承保的风险包括火箭和卫星制造和安装过程的风险以及各零部件的测试风险。保险期限通常到火箭和卫星吊装至运输工具上准备运往发射基地时终止。这部分保险通常由火箭和卫星制造商购买。

[3] 本段内容及相关数据具体介绍参见:神舟十一号发射成功! 快来看,航天保险原来这么高深[EB/OL].[2016-10-17]. https://www.sohu.com/a/116384018_467166.

[4] 神舟十一号发射成功! 快来看,航天保险原来这么高深[EB/OL].[2016-10-17]. https://www.sohu.com/a/116384018_467166.

中国银行和财政部的支持下,我国于1997年创建了中国航天保险联合体,该机构实质是由几个中国保险公司组成的联盟,其中中国人民保险公司起到最为关键的作用,中国太平洋保险公司、中国平安保险公司等则为重要参与者①。创建中国航天保险联合体的目的在于为我国航天活动,尤其是卫星发射活动提供商业保险②。在相当长的一段时间内,其是我国唯一航天活动保险机构。不过,随着航天活动的不断发展,火箭和卫星保险,包括其他类型航天活动保险开始呈现出市场化的发展趋势。相关保险也逐步纳入诸多保险公司的业务范畴,例如中国人民保险公司旗下人保财险。作为国内最大的财产保险公司,中国人保已为国家多个重大航天项目提供保险保障,累计承保150多颗卫星保险,占国内航天保险市场份额的70%③。太平洋保险公司的官方网站上也有关于卫星保险的介绍,并明确"卫星保险的投保与承保手续与其他工程保险并无区别④"。伴随航天活动,尤其是商业航天活动的不断发展,未来势必有更多的保险公司开展火箭和卫星保险业务,原本具有基金性质的中国航天保险联合体也必将逐步参与到这一竞争中来。

2. 航天发射第三方责任险

鉴于国际公约规定了国家对本国私人实体航天活动损害的责任,各国在国内立法中一般将发射申请人购买第三方责任险作为发放许可的前提条件。在出现航天活动损害之后,国家依照相关公约履行赔偿义务之后,可以向相关责任人进行追偿,对申请人购买第三方责任险进行要求,一方面是因为运营者必须为其可能造成的损害进行投保,另一方面也有助于国家有效追偿,保障国家利益⑤。当然,对于航天发射第三方责任险应如何规定,各国国内立法实践中仍有差别。

国际法协会《索菲亚范本》中对各国授予发射许可第三方责任险要求的建议为"为赔付可能对第三方造成的损害,外空活动运营者应该购买保险",购买保险的金额由各国国内法自行规定。但是,在某些特定情况下,对外空活动运营者保险要求可以豁免,其中包括运营者有足够的资金承担其所应负担的赔偿责任的数额的情形⑥。从各国立法实践看,对于第三方责任险的要求基本是一个总体趋势,但是各国法律对于保险具体数额的规定不甚一致。对此,上文已有介绍,不予赘述。

我国2002年《暂行办法》对于航天发射保险也有相关要求,其中对申请人条件的要求包括从事所申请项目的技术力量、经济实力及完善的技术资料,并应按照要求提供相关证明材料。

---

① 关于中国航天保险的发展历程及中国航天保险联合体的具体介绍,参见:中国保险学会.共筑航天新时代:保险助力中国航天事业[EB/OL].[2018-04-24]. https://www.sohu.com/a/229317872_702714.

② 关于中国航天保险联合体卫星保险的实力可以参见相关官方报道,例如:新华社.中国航天保险联合体为"风云一号D"卫星提供2亿元保险[EB/OL].[2002-05-15]. http://www.cctv.com/news/science/20020515/308.html.

③ 新浪财经.中国人保:承保150多颗卫星保险,占国内航天保险市场份额70%[EB/OL].[2020-08-04]. http://finance.sina.com.cn/money/insurance/bxyx/2020-08-04/doc-iivhuipn6767394.shtml.

④ 卫星保险是以卫星为保险标的的科技工程保险,它属于航天工程保险范畴,包括发射前保险、发射保险和寿命保险,主要业务是卫星发射保险,即保险人承保卫星发射阶段的各种风险。参见:太平洋保险.卫星保险[EB/OL].[2018-05-29]. http://www.cpic.com.cn/c/2018-05-29/1488149.shtml.

⑤ KERREST A. Purpose and Modes of State Indemnification[C]//HOBE S, SCHMIDT-TEDD B, SCHROGL K-U eds. Project 2001 Plus: Global and European Challenges for Air and Space Law at the Edge of the 21st Century-Towards a Harmonized Approach for National Space Legislation in Europe, Proceedings of the Workshop, Berlin: 29-30 January 2004, 121-128.

⑥ HOBE S. The ILA Model Law for National Space Legislation[J]. German Journal of Air and Space Law, 2013(1): 94.

获得许可后,许可证持有人应依照国家有关规定购买外空物体的第三方责任险和其他相关保险,该保险的保险单副本则是许可证持有人进入发射场阶段申请的必备材料。与其他国家国内法包括《索菲亚范本》给出的示例相比,我国的做法有所不同。不但同时要求了申请人的经济实力,对第三方责任险也有相应要求。并且,第三方责任险并非获得发射许可的前提,而是许可证持有人申请进入发射场的前提。

近年来,商业航天活动及国际航天合作的发展愈加要求相关国家推动制定较为统一的国内航天法规则,尤其是针对航天发射许可的规则,以避免"许可证买卖"情形的出现。国际法协会的《索菲亚范本》和联合国大会通过的《国内空间立法决议》都有意对此进行推动。航天发射保险是授予许可证的重要前提,当然属于协调统一的范畴。当然,这一协调过程会面临诸多困难,国家间航天政策的差异以及发射能力的不同对于保险涵盖的范围及金额等都会有决定性的影响。从现阶段的情况看,欧盟及欧空局框架下的国家间较有可能实现上述国内法协调统一的设想。其他有较为频繁的私人航天活动及私人航天合作和贸易的国家间则可能依据未来发展状况,视需要逐步推动协调以适应商业航天发展的需求。

4.3 发射登记制度

外空物体登记制度在1967年《外空条约》以及1975年《登记公约》中都有规定,为履行条约义务,各国国内航天法中对此一般也会有所体现。在讨论外空物体登记制度之前,首先有必要回顾外空物体的概念。1972年《责任公约》将之定义为:"包括一个外空物体的组成部分以及外空物体的发射载器及其零件。"而从不同时期的条约中文翻译版本看,对于英文表述为"Space Object"的这一术语也经历了一些变化。早期翻译版本中在《责任公约》中采纳了"空间物体"的说法,而在1975年《登记公约》中则采用了"外空物体"的用法。2017年,联合国外层空间事务司印发的《国际空间法:联合国文书》中收录的《责任公约》和《登记公约》则统一采用了"外空物体"的用法①。无论采用何种用法,航天发射器及其零件是确定的涵盖在公约框架体系下的,本章主要讨论航天发射法律问题,涵盖了航天发射器及其零件的《登记公约》自然有必要予以介绍。为避免歧义,本节依据公约规定,统一采用"外空物体"说法,不单独强调航天发射载器或使用"航天物体"这一说法②。

4.3.1 国际法与外空物体登记

1967年《外空条约》第八条规定:"凡登记把实体射入外层空间的缔约国对留置于外层空间或天体的该实体及其所载人员,应仍保持管辖及控制权。"但是本条仅仅提到了"登记"这样一项措施,并未对具体操作细节做出任何其他解释。直至1975年《登记公约》的制定,才最终

---

① 联合国外空事务厅.国际空间法:联合国文书. ST/SPACE/61/REV.2,2017年7月。

② 航天活动复杂性决定从概念角度做出说明的重要意义,"外空物体"是目前国际公约确定的较为权威的说法。随着外空活动类型的日益丰富,不排除未来类似于航天飞机这样的"航空航天物体"的普遍应用。为避免混淆,现阶段仍采用公约规定术语。关于"航空航天物体"概念与性质的具体分析,参见:高国柱.航空航天物体之概念与性质研究[J]. 北京航空航天大学学报(社会科学版),2006(1):40-44。

第4章 航天发射规则

确立了外空物体的登记制度。

1975年《登记公约》共12条,除了第一条术语界定(包括与《责任公约》定义相同的发射国和外空物体两个术语,此外还确定了登记国的概念)以及第八至十二条关于公约签署、批准、修正以及生效等的规定之外,其核心内容包括如下3个方面:

1)《登记公约》的一个非常重要的内容是确定国内外空物体登记制度。公约第二条明确规定:"发射国在发射一个外空物体进入或越出地球轨道时,应以登入其所须保持的适当登记册的方式登记该外空物体。"并且"每一发射国应将其设置此种登记册情事通知联合国秘书长。"如果存在两个或两个以上发射国,各国之间应共同决定由哪一国进行登记。公约第三条则对联合国秘书长提出要求,规定其应保持一份登记册,且此登记册所载信息应充分公开,以供查阅。

公约第二条和第三条拓展了《外空条约》第八条的规定,确定了外空物体国内登记制度以及通报联合国秘书长的要求,但是两个条款的规定仍旧存在许多模糊含混之处,有必要予以思考。首先,第二条明确确定了发射国应为登记国,这与第一条中对"登记国"的定义相呼应,但是,正如学者所注意到的,商业航天发射的不断发展会使得在轨交付成为未来较为常见的航天发射模式,势必推动外空物体登记国从一国转至另一国,而《登记公约》将登记国与发射国牢牢捆绑在一起,不利于商业航天的发展[1]。有学者则提出,可以适当地拓展相关条约中规定的发射国的概念,将诸如外空物体在轨交付的受让者归类至促使发射国(Procuring State)之中[2]。这一提议客观上有利于推动商业航天活动的发展,可以在未来相关条约修订过程中予以考虑。其次,《登记公约》明确规定需要登记的外空物体是进入或越出地球轨道的情形,这便将未发射成功的物体以及逐渐兴起的亚轨道飞行物体(Suborbital Objects)排除在外了,对此诸多国家在国内法中做了相关协调[3]。

2)《登记公约》第四条规定了登记国向联合国秘书长提供的登记册应载的信息[4],并要求登记国随时向联合国秘书长提供登记册内所载外空物体的其他信息。此外,登记国还应在切实可行的最大限度内尽速将其曾提供信息的原在地球轨道但现已不复在地球轨道内的外空物体提供给联合国秘书长。第五条则规定:每当发射进入或越出地球轨道的外空物体具有第四条所述的标志或登记号码,或二者兼有时,登记国在依照第四条提送有关该外空物体的情报时,应将此项事实通知秘书长。在此种情形下,联合国秘书长应将此项通知记入登记册。

第四条对国内登记册的具体信息做出了说明,总体而言,相关信息的要求主要是为了更好地定位和识别相关外空物体,为外空物体损害赔偿责任的具体实施提供了事实上的可能性。

---

[1] SCHMIDT-TEDD B, MALYHEVA N R, STELMAKH O S et al. Art Ⅱ: National Registries/Registration Obligation[M]// HOBE S, SCHMIDT-TEDD B, SCHROGL K-U. Cologne Commentary on Space Law: Vol. Ⅱ [M]. Cologne: Carl Heymanns Verlag, 2013: 251.

[2] HOERL K-U, HERMIDA J. Change of Ownership, Change of Registry? Which Objects to Register, What Data to be Furnished, When and Until When[C]//Proceedings of the 46th Colloquium on the Law of Outer Space, Bremen Germany: 2003: 475.

[3] SCHMIDT-TEDD B, MALYHEVA N R, STELMAKH O S, et al. Art Ⅱ: National Registries/Registration Obligation[M]// HOBE S, SCHMIDT-TEDD B, SCHROGL K-U. Cologne Commentary on Space Law: Vol. Ⅱ [M]. Cologne: Carl Heymanns Verlag, 2013: 252.

[4] (a)发射国或多数发射国的国名;(b)外空物体的适当标志或其登记号码;(c)发射的日期和地域或地点;(d)基本的轨道参数,包括:①波节周期。②倾斜角。③远地点。④近地点。(e)外空物体的一般功能。

当然,本条规定能否如公约所期待的那样实现有效登记外空物体的目的,仍值得探讨。首先,关于登记的时间要求,本条仅提到了登记国应在切实可行的最大限度内尽速提供信息,具体操作仍需要相关国内立法予以最后确认。其次,对于相关登记信息的要求略显宽泛,即便本条第2款规定了登记国应提供外空物体的附加信息,但是仅建立在自愿基础上,且此类附加信息包含哪些内容,本条也并未明确。2007年联合国大会通过了《关于加强国家和国际政府间组织登记空间物体的做法的建议》的决议,对外空物体登记问题进行了相对细化的说明,其中就包括外空物体附加信息的内容[①]。再次,对于那些不复在地球轨道的外空物体,公约明确规定了登记国的登记义务,但是学者也注意到,对于"地球轨道"的强调事实上忽略了那些不复在月球轨道或其他行星轨道的外空物体的信息登记[②]。公约做此规定可能源于其制定时技术的局限性,而随着航天技术尤其是深空探测技术的不断发展,这一问题应予以重视。

3)《登记公约》第六条主要针对拥有空间监视和跟踪设备国家对辨别外空物体的协助义务进行了规定,以便于协助《责任公约》的执行[③]。公约制定的一个重要目的是有效辨别外空物体,但如果依照公约规定,受害缔约国或其受害自然人或法人无法辨别外空物体,或者是外空物体可能具有毒性或危险性但无法辨别的情形下,其他缔约国,尤其是拥有空间监视可跟踪设备的缔约国可以协助辨别。当然,这种协助应遵守一定的条件,公约规定的条件包括:提议协助者应为受害缔约国或者联合国秘书长;协助国应在公允和合理条件下最大限度地响应该请求;提出协助国应在最大限度内提供引起请求事件的时间、性质及情况通报。

满足第六条规定的一个重点技术在于空间监视和跟踪设备,亦即空间态势感知系统(Space Situation Awareness, SSA)。所谓空间态势感知是指及时、准确地获得与外空环境相关的信息和数据,尤其是对在轨或者地面设施有危害的信息和数据[④]。现阶段,并不存在一个全球性的空间态势感知系统为世界所有外空活动参与者提供信息和数据[⑤]。在世界主要外空活动参与者中,仅有数量有限的空间强国拥有相应的能力,例如美国、俄罗斯、欧盟成员国以及日本等。我国正在积极开发相关能力。第六条规定更倾向于对已经造成损害的调查,而近年来国际社会普遍讨论的外空交通规则的建立则更加偏重于讨论利用空间态势感知技术推动外空数据信息的获得和分享。显然,第六条的规定已经无法满足航天国际规则发展的需要。并且第六条自身规定略显模糊,具有相当大的弹性,会削弱本条规则的执行[⑥]。2006年,国际宇

---

① 该决议规定:应当考虑向秘书长提供下列方面适当的附加资料,包括:①所适用的地球静止轨道位置;②运行状态的任何变化(特别是当空间物体不再发挥功能时);③衰变或重返的大致日期,如果国家能够核实该资料的话;④将空间物体移至弃星轨道的日期和实际状况;⑤空间物体正式资料的网络链接。关于加强国家和国际政府间组织登记空间物体的做法的建议.A/RES/62/101,2008年1月10日。

② SCHMIDT-TEDD B, MALYHEVA N R, STELMAKH O S. Art. IV: information by Each State of Registry [M]//HOBE S, SCHMIDT-TEDD B, SCHROGL K-U eds. Cologne Commentary on Space Law: Vol. II [M]. Cologne: Carl Heymanns Verlag, 2013: 303.

③ JASENTULIYANA N, LEE R. Manual on Space Law: Vol. III [M]. Dobbs Ferry, New York: Oceana Publications, 1981: 666.

④ ESA. Space Situational Awareness [EB/OL]. https://www.esa.int/Our_Activities/Operations/Space_Situational_Awareness/About_SSA.

⑤ HOBE S. Space Traffic Management: Some Conceptual Ideas[J]. German Journal of Air and Space Law, 2016(1): 12.

⑥ 聂明岩."总体国家安全观"指导下外空安全国际法治研究[M]. 北京:法律出版社,2018:173-174.

航科学院发布了《空间交通管理研究报告》,针对外空交通管理进行全面研究[①],可以预见的是,随着国际社会对外空交通管理概念认识的日渐清晰,空间态势感知技术也会愈加受到重视,需要制定更为详尽的有关外空信息协助和分享的规则,《登记公约》的相关规定也有必要随之做出修改和调整。除上述内容之外,《登记公约》还对国际组织适用公约的情况进行了规定(第七条)。

4.3.2 国内法与外空物体登记

建立外空物体国内登记是《登记公约》明确规定的义务,为履行公约义务,世界诸多国家国内航天法也会对此做出规定。当然,应该明确的是,《登记公约》确定的制度适用于一切外空物体,无论是国家拥有的还是私人拥有的。国家发射外空物体应依据公约要求进行国内登记并向联合国秘书长提供信息,对于私人发射而言同样如此。本节讨论的国内法中的外空物体登记则主要关注国内航天法对于私人实体航天发射的登记要求。

尽管《登记公约》第四条明确了国家登记册中应向联合国秘书长提供的信息,但是这并不意味着本条涵盖了国家登记册的全部内容,因为公约第二条第3款同时也规定了"每一登记册的内容项目和保持登记册的条件应由有关的登记国决定"。国际法协会《索菲亚范本》明确建议世界各国国内航天立法中应"建立国家登记册。由相关部门的长官保存国家登记册",登记内容除了《登记公约》明确要求的信息之外,还建议包括2007年联合国大会《关于加强国家和国际政府间组织登记空间物体的做法的建议》的决议中规定的有关外空物体附加信息的内容,并将信息,包括未来信息的任何改动通知联合国秘书长。2013年联合国大会《国内空间立法决议》同样对国家外空物体登记册提出了相关倡议,登记册信息内容建议与《索菲亚范本》大体相同,同时也明确提到国内航天立法可以"要求就外空物体尤其是已经失灵的外空物体在主要特征上的任何变化提交相关信息"。与《登记公约》的规定相比,新近的关于国内航天法中外空物体登记的建议明显有所改善,在外空物体信息要求层面更加细化,在外空物体状态变化方面的登记要求也不仅限于"不复在地球轨道"这一条件,而是要求登记任何变动。当然,正如上文所述,两份有关国内航天立法的文件仅具有学术研究意义或者建议性质,对于国内航天立法无强制约束力,当然,两份文件都在一定程度上代表了未来国内航天立法的发展方向。

从各国国内航天法的实践看,拥有航天发射能力的国家为履行《登记公约》义务的要求,一般会要求本国私营实体依据相关法律提供外空物体登记信息。例如,美国法律要求航天发射运营者在申请发射许可证时便提供相关信息,以协助国家满足登记要求,发射不重复利用航天器的运营者要在发射后30日内,按照《登记公约》第四条第1款的要求提供全部信息,此规定同样适用发射可重复利用航天器的运营者,有所不同的是,可重复利用航天器运营者对于航天器不复在外空的情况也应予以通告[②]。随着航天活动,尤其是以私人实体为主要参与者的商业航天活动的日益发展,对于国内登记的要求也会随之细化和丰富,例如可回收发射器的普遍

---

① CONTANT-JORGENSON C, LALA P, SCHROGL K U. Cosmic Study on Space Traffic Management[J]. Stockholm: International Academy Astronautics, 2006: 91.

② SCHMIDT-TEDD B, MALYHEVA N R, STELMAKH O S, et al. Art Ⅱ: National Registries/Registration Obligation[M]//HOBE S, SCHMIDT-TEDD B, SCHROGL K-U. Cologne Commentary on Space Law: Vol. Ⅱ [M]. Cologne: Carl Heymanns Verlag, 2013: 271.

应用必然会推动回收发射器自身的登记要求,国际商业航天贸易和合作的普遍开展也会对登记国转移等提出新的规范要求。这些在国际公约中没有完全解决的问题会因为国内法的不断发展而逐渐被解决。航天活动自身的国际性以及国内航天立法的趋同性也会使国内法的发展推动国际公约的修改,从而满足航天活动的要求。

中国外空物体登记制度主要规定在2001年由当时的国防科工委和外交部发布的《空间物体登记管理办法》(以下简称《登记办法》)之中。《登记办法》正文共16条,其制定的目的在于建立我国外空物体国内登记制度,维护我国作为发射国的合法权益,并履行我国作为缔约国的《登记公约》的义务。

与《登记公约》类似,我国《登记办法》也对外空物体的概念做了界定,但较《登记公约》的规定更为明确、细致。具体而言,外空物体[①]是指进入外层空间的人造地球卫星、载入航天器、空间探测器、空间站、运载工具及其部件,以及其他人造物体。此外,短暂穿越外层空间的高空探测火箭和弹道导弹被排除在外空物体概念之外。另外,《登记办法》明确规定其适用对象为在我国境内发射的所有外空物体以及我国作为共同发射国在境外发射的外空物体;履行登记义务的主体为所有从事发射或促成发射外空物体的政府部门、法人、其他组织和自然人;登记主管部门为国防科工委,涉及共同发射的国内登记则在必要时与外交部商定。

《登记办法》第六条规定了国家登记册的内容,即需要登记的具体信息,包括登记编号、登记者、空间物体所有者、空间物体名称、空间物体基本特性、空间物体发射者、运载器名称、发射日期、发射场名称、空间物体基本轨道参数、空间物体的发射及入轨情况等。与《登记公约》要求的登记信息相比,我国《登记办法》的规定显然更为具体。除了对外空物体自身信息提出了更为具体的要求之外,还对登记者、所有者、发射者等相关主体信息提出要求,便于外空物体的管理和识别的同时,为可能发生的责任承担问题的有效解决奠定了较好基础。

值得注意的是,《登记办法》的第四条规定了需要承担登记义务的主体,但在第七和第八条进一步明确了实施登记的具体执行者,即外空物体的所有者,有多个所有者的外空物体由该物体的主要所有者代表全体所有者进行登记。外空物体发射者应对该物体的国内登记进行必要援助。这一条规定很显然有利于确定具体执行登记义务的操作者,可以有效地提高登记的效率,避免不同参与者之间互相推诿。不过,在商业航天发射服务不断发展的背景下,本条规定可能将外空物体概念的内涵缩小。一般而言,在商业航天发射中,发射者是运载工具的所有者,购买发射服务者一般是发射入轨的外空物体(如卫星等)的所有者,显然,在此情况下,需要登记的具体执行者包括发射者和服务购买者,如果单从本条规定的内容看,发射者需要提供必要援助的外空物体国内登记的范畴便有些模糊不清了。此外,《登记办法》第九条规定登记的外空物体有重大变化(如轨道变化、解体、停止工作、返回及再入大气层等)时,外空物体登记者应在外空物体状态改变后60天内进行变更登记。随着美国太空探索技术公司(Space X)猎鹰九号火箭的成功回收[②],可重复利用航天运载器势必成为未来世界各国商业航天发射服务提供者降低发射成本的热门选择,我国对此也有相关计划,技术专家指出,所谓可重复利用航天

---

① 《登记办法》原文措辞为"空间物体",为行文统一,除规则原有名称保持不变之外,其他部分涉及该术语时统一写为"外空物体"。

② Space X 公司的成功引起世界各国航天界的重视,为航天活动的后续发展开辟了道路。关于 Space X 公司的发展及其相关航天器情况,可以参见:杨开. SpaceX 是怎样长大的:政府支持对太空探索技术公司成长影响分析[J]. 太空探索, 2019(3):22-27.

器是指:"能利用自身动力携带人员或有效载荷进入预定轨道,并可从轨道返回地面,可以多次重复使用的航天运输工具[①]。"一旦此类运载工具技术发展成熟且被普遍应用,上述有关登记的要求可能需要予以调整和修改。

对于在我国境内发射但所有者为其他国家政府、法人、其他组织或者自然人时,由承担国际商业发射服务的公司进行国内登记。显然,在这种情况下,发射者需要同时对航天器、发射入轨的外空物体(如卫星等)的情况进行登记。不过入轨卫星等外空物体所有者为外国相关主体,在相关状态发生重大变化情形下是否一定会为发射者所掌握,也是值得进一步探讨的问题。

除实体性要求之外,《登记办法》针对外空物体登记的其他问题也做了规定,例如,规定登记者进行外空物体的登记时间是外空物体进入空间轨道60天内。而在国内登记后60天内,我国主管部门,原国防科工委通过外交部向联合国秘书处进行国际登记,履行公约义务,国际登记的内容与《登记公约》第四条第1款一致。对于我国作为共同发射国的外空物体登记,则由外交部依据公约规定与有关国家确定。

4.4 其他有关问题

航天发射是一个复杂的系统工程,涉及地面、空气空间和外层空间等诸多环节。本章以上内容主要关注航天器及与之相关的国际法与国内法规则,更多的关注空气空间尤其是外层空间环节,但随着航天发射活动的日益频繁以及商业航天活动的不断发展,航天发射场愈加受到关注,相关法律问题也愈加受到重视,因此本节首先介绍航天发射场的发展情况及相关法律问题。此外,本节还将对近年来成为航天活动发展大趋势的商业航天及私人航天发射予以介绍,并对相关法律问题进行分析。

4.4.1 航天发射场

航天发射场是开展航天发射活动的重要地面设施。从世界各国航天活动的发展情况看,在相当长的一段时间内,航天发射活动这种高投入、高风险、收益周期长的活动一般由国家主导,私人参与者寥寥。尤其是航天活动同时具有军用和民用双重性质,国家主导的模式也有利于保障国家安全。相应地,航天发射场一般亦由国家运营,且其使用规则同样考虑国家安全要求,相对严格。然而,正如上述几节所提及的,商业航天已经是目前航天发射活动,包括其他相关航天活动发展的一个潮流趋势了。商业航天的重要特征在于航天服务的贸易性质日益突出,且航天服务市场需求量日益增大。这便要求国家妥善处理保障国家安全和推动商业航天活动发展的关系。

从我国发展情况看,目前我国有酒泉、西昌、太原、文昌4个航天发射场。酒泉卫星发射中心组建于1958年,是我国创建最早、规模最大的卫星发射中心,也是我国目前唯一的载人航天发射场。太原卫星发射中心组建于1967年,是我国自主设计建设的第一座火箭卫星发射中

[①] 付毅飞.我国可重复使用航天器预计2020年首飞[N].科技日报,2017-10-31.

心,主要承担太阳同步轨道和极地轨道航天器发射任务。西昌卫星发射中心始建于1970年,主要用于发射地球同步轨道卫星。海南文昌航天发射场是我国新建的航天发射场,主要承担货运飞船、大吨位空间站、地球同步轨道卫星、大质量极轨卫星、深空探测卫星等航天器发射任务①。从法律规制角度看,2019年6月,原国防科工局与中央军委装备发展部联合发布的《关于促进商业运载火箭规范有序发展的通知》(以下简称"通知")对于航天发射场和试验场做了专门规定,该"通知"指出:

"凡实施航天器入轨的发射任务须在国家认可的航天发射场实施发射。在发射许可申报前,商业火箭企业需完成与发射场等方面的技术协调、制定发射飞行大纲,火箭进场后,严格遵守发射场安全监管等有关规定。"

另外,对于没有航天器入轨的试验验证及相关发射试验,"通知"提出,可依托和利用国家有关部门和企业所属发射场或试验场等设施,开展相关活动。

对于发射场或试验场而言,其应"按照发射试验有关规定,负责协调发射试验等任务的安全管控,明确各方责任分工,确保发射场区、飞行航区以及落区或回收场区陆域、空域、海域安全"。

总体而言,我国法律已经意识到推动商业航天发展的重要意义了,并且对发射场的使用有了较为详尽的规定。但相关细节仍有必要进行细化,尤其是针对私人开展的商业航天发射是否有程序上的便捷及鼓励措施等。关于非入轨发射,"通知"提出依托有关企业的试验场,该类企业应如何协调与发射企业的关系同样值得重视。

从国外的发展状况看,近年来,对于航天发射场私营化的讨论开始出现,并且部分国家已经通过相关立法予以确认。例如,英国2018年《空间工业法案》中便明确对私人申请建立航天发射场的许可做了非常详尽的规定②,为相关发射场的建设提供良好的法律保障。英国此举源于其国内发射场的缺乏以及对未来商业航天市场的预期,通过立法,英国期待成为欧洲的航天港③,为未来的商业航天竞争奠定基础。有学者认为,虽然现阶段航天发射场的主要功能是为航天发射提供必要的设备和地面设施,未来还可能被发展为具有外空游客培训、游客参观以及宾馆住宿等功能的综合性中心④。从这个角度看,英国2018年立法对于航天发射场的相关规定具有相当的超前性和先进性,值得其他国家在制定相关立法时予以借鉴。

4.4.2 商业航天发射

商业航天是近年来国际社会普遍关注的重要话题,是航天活动的重要进展。有学者认为,商业航天将会是未来世界主要航天国家重要的竞争领域⑤。这一进展也必将对法律规则的发展产生影响。在本章前述诸多小节的介绍中,对于商业航天也有所提及。本节介绍商业航天,尤其是商业航天发射的法律问题。

---

① 关于我国航天发射场的具体介绍,可以参见:新华社.中国航天发射场[EB/OL].[2016-06-23]. http://www.mod.gov.cn/education/201606/23/content_4680474.htm.

② Space Industry Act 2018[EB/OL].[2018-03-15]. https://www.legislation.gov.uk/ukpga/2018/5.

③ YU H. Studies on National Space Legislation for the Purpose of Drafting China's Space Law[D]. Lueneburg: Faculty of Business and Economics Leuphana University Lueneburg, 2019.

④ PELT M V. Space Tourism[M]//TKATCHOVA S. Space-Based Technologies and Commercialized Development: Economic Implications and Benefits[M]. Hershey: IGI Global, 2011: 164-176.

⑤ GEORGE K W. The Economic Impacts of the Commercial Space Industry[J]. Space Policy, 2019(47): 181-186.

商业航天结合了"商业"和"航天"两个概念。所谓"商业"是一种有组织的提供顾客所需产品的行为,而"航天"则是一个领域概念,具体又可以分为进入外空、空间设施制造与空间应用、航天技术应用、民用技术向航天融合发展、航天发射及相关服务[①]。

商业航天并非新生事物,国际社会很早便开始针对外空商业化法律方面的相关问题开展详尽讨论[②]。从商业航天发射的实践方面看,我国长城工业集团公司很早便开始开展商业发射或商业搭载服务,并取得了很大成功[③]。具有国际性质的商业航天发射服务会对国际法规则提出一定的挑战,例如发射国的确定、赔偿责任的承担、保险购买以及在轨交付外空物体的登记等问题。但这些问题可以通过合作双方之间的协议解决,不会对现行法律框架造成太大冲击。近年来,国际和国内普遍讨论的商业航天(包括商业航天发射)的一个重点在于参与主体的变化。即便我国商业航天发射已经有较为成熟的发展经验,但仅限于政府主导的国有企业,而当今热议的商业航天则以私营企业为重要主体。美国太空探索技术公司(Space X)取得的一系列成就让其他航天国家普遍意识到私人参与航天活动(包括航天发射活动)的重要意义,也因此,商业航天,尤其是私营企业主导的商业航天再一次成为热议焦点。

我国 2016 年底发布的《2016 中国的航天》白皮书中明确提出:"鼓励引导民间资本和社会力量有序参与航天科研生产、空间基础设施建设、空间信息产品服务、卫星运营等航天活动,大力发展商业航天[④]。"为私营实体开展航天活动提供了政策基础。此外,在军民融合战略的刺激下,私营实体开始有机会进入航天这一具有军民两用性质的领域,诸多私营航天公司(包括航天发射公司)也纷纷建立[⑤]。2019 年,北京星际荣耀空间科技有限公司成功发射运载火箭标志着我国首个由私营实体制造的火箭成功发射[⑥],迈出了商业航天的重要一步。当然,目前我国私营实体参与商业航天活动仍处在起步阶段,诸多问题并未得到很好解决,为推动商业航天健康、有序、可持续发展,有必要在相关法律(包括未来的《航天法》)中做出具体的规定和协调[⑦]。

---

① 孙为钢.致知商业航天[M].北京:中国宇航出版社,2018:17-18.

② 较为详尽的有关商业航天的法律方面的内容可以参见:BOECKSTIEGEL K H. 'Project 2001'-Legal Framework for the Commercial Use of Outer Space: Recommendations and Conclusions to Develop the Present State of the Law[M]. Cologne: Carl Heymanns, 2002.

③ 参见长城工业集团公司官方网站关于发射记录、国际发射和搭载服务的记录:中国长城工业集团有限公司.长征火箭发射记录[EB/OL].[2019-04-10]. http://cn.cgwic.com/Launchservice/LaunchRecord.html.

④ 国务院新闻办公室. 2016 中国的航天[EB/OL].[2016-12-27]. http://www.scio.gov.cn/ztk/dtzt/34102/35723/index.html.

⑤ 关于我国私营航天公司的具体介绍,参见:巨效平.国外商业航天发展模式概论[M].北京:中国宇航出版社,2019:142-169.

⑥ 张保淑.中国民营航天露峥嵘[N].人民日报(海外版),2019-08-05.

⑦ 具体内容包括但不限于私营实体参与航天活动包括航天发射活动的准入标准、监管模式、私营实体与国有企业尤其是军工企业开展合作和协调的模式和条件(包括技术人员流动以及技术转让等)、航天基础设施(包括发射场和试验场等)开放条件以及私营航天企业开展国际业务的条件等。

第 5 章 载人航天规则

载人航天的法律制度主要体现在国际条约、政府间协议以及国内立法之中,包括载人航天器的登记制度、损害赔偿制度、相关人员的法律制度等。本章将重点关注载人航天活动中有关主体的法律制度,包括与宇航员、外空游客有关的法律制度,主要针对宇航飞行、国际空间站和外层空间旅游等载人航天活动中的规则进行介绍。

5.1 载人航天中的宇航员制度

有关宇航员的法律规则主要集中在宇航员的概念、法律地位、宇航员的营救与送回以及宇航员保险等法律制度中。

5.1.1 宇航员的概念

宇航员是什么?谁是宇航员?从某种层面上讲,这样的问题听上去很荒谬。人们虽然无法定义宇航员,但是当人们看到宇航员的时候都会一眼认出他们就是宇航员[1]。但作为一项航天领域的术语,宇航员应该有通常意义上的定义。在国际法领域,宇航员(Astronauts)一词最早出现在 1962 年联合国大会 1802 号决议当中的前言部分。1963 年联合国大会通过的《各国探索和利用外层空间活动的法律原则宣言》中首次将宇航员比作"人类的使者"(Envoys of Mankind)。1967 年《外空条约》[2]则是第一份使用宇航员这一术语的多边条约。1968 年《营救协定》[3]在其标题和前言中同样使用了宇航员这一术语,并且在其文本当中使用了"宇宙飞船人员"(The Personnel of A Spacecraft)这一说法。但遗憾的是,这些国际法律文件都不曾在其文本中解释何为"宇航员""宇宙飞船人员"和"人类的使者"。很显然,"宇航员""宇宙飞船人员"和"人类的使者"应当具有不同的含义。"宇航员"有着更多的探索或科学含义,"人员"具有功能的意义,而"人类的使者"则具有更人性的意味[4]。

---

[1] FRANCIS L, LARSEN P B. Space Law: A Treatise[M]. Surrey: Ashgate Publishing Limited, 2009: 129.
[2] 《外空条约》全称为《关于各国探索和利用包括月球和其他天体在内外层空间活动的原则条约》,于 1967 年 1 月 27 日订于伦敦、莫斯科及华盛顿。
[3] 《营救协定》全称为《营救宇航员、送回宇航员和归还发射到外层空间的物体的协定》,于 1968 年 4 月 22 日订于伦敦、莫斯科及华盛顿。
[4] HOBE S. Legal Aspects of Space Tourism [J]. Nebraska law review, 2007: 455.

虽然在国际法律文件当中无法找到宇航员的明确定义,但空间法学者针对宇航员的定义做出了狭义和广义之分。狭义上,宇航员只包含那些驾驶或操作航天器的人;广义上,宇航员不仅包括那些驾驶或操作航天器的人,还包括受聘在执行任务的航天器上工作的人和为某种目的提供有助于航程的服务的人,例如进行科学实验的科学家和航天工程师等。从各国实践做法来看,从广义上理解宇航员的做法得到了普遍认可。目前,我国也尚未在其法律文件中明确宇航员的定义,实践中,我国通常使用"航天员"一词代替宇航员,航天员的定义则可以按照广义上宇航员的定义来理解。

5.1.2 国际法中的规则

早在1959年,联合国和平利用外层空间特设委员会就在其提交联合国大会的报告中建议,针对载人飞行中的宇航员问题缔结一项专门协定。1967年《外空条约》即针对宇航员营救问题加以规制。但在尤里·加加林成功飞往太空并安全返回之后,人类载人航天活动增多,航天事故频繁发生,出现了建立更为具体的外空营救制度的现实需要,这成为《营救协定》在《外空条约》签订一年之后便形成的主要动力[1]。

1.《外空条约》与宇航员法律规则

《外空条约》第五条第1款援引1963年《各国探索和利用外层空间活动的法律原则宣言》中"人类的使者"这一说法,规定各缔约国应把宇航员视为人类在外层空间的使者。在宇航员发生意外、遇难,或在另一缔约国境内、公海紧急降落等情况下,各缔约国应向他们提供一切可能的援助。宇航员降落后,还应将他们立即安全地送回航天器的登记国。在外层空间和天体进行活动时,任一缔约国的宇航员应向其他缔约国的宇航员提供一切可能的协助。各缔约国如果发现在包括月球和其他天体的外层空间对宇航员的生命或健康可能构成危险的任何现象,应当立即通知给其他缔约国或联合国秘书长[2]。

虽然《外空条约》第五条在制定之初的目的是解决冷战时期苏联与美国的恐惧,即在无法预料的紧急降落的情况下,他们各自的外空旅行者可能会受到对方不恰当的对待。但总体来说,《外空条约》第五条的人道主义要素成为外层空间条约中人道主义和其他理想主义关怀的基石,代表了全人类对参与探索外层空间的人们的有效保护[3]。

2.《营救协定》与宇航员法律规则

《营救协定》是5项外空条约中的第二个,是空间法发展历史上的一项重要成果,是对《外空条约》有关宇航员规定的扩展和进一步的具体表述,它从人道主义出发,呼吁各缔约国全力营救发生意外、遇难或紧急降落的航天器上的人员,迅速地交还给发射当局,对空间法的逐步发展起到了推动作用。

《营救协定》第一条明确了各缔约国的通知义务。首先,通知发生的情形非常具体且范围广泛,在得知或发现宇宙飞船人员遭遇意外事故、正在遭受为难情况、紧急或非出于本意的降

---

[1] FRANCIS L, LARSEN P B. Space Law: A Treatise[M]. Surrey: Ashgate Publishing Limited, 2009: 135.
[2] 《外空条约》第5条。
[3] VON DER DUNK F G, GOH G M. Article V of Outer Space Treaty [M]// HOBE S, SCHMIDT-TEDD B, SCHROGL K-U eds. Cologne Commentary on Space Law: Vol. Ⅰ [M]. Cologne: Carl Heymanns Verlag, 2009: 95-102.

落,这些情况已在缔约国管辖领域内,在公海上,或在不属任何国家管辖之任何其他地点发生,即要求履行通知义务。其次,通知义务的履行时间为立即通知,这体现出了时间上的紧迫性。再次,通知的对象包括发射当局和联合国秘书长。在不能查明发射当局、不能立即将此情况通知发射当局的情况下,要立即以其可以使用的一切适当通信手段来公开通报这个情况;在联合国秘书长接到此项通知后,应当利用他所拥有的一切适当通信手段来传播这个消息。

《营救协定》第二条到第四条规定了各缔约国营救和返还宇宙飞船人员的义务。如果发生因意外事故、危难、紧急或非预定降落的情况,宇宙飞船人员在一缔约国管辖领域内降落,则该缔约国应立即采取一切可能的措施营救宇宙飞船人员,并提供一切必要帮助。如果发射当局的协助有助于实现迅速援救,或在很大程度上有利于搜寻及援救行动,发射当局应与该缔约国合作,以便有效地进行搜寻及援救行动。此项工作将在该缔约国的领导和监督下,缔约国与发射当局密切磋商进行①。如果获悉或发现宇宙飞船人员在公海上或不属任何国家管辖的其他地方降落,必要时凡力所能及的缔约国,均应协助寻找和营救这些人员,保证他们迅速得救②。在以上两种情况下实施了营救行动的缔约国,应当将它采取的步骤和所取得的结果,通知发射当局以及联合国秘书长③,并应在实施了营救行动之后将获得营救的宇宙飞船人员安全并迅速地交还给发射当局的代表④。

《营救协定》中,对缔约国履行保护和归还空间物体所花费的费用应由发射当局支付进行了明确规定⑤,但有关宇宙飞船人员的营救与返还所产生的费用承担问题却只字未提。这突出了营救作为人类使者的宇航员的这一行动是各缔约国的一项条约义务。

5.1.3 国内法中的规则

宇航员法律规则不仅是国际条约关注的重要内容,因其作为航天国家探索外层空间活动的具体实施者,针对宇航员的保护及权益等方面的内容在国内立法中也有相应规定。

1.国际条约义务履行与宇航员营救制度

外层空间条约各缔约国通过制定国内立法来履行条约义务,实现对本国非政府实体外空活动的持续有效控制和管理。通常情况下,有关营救宇航员的条款并不在一国国内立法考量范围内,但也有国家在立法实践当中对宇航员营救内容加以规定,例如,韩国 2005 年出台的《空间发展促进法案》当中就规定了营救宇航员是韩国政府的一项义务,其具体规定与《营救协定》的内容大致相同⑥。

2.宇航员保险国内立法

从国际层面来讲,宇航员被视为"人类的使者",危难时受到国际条约的保护,但与此同时,作为相关国家的雇员,宇航员基本权利保护是由各国国内立法实现的。由于载人航天活动的

---

① 《营救协定》第 2 条。
② 《营救协定》第 3 条。
③ 《营救协定》第 2、3 条。
④ 《营救协定》第 4 条。
⑤ 《营救协定》第 5 条。
⑥ 韩国《2005 年空间发展促进法案》第 22 条。

高度危险性,各国通常都会提供不同种类的保险来保障宇航员的权益,其中关于宇航员的专项保险制度一直都是各国航天活动保险的重要内容。具体到我国,为了给宇航员各项权利,尤其是生命健康权提供更完善的保护,我国在宇航员每次执行太空任务前都为其投保了高额保险,且在投保时充分考虑了载人航天的风险特征,根据宇航员的工作性质,将保障额度分为不同的水平,配置于不同的阶段,如日常生活与训练、宇航员执行任务、宇航员航天飞行和成功后的奖励性保险。相关保险不仅包括宇航员本人,更涉及宇航员家属,真正做到了让宇航员无后顾之忧①。以"神舟5号"载人飞船的发射为例,中国人寿保险股份有限公司与中国航天员中心签订了宇航员团体保险合同,这份名为《航天员及家属人身保险协议书》的保险合同,包括《航天员及家属保险计划》《国寿团体人身保险条款》《中国人寿康宁定期保险条款》《人身保险残疾程度与保险金给付比例表》4份文件,为所有入选的宇航员及其配偶和子女以及宇航专家提供了1 390.8万元的人身保险。其中,宇航员训练期间100万元/人,执行任务期间200万元/人,飞行期间500万元/人,宇航员配偶50万元/人,子女10万元/人,航天专家100万元/人②。除了适用于宇航员特殊身份的专项航天活动保险之外,各国国内立法当中有关劳动者的保险制度,如我国《劳动法》当中规定的劳动者社会保险制度,也同样适用于宇航员③。

5.2 载人航天中的国际空间站制度

空间站(Space Station)被视作人类在外层空间搭建的"栖息之地"、人类的"太空之家"以及科学研究的"太空实验室"。人类探索与开发利用外层空间是一种创造性活动,空间站则是从事外空研究的人员在外层空间生活和工作的载体,是开发利用外层空间的基地。除了宇航员法律规则,空间站法律规则当中有关人员的规定也是载人航天法的重要内容。

5.2.1 空间站的界定

空间站又常被称为太空站、航天站。关于空间站,目前尚无权威定义,一般指以探索、研究和开发外层空间为目的的永久性载人和不载人空间物体群或系统④。空间站可分为单模块空间站和多模块空间站两种。单模块空间站可由航天运载器一次发射入轨,多模块空间站则由航天运载器分批将各模块送入轨道,在太空中将各模块组装而成⑤。载人的空间站包含人类能够生活的一切设施,可在近地轨道长时间运行,可供多名宇航员巡访、长期工作和生活。一个完整的载人空间站系统通常由如下几个互相联系的分系统组成:①空间站主体。它是供宇航员生活、工作和设有主要试验和生产设备的永久性航天器,是整个空间站系统的核心部分和

---

① 蔡高强,刘玉冰. 论我国航天员的健康权保护[J]. 广州大学学报(社会科学版),2014,13(3):23-24.
② 更多内容参见:高额飞天险秘密为何不胫而走[EB/OL]. [2003-10-22]. https://www.chinacourt.org/article/detail/2003/10/id/87322.shtml.
③ NIE M. Legal Aspects of Insurance Regarding Space Activities and the Situation in China: An Analysis Based on the New Development of Space Commercialization[J]. Korean Journal of Air & Space Law and Policy, 2017(1):398.
④ 贺其治. 外层空间法[M]. 北京:法律出版社,1992:230.
⑤ 关于空间站类型结构等内容参见:李颐黎. 遨游天宫:载人航天器[M]. 陕西:陕西人民教育出版社,2016.

指挥中心。②空间平台。它是由空间站主体管理,但又不与主体连接在一起的自动飞行的航天器。空间平台可以设在邻近空间站主体的同一轨道上,称为同轨平台,也可设在另外的轨道上,称为异轨平台。空间平台可以载人,也可以不载人。③轨道机动器。为了维修、更换空间平台上的设备、补给物品以及从空间平台取回资料,还需要往来空间站主体和空间平台之间的交通工具,称为轨道机动器。它是停靠在空间主体的天基载人和无人机动飞船①。④运载系统。它是将空间站的各组成部分、人员和物资运送到空间站,从空间站把人员、空间产品和资料运回地面的航天器。运载系统可分为一次性使用运载系统和重复使用运载系统。大部分的运载火箭都属于一次性使用运载系统,在火箭飞行过程逐级使用、逐级抛弃。美国已退役的航天飞机由于可以重复使用,因此属于重复使用运载系统。

1971年4月,苏联发射的"礼炮1号"是世界上第一个空间站。此后,苏联和美国等空间大国都陆续发射过空间站,在空间站建造方面取得了很大的进展。目前,众所周知并有效运行的空间站是由美国、俄罗斯、欧洲空间局、加拿大、日本等国家和组织共同出资研制并发射的"国际空间站"。"国际空间站"原计划运行至2020年,现已延期继续运行至2024年,并且该项目参与国正在研讨将其延寿至2028年,甚至到2030年②。2001年9月,中国通过的《载人空间站工程实施方案》代表中国载人空间站工程正式启动实施,中国正式迈入了"空间站时代"。命名为"天宫"的中国空间站,按计划将在2022年前后建成。它将运行在高度340～450km的近地轨道,在轨飞行可达10年以上,一般情况下将驻留3人,在宇航员轮换时最多可达6人,支持开展大规模的空间科学实验、技术试验和空间应用等活动。截至2020年5月,中国成功将新一代载人飞船试验船和柔性充气式货物返回舱试验舱送入太空轨道,并实现新一代载人飞船试验船返回舱成功着陆返回,完成了"天宫空间站"在轨建造阶段的第一次任务③,中国载人航天的空间站时代正在蓬勃发展。

5.2.2　与空间站有关的规则

与空间站相关的活动,首先要受一般国际法的约束,其次有关空间站的一切外空活动都要基于现有外层空间条约进行调整。然而,外层空间条约当中并没有涉及空间站的定义,通过《责任公约》④和《登记公约》⑤对空间物体的规定,即空间物体包括空间物体的组成部分、该物体的运载工具及运载工具的部件⑥,结合现有空间站的特点,可以毫无疑问地确定,目前我们所谈及的空间站属于空间物体,应适用现行关于空间物体的一切规定。

1.外层空间条约

基于联合国框架下的外层空间条约,在载人航天领域主要调整航天器的登记制度、损害赔偿制度以及航天器和宇航员的营救归还制度。有关空间物体(空间站)的登记以及损害赔偿制

---

① 贺其治,黄惠康.外层空间法[M].青岛:青岛出版社,2000:252.
② 安德华,张园园."国际空间站"商业化之路[J].国际太空,2020(8):54.
③ 余建斌,刘诗瑶.揭秘中国空间站[EB/OL].[2020-05-11].http://www.xinhuanet.com/politics/2020-05/11/c_1125966655.htm.
④ 《责任公约》全称为《外空物体所造成损害之国际责任公约》,于1972年3月29日订于伦敦、莫斯科及华盛顿。
⑤ 《登记公约》全称为《关于登记射入外层空间物体的公约》,于1975年1月14日在纽约听由各国签署。
⑥ 参见《责任公约》第1条(d)项和《登记公约》第1条(b)项。

度,此处不再赘述,可参见本书的其他章节。本章重点关注与空间站人员相关的规定。

《外空条约》第8条规定,凡登记把物体射入外层空间的缔约国,对该物体及其所载人员保有管辖和控制权。因此登记的作用不仅仅是辨别外空物体的所属国,而且还明确登记国对该外空物体及其所载人员拥有管辖和控制权。针对空间站所载人员,管辖权是指登记国通过对空间站所载人员实施本国法律而行使行政、民事、刑事及其他管辖的权力。控制权应该理解为登记国有关当局对空间站所载人员行使管理,包括通信维护、指令的发布、对飞行的管制、对设备及乘员的工作和生活条件的管理等权力。①

2.国际空间站政府间协议

国际空间站(International Space Station)是迄今为止在国际合作基础上建设的规模最大的载人空间站。以美国、俄罗斯为首,多国合作共同建设,空间站结构包括基础桁架、居住舱、服务舱、功能货舱、若干个实验舱、3个节点舱、能源系统和太阳能电池帆板以及移动服务系统②。1988年9月26日,美国、加拿大、日本和当时欧洲空间局的9个成员国在华盛顿签署了《政府间关于详细设计、研发、运行和使用永久性载人民用空间站安排的协议》。该协议于1992年1月30日生效,被视为国际空间站建设的起源。当时美、俄对抗,导致俄罗斯被排除在国际空间站计划之外。该协定生效后很快陷入了资金不足的困境,预算紧张使得其科研活动遭到尽可能的压缩。随着冷战的结束,美、俄两国在空间站合作问题上逐渐缓和。由于俄罗斯具备超强的航天实力,1993年9月,美国决定将俄罗斯纳入国际空间站的合作框架之中。俄罗斯接受了邀请,经过与各方重新谈判,1998年1月29日,美国、俄罗斯、欧洲空间局成员国、加拿大和日本共同在华盛顿签署了《关于民用国际空间站合作的政府间协议》(以下简称《政府间协议》),取代了原来的文本,为空间站的设计、发展、运行与应用确立了基础的法律框架。

总体而言,国际空间站的法律框架可以分为3个层次:①上述1998年《政府间协议》。该协议于2001年3月28日生效,是国际空间站的基本法,其作用在于规制空间站项目各个参与方的权利和义务,目标是保障有关国际空间站的活动以及国家之间的合作能够顺利进行。《政府间协议》还在其附件中列明了由各参与方提供的国际空间站各组成部件。②政府间谅解备忘录。美国航天局分别与加拿大航天局、欧洲空间局、日本政府以及俄罗斯航天局签署了谅解备忘录。根据1998年《政府间协议》规定,谅解备忘录是在各国谈判磋商政府间协议的同时起草的,规定了实施《政府间协议》的具体措施,如一些具体的参与方权利义务问题、刑事管辖权问题以及对于谅解备忘录的具体执行等问题,相当于《政府间协议》的补充部分。③实施安排。根据《政府间协议》第4条的规定,实施安排应与谅解备忘录保持一致,同时服从于谅解备忘录,是更为具体的执行合作内容的相关事项。

国际空间站的法律框架,不仅继承了外空条约的基本原则以及外空条约中的相关内容,还丰富和补充了针对国际空间站活动的法律规制内容。其中有关刑事责任管辖权、交叉弃权责任制度以及《国际空间站人员行为准则》是与人员相关的重要内容。

(1)刑事责任管辖权

确定国际空间站刑事责任问题,首先要确定管辖权问题。《政府间协议》第5条规定,各合

---

① 贺其治.外层空间法[M].北京:法律出版社,1992:238.
② 各成员国提供的组成部件,参见《国际空间站政府间协议》附件。

作方将其提供的飞行组件作为空间物体登记,并对登记物体及其位于空间站内或上的本国人员保有管辖权和控制权[①]。这一规定是各个参与国对本国提供的组件及本国人员行使管辖权和控制权的法律基础,该规定完全符合《外空条约》第 8 条和《登记公约》第 2 条[②]的规定,但《外空条约》和《登记公约》只对管辖权做了原则性的规定。《政府间协定》对国际空间站活动中的刑事管辖权的规定突破了原有国际空间条约的对空间物体管辖权和控制权的规定,是《政府间协定》的一大创新。《政府间协议》第 22 条特别规定,国际空间站上的刑事管辖权以属人管辖原则为主,保护性管辖为辅。首先确定了国际空间站上的刑事管辖最主要原则就是属人管辖原则。该条第 1 款规定:"加拿大、欧洲空间局成员国、日本、俄罗斯及美国可在空间站的任何组件对具有各自国家国籍的人员行使刑事管辖权"[③]。由于欧洲空间局(简称"欧空局")是由欧洲多个国家建立的,欧洲合作国家授予欧空局代表自己行使在国际空间站的权利。其次,第 22 条还规定了针对其他成员国国民在空间站上所为的影响本国国民生命、安全和破坏本国提供的空间站组件的行为,该国可与他国进行磋商,而在他国允许、或者虽未允许但在 90 日内未承诺将犯罪嫌疑人送该国有权机关起诉的情况下,该国可对他国的国民行使刑事管辖权,同时该国还可以将该协议视为引渡该犯罪嫌疑人的法律基础[④]。

(2)交叉弃权责任制度

国际空间站 1998 年《政府间协议》在《责任公约》的基础上细化了国际空间站有关国际合作的责任划分。《政府间协议》中虽然采取了各成员国对其提供的空间站组成部分单独登记,并保有对该组成部分的管辖权、控制权和所有权的立场,但对相互间因特定空间站活动而产生的损害赔偿责任,设定了一项特别的制度,即交叉弃权责任制度(Cross-Waiver of Liability)。

根据交叉弃权责任制度,不同参与国(包括其相关实体)之间就参与"受保护的空间操作"(Protected Space Operations)时所产生的损害赔偿予以请求放弃[⑤]。交叉弃权的对象是法律责任,但不同于免责,只是有关各方不得因国际空间站"受保护的空间操作"向对方索赔,只能求助于保险。《政府间协议》中的"相关实体"范围非常广泛,包括所有在任一层面上与参与国签订主合同或者转包合同的实体、参与国的所有用户或者顾客、以及参与国用户或者顾客的合同相对方[⑥]。《政府间协议》明确,交叉弃权仅适用于"受保护的空间操作"造成的损失,《政府间协议》第 16 条第 2 款(f)项,对"受保护的空间操作"做了非常详细的解释,其范围包括任何在地面、外空或者在地面与外空之间发生的,为履行《国际空间站合作协议》、谅解备忘录和执行安排的,与发射工具、空间站和有效载荷有关的活动,这些活动包括但不限于如地面支持、试验、培训、引导、控制等活动,以及与发射装置、空间站、有效载荷及所有有关设备和设施的研究,涉及开发、试验、制造、组装、运行和使用有关的活动,即可以概括总结为"落实政府间协

---

① 有关国际空间站的登记问题,是将国际空间站作为整体进行登记,还是对国际空间站各组成部件分别登记,国际空间站的参与国选择了后者。各参与国分别就其提供的组成部分单独登记。参见 1998 年《政府间协议》第 5 条。

② 《外空条约》第 8 条规定:"凡登记把实体射入外层空间的缔约国对留置于外层空间或天体的该实体及其所载人员,应仍保持管辖及控制权。"《登记公约》第 2 条规定:"发射国在发射一个外空物体进入或越出地球轨道时,应以登入其所须保持的适当登记册的方式登记该外空物体。"

③ 参见 1998 年《政府间协议》第 22 条第 1 款。

④ 参见 1998 年《政府间协议》第 22 条。

⑤ 参见 1998 年《政府间协议》第 16 条,第 3 款(a)项。

⑥ 参见 1998 年《政府间协议》第 16 条,第 2 款(b)项。

议、谅解备忘录和实施安排中的所有活动"。

交叉弃权是对损害赔偿请求权的放弃,有必要明确损害的范围。根据《政府间协议》,与交叉弃权相关的损害包括人身伤亡、财产损害或灭失、对财产利用的丧失、收入或利润的损失以及由此而产生的任何直接或间接或结果性损失[①]。此外,各参与国还可以通过合同或者其他方式扩展责任免除的范围[②]。

交叉弃权制度有助于鼓励国际空间站参与方积极参与外空探索、开发和利用[③],尽可能地减少因法律责任问题影响各参与方在空间站框架下的合作关系。但同时,《政府间协议》第16条第3款(c)项也明确指出了不适用于交叉弃权的若干情形,如空间站参与国与本国相关实体间的权利主张或同一国各个相关实体之间的权利主张;自然人、其财产继承人或代位求偿人(不含参与国作为代位求偿人的情形)针对人身损害、健康损害或死亡事实提出的求偿;针对故意行为造成损害提出的求偿;有关知识产权方面的权利主张等。

《政府间协议》第17条同时规定,国际空间站的责任制度安排不得克减现有空间责任制度的有关规定,除了属于第16条交叉弃权的情形之外,各合作方仍应按照《责任公约》的规定承担责任。此规定表明交叉弃权的规定可以排除《责任公约》在空间站各参与方之间的适用,但针对"受保护的空间活动"之外的其他任何人、财、物的损害,仍需适用《责任公约》。

(3)《国际空间站人员行为守则》

《国际空间站人员行为守则》是以美国国家航空航天局为主、各参与方共同制定及批准的协议,于2000年10月1日正式生效。《国际空间站人员行为守则》所规制的对象基本上就是以宇航员为主体的国际空间站工作人员,是为实现《政府间协议》而具有保障性、实施性、相应的执行性的法律文件。

《国际空间站人员行为守则》在其序言中明确了与《政府间协议》第11条内容相一致的规定,并写明了在签订政府间协议的同时,各国政府同样签署《国际空间站人员行为守则》,并且遵守其条款以保证其正式实施。《国际空间站人员行为守则》的目标是建立一个清晰的、合作的管理体制以及确立国际空间站的管理职能;为国际空间站中的工作及活动确立适当的标准;订立国际空间站中信息安全及工作人员身体安全的指南;为代表各参与方的共同利益,明确国际空间站站长的权力与行为职责,以便能够顺利实施国际空间站安全措施、营救措施;确定国际空间站中工作人员的行为标准与准则;完善国际空间站的管理制度。

《国际空间站人员行为守则》共包含7部分内容,分别是前言、国际空间站工作人员的基本行为职责、国际空间站站长的权力义务职责、国际空间站航天飞行指令员的职责、国际空间站纪律性规定、国际空间站人员身体与信息安全行为指南、国际空间站中相关课题研究的保护。基本上包含了国际空间站工作人员的各项行为活动并设定了相应的权力与义务[④]。此外,国际空间站理事会于2003年制定了名为《国际空间站行为准则——国际空间站全球运行标准》这一国际空间站内部法律文件,确立了一些适用于所有国际空间站运营和国际空间站员工的

---

① 参阅1998年《政府间协议》第16条,第2款(c)项。
② 参阅1998年《政府间协议》第16条,第3款(b)项。
③ 参阅1998年《政府间协议》第16条,第1款。
④ 更多内容参见 Farand A. The Code of Conduct for International Space Station Crews [EB/OL]. https://www.esa.int/esapub/bulletin/bullet105/bul105_6.pdf.

关键原则。这些原则涉及员工的个人行为、反腐败和贿赂等内容,这些关于国际空间站员工权利和义务的内容也同样应该适用于国际空间站宇航员[①]。

5.2.3 与空间站有关的问题

到目前为止,人类仅实现了有限次数的登月活动,除了登上月球之外,人类尚未实现登陆其他天体。现阶段,讨论相关人员的法律适用问题也许为时尚早。但空间大国的探月计划,如我国的嫦娥探月工程以及美国的重返月球计划都使人类到月球或其他天体上建立长期站所的可能性大大增加。并且现有外空条约也为月球及其他天体上的人员法律问题提供了一定的参考。

几大外层空间条约中虽然没有给出空间站(Space Station)的定义,但却不止一处规定了其他天体上站所(Station)及相关人员的内容。1967年的《外空条约》规定"月球和其他天体上所有的站所、设施、设备和宇宙飞行器,应在互惠基础上对其他缔约国开放。这些代表应将计划的参观事宜,提前通知,以便进行适当磋商,并采取最大限度的预防措施,保证安全,避免干扰所参观设备的正常作业[②]。1979年的《月球协定》当中提供了更多有关人员的规定。各缔约国可在月球上建立配置人员及不配置人员的站所。建立站所的缔约国应只使用为站所进行业务所需要的地区,并应立即将该站所的位置和目的通知联合国秘书长。以后每隔1年,该缔约国应同样将站所是否继续使用,及其目的有无变更通知秘书长。设置站所应不妨碍依照《月球协定》及《外空条约》第1条规定在月球上进行活动的其他缔约国的人员、运载器和设备自由进入月球所有地区[③]。此外,各缔约国应当采取一切实际可行的措施,保护在月球上人员的生命和健康。各缔约国应当将在月球上的任何人都视为《外空条约》第5条所称的宇航员,以及将其视为《营救协定》规定的宇宙飞船人员的一部分。各缔约国应以其站所、装置、运载器、及其他设备供月球上遭难人员避难之用[④]。

5.3 与载人航天有关的外空旅游制度

外空旅游(Space Tourism)发端于21世纪初,游客参与载人航天活动,打破了体验太空飞行只属于宇航员的专利。2001年4月28日,来自美国加利福尼亚州的商人丹尼斯·蒂托同两名俄罗斯宇航员一起搭乘俄罗斯"联盟TM-32"载人飞船自拜科努尔发射场升空,2天后飞船与国际空间站成功对接,蒂托在俄罗斯宇航员的陪同下进入国际空间站,6天后他又乘坐俄罗斯"联盟TM-31"号飞船返回舱返回地球,结束了全球轰动的太空旅游,成为历史上被公众媒体承认和受到世界认可的第一位真正实现外空旅游的外空游客。截至2020年,已经有7位被国际社会认可为外空游客的人实现了遨游太空的梦想。

[①]《国际空间站行为准则—国际空间站全球运行标准》制定于2003年6月16日,修改于2016年10月,详细内容参见网址 https://inv.issworld.com/static-files/52f55a98-0106-4830-9f21-c5ae310f9000。
[②]《外空条约》第12条。
[③]《月球协定》第9条。
[④]《月球协定》第10条。

5.3.1 外空旅游的界定

国际社会目前没有给出外空旅游的明确含义,从法律角度给这项已经得到普遍认识的活动下一个定义似乎很有难度。如果一定要给外空旅游下定义的话,可以笼统地总结为,外空旅游是从事商业发射的主体通过航天运输工具将外空游客送入外空,使游客获得游览外空的体验,商业发射主体获取经济收益的旅游方式。在这样一个笼统的定义中,需要明晰5种因素的内涵:①外空旅游的性质是以营利为目的的商业活动。②从事商业发射的主体,既包括国家也包括私人主体,目前的发展趋势似乎是私人主体将成为提供外空旅游服务的主力。③外空旅游的运输工具是航天器,包括一次性载人航天器以及重复使用的载人航天器。④外空游客,目前国际社会对外空游客没有明确定义,这里应理解为为了体验外空满足自身兴趣而支付旅行费用的自然人。⑤外空旅游目的地,即外层空间,由于有关空气空间与外层空间的划界问题仍处于不确定状态,对外空游客适用法律的问题,有待进一步探讨。

根据目前载人航天技术的发展程度,可对外空旅游的形式进行如下划分。外空旅游可以分为"不出舱"和"出舱"的外空旅游。其中"不出舱"的外空旅游又可以划分为"亚轨道旅游"和"轨道旅游"。这里所谓"不出舱"旅游指的是在空间运载器达到预定轨道之后,游客在舱内欣赏浩瀚宇宙的旅游方式。而"亚轨道"旅游和"轨道"旅游则是依据飞行的轨道高度而划分的。详言之,所谓亚轨道飞行,是指飞行器进入外空后,离开地球表面的大气层,开始进入外空的边缘,在距离地面大约100km处,由于速度和动力赶不上真正的宇宙飞船,不能围绕地球轨道飞行的一种飞行状态。亚轨道飞行的时间短暂,游客乘坐运载器做近似于直上直下的抛物线飞行,冲出100km高的大气层后便很快返回。在那里可以感受到几分钟的失重,目视长达4 827km的地球弧线表面,看地球蓝到发亮的奇异景象[①]。而所谓轨道飞行则是指乘坐运载器在离地面200~400km高的轨道上环绕地球飞行的状态,每90min即运行一周。"在那里每隔45min就可欣赏一次日出或日落的美景,能看到闪电、风暴、极光、火山爆发等奇特的自然现象。""在地球的背阳面仰望天空时,银河显得格外明亮,星星数量陡增,且星光恒定,让人赏心悦目。"所谓的"出舱"外空旅游则是指以地球为出发点,目的地为"空间站"或者计划中的"外空旅馆"以及其他天体的外空旅游。一般而言,这种旅行要通过"轨道飞行"的方式将游客送入指定目标,由于要脱离乘坐的发射器进入相应目标,所以可以被笼统地概括为"出舱"型的外空旅游。至今为止,仅有到国际空间站的外空旅游是已经实现的"出舱"型外空旅游,而飞往月球或者其他天体的旅游,以及飞往外空旅馆的旅游,目前还局限在人类的想象之中。当然,在可预见的将来,随着载人航天科技的不断发展以及成本的不断降低,这些方式的旅游都是可能实现的。

5.3.2 外空旅游的法律适用

外空旅游是空间商业化的重要体现,至今为止,国际社会还没有出台针对外空旅游进行规

---

① 新闻晨报.亚轨道飞行:普通人最好的通天之道[EB/OL].[2005-10-16].http://news.sina.com.cn/c/2005-10-16/00178018075.shtml.

制的法律文件,但作为外空活动的一个类别,外层空间条约以及政府间协议等可以适用于外层空间的旅游问题。

1. 外层空间条约关于外空旅游的适用

(1)外空游客法律地位问题

外空游客(Space Tourists)的法律地位问题在五大外层空间条约中没有明确规定,外空条约制定之时并未预见外空旅游的产生。外空旅游具有高度危险性,确定外空游客法律地位的问题主要关系到《营救协定》能否适用于外空游客。有关《营救协定》能否适用于外空游客,学者们主要持支持和反对两种态度。支持《营救协定》适用于外空游客的学者中,有一种观点主要从人道主义精神出发,认为在宇宙飞船上的每个人都应该有受到援助的权利。另外一种观点认为,如果一个商业飞船紧急降落,产生了救援的现实需要,只救援宇航员和飞船的船员,而不管游客也处于危难之中,这样的做法是荒谬的[①]。

反对《营救协定》适用于外空游客的学者中,有一种观点认为,私人(包括个人和法人)不是外层空间条约赋予的义务主体,也不是外层空间条约义务的受益者[②],外空游客既不是宇航员,也不是宇宙飞船人员,在任何意义上,都不应该属于"人类在外层空间的使者"[③],因此,《营救协定》中所规定的营救义务不应该适用于商业性外空旅游的外空游客。另有一种观点从条约的解释出发,认为单从《营救协定》的条文可知,这一条约所规定的营救制度并没办法适用于外空游客,依据《维也纳条约法公约》条约的解释方法,无论对《营救协定》如何扩大解释,也无法将外空游客定义为"人类的使者"。并且每一项条约都是在某些特定情况下缔结的,从《营救协定》起草目的的历史来看,对宇航员和宇宙飞船人员作过于宽泛的解释似乎不太合适。《营救协定》没有讨论外空游客的问题,甚至在《营救协定》的谈判起草者头脑中根本就没有考虑到外空游客。《营救协定》是专为狭义或广义上的宇航员制定的,因为他们是"人类的使者"[④]。还有学者认为,尽管将外空游客排除在宇航员的范围并非《营救协定》立法者本意,但是单从概念看,宇航员的范围应该不包括外空游客[⑤]。事实上,早在1979年联合国外层空间委员会法律小组委员会的会议中,法国代表团就坚持提出,"营救制度仅适用于实验性或科技性飞行,并不适用商业性飞行。当商业性飞行发展起来之后,就应该出台新的协议"[⑥]。

在《营救协定》制定和通过的时期,并没有办法预测私人参与活动的极大发展,更无法预测外空旅游活动的发展。从《营救协定》制定时秉承的精神看,对于宇航员的协助义务是各国空间合作的精神体现,且更多地体现的是人道主义精神。并且,当出现需要营救的情形时,也无法刻意去区分需要被营救者的身份。因此,虽然在适用《营救协定》时存在着障碍,但是基于人

---

① SUNDAHL M. The Duty to Rescue Space Tourists and Return Private Spacecraft [J]. Journal of Space Law, 2009, 35(1):189.
② DIEDERISKS V. Search and Rescue in Space Law[C]// Proceedings of 19th Colloquium on Law of Outer Space, 1979.
③ 赵云. 外层空间法中的热点问题评议[J]. 北京航空航天大学学报(社会科学版), 2010(1):46.
④ 凌岩. 营救协定对外空游客的适用性[J]. 北京理工大学学报(社会科学版), 2012, 14(3):102.
⑤ CHEN B. Studies in International Space Law[M]. Oxford: Oxford University Press, 1997: 281-282.
⑥ SUNDAHL M. Rescuing Space Tourists: A Humanitarian Duty and Business Need[C]// Proceedings of the Fiftieth Colloquium on the Law of Outer Space, 2008: 204-214.

道主义的考虑,应当将营救协定的相关原则也适用于外空游客①。目前来看,确定《营救协定》是否适用于外空游客似乎并不十分紧迫。重要的是建立针对外空旅游活动的明确规定,有必要将外空游客的身份与宇航员进行区别,制定专门的具有商业化性质的帮助、营救规则,这样既符合外空旅游活动本身的特点,同时也避免了对《营救协定》的修改和重新解释②。当然,想要通过专门规制外空旅游的条约也存在困难,所以需要在规制形式的选择问题、条款设计等诸多问题上加以详尽的探讨和思考。

(2) 外空游客损害赔偿

外空游客损害赔偿问题的处理影响着外空旅游业的发展。若游客在外空遇上事故,自身的权益受到了侵害的情况下,首先应该明确责任主体,游客才知道应该向谁求偿。外空游客人身或财产遭受损害可以分两种情况分别处理。

1) 外空游客的损害是由外空旅游服务提供者的不当行为造成的,这种情况并不适用《责任公约》的相关规定。《责任公约》中所规定的损害赔偿责任仅限于对其他国家的飞行器和所载人员造成的损害③。此时游客的损害赔偿应当按照外空游客与外空旅游服务提供者之间订立的外空旅游服务合同进行处理,通常受到相关国家国内立法的规制。

2) 外空游客的损害是由第三方造成的,则应当受到《外空条约》和《责任公约》相关条款约束。具体而言,依据《外空条约》的规定,发射国对其行为,无论该行为主体是政府实体还是非政府实体,都要承担国际责任。《责任公约》同时规定,发射国对其或其私人实体发射的空间物体对航天器或者所载人员造成的伤害应该承担损害赔偿责任。根据《责任公约》第 3 条、第 4 条和第 5 条的规定,具体又可以分为如下 3 种情况:①外空游客遭受的损害是由另一发射国的空间物体造成的,当损害是由发射国的过失或其负责人员的过失造成的时,该国对损害负有责任。②外空游客受到其他两个空间物体发射国之间发生的损害事实的波及而遭受损害,其他两个空间物体发射国对外空游客所受损害负责,并按照两国过失程度分摊责任,当然这并不影响外空游客向其中任一国家提出赔偿。③外空游客遭受的损害是由共同发射国的空间物体造成的,那么共同发射国对外空游客的损害负责。参加共同发射的国家以其协定分摊责任,同样不影响外空游客提出请求的具体安排。这里需要注意的是,根据国际条约的规定,国家才是空间活动最主要的责任主体,发射国对政府或非政府实体组织的空间活动都有监督的义务并承担国际赔偿责任,相对应地,若游客希望通过外层空间条约规定的内容来维护自己的合法权益,则在通常情况下可以申请国籍国或所在国的帮助,让国籍国或所在国向致害国代位求偿。或者,这种损害赔偿也可以安排在外空旅游服务提供者与外空游客之间订立的旅游合同之中进行解决,再由外空游客服务提供者通过相应途径向致害国求偿。

总体来说,为了使在外空活动中受害者的权利得到最大程度的保障,发射国对本国及其私人实体发射的空间物体造成的损害承担赔偿责任。《责任公约》这一制度设计旨在保障受害者得到最大限度的赔偿,具体到外空旅游的问题上,《责任公约》的规定对于确立外空游客受到的

---

① TAN D. Towards a New Regime for the Protection of Outer Space as the "Province of All Mankind" [J]. Yale Journal of International Law,2000(25):158.
② 条约的解释和修改并非容易的事,外层空间条约中的许多内容已经成为习惯法。
③ 李寿平. 试论空间旅游的若干法律问题[J]. 北京航空航天大学学报(社会科学版),2010(2):44.

损害责任,外空旅游运载工具造成的损害责任及游客造成的损害责任等具有极为重要的借鉴意义①。

(3) 外空游客保险

外空活动具有高投资高风险的特性,一旦涉及损害赔偿,其赔偿数额很有可能十分巨大,而为了转移风险,一般国家对本国私人实体申请空间发射许可证的限定条件也通常包括购买外空保险。至今为止,由于商业空间活动的发展,外空保险制度的发展已经较为完善,具体而言,外空保险的种类可以分为:①发射前保险,是指航天器(主要是卫星)与火箭在制造、试验、运输及发射前准备期间,因火灾、爆炸、破坏等偶发事故造成的损失保险。责任期从航天器及火箭开始制造时起,到火箭点火时止。②发射保险,是指从火箭点火时起,到航天器进入预定轨道期间因故障导致损失的保险。③在轨保险,也称为卫星寿命险,它是指卫星进入预定轨道开始正常工作后的一定时期内,卫星出现异常,不能满足预定的工作要求或不能达到预定的工作寿命而引起的损失的保险。④第三方责任保险②,是指对航天器发射准备期间或发射造成的他人身体伤害和财产损失的保险。典型情况就是由于卫星发射失败、卫星和火箭碎片的坠落、轨道上卫星的坠落或与其他卫星碰撞造成第三方所受的损失③。为了保护在进行外空活动中的第三方合法权益并减轻因为各种可能所造成的第三方损害所带来的经济压力,每次开展发射活动或其他带有危险性的外空活动之前,办理第三方责任保险作为一种国际惯例被各国所重视,后来随着外空保险业的逐渐改进和成熟,第三方责任险被美国和俄罗斯等空间大国作为国内空间立法中具有强制性的一项规定。从上述内容可以看出,传统的外空保险与外空旅游活动尤其是与外空游客的利益保护并无太大关联。但也有学者认为,在外空旅游活动中,与外空游客有相关性的是上述保险种类中的第三方责任保险,当外空游客受到来自其他发射主体的外空活动所造成的损害发生时,致使其第三方责任保险出险事由发生,其将通过第三方责任保险实现对外空游客的损害赔偿,有利于维护外空游客的合法权益,使得外空游客的损失能够得到应有的补偿。

外空保险制度的设计有利于减轻私人主体的赔偿责任,增强其参与外空发射活动的积极性。目前外空保险市场已经存在,大概有30个保险提供者为政府和商业卫星运营者提供发射保险④,传统的外空保险制度并不包括人寿保险和财产保险等。前文中,为宇航员提供的商业保险虽然并不少见,但很显然,这类商业保险并不适用于外空游客。目前,自费旅游的外空游客可以选择自付方式,另外购买相关的人寿保险、财产保险或意外保险等,更加全面地保障其在参与外空活动中人身与财产安全的利益需求。至今为止,有限的外空游客购买的普通商业保险也基本上得到认可。外空旅游的发展为保险业引入了一个具有挑战性的新市场。这将很有可能导致保险费的暂时上涨,但是随着外空科技的进步和安全性的改善,保险费将最终回

---

① 李寿平. 试论空间旅游的若干法律问题[J]. 北京航空航天大学学报(社会科学版),2010(2):42.
② 第三方责任险是指被保险人自己的疏忽和过失导致第三方受到人身或财产的损害,保险主体就第三方所受的财产损失进行赔偿和对其人身的伤害进行给付的一种保险。承担发射服务的发射主体,包括私营实体的发射商或空间物体的所有者,通过保险公司购买法定数额的第三方责任险,若在空间发射活动和运营过程中造成第三方损害的,在保险额度内由保险公司理赔。
③ 尹玉海,李巍,刘飞奇,等.天发射活动若干法律问题研究[M]. 北京:中国民主法制出版社,2008:9-12.
④ 王真真. 外空旅游责任制度研究[J]. 中国航天,2012(12):55.

落。外空保险的未来在很大程度上取决于专家对每一件独立产品或对每一次相关发射服务的技术评估。但是,外空保险没有规范化无疑会阻碍外空旅游的进一步发展。在首先获得技术可行性的同时,应该制定更标准化的保险政策①。有必要把外空人身保险、外空财产保险及意外险等也归到外空保险的分类之中。然而,形成系统的外空保险制度抑或外空游客保险制度还需要一定的时间,随着外空旅游事业的不断发展,外空保险制度会随着外空旅游市场规模的逐渐扩大而有所发展。

2. 国际空间站法律规则与外空旅游

目前,被世界公认的 7 位外空游客都曾到访过国际空间站,国际空间站是外空旅游最为常见的也是目前为止唯一的外空旅游目的地。作为外空旅游较为成熟的一种模式,到国际空间站旅游的游客会受到国际空间站相关法律规则的约束。

(1)《国际空间站游客行为准则》

外层空间不具备适宜人类生存的自然条件,不似地球表面,没有人类需要的空气,没有重力,没有厚厚的能过滤掉来自其他天体的强辐射的大气层覆盖。外空环境这些特殊性决定了外空旅游区别于人们日常能够接触到的任何其他旅游方式。外空活动随时可能因为太阳黑子的频发活动造成通信设备干扰,或遭遇空间碎片撞击。因此,外空游客想要开启外空旅游就必须接受许多限制和约束,比如随身物品的携带种类和质量限制、外空游客的活动内容和活动范围限制以及在旅途中必须遵守的其他原则和规定。

早在世界公认的第一位外空游客前往国际空间站之前,国际空间站参与国针对外空游客进入国际空间站这一新问题召集了会议,并通过会议制定了《国际空间站游客行为准则》。该准则就是根据第一位国际空间站游客(美国商人蒂托)申请豁免训练的情况下准入国际空间站的事宜而作的一份临时性法律文件。该准则内容十分详细和具体,包括外空游客的遴选标准、外空游客在国际空间站中的停留时间、外空游客必须听从国际空间站站长的安排、外空游客的行为规则以及活动范围的规定,等等②。《国际空间站游客行为准则》虽然只是一份临时性法律文件,但是随后前往国际空间站的其他外空游客在参与空间站活动之时也同样遵守了该准则的规定。

(2)《国际空间站人员行为守则》

若外空游客在国际空间站上同时参与或承担了部分国际空间站相关任务或工作,那么该游客的地位将同时被视作国际空间站的工作人员,在受到《国际空间站游客行为准则》制约的同时,还必须遵守国际空间站参与国制定的《国际空间站人员行为守则》当中有关人员内容的规定。

(3)外空游客刑事管辖权

在《政府间协议》起草和制定时,协议中制定的与人身相关的法律调整对象是宇航员和参与国及其相关实体的人员,并没有明确提及外空游客的问题。外空游客的刑事责任问题在目前看来是一个仍处在设想之中的责任。1998 年《政府间协议》当中包含了国际空间站上人员刑事管辖权的规定。然而,外空旅游的发展带来了新的难题。外空游客不如宇航员准备得那么充分且易于控制,这增加了犯罪活动的风险。此外,如果非国际空间站参与国的游客成为刑

---

① 赵云. 外空商业化和外空法的新发展[M]. 北京:知识产权出版社,2008:116.
② SGROSSO G C. Legal Aspects of the Astronaut in Extravehicular Activity and the "Space Tourist" [C]// Proceedings of Legal and Ethical Framework for Astronaut in Space Sojourns. 2005:57-60.

事犯罪的主体,这也会给上文中国际空间站参与国之间的安排带来麻烦。在这种情况下,可以适用非参与国的法律吗?目前来看,国际空间站《政府间协议》在处理类似问题时就会变得不能胜任了①。《政府间协议》只适用于国际空间站的各参与方国民,对于非参与方国民,在国际空间站则适用《外空条约》第8条规定的管辖原则。也就是说,到国际空间站旅游的游客如果是国际空间站参与方的国民,就适用《政府间协议》规定的内容管辖,非参与方国民则适用《外空条约》规定,即国际空间站所属部分的发射登记国,对于该部分所载人员,当其在外层空间时,进行发射登记的参与国应保有管辖权和控制权。无论是哪一个国籍的人,只要在根据《登记公约》登记在《政府间协议》参与国名下的国际空间站的相应部分,就应受到该国的管辖。

3. 亚轨道外空旅游的法律适用

亚轨道外空旅游(Suborbital Space Tourism)是指"航天器飞行速度未达到轨道速度并涉及或多或少的直线上下飞行,在到达100~200km之间的空间高度时,航天器关闭发动机,乘客此时会经历大约微重力/失重3~6min,然后航天器重新进入大气层并返回地球的外空旅游形式"②。与已经被国际社会广泛认可的国际空间站旅游方式相比,亚轨道外空旅游,是技术要求和经济成本要求相对较低且更容易实现的外空旅游方式。这种外空旅游方式将会成为未来外空游客的首要选择,因此,亚轨道外空旅游很可能在未来相当一段时间内成为外空旅游最普遍的形式③。

美国航空航天局的一份报告预测,到2030年,全球外空游客将达到每年500万人次。外空旅游的市场会增长到每年600亿美元以上,远远大于卫星市场的规模。许多高科技创业公司正在通过开发火箭动力运载器来开拓亚轨道外空旅游这一新兴市场。由英国理查德·布莱森爵士创立的私人外空旅游公司维珍银河(Virgin Galactic),计划提供亚轨道私人外空飞行服务,并已经与超过200名的潜在外空游客签署了外空旅行合同,亚轨道旅游售价约为10万美元,并且维珍银河公司已于2018年4月5日发射了第一枚外空旅游火箭,为抢占亚轨道旅游市场迈出了重要一步④。英国的另一家外空旅游公司追星者(Starchaser)发射了最大的火箭进行试飞,也为进军亚轨道外空旅游市场铺平了道路⑤。

(1) 航空法与空间法适用问题

有关亚轨道旅游最主要的法律问题集中在航空法与空间法的适用问题上。关于亚轨道飞行的问题在外空活动领域长期以来都是辩论焦点。有关亚轨道飞行的定义,国际社会并没有达成一致。但是,国际民用航空组织(International Ciril Aviation Organization,ICAO)将亚轨道飞行描述为"不涉及将运载器送入轨道的高空飞行"⑥。基于此描述,在找到国际社会认

---

① 赵云. 外空商业化和外空法的新发展[M]. 北京:知识产权出版社,2008:117.
② FREELAND S. Fly Me to the Moon:How Will International Law Cope with Commercial Space Tourism? [J]. Melbourne Journal of International Law,2010(11):90.
③ FREELAND S. Fly Me to the Moon:How Will International Law Cope with Commercial Space Tourism? [J]. Melbourne Journal of International Law,2010(11):90.
④ 更多信息可参见 https://www.virgingalactic.com/articles/VSS-Unity-First-Powered-Flight.
⑤ 更多信息可参见 Space Tourism Firm Launches Largest Rocket to Blast off from UK Mainland [EB/OL]. [2017-09-11] https://www.theguardian.com/science/2017/sep/11/largest-rocket-to-blast-off-from-uk-mainlandpaves-way-for-space-tourism.
⑥ C-WP/12436,Concept of Sub-orbital Flights,International Civil Aviation Organization Working Paper,Council,175th Session.

可的定义或描述之前,可以将亚轨道飞行定义为"飞行到非常高的高度而没有完成围绕地球的一个或几个轨道的飞行"[1]。但是关于特定海拔高度的标准,国际社会依然无法达成共识。这又涉及空气空间与外层空间的划界问题。大多数国家空间立法对亚轨道飞行问题都保持沉默,只有少数几个国家有明确的态度。有些国家将亚轨道飞行视为外空活动,有些则将其排除在外空活动之外。例如,美国基本上将亚轨道飞行视为外空活动,并制定了通过联邦航空管理局发放许可证的具体规定[2]。相反,比利时的国内立法则将亚轨道飞行排除在空间法适用范围之外[3]。

(2) 相关国内立法的尝试

由于亚轨道飞行的混合性质,似乎难以决定亚轨道飞行适用航空法还是空间法。此外,即便确定外层空间的界限也不能解决这个问题,因为对于亚轨道飞行,一部分在空气空间一部分在外层空间进行。在这种情况下,划界问题不应该成为发展有关亚轨道飞行,尤其是亚轨道旅游国内和国际立法的障碍[4]。面对即将快速发展的亚轨道外空旅游形式,国际社会目前还没有给出有效的规制方式。然而,一些国内空间立法的尝试似乎能够为未来立法提供参考。

英国《航天产业法》(2018)的生效旨在规范在英国开展的航天活动和亚轨道活动[5]。"亚轨道活动"被定义为"发射、促使发射的操作或促使能够在平流层以上运行的火箭或其他飞行器或能够到达平流层运载人员的气球升空返回地球的活动或载有此类飞行器的旅客或飞机,但不包括外空活动[6]"。与国际民航组织的规定相比,该法案提供了更加清晰和具体的定义。人们已经认识到,选择平流层作为新许可制度的边界,显然与英国希望成为亚轨道外空旅游市场中心的愿望有关[7]。

在英国《航天产业法》(2018)中,将与亚轨道外空游客密切相关的内容规定在其亚轨道活动许可制度之中。该法规定了有关外空旅游的信息义务、知情同意要求以及培训和安全措施等相关内容。关于外空游客的知情同意(Informed Consent)是一个具有争论的概念[8],英国《航天产业法》(2018)规定,外空游客必须表示同意接受此类活动带来的风险,并且在参加航天活动之前必须满足其规定的有关年龄和智力的标准。同意接受与航天活动有关的风险,必须

---

[1] UN Doc. A/AC.105/1039/Add.9, Questions on Suborbital Flights for Scientific Missions and/or for Human Transportation, Committee on the Peaceful Uses of Outer Space, 6 February 2017.

[2] 相关内容可参见 The U.S. Commercial Suborbital Industry: A Space Renaissance in the Making[EB/OL]. https://www.faa.gov/about/office_org/headquarters_offices/ast/media/111460.pdf.

[3] 有关比利时法的相关内容可参见 MARBOE I. Paragraph 1-Recommendation: Scope of Application, of the NatLeg Resolution[M]// HOBE S, SCHMIDT-TEDD B, SCHROGL K-U eds. Cologne Commentary on Space Law: Vol. Ⅲ [M]. Cologne: Carl Heymanns Verlag, 2015: 561.

[4] UN Doc. A/AC.105/1039/Add.9, Questions on Suborbital Flights for Scientific Missions and/or for Human Transportation, Committee on the Peaceful Uses of Outer Space, 6 February 2017.

[5] 参见英国《航天产业法》(2018)前言部分。

[6] 参见英国《航天产业法》(2018)第1部分。

[7] FREELAND S. Fly Me to the Moon: How Will International Law Cope with Commercial Space Tourism? [J]. Melbourne Journal of International Law, 2010(11): 90.

[8] 更多内容参见 HOBE S. Legal Aspects of Space Tourism[J]. Nebraska Law Review, 2007(86): 439-458; 以及 KNUTSON T. What is 'Informed Consent' for Space-Flight Participants in the Soon-to-Launch Space Tourism Industry[J]. Journal of Space Law, 2007(33): 105-118.

通过签署"知情同意书"来明确表示,同意书表格会提供有关风险评估的详细信息①。然而,外空游客可能从根本上还是无法完全理解与外空旅游相关的风险程度到底为何,"知情同意书"更像是游客自担风险的承诺书,这是知情同意一直遭人诟病的症结所在。该法还强调了参加外空活动的外空游客必须经过相关培训,满足一定资格,在医学上认定为健康状态等内容②。但是,更为具体和详细的内容还有待于其在下位法当中进行规定。

---

① 更多内容参见英国《航天产业法》(2018)第 17 部分。
② 更多内容参见英国《航天产业法》(2018)第 18 部分。

第6章 卫星通信规则

卫星通信所使用的无线电频率和卫星轨道资源是关系国家安全、国民经济和社会可持续发展的重要资源,世界各国通过国际电信联盟制定国际层面的资源分配、协调、使用以及无线电干扰处理的规则和程序,形成了国际无线电通信法,卫星通信应当遵守这些规则。

6.1 卫星通信相关概念

6.1.1 卫星通信系统的组成

人类进入、探索、开发和利用外层空间以及地球以外天体的活动,主要是通过向外层空间发射人造地球卫星,并在外层空间与地球之间建立通信联系、传递信息的方式实现的。当前利用空间高远位置,从空间获取和传输信息已经获得了巨大的经济和社会效益。利用卫星进行的通信、导航、遥感、广播、气象等应用,均属于卫星通信的范畴。

卫星通信是指设置在地球上(包括地面、水面和低层大气层中)的无线电通信站,利用人造地球卫星作为中继站转发或反射无线电波,在两个或多个地球站之间进行的通信。[1] 一个卫星通信系统由空间段和地面段两个部分组成:空间段以卫星[在卫星通信领域称为空间电台(Space Station)]为主体,还包括地面卫星控制中心(Satellite Control Center,SCC)和跟踪、遥测及指令站(Tracking,Telemetry and Command Station,TT&C);地面段包括支持用户访问卫星转发器并实现用户间通信的所有地面设施,主要指的是地球站(Earth Station)。[2] 在卫星和地球站之间的通信,利用的是无线电波不用人工波导在空间传播的特性,无线电波是实现卫星通信的必要载体。卫星运行中可以有不同的轨道,采用不同高度和形状的卫星轨道的通信系统,在服务性能、覆盖范围、通信方式和系统投资等方面均有较大差异。

6.1.2 无线电频率和卫星轨道资源的特性

根据《无线电规则》(2020年)[3],无线电波是不用人工导波而在空间传播的、频率规定在3

---

[1] 王丽娜,王兵.卫星通信系统[M].2版.北京:国防工业出版社,2014:1.
[2] 朱立东,吴廷勇,卓永宁.卫星通信导论[M].4版.北京:电子工业出版社,2015:3-4.
[3] 2019年世界无线电通信大会通过,于2021年1月1日生效。

000GHz以下的电磁波,①是远距离实时接收和发送信息的主要载体之一。无线电通信就是利用无线电波所进行的,对符号、信号、文字、图像、声音或任何性质信息的传输、发射或接收。②无线电波在单位时间内重复变化的次数,称为无线电频率,用 f 表示,单位是Hz,常用单位还有kHz(千赫)、MHz(兆赫)和GHz(吉赫)。无线电频率的范围称为无线电频谱。③ 由于无线电频谱存在以下5个特性,对其进行规划、分配和管理成为必要:①无线电频谱具有有限性,在0~3 000GHz的无线电频谱中,目前已有业务划分的仅为8.3kHz~275GHz,④就某一个频点或某一段频率来说,其在一定的时域和空域上都是有限的;②无线电频谱具有非耗竭性,任何用户只是在一定的空间或时间内"占用"频率,却不会消耗掉频率,用户用毕之后,频率依然存在,因此,对无线电频谱不使用或者使用不当,都是一种浪费;③排他性,无线电频谱在一定时域、地域和频域内一旦被使用,其他设备不能再用,否则就会产生干扰;④易受污染性,若无线电频率使用不当,就会受到其他无线电台、自然噪声和人为噪声的干扰而无法正常工作;⑤共享性,无线电频谱是一种全人类共享的资源,任何国家或个人都有权依据有关规则加以利用。

卫星轨道按照其高度、形状、倾角和运转周期的不同,有不同的分类方式,比较常见的是依据卫星运行轨道距离地球表面的高度,将卫星轨道分为低轨道(Low Earth Orbit,LEO)、中轨道(Medium Earth Orbit,MEO)、高椭圆轨道(Highly Elliptic Orbit,HEO)和静止轨道(Geostationary Earth Orbit,GEO)。低轨道距离地球表面为900~1 500km;中轨道距离地球表面10 000km左右;高椭圆轨道距离地球表面的最近点为1 000~21 000km,最远点为39 500~50 600km;地球静止轨道距离地球表面35 786km。⑤ 卫星轨道是位于外层空间的、无形的、无线电台站址资源,是稀缺的。

尽管无线电频率和卫星轨道均为有限的资源,但其在法律规制方面有一定的差异。若一国在其领土范围内(包括领陆、领海和领空)使用无线电频率而不产生国际影响,这并不属于国际无线通信规则所要规制的内容,而属于一国电信主权的范畴,即一国对于不产生国际影响的无线电频率使用具有自主权,⑥因此,一些国家的国内法规定无线电频谱资源归国家所有,我国《民法典》第252条也做了如是规定。卫星轨道位于外层空间,根据1967年《外空条约》,各国不得通过主权要求、使用或占领等方法或其他任何措施,把外层空间(包括月球和其他天体)据为己有;所有国家可在平等、不受任何歧视的基础上,根据国际法自由探索和利用外层空间。⑦ 由此,对于位于外层空间的卫星轨道,各国不得对其主张主权,但可以依据国际规则加

---

① 《无线电规则》,第一卷《条款》,第1.5款。
② 《无线电规则》,第一卷《条款》,第1.3款(电信的定义)、1.6款(无线电通信的定义)。
③ 翁木云,张其星,谢绍斌.频谱管理与监测[M].北京:电子工业出版社,2009:1.
④ 275~3 000GHz虽然在2019年世界无线电通信大会上被列入了频率划分表,但目前尚无具体的业务划分,只是通过脚注形式规定了特定业务可在这一频段操作。
⑤ 王丽娜,王兵.卫星通信系统[M].2版.北京:国防工业出版社,2014:9.
⑥ 国际电信联盟《组织法》第42条第193款规定,各成员国为其本身、为经其认可的运营机构以及为其他正式授权的机构保留就一般不涉及成员国的电信事务订立特别安排的权利,其前提是不得对其他成员国的无线电业务造成有害干扰或不对其他成员国的电信业务运营造成技术危害。《无线电规则》第一卷条款第4.4款规定,各成员国主管部门可以给电台指配违背《无线电规则》中的频率划分表和有关规定的频率,前提是电台使用这种频率指配时不对按照《组织法》《公约》和《无线电规则》规定工作的电台造成有害干扰,并不得对该电台的干扰提出保护要求。以上规定均体现了各国对于其不具有国际影响的无线通信活动的自主权。
⑦ 《外空条约》,第1~2条。

以利用。几个赤道国家曾在1976年《波哥大宣言》中提出,位于这些国家各自领土上空的各段地球静止轨道是各该国家领土的一部分,这一主张遭到了其他国家的反对,反对的理由就是该主张违反了《外空条约》。

卫星业务天然地具有国际属性,在利用无线电频率和卫星轨道从事卫星通信活动时,为了避免有害干扰、提升使用效率、保护外空环境,制定国际层面的规则和管理机制十分必要。为此,国际电信联盟(International Telecommunication Union,ITU)在《国际电信联盟组织法》(下称《组织法》)第44条中指出:"在使用无线电业务的频段时,各成员国应铭记,无线电频率和任何相关的轨道,包括对地静止卫星轨道,均为有限的自然资源,必须依照《无线电规则》的规定合理、有效和经济地利用,以使各国或国家集团可以在照顾发展中国家的特殊需要和某些国家地理位置的特殊需要的同时,公平地使用这些轨道和频率。"

6.2 卫星通信管理组织制度

6.2.1 国际电信联盟概述

国际电信联盟成立于1865年,是负责信息通信技术事务的联合国专门机构,该组织划分全球的无线电频谱和卫星轨道,制定技术标准以确保网络和技术的无缝互连,并努力为世界欠发达社区提供信息通信技术接入。国际电信联盟是一个公共和私营部门的合作机构,有193个成员国和包括公司、大学、国际组织以及区域性组织在内的约900个成员。国际电信联盟通过无线电通信部门(ITU-R)、电信标准化部门(ITU-T)和电信发展部门(ITU-D)3个部门履行其使命,其中无线电通信部门集中负责该组织的无线电通信工作,在无线电频率和卫星轨道资源的分配和管理以及解决无线电干扰方面发挥着至关重要的作用。探讨卫星通信的国际规则需要重点关注国际电信联盟、特别是其无线电通信部门的组成和相关条约规则。

根据《组织法》第7条,国际电信联盟由以下部分构成:国际电信联盟最高权力机构全权代表大会、代表全权代表大会行事的理事会、国际电信世界大会、总秘书处以及国际电信联盟的3个部门。

1.全权代表大会

全权代表大会(Plenipotentiary Conference,PP)是国际电信联盟的最高政策制定机构和权力机构,自1994年以来,一般每四年召开一次,由每个成员国组成代表团参会。全权代表大会的主要职责规定在《组织法》第47~59D款,可分为以下4类。

(1)与国际电信联盟宗旨有关的职责

与国际电信联盟宗旨有关的职责包括:根据成员国的提案并在考虑理事会的报告后,为实现国际电信联盟宗旨确定总政策;[①]审议理事会关于上届全权代表大会以来国际电信联盟活

---

① 《组织法》第49款。

动的报告并审议理事会关于国际电信联盟政策和战略规划的报告;[1]制定国际电信联盟的战略规划。[2]

(2) 与选举有关的职权

与选举有关的职权具体包括:选举进入理事会的国际电信联盟成员国;[3]选举秘书长、副秘书长和各部门的局主任作为国际电信联盟的选任官员;[4]选举无线电规则委员会委员。[5]

全权代表大会在进行以上选举时应遵循以下规则:

1) 理事国的选举需适当注意世界所有区域公平分配理事会的席位;[6]

2) 秘书长、副秘书长和各局主任应从成员国提名的本国候选人中选定,所有候选人应来自不同的成员国,选举时应适当考虑世界各区域间按地域公平分配名额,并应考虑国际电信联盟职员的资格和能力方面的要求;[7]

3) 无线电规则委员会的委员应以个人身份当选,选举时应适当考虑世界各区域间按地域公平分配名额,并应考虑《组织法》中关于选任委员的资格和能力方面的要求。[8]

(3) 与国际电信联盟法规有关的职权

这方面的职权包括:根据《组织法》和《国际电信联盟公约》(下称《公约》)的有关条款,审议和酌情通过成员国提出的关于《组织法》和《公约》的修正案提案;[9]缔结或在必要时修订国际电信联盟与其他国际组织之间的协定,审查理事会代表国际电信联盟与此类国际组织所缔结的任何临时协定,并对临时协定中的问题采取其认为适当的措施;[10]通过和修正《国际电信联盟大会、全会和会议的总规则》(下称《总规则》)。[11]

(4) 与国际电信联盟财务有关的职权

与国际电信联盟财务有关的职权包括:制定国际电信联盟的预算基础,并确定某一阶段的相关财务限额;[12]根据各成员国宣布的会费等级,利用《组织法》第161D~161G款中所述的程序,确定下届全权代表大会召开之前的会费单位总数;[13]审查国际电信联盟的账目,并在适当时予以最后批准。[14]

从以上规定可以看出,全权代表大会作为国际电信联盟最高权力机构,拥有广泛的职权。

2. 理事会

理事会(Council)是国际电信联盟的执行机关,在两届全权代表大会之间作为国际电信联

---

[1] 《组织法》第50款。
[2] 《组织法》第51款。
[3] 《组织法》第54款。
[4] 《组织法》第55款。
[5] 《组织法》第56款。
[6] 《组织法》第61款。
[7] 《组织法》第62款。
[8] 《组织法》第63款。
[9] 《组织法》第57款。
[10] 《组织法》第58款。
[11] 《组织法》第58A款。
[12] 《组织法》第51款。
[13] 《组织法》第51A款。
[14] 《组织法》第53款。

盟的管理机构在全权大会所授予的权限内代行其职权。[1]

(1) 理事会的组成

理事会由全权代表大会选出的成员国组成，理事国数目不应超过成员国总数的25%，[2]现有理事国48个。

理事会每年在国际电信联盟所在地日内瓦举行一次例会，每一理事国应指派一人出席理事会会议。[3] 理事会会议应在考虑到区域轮换原则的情况下，从其成员国的代表中选举理事会的正副主席，任职到下届例会开始时为止，且不得连选连任。[4] 国际电信联盟的秘书长、副秘书长和各局主任可以参加理事会的讨论，但不参与表决。理事会也可以召开仅限于理事国代表参加的会议。[5] 非理事国可以在预先通知秘书长的情况下，向理事会的会议、其委员会和工作组的会议派出一位观察员，观察员没有表决权。[6] 部门成员可以作为观察员出席理事会、其委员会及其工作组的会议，但需遵守理事会规定的条件，包括有关这种观察员的数量及任命观察员的程序的条件。[7]

(2) 理事会的职权

作为全权代表大会的执行机关，理事会的职权广泛，在两届全权代表大会之间监督国际电信联盟的全面管理和行政工作，包括:[8]采取一切步骤促进成员国执行国际电信联盟法规和全权代表大会的决定，履行全权代表大会指派的职责；安排召开国际电信联盟大会和全会，并向国际电信联盟总秘书处和各部门提供有关筹备和组织大会以及全会中的技术性帮助和其他帮助方面的适当指示；审议内容广泛的电信政策问题；编写建议国际电信联盟进行的政策和战略规划及其财务影响的报告；协调国际电信联盟的工作以及对总秘书处和三个部门进行有效的财务控制；通过其掌握的一切手段为发展中国家的电信发展做出贡献等。

3. 国际电信世界大会

国际电信世界大会(World Conference on International Telecommunications, WCIT)的职责主要是修订《国际电信规则》，并可处理其权能范围内与其议程有关的任何问题。国际电信世界大会的决定在任何情况下均应与《组织法》和《公约》相一致。[9]

4. 总秘书处

总秘书处就国际电信联盟活动的所有行政和财务问题向理事会负责，包括：负责全面管理国际电信联盟的各种资源；[10]协调国际电信联盟总秘书处和各部门的活动；[11]秘书长还应在协调委员会的协助下，协调国际电信联盟的活动；在协调委员会的协助下，准备、并向成员国和部

---

[1] 《组织法》第68款。
[2] 《公约》第50～51款。
[3] 《组织法》第65～66款。
[4] 《公约》第51、55款。
[5] 《公约》第60款。
[6] 《公约》第60A款。
[7] 《公约》第60B款。
[8] 《组织法》第69～72款，《公约》第62～82款。
[9] 《组织法》第146～147款。
[10] 《公约》第84款。
[11] 《公约》第85款。

门成员提供编写国际电信联盟政策和战略规划报告可能需要的具体资料,并协调该规划的实施工作;①管理总秘书处以及各部门中各局的职员及其待遇;②向国际电信联盟提供法律咨询;③承担国际电信联盟大会会前和会后的适当秘书工作、为国际电信联盟的大会提供秘书处、出版国际电信联盟刊物以及履行国际电信联盟的所有其他秘书性职能等。④

国际电信联盟现任秘书长是来自中国的赵厚麟先生。

6.2.2 无线电通信部门的组成

无线电通信部门(Radiocommunication Sector, ITU-R)是国际电信联盟负责无线电频谱和卫星轨道管理的重要部门,其使命是确保所有无线电通信业务(包括使用卫星轨道的无线电通信业务)合理、公平、有效和经济地使用无线电频谱,确保无线电通信系统的无干扰运营,开展有关无线电通信的研究并批准相关建议书等。无线电通信部门主要通过世界/区域无线电通信大会、无线电通信全会、无线电规则委员会、无线电通信研究组、无线电通信顾问组以及无线电通信局开展工作,具体途径是:①召开世界和区域性无线电通信大会,制定或修改完善《无线电规则》和区域性协议;②在无线电通信全会确定的框架下,通过ITU-R研究组制定的、有关无线电通信业务和系统技术特性和运营程序的ITU-R建议书;③协调各方活动,消除不同国家无线电台站之间的有害干扰;④充实和完善国际频率登记总表(Master International Frequency Register, MIFR);⑤通过提供工具、信息和举办研讨会,协助各国开展无线电频谱管理工作。

1. 世界/区域无线电通信大会

世界无线电通信大会每3~4年举行一次,通常在两届全权代表大会之间应召开1~2届世界无线电通信大会。大会由国际电信联盟成员国派代表团参加,成员国具有表决权;具有部门成员身份的通信领域的制造商、运营商等也可以参与相关工作,但无表决权;有关国际组织则以观察员身份参会,也无表决权。大会最重要的议程在于负责审议并在必要时部分地或在例外情况下全部地修订《无线电规则》这一规范无线电频谱、对地静止卫星轨道和非对地静止卫星轨道使用的国际条约。此外,世界无线电通信大会还可以研究所有世界性无线电通信问题;向无线电规则委员会和无线电通信局做出指示,并审议其活动;筹备未来的无线电通信大会,确定供无线电通信全会及其研究组研究的课题等。

世界无线电通信大会的议程是由国际电信联盟理事会参照历届世界无线电通信大会议程提出建议,大会议程的大致范围提前4~6年确定,理事会在大会前两年制定出得到多数成员国认可的最终议程。⑤ 为了支持一届世界无线电通信大会的工作,在会前一般召开两次大会筹备会议(Conference Preparatory Meeting, CPM),并以主管部门提交的文稿和无线电通信研究组等的研究为依据,起草一份综合报告,用以支持这些大会的工作。

---

① 《组织法》第73A~76A款。
② 《公约》第87、87A、88、89、92、93等款。
③ 《公约》第91款。
④ 《公约》第94~104款。
⑤ 《公约》第118款。

区域性无线电通信大会(Regional Radiocommunication Conference)的议程一般仅限于具有区域性质的无线电通信具体问题。

根据《组织法》规定,世界无线电通信大会、无线电通信全会或区域性无线电通信大会的决定在任何情况下均应与《组织法》和《公约》相一致。无线电通信全会或区域性无线电通信大会的决定在任何情况下均应与《无线电规则》相一致。[1] 换句话说,修订《组织法》和《公约》的权力属于全权代表大会;世界无线电通信大会、无线电通信全会或区域性无线电通信大会均不得违反或者改变《组织法》和《公约》的规定。修订《无线电规则》的权力属于世界无线电通信大会;无线电通信全会或区域性无线电通信大会均不得违反或者改变《无线电规则》的规定。

2. 无线电通信全会

无线电通信全会(Radiocommunication Assembly,RA)通常每3~4年召开一次,其主要职责是为世界无线电通信大会的工作提供必要的技术基础,并根据世界无线电通信大会的要求开展工作,[2]主要包括:[3]建立、保留或者终止研究组,并为研究组分配需要研究的课题;审议研究组编写的报告,批准、修改或否决这些报告中所载的建议草案;批准在审议现有课题和新课题后产生的工作计划,确定各项研究的轻重缓急、预计财务影响和完成研究的时间表;应世界无线电通信大会的要求,就其职责范围内的问题提供咨询意见;向随后召开的世界无线电通信大会报告可能列入未来无线电通信大会议程的各项问题的进展情况等。

无线电通信全会可以制定和通过管理本部门活动的工作方法和程序,但必须符合《组织法》《公约》和行政规则的规定。无线电通信全会在工作中应尽可能将发展中国家感兴趣的课题归并在一起,以促进发展中国家参加对这些问题的研究。

3. 无线电规则委员会

无线电规则委员会是由技术专家组成的机构,承担着技术判定和争议解决的重要职责,是国际电信联盟无线电通信部门的重要组成部分。国际电信联盟《组织法》《公约》《无线电规则》和《程序规则》规定了无线电规则委员会的产生程序、职能和工作方式,相关规定如下。

(1)存在依据

无线电规则委员会的存在依据规定见《组织法》第7条第43款和第12条第82款。

(2)委员任职资格

无线电规则委员会须由无线电领域内资历深厚并在频率的指配和利用方面具有实际经验的选任委员组成。每位委员须熟悉世界某一特定地区的地理、经济和人口状况。他们须独立地并在非全职的基础上为国际电信联盟履行职责。[4]

(3)人数、产生方式和程序

无线电规则委员会委员的人数或不超过12名,或相当于成员国总数的6%,以两个数目中较大者为准。[5] 无线电规则委员会现有委员12人。

---

[1] 《组织法》第92款。
[2] 《组织法》第91款。
[3] 《公约》131~136B款。
[4] 《组织法》第93款。
[5] 《组织法》第93A款。

无线电规则委员会委员由国际电信联盟全权代表大会选举产生,以个人身份当选,无线电规则委员会委员的国籍须不同于无线电通信局主任的国籍,选举时须适当考虑世界各区域间按地域公平分配名额的原则以及候选人的资历和经验等因素。[①] 无线电规则委员会委员的选举应依据《总规则》进行,[②]只能连选连任一次。[③]

(4)职责

根据《组织法》第94～97款和《公约》第140款,无线电规则委员会的职责主要有4项。

1)审议无线电通信局主任应一个或多个相关主管部门的要求而提出的关于有害干扰的调查报告,并对此提出建议;

2)审议成员国对无线电通信局主任做出的频率指配决定的申诉;

3)按照《无线电规则》和有权能的无线电通信大会可能做出的任何决定,批准《程序规则》,包括技术标准,这些《程序规则》将由无线电通信局和该局主任在应用《无线电规则》登记成员国频率指配时使用。这些规则须以透明的方式制定,并须听取主管部门的意见,如始终存在分歧,须将问题提交下届世界无线电通信大会;

4)全权代表大会、理事会或世界无线电通信大会规定的其余附加职责。

(5)工作方法

无线电规则委员会的委员须自行选举其正、副主席各1名,任期1年。此后,每年由副主席接任主席并另选1名新的副主席。在正副主席均缺席时,无线电规则委员会须从委员中选举1名临时主席。

委员会通常每年最多召开4次会议,会期最多5天,地点一般在日内瓦。开会时须至少有2/3的委员出席,也可利用现代化的通信手段履行其职责。但是,该委员会如认为有必要,并取决于需审议的问题,可以增加会议次数。特殊情况下,会期最长可为两周。

委员会须力求取得一致的决定,如果不能达成一致,则至少需要2/3的无线电规则委员会委员投票赞成时,一项决定才能生效。无线电规则委员会的每个委员须有一票表决权;不允许代理投票。

委员会可按照《组织法》《公约》和《无线电规则》的规定做出其认为必要的内部安排,此类安排须作为无线电规则委员会议事规则的一部分予以公布。[④]

(6)工作要求

作为国际电信联盟的选任官员,无线电规则委员会委员应遵守《组织法》中有关履行职责的国际性和独立性的要求,包括:[⑤]

1)在履行无线电规则委员会的职责时,该委员会的委员不得代表各自的成员国或某一区域,而须作为国际公共信托管理人开展工作。尤其是,该委员会的每位委员均不得干预与该委员自己的主管部门直接有关的决定。

2)无线电规则委员会的任何委员均不得请求或接受来自任何政府或任何政府成员或任何

---

① 《组织法》第56、63款。
② 《组织法》第177款。
③ 《公约》第20款。
④ 《公约》第144～147款。
⑤ 《组织法》第98～100款、第150～154款。

公营或私营组织或个人的、与其履行职责有关的指示。该委员会的委员不得采取与国际公共信托管理人身份不符的任何行动或参与同这种身份不符的任何决策。

3)成员国和部门成员须尊重无线电规则委员会委员职责的绝对国际性,并不得影响他们履行该委员会的职责。

(7)无线电规则委员会与国际电信联盟其他部门的关系

世界无线电通信大会可以设置议程,对无线电规则委员会和无线电通信局的活动做出指示并对其相关活动进行检查。①

无线电规则委员会可以向无线电通信全会提出研究问题的建议,无线电通信全会须处理并适时发布有关按照其程序通过的课题的建议。② 在无线电通信全会开会时,无线电规则委员会指定的该委员会的两名委员须以顾问的身份参加无线电通信全会。③

无线电规则委员会的执行秘书由无线电通信局担任,④为此,无线电通信局应编写《程序规则》草案并提交无线电规则委员会批准;⑤无线电通信局应将无线电规则委员会批准的《程序规则》向所有成员国分发并收集其意见;⑥无线电通信局实施《程序规则》并编印和出版基于该规则的审议结果,并将某一主管部门要求的且在运用《程序规则》后仍不能解决的任何审议结果提交无线电规则委员会复审;⑦无线电通信局应主管部门的要求帮助处理有害干扰案例,并在必要时进行调查,并编写一份包括给有关主管部门的建议草案的报告,供无线电规则委员会审议等。⑧

4.无线电通信研究组

(1)组成和结构

无线电通信研究组(Study Groups,SG)由无线电通信全会设立。⑨ 目前,来自世界各地的电信机构和主管部门的 1 500 多名专家参加研究组工作,工作内容是为无线电通信大会确立技术基础、制定建议书草案和汇编手册等。

研究组(SG1)结构见表 6-1。

表 6-1 研究组(SG1)结构

研究组(SG 1)	频谱管理
1A 工作组(WP 1A)	频谱工程技术
1B 工作组(WP 1B)	频谱管理方法和经济战略
1C 工作组(WP 1C)	频谱监测

---

① 《公约》第 116 款。
② 《公约》第 129 款。
③ 《公约》第 298G 款。
④ 《公约》第 174 款。
⑤ 《公约》第 168 款。
⑥ 《公约》第 169 款。
⑦ 《公约》第 171 款。
⑧ 《公约》第 173 款。
⑨ 《公约》第 148 款。

研究组(SG3)结构见表6-2。

表6-2　研究组(SG3)结构

研究组(SG 3)	无线电波传播
3J 工作组(WP 3J)	传播要素
3K 工作组(WP 3K)	点对面传播
3L 工作组(WP 3L)	电离层传播及无线电噪声
3M 工作组(WP 3M)	点对点和地对空传播

研究组(SG4)结构见表6-3。

表6-3　研究组(SG4)结构

研究组(SG 4)	卫星业务
4A 工作组(WP 4A)	将轨道/频谱有效用于卫星固定业务和卫星广播业务
4B 工作组(WP 4B)	卫星固定业务、卫星广播业务和卫星移动业务系统、空中接口、性能和可用性指标,其中包括基于IP的应用和卫星新闻采集
4C 工作组(WP 4C)	将轨道/频谱有效用于卫星移动业务系统和卫星无线电测定业务

研究组(SG5)结构见表6-4。

表6-4　研究组(SG5)结构

研究组(SG 5)	地面业务
5A 工作组(WP 5A)	30MHz 以上的陆地移动业务不包括国际移动通信;固定业务中的无线接入;业余和卫星业余业务
5B 工作组(WP 5B)	全球水上遇险和安全系统在内的水上移动业务;航空移动业务和无线电测定业务
5C 工作组(WP 5C)	固定无线系统;高频和30MHz 以下频段的其他固定和陆地移动业务系统
5D 工作组(WP 5D)	国际移动通信国际移动通信系统

研究组(SG6)结构见表6-5。

表6-5　研究组(SG6)结构

6 研究组(SG 6)	广播业务
6A 工作组(WP 6A)	地面广播传输
6B 工作组(WP 6B)	广播业务组合与接入
6C 工作组(WP 6C)	节目制作与质量评估

研究组(SG7)结构见表 6-6。

表 6-6 研究组(SG7)结构

研究组(SG 7)	科学业务
7B 工作组(WP 7B)	空间无线电通信应用
7C 工作组(WP 7C)	遥感系统
7D 工作组(WP 7D)	射电天文

(2)工作方法和工作内容

无线电通信研究组应研究无线电通信全会设定的课题,并编写建议书草案,以便按照《公约》第246A~247款规定的程序予以通过。无线电通信研究组还应研究世界无线电通信大会的决议和建议中确定的问题,其研究结果应包括在建议书或根据《公约》第156款规定编写的报告中。[①] 无线电通信研究组还应对世界性和区域性无线电通信大会拟考虑的技术、操作和程序问题进行预备性研究,并按照无线电通信全会通过的工作计划或根据理事会的指示对相关问题编写详细报告。

无线电通信研究组的研究内容包括:地面和空间无线电通信的无线电频谱和对地静止卫星轨道及其他卫星轨道的使用;无线电系统的特性和性能;无线电台的操作;遇险和安全事宜方面的无线电通信问题;等等。[②]

5.无线电通信顾问组

根据《组织法》和《公约》第11A条,无线电通信顾问组(Radiocommunication Advisory Group,RAG)的职责包括:[③]审议部门内部通过的工作重点和战略;跟踪研究组的工作进展;为研究组的工作提供指导;就与其他机构和国际电信联盟其他部门加强合作与协调提出建议。无线电通信顾问组就这些问题向无线电通信局主任提供咨询意见。无线电通信全会可将其职责范围内的具体问题交由无线电通信顾问组处理。

6.无线电通信局

无线电通信局(Radiocommunication Bureau,BR)是组织、协调无线电通信部门工作的机构,其职责和工作方式规定在《公约》第12条和《无线电规则》中,包括以下四方面。

(1)无线电通信大会方面

无线电通信局主任负责协调研究组和无线电通信局的筹备工作,将筹备工作的结果通报给各成员国和部门成员,收集他们的意见,并向无线电通信大会提交一份含有规则提案的综合报告;以顾问的身份参加无线电通信大会、无线电通信全会和无线电通信研究组及其他组的讨论;在发展中国家筹备无线电通信大会时向他们提供帮助。[④]

(2)无线电规则委员会方面

编写《程序规则》草案并提交无线电规则委员会批准;向所有成员国分发无线电规则委员

[①] 《公约》第149、149A款。
[②] 《公约》第150~154款。
[③] 《组织法》第84A款、《公约》第160A~160H款。
[④] 《公约》第163~166款。

会的《程序规则》,收集各主管部门的意见并提交无线电规则委员会;处理在适用《无线电规则》、区域性协议和《程序规则》时从主管部门获得的资料,并视情况以适当的形式准备出版;实施无线电规则委员会批准的《程序规则》,编印和出版基于该规则的审议结果,并将主管部门要求的且在运用《程序规则》后仍不能解决的任何审议结果提交无线电规则委员会复审。

按照《无线电规则》的有关规定,有秩序地记录和登记频率指配和相关轨道特性,并不断更新国际频率登记总表;检查该表中的登记条目,以便在有关主管部门同意下,对不能反映频率实际使用情况的登记条目,视情况予以修改或删除;应一个或多个有关主管部门的要求,帮助处理有害干扰的案例,并在必要时进行调查和编写一份报告,其中包含给有关主管部门的建议草案,以供无线电规则委员会审议;担任无线电规则委员会的执行秘书。[1]

(3) 研究组方面

协调和组织各无线电通信研究组和其他组的工作;为无线电通信顾问组提供必要的支持,并每年向成员国、部门成员和理事会报告顾问组的工作结果。为促进发展中国家参加无线电通信研究组和其他组的工作采取切实可行的措施。[2]

(4) 其他工作

其他工作包括:开展研究,以便针对在那些可能发生有害干扰的频段使用尽可能多的无线电信道提出咨询意见,并致力于公平、有效和经济地使用对地静止卫星轨道,在研究时应考虑那些需要帮助的成员国、发展中国家的特殊需要以及某些国家的特殊地理情况等因素;以机器可读的方式及其他方式与各成员国和部门成员交换数据,编写并更新无线电通信部门的任何文件和数据库,并在适当时以国际电信联盟的语文予以出版;保存可能需要的基本记录;向世界无线电通信大会提交一份有关上届大会以来无线电通信部门活动的报告;如果未计划召开世界无线电通信大会,则应向理事会提交一份有关上届大会以来该部门活动的报告,并将其提交成员国和部门成员以供参考;根据无线电通信部门的需要,编制一份基于成本的预算估算,并转呈秘书长,以供协调委员会审议并列入国际电信联盟的预算;每年编写一份涉及其后一年及随后三年的四年期滚动式运作规划,包括该局为支持整个部门开展活动的财务影响;此四年期运作规划由无线电通信顾问组审议,每年由理事会审议和批准。[3]

6.3 卫星通信国际法律制度

6.3.1 国际电信联盟法

1. 法规体系框架

国际电信联盟法规由全权代表大会制定的《组织法》(Constitution)和《公约》(Convention)以

---

[1] 《公约》第 167~174 款。
[2] 《公约》第 175~175B 款。
[3] 《公约》第 176~181A 款。

及世界无线电通信大会和国际电信世界大会制定的行政规则组成,行政规则包括《无线电规则》(Radio Regulations,RR)和《国际电信规则》(International Telecommunication Regulations,ITR),以上文件是对成员国有约束力的国际条约,各成员国在其所建立或运营的、从事国际业务的或能够对其他国家无线电业务造成有害干扰的所有电信局和电台内,均有义务遵守以上法规。全权代表大会通过了《国际电信联盟大会、全会和会议总规则》(下称《总规则》),作为会议组织和有关选举工作的规则。全权代表大会还通过了《关于强制解决与〈国际电信联盟组织法〉〈国际电信联盟公约〉和行政规则有关的争端的任选议定书》(下称《任选议定书》),规定了强制仲裁程序,该文件只适用于已经核准、接受、批准或加入了此议定书的各缔约国之间的争议解决。以上规则,对于成员国来说,是国际无线通信活动的"硬法"。

国际电信联盟全权代表大会、理事会、世界无线电通信大会、无线电通信全会等还通过了一些决议、决定、建议等,一般情况下不构成有法律约束力的国际规则。在无线电通信部门,无线电通信局和无线电规则委员会为履行国际电信联盟《组织法》赋予的职责,还通过了《程序规则》(Rules of Procedures)并在工作中使用。以上文件对于成员国来说,是国际无线通信活动的"软法"。

2.法规效力层级

根据《组织法》第30～32款的规定,《组织法》是国际电信联盟的基本法规,其条款由《公约》条款加以补充;《组织法》和《公约》的条款由监管电信使用并对所有成员国均有约束力的行政规则(包括《无线电规则》和《国际电信规则》)进一步加以补充。如果《组织法》与《公约》或行政规则的条款有矛盾之处,应以《组织法》为准。如果《公约》与行政规则的条款有矛盾之处,应以《公约》为准。在大会、全会或者会议的程序规则适用方面,《总规则》不得与《组织法》和《公约》相冲突,但大会或者全会以外的部门会议可以通过与所述部门的有权能的大会或者全会通过的工作程序相一致的工作程序,如果这些工作程序与《总规则》的规定有矛盾之处,则以《总规则》为准。

6.3.2 国际电信联盟的主要法规

下述介绍国际电信联盟主要条约的内容,并特别指出其中涉及卫星通信活动的实体性规则条款。

1.《组织法》

《组织法》是国际电信联盟效力最高的宪法性文件,规定了国际电信联盟的宗旨、组成、成员国和部门成员的权利和义务,国际电信联盟的法律文件及其执行、各部门的工作方法等内容。

在国际电信联盟的宗旨和职责方面,《组织法》第11～12款指出,国际电信联盟应特别注重实施无线电频谱的频段划分、无线电频率的分配和无线电频率指配的登记,以及空间业务中对地静止卫星轨道的相关轨道位置及其他轨道中卫星的相关特性的登记,以避免不同国家无线电台之间的有害干扰;协调各种努力,消除不同国家无线电台之间的有害干扰,改进无线电通信业务中无线电频谱的利用,改进对地静止卫星轨道及其他卫星轨道的利用。

在成员国的权利和义务方面,遵守和执行国际电信联盟的法规是一项重要义务,具体是指：各成员国在其所建立或运营的、从事国际业务的或能够对其他国家无线电业务造成有害干扰的所有电信局和电台内，均有义务遵守《组织法》《公约》和行政规则的规定；各成员国还有义务采取必要的步骤，责令所有经其批准而建立和运营电信并从事国际业务的运营机构或运营能够对其他国家无线电业务造成有害干扰的电台的运营机构，遵守本《组织法》《公约》和行政规则的规定，①不得对其他合法无线电业务或者通信造成有害干扰。② 但各成员国对于军用无线电设施保留完全的自由权，军用无线电设施在一定范围内可以免除上述义务。③

在使用无线电频谱和卫星轨道资源时，《组织法》第 195～196 款强调：各成员国须努力将所使用的频率数目和频谱限制在足以满意地提供必要业务所需的最低限度，为此，它们须努力尽早采用最新的技术发展成果；无线电频率和任何相关的轨道，包括对地静止卫星轨道，均为有限的自然资源，必须依照《无线电规则》的规定合理、有效和经济地使用，以使各国或国家集团可以在照顾发展中国家的特殊需要和某些国家地理位置的特殊需要的同时，公平地使用这些轨道和数据。

2.《国际电信联盟公约》

《公约》对《组织法》起着补充作用，④《公约》更具体地规定了行使国际电信联盟职能的各个机构的产生方式、组成、工作程序和工作内容等事项。

3.《总规则》

《总规则》由全权代表大会通过和修订，⑤共有四章 222 款，内容包括：关于大会和全会的一般规定；大会、全会和会议的议事规则；选举程序；《总规则》修正案的提出、通过和生效。《总规则》适用于国际电信联盟大会和全会的筹备，大会、全会和会议工作的组织和讨论的进行，以及理事国、秘书长、副秘书长、各部门的局主任和无线电规则委员会委员的选举。⑥《组织法》通过引用该《总规则》的方式，将其纳入了《组织法》的范围，对国际电信联盟成员国有法律约束力。

4.《任选议定书》

《任选议定书》由全权代表大会通过和修订⑦，规定了解决议定书成员国之间关于《组织法》《公约》或行政规则的解释或适用的任何争端的强制仲裁程序。强制仲裁所应遵循的程序规定见《公约》第 511 款。⑧《任选议定书》进一步规定，争端双方应自收到争端提交仲裁通知书之日起的三个月以内，各自指定一名仲裁人。如果某一方在此期限内未指定仲裁人，则应根据另一方要求，由秘书长按照《公约》第 509 和 510 款的规定行事，指定仲裁人。

5.《无线电规则》

《组织法》《公约》和《总规则》是适用于国际电信联盟全权代表大会、理事会、秘书处以及各个部门的活动的国际条约，而《无线电规则》则是无线电通信部门产生和适用的国际条约。《无

---

① 《组织法》第 37～38 款。
② 《组织法》第 197 款。
③ 《组织法》第 202～204 款。
④ 《组织法》第 30 款。
⑤ 《组织法》第 58A 款。
⑥ 《组织法》第 177～178 款。
⑦ 《任选议定书》第 4 款。
⑧ 《任选议定书》第 1 款。

线电规则》历史久远,各国通过国际电信联盟平台制定国际条约以规范无线电通信事业,始于1906年在柏林召开的第一届国际无线电报会议以及会上制定的《国际无线电报公约》附件(《无线电规则》之前身),因此《无线电规则》已有100多年的历史。[1] 1927年,在美国召开的国际无线电报会议修订了《无线电规则》,制定了频率划分表。[2] 1947年,在亚特兰大城召开的国际无线电会议设立、并经随后召开的国际电信大会批准成立了"国际频率登记委员会"(International Frequency Registration Board,IFRB),创设了国际电信联盟频率管理的全新模式——由国际频率登记委员会设立和维护一个国际频率登记表,就符合《无线电规则》的频率指配的通知进行登记。[3] 第二次世界大战后,《无线电规则》适应人类进行卫星无线电通信的发展需求,规则不断演进。

《无线电规则》是《组织法》中规定的行政规则,由每3～4年召开一次的世界无线电通信大会制定和修改,2019年世界无线电通信大会修订的《无线电规则》(2020年)于2021年1月1日生效,[4]其是由1995年世界无线电通信大会通过的《无线电规则》的全本,以及随后1997年、2000年、2003年、2007年、2012年、2015年和2019年世界无线电通信大会修正或通过的规则构成,还包括已被引证归并的决议、建议等文件。按照《组织法》第29、31和215款的规定,《无线电规则》是有约束力的国际法。

《无线电规则》共有4卷本,第一卷是条款,第二卷是附录,第三卷是世界无线电通信大会通过的决议和建议,第四卷是引证归并的ITU-R建议书。关于卫星通信的一般规则和特殊规则,应查询《无线电规则》。

6.《程序规则》

《程序规则》草案由无线电通信局主任编写,由无线电规则委员会批准。[5] 无线电通信局主任应向所有成员国分发无线电规则委员会批准的《程序规则》,收集各主管部门的意见并提交无线电规则委员会,如果主管部门对《程序规则》存在分歧,则应将问题提交下届世界无线电通信大会。[6]

《程序规则》由主任和无线电通信局在应用《无线电规则》登记成员国的频率指配时使用。[7] 目前适用的是2017年版,其内容分为A、B、C三个部分:A部分是只与《无线电规则》条款相关的程序规则;B部分是与某个过程,比如某项技术审查相关的程序规则;C部分是无线电规则委员会内部安排和工作方法。

《程序规则》并非全权代表大会和世界无线电通信大会这类有权能的代表大会通过的规则,也不属于《组织法》规定的国际电信联盟法规的范畴,因此,其对成员国不具有法律约束力。究其性质,在形式上,可以认为它是《组织法》授权无线电通信局主任编写、无线电规则委员会批准的、以透明方式制定的、在无线电通信部门内部为一定目的使用的操作规则。在实质上,《程序规则》通过解释特定规则的实施或通过制定目前管理条款中没有规定的必要的应用程

---

[1] https://www.itu.int/en/history/Pages/RadioConferences.aspx?conf=4.36。
[2] https://www.itu.int/en/history/Pages/RadioConferences.aspx?conf=4.39。
[3] https://www.itu.int/en/history/Pages/RadioConferences.aspx?conf=4.62。
[4] 《无线电规则》也为部分条款规定了特定的生效日期,则这些条款的生效日期依照相关特别规定执行。
[5] 《组织法》第94～97款,《公约》第168款。
[6] 《公约》第169款,《组织法》第95款。
[7] 《组织法》第95款。

序,补充了《无线电规则》的内容。《程序规则》应当符合《组织法》《公约》和《无线电规则》的规定,而不能与之相冲突。

7. 世界无线电通信大会决议、建议以及 ITU-R 建议书

世界无线电通信大会通过了一系列决议和建议。根据《国际法院规约》第 38 条,国际条约是普遍公认的对缔约国有约束力的国际法渊源,《组织法》关于国际电信联盟法规的规定认为,《组织法》《公约》和《无线电规则》是对成员国有约束力的国际法。因此,列入《无线电规则》第三卷的世界无线电通信大会决议和建议,是《无线电规则》这一国际条约的一部分,具有法律约束力。未列入《无线电规则》第三卷的决议和建议,则并不属于条约或者《组织法》认定的国际电信联盟法规,从而并不具有法律约束力,但是这些文件由各国政府代表参加的准备会议、研究组会议、区域性无线电通信会议的研究和讨论而通过,实际上具有很强的政治影响力和技术指导作用。

无线电通信全会成立 ITU-R 研究组并为之分配研究课题,目前国际电信联盟无线电通信部门共有 6 个研究组,分别负责频谱管理、无线电波传播、卫星业务、地面业务、广播业务和科学业务的研究。研究组通过研究,拟定无线电通信部门建议书草案,并交由国际电信联盟成员国批准。ITU-R 的建议书也可以分为两类:①已经由《无线电规则》引证归并的建议书,列入《无线电规则》第四卷,是具有法律约束力的国际条约的一部分;②未被引证归并的建议书,对这类建议书的遵守并无强制性要求,但是所有建议书均由世界无线电通信专家制定,亦体现了技术的发展和未来的需求,因此在世界范围内享有盛誉并得到实施,进而在应用领域具有国际标准的地位。

6.4 卫星频率和轨道资源管理制度

6.4.1 无线电频率管理的主要环节

为了进行国际无线电通信管理,国际电信联盟《无线电规则》第一卷条款第 5.2 款按地理位置将世界分为 3 个区域,我国位于第三区,如图 6-1 所示。

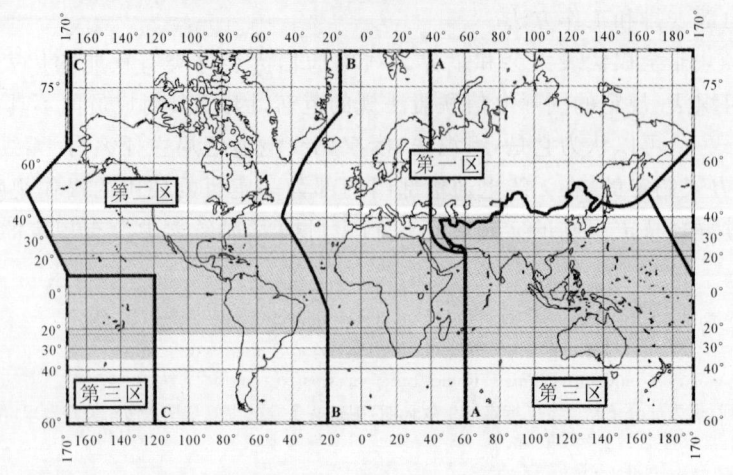

图 6-1 按地理位置将世界分为 3 个区域

无线电频率管理当中有3个核心概念,分别是划分、分配和指配,体现了国际电信联盟频率管理的重要环节和相应职责。

1. 划分

(频段的)划分(Allocation)是指频率划分表中关于某一具体频段可供一种或多种地面或空间无线电通信业务或射电天文业务在规定条件下使用的记载。[1]

为了将无线电频段划分给相应无线电通信业务,首先需要对各种无线电业务进行定义。无线电通信业务被定义为涉及供各种特定电信用途的无线电波的传输、发射和/或接收。[2]《无线电规则》第一卷条款第1.19~1.60款共界定了42种无线电通信业务,这42种业务可大致分为地面业务和空间业务两类,卫星通信属于空间业务,包括卫星固定业务、卫星移动业务、卫星广播业务、卫星无线电导航业务、卫星气象业务等多种类型,《无线电规则》对相应业务均有定义。例如,卫星广播业务是利用空间电台发送或转发信号,以供一般公众直接接收的无线电通信业务;[3]卫星航空无线电导航业务是指其地球站设在航空器上的卫星无线电导航业务。[4]

《无线电规则》第一卷的重要内容是第5条第Ⅳ节频率划分表,其将8.3kHz~275GHz的无线电频率,在世界3个区域内,分配给了42种无线电通信业务。

在频率划分表中,同一频段可能同时划分给了两种以上无线电通信业务,为了表明各种业务使用相关频段的地位,《无线电规则》将业务分为主要业务和次要业务,其使用条件由频率划分表的脚注中标明的附加划分和替代划分来补充。主要业务和次要业务在《无线电规则》中的表示方法:在中文版本中,业务名称用黑体加粗体字排印(例如:**固定**)的是"主要"业务;业务名称用标准宋体字排印(例如:移动)的是"次要"业务;附加说明则用标准宋体字并加括号排印[例如:移动业务(航空移动除外)]。

频率划分表示例见表6-7。

表6-7 频率划分表示例

40~47.5GHz

划分给一下业务		
1区	2区	3区
40~40.5 固定 卫星固定(空对地) 移动 卫星移动(空对地)	卫星地球探测(地对空) 固定 卫星固定(空对地)5.516B 5.550C 移动5.550B 卫星移动(空对地) 空间研究(地对空) 卫星地球探测(空对地) 5.550E	
40.5~41 固定 卫星固定 (空对地)5.550C 陆地移动 5.550B 广播 卫星广播 航空移动 水上移动 5.547	40.5~41 固定 卫星固定 (空对地)5.516B 5.550C 陆地移动 5.550B 广播 卫星广播 航空移动 水上移动 卫星移动(空对地) 5.547	40.5~41 固定 卫星固定 (空对地)5.550C 陆地移动 5.550B 广播 卫星广播 航空移动 水上移动 5.547

---

[1] 《无线电规则》第一卷条款,第1.16款。
[2] 《无线电规则》第一卷条款,第1.19款。
[3] 《无线电规则》第一卷条款,第1.39款。
[4] 《无线电规则》第一卷条款,第1.47款。

表 6-7 是 40～47.5GHz 的频率划分,其中 40～40.5GHz 频段,在 1 区、2 区和 3 区均划分给卫星地球探测业务(地对空)、固定业务、卫星固定业务(空对地)、移动业务、卫星移动业务(空对地)和空间研究业务(地对空)作为主要业务使用,同时划分给卫星地球探测业务(空对地)作为次要业务使用。而 40.5～41GHz 在 1 区和 3 区划分给固定业务、卫星固定业务(空对地)、陆地移动业务、广播业务和卫星广播业务作为主要业务使用,划分给航空移动业务和水上移动业务作为次要业务使用,而这一频段在 2 区还划分给卫星移动业务(空对地)作为次要业务使用。

对于主要业务和次要业务的地位及其相互关系,《无线电规则》规定:"次要业务的电台不应对业经指配或将来可能指配频率的主要业务电台产生有害干扰;对来自业经指配或将来可能指配频率的主要业务电台的有害干扰不能要求保护;但是,可要求保护不受来自将来可能指配频率的同一业务或其他次要业务电台的有害干扰。"[①] 此外,某一频段如经频率划分表中的脚注标明"以次要使用条件"划分给某个比区域小的地区或某个国家内的某种业务,此即为次要业务,其使用条件应当符合次要业务的有关规定。[②] 某一频段如经频率划分表中的脚注标明"以主要使用条件"划分给某个比区域小的地区或某个国家内的某种业务,此即为限于该地区内或该国家内的主要业务。[③]

"附加划分"是指某一频段经频率划分表的脚注标明"亦划分"给比区域小的地区或某个国家内的某种业务,亦即为频率划分表所标明的该地区或该国家内的一种或多种业务以外所增加的划分。[④] 附加划分的地位是:如果脚注对有关业务只限其在特定地区或国家内运用而不包含任何限制,则此种业务或这些业务的电台应同频率划分表中所标明的其他主要业务或各种业务的电台享有同等运用权。[⑤] 如果除限于在某一地区或国家内运用外,对附加划分还施以其他限制,则这些限制应在频率划分表的脚注中加以标明。[⑥]

"替代划分"是指某一频段如经频率划分表的脚注标明"划分"给比区域小的地区或某个国家内的一种或多种业务,即为"替代"划分,亦即在该地区或该国家内,此项划分替代频率划分表中所标明的划分。[⑦] 替代划分的地位是:如果脚注对有关业务的电台只限其在某一特定地区或国家内运用而无其他任何限制,则此种业务的电台应同频率划分表所标明的给其他地区或国家的一种或几种业务划分了频段的主要业务的电台享有同等运用权。[⑧] 如果除限于在某一国家或地区内使用外,对作了替代划分业务的电台还施以其他限制,则该限制应在脚注中加以标明。[⑨]

根据《组织法》和《无线电规则》,某一无线电通信业务或者某一业务中的电台,当其操作具有国际影响时,应当按照频率划分表的规定来使用频率,卫星通信业务也是如此。各国一般会根据《无线电规则》的频率划分表,结合该国频率使用情况,制定本国的频率划分,我国就是通

---

① 《无线电规则》第一卷条款,第 5.29～5.31 款。
② 《无线电规则》第一卷条款,第 5.32 款。
③ 《无线电规则》第一卷条款,第 5.33 款。
④ 《无线电规则》第一卷条款,第 5.35 款。
⑤ 《无线电规则》第一卷条款,第 5.36 款。
⑥ 《无线电规则》第一卷条款,第 5.37 款。
⑦ 《无线电规则》第一卷条款,第 5.39 款。
⑧ 《无线电规则》第一卷条款,第 5.40 款。
⑨ 《无线电规则》第一卷条款,第 5.41 款。

过国家无线电管理机构制定《中华人民共和国频率划分规定》这一部门规章的形式,将《无线电规则》这一国际条约中的部分内容转化为国内法,履行条约义务。

2. 分配

（射频或无线电频道的）分配（Allotment）是指,经有权的大会批准,在一份议定的频率分配规划中,关于一个指定的频道可供一个或数个主管部门在规定条件下,在一个或数个经指明的国家或地理区域内用于地面或空间无线电通信业务的记载。[①]

《无线电规则》第二卷附录 25、26、27、30、30A 和 30B 分别规定了在特定频段内水上移动专用频段海岸无线电话电台、航空移动业务以及卫星业务相关的频率分配规划。附录 30、30A 和 30B 是涉及卫星业务的分配规划,分别是:

卫星广播业务：附录 30,关于 11.7～12.2 GHz（3 区）、11.7～12.5 GHz（1 区）和 12.2～12.7 GHz（2 区）频段内所有业务的条款以及与卫星广播业务的相关规划和指配表;以及附录 30A,关于 1 区和 3 区 14.5～14.8 GHz 和 17.3～18.1 GHz 及 2 区 17.3～17.8 GHz 频段内卫星广播业务（1 区 11.7～12.5 GHz、2 区 12.2～12.7 GHz 和 3 区 11.7～12.2 GHz）馈线链路的条款和相关规划和列表。

卫星固定业务：附录 30B 4 500～4 800 MHz、6 725～7 025 MHz、10.70～10.95 GHz、11.20～11.45 GHz 和 12.75～13.25 GHz 频段内卫星固定业务的条款和相关规划。

3. 指配

（射频或无线电频道的）指配（Assignment）是由某一主管部门对某一无线电台在规定条件下使用某一射频或无线电频道的许可。[②]

指配是一国无线电通信的主管部门为特定电台指定频率的过程,一般通过行政许可实现。在我国,频率指配是通过无线电管理机构依据《中华人民共和国无线电管理条例》实施无线电频率使用许可的方式实现的。

频率指配一般情况下是一国国内法的事情,但根据《无线电规则》第一卷条款第 4.2 款,各成员国承诺,在给电台指配频率时,如果这些频率有可能对其他国家的电台所经营业务造成有害干扰,则必须按照频率划分表及《无线电规则》的其他规定进行指配,也就是说,各成员国的主管部门不应给电台指配任何违背频率划分表或《无线电规则》中其他规定的频率,除非明确条件是这种电台在使用这种频率指配时,不对按照《组织法》《公约》和《无线电规则》规定工作的电台造成有害干扰并不得对该电台的干扰提出保护要求。[③]

确定一项频率指配是否具有合法和优先地位,依据的是无线电通信局维护的国际频率登记总表。[④]《无线电规则》第一卷第三章第 8 条规定了登记在国际频率登记总表内的频率指配的地位:经审查合格而登记在登记总表内的任何频率指配,应享有国际承认的权利。对于这种指配,权利意味着其他主管部门在安排其自己的指配时,应考虑该指配以避免有害干扰。[⑤] 如果使用某个不符合《无线电规则》的频率指配对符合《无线电规则》的指配的任何电台的接收产

---

① 《无线电规则》第一卷条款,第 1.17 款。
② 《无线电规则》第一卷条款,第 1.18 款。
③ 《无线电规则》第一卷条款,第 4.4 款。
④ 《无线电规则》第一卷条款,第 8.1 款。
⑤ 《无线电规则》第一卷条款,第 8.3 款。

生实际上的有害干扰,使用的频率指配不符合《无线电规则》的电台在收到通知时,必须立即消除这种有害干扰。①

《无线电规则》第 11 条相关条款规定了可登入国际频率登记总表的几种频率指配的情形,即,若属于以下情况,有关主管部门须将其频率指配登记在国际电信联盟无线电通信局维护的国际频率登记总表中:②①如果该指配的使用能对另一个主管部门的任何业务产生有害干扰;②如果该指配是用于国际无线电通信;③如果该指配须服从没有其自己通知程序的某一世界性的或区域性的频率分配或指配规划;④如果该指配须服从《无线电规则》第 9 条的协调程序;⑤如果希望取得对该指配的国际认可;⑥如果该指配不符合频率划分表或者《无线电规则》的其他规定从而构成一个不相符的指配,但主管部门仍希望能予以登记以供参考。

卫星业务中的频率指配,若想获得国际承认和优先权,须使其登入国际频率登记总表。卫星业务属于国际无线通信,为获得频率和轨位使用的优先权并登记入国际频率登记总表,在绝大多数时候需要履行《无线电规则》第 9 条规定的协调程序。

6.4.2 获取无线电频率和卫星轨道使用权的相关规则

1.国际电信联盟分配无线电频率和轨道资源的原则

在无线电频率和卫星轨道资源方面,国际电信联盟《组织法》第 44 条第 195～196 款规定了两项分配和使用原则:

"各成员国须努力将所使用的频率数目和频谱限制在足以满意地提供必要业务所需的最低限度。为此,它们须努力尽早采用最新的技术发展成果。

在使用无线电业务的频段时,各成员国须铭记,无线电频率和任何相关的轨道,包括对地静止卫星轨道,均为有限的自然资源,必须依照《无线电规则》的规定合理、有效和经济地使用,以使各国或国家集团可以在照顾发展中国家的特殊需要和某些国家地理位置的特殊需要的同时,公平地使用这些轨道和频率。"

2.国际电信联盟分配频率和轨道资源的方法

人类通过人造卫星探索外层空间始于 1957 年,国际电信联盟随即就空间无线电通信的新发展做出了回应。1959 年于日内瓦召开的无线电行政大会修订了《无线电规则》第 1 条"术语和定义",增加了空间业务、地球-空间业务、射电天文业务这 3 种涉及空间活动的新业务的定义,并在频率划分表中以脚注形式为用于空间研究目的的空间无线电通信划分了频率,占总频率划分的 1%。③

空间活动增加急需各国在无线电通信方面开展密切的国际合作,为此,国际电信联盟在 1963 年组织召开了"分配太空无线电通信频带之非常无线电行政会议"(Extraordinary Administrative Radio Conference to Allocate Frequency Bands for Space Radiocommunication Purposes,EARC-63),修订了《无线电规则》,在排他或共享的基础上为空间业务增加了频率

---

① 《无线电规则》第一卷条款,第 8.5 款。
② 《无线电规则》第一卷条款,第 11.2～11.8 款。
③ https://www.itu.int/en/history/Pages/RadioConferences.aspx? conf=4.85。

划分,占总频率划分的 15%。① 在这次会议上,国际电信联盟成员国表达了对无线电频率公平使用的关注,为此,会议通过了第 10A 号建议,指出国际电信联盟成员国享有公平及合理地使用分配给空间无线电通信之频带的权利,须基于公平与合理原则之国际协议对此类频谱加以利用,频率的分享和利用应符合所有国家的利益。②

1971 年,空间电信无线电行政会议(World Administrative Radio Conference for Space Telecommunications,WARC-ST)修改了《无线电规则》第 7 条(针对特定业务的特殊规则)以及第 9A 条(就空间业务和射电天文业务在国际频率登记总表进行频率指配的通知和登记),增加了附录 28(地球站协调区域的确定程序)和附录 29(地球静止卫星网络之间干扰程度的计算和评估方法),③并在第一号决议指出:在国际电信联盟登记的空间无线电通信业务频率及其利用不应构成任何国家或国家团体的任何永久性优先权,也不应造成其他国家或国家团体建立空间系统的障碍,因此,已在国际电信联盟登记了空间无线电通信业务频率的国家或国家集团应采取一切实际的措施,确保其他具有此种愿望的国家或国家集团仍有利用新的空间系统的可能。④

世界无线电行政会议关于应公平合理地分配无线电频率的原则随后被纳入 1973 年修订的《国际电信公约》第 33 条,其规定:"在使用空间无线电业务的频带时,各成员国应铭记,无线电频率和地球静止轨道,均为有限的自然资源,必须有效和经济地利用,以使各国或国家集团能够基于其需要、技术设备和意愿,根据《无线电规则》公平地使用这些轨道和频率。"这条规定一直延续下来,并成为目前国际电信联盟《组织法》第 196 款。

20 世纪七八十年代确立的卫星无线电频率和地球静止轨道分配规则体现为重要的两点:①各国均有权使用无线电频率,且该使用权并不构成任何永久性的优先权;②先占先得,即沿袭 1971 年空间电信无线电行政会议所修订的《无线电规则》第 9A 条,根据协调法对空间业务和射电天文业务在国际频率登记总表进行频率指配的通知和登记。

与此同时,20 世纪 70 年代,地球静止轨道引起了国际电信联盟及其成员国的特别关注,这是由该轨道的特性决定的。地球静止轨道高度为 35 786km,轨道倾角为 0°,在这一轨道上,卫星对地的运动速度几乎为零。⑤ 在这一轨道上均匀地部署三颗卫星,其发射信号便可覆盖全球。但这一轨道上能够容纳的卫星数量有限,是稀缺的自然资源。为此,1973 年的全权代表大会同时将国际无线电频率登记委员会(International Radio Frequency Board,IFRB)对无线电频率的管制权力扩展到了卫星轨道资源的分配,并指出地球静止轨道同无线电频率一样,均为有限的自然资源,必须有效、经济地利用。

20 世纪 70 年代,"先占先得"的规则越来越引起那些不具备卫星制造和发射能力的发展中国家的担忧,1977 年,国际电信联盟召开了规划直播卫星业务的世界无线电行政大会(World Administrative Radio Conference for The Planning of the Broadcasting Satellite Services,WARC-BS),在特定频段和部分区域改革了无线电频率资源和地球静止轨道资源的分

---

① http://handle.itu.int/11.1004/020.1000/4.89。
② 《关于分配予太空无线电通信频带之利用与合用的第十 A 号建议书》,1963 年日内瓦非常无线电行政会议通过。
③ http://handle.itu.int/11.1004/020.1000/4.95。
④ 《关于由各国以同等权利使用太空无线电通信业务之频带的第一号决议》,1971 年日内瓦太空电信世界性无线电行政会议通过。古祖雪,柳磊.国际通信法律制度研究[M].北京:法律出版社,2014:149-150.
⑤ 朱立东,吴廷勇,卓永宁.卫星通信导论[M].4 版.北京:电子工业出版社,2015:18.

配制度,从"先占先得"改为"公平近用原则"(Equitable Access)的事先规划机制,具体是将广播卫星通信使用的 11.7~12.5GHz(第二区)和 11.7~12.2GHz(第三区)的无线电频率平等地分配给区域内的各个国家,将位于第一区和第二区上空的地球静止轨道以相互间隔 6 个经度为准,分出了若干轨道位置,在考虑地缘因素的基础上将这些轨道位置平等地分配给区域内的各个国家。① 在规划中,我国获得了 55 个无线电频率和 3 个轨道位置,分别位于东经 62°、79.8°和 92°。

1979 年世界无线电行政大会全面修订了《无线电规则》,并决定就卫星业务进行规划,这次会议上制定的许多规则至今在卫星业务中仍有深远影响。②

1985 年和 1988 年先后召开了两次世界无线电行政会议(WARC ORB-85,WARC ORB-88),讨论地球静止轨道及利用该轨道从事空间业务的相关规划,③目的在于确立一种规则,既可确保各国均可在公平基础上进入和使用地球静止轨道开展空间业务,又能有效和经济地使用频率和轨道位置资源。1985 年,会议对卫星固定业务做了规划:①对某些扩充的现在尚未使用的无线电频率做了分配和规划,以使每个主管部门至少能获得一个轨道位置从事本国的空间通信业务;②对现有的使用频率最高的频带采取定期改进程序,旨在保证所有国家都能在需要时使用相应的频率。1988 年会议继续就卫星固定业务以及扩展的频带做出分配和规划,保证当时国际电信联盟的全部 165 个成员国都可以得到不少于一个分配的位置,实现一次覆盖。我国取得了两个规划的位置,分别为东经 101.4°和 135.5°。④ 至此,针对特定空间业务在特定频段内的频率和轨道位置规划初步形成。但是,这种统一规划的方式并未扩展到其他区域或者除卫星广播和卫星固定业务之外的其他空间无线电通信业务中。

随后,先来先得的协调法和规划法的大体框架保持不变,但随着无线电通信业务的演进,在每次世界无线电通信大会上通过修订频率划分表来改变空间业务和地面业务之间,以及空间和地面业务内部各种业务区分的频率使用。可见,在历史上,随着人类航天能力的发展,国际电信联盟通过制定和修改规则,适应了各国发展航天项目、利用无线电频率和卫星轨道资源的需求。

2019 年,世界无线电通信大会(WRC-19)修订的《无线电规则》于 2021 年 1 月 1 日生效,其中所体现出来的卫星频率和轨道位置的两种分配方式如下。

(1)规划法

规划法主要针对特定卫星业务,应当依照《无线电规则》中的规划来使用频率和轨道位置。目前已有的规划体现在特定频段内卫星广播和卫星固定业务的相应规划,即附录 30、30A、30B 中。

使用规划中的频率和轨位,或者是部署其他不太可能造成干扰的卫星系统或者网络,其国际程序由预先公布和通知(Notification)两个步骤组成。

1)根据《无线电规则》第 9 条第 I 节,由主管部门预先公布该卫星网络或卫星系统的一般说明,公布时间不早于该卫星网络或系统的规划启用日期 7 年之前,并且最好不迟于该日期两

---

① https://www.itu.int/en/history/Pages/RadioConferences.aspx? conf = 4.99。
② https://www.itu.int/en/history/Pages/RadioConferences.aspx? conf = 4.101。
③ https://www.itu.int/en/history/Pages/RadioConferences.aspx? conf = 4.111,https://www.itu.int/en/history/Pages/RadioConferences.aspx? conf = 4.119。
④ 古祖雪,柳磊.国际通信法律制度研究[M].北京:法律出版社,2014:164-165。

年之前,应当提供的特性要求列于《无线电规则》附录4当中;

2)根据《无线电规则》第11条,主管部门将频率指配的通知(Notification)提交于国际电信联盟无线电通信局,并由国际电信联盟无线电通信局将有关频率指配登记在国际频率登记总表内。

(2)协调法

目前多数卫星操作者需根据协调法获取相应的频率和轨位资源,然后获得国内主管部门对其进行频率和轨道位置指配,并向国际电信联盟无线电通信局做出频率指配的通知。

需要进行卫星网络协调(Coordination)的情形规定在《无线电规则》第一卷第9条第9.7~9.14、9.21款。

在协调程序方面,2015年世界无线电通信大会将之前协调程序的"网络或系统资料的提前公布—协调—频率指配通知的登记"这一3段式程序修改为"协调—频率指配通知的登记"这一两段式的程序,即其一般程序是:

1)适当确定协调要求,连同《无线电规则》附录4中所列的合适资料,由提出要求的主管部门寄送给无线电通信局或者相关主管部门;

2)无线电通信局应及时审查资料是否符合《无线电规则》的规定,确定需要与提出要求的主管部门协调的任何其他主管部门,将他们的名字列入国际频率信息通报,并在4个月内在国际频率信息通报上公布完整的资料,并就其已进行的活动通知相关主管部门,并提请他们注意国际频率信息通报;[①]

3)被列入协调程序的主管部门须迅速审查按照《无线电规则》附录5所确定的、自己的指配可能受到干扰的情况,并就协调要求给出同意或者不同意的意见,并通知要求协调的主管部门,在不同意的情况下,还应提供作为不同意的基础的、与自己的指配有关的信息。

4)相关各方应进行一切可能的相互努力,以相关各方均能接受的方式克服困难,直至确保彼此的网络或系统之间不会产生干扰,这一阶段涉及多轮磋商和技术调整。

5)协商达成后,如果国际电信联盟认为有关主管部门提交的卫星网络技术信息和"行政应负努力"信息均符合要求,则由主管部门根据《无线电规则》第11条向无线电通信局通知其对有关频率指配(Notification),并由无线电通信局将该频率指配的通知登记在国际频率登记总表内,其实质是"先来先得",经过协调,在国际频率登记总表登记的频率指配受到国际保护。[②]

若未完成协调,主管部门仍可坚持向国际电信联盟进行登记,但此时无线电通信局会对此登记做出标注,该频率指配不能对符合分配规划的、或者按照《无线电规则》审查合格、且登记在国际频率登记总表中的任何频率指配产生有害干扰,也不得对来自于后者的干扰要求保护。[③]

在获得频率指配的登记之后,卫星操作者还需在指定期限内将该频率指配投入使用,否则,无线电通信局经无线电规则委员会审查和做出结论后,会将未实际投入使用的频率指配从国际频率登记总表中删除。

---

① 《无线电规则》第一卷条款,第9.34~9.38款。
② 《无线电规则》第一卷条款,第11条。
③ 《无线电规则》第一卷条款,第4.4、8.4~8.5、11.36、11.41款。

6.4.3 关于有害干扰处理的规则

有害干扰是比较常见的违反国际电信联盟规则、引起成员国之间争议的情形。《组织法》第39条第190款规定了成员国在处理违反国际电信联盟法规的行为时的通知和合作义务，即，为促进实施本《组织法》第6条的规定，各成员国应确保相互通知并酌情相互帮助处理违反本《组织法》《公约》和行政规则的规定的事例。

所谓干扰，是指由于某种发射、辐射、感应或其组合所产生的无用能量对无线电通信系统的接收产生的影响，这种影响的后果表现为性能下降、误解或信息遗漏，如不存在这种无用能量，则此后果可以避免。① 干扰可分为可允许干扰、可接受干扰和有害干扰3类。可允许干扰是指观测到的或预测的干扰，该干扰符合《无线电规则》或ITU-R建议书或《无线电规则》规定的特别协议所载明的干扰允许值和共用的定量标准。② 可接受干扰是指其电平高于规定的可允许干扰电平，但经两个或两个以上主管部门协商同意，并且不损害其他主管部门的利益的干扰。③ 有害干扰是指危及无线电导航或其他安全业务的运行，或严重损害、阻碍或一再阻断按照《无线电规则》开展的无线电通信业务的干扰。④ 在3类干扰中，有害干扰是国际电信联盟《组织法》和《无线电规则》明确禁止的、成员国应避免产生的、且出现后有义务加以处理的干扰。

《无线电规则》中关于无线电频率和卫星轨道资源的分配和使用规则，有助于各国依法使用频率和轨位，从而在事前避免有害干扰争端。本节介绍《无线电规则》中关于干扰处理的事后争端解决方式。

一国主管部门或其管辖范围内的电台未按照《无线电规则》的相关规定指配或使用无线电频率，或者设置无线电台站，可能产生有害干扰。不具有国际影响的有害干扰依据国内法解决，具有国际影响的有害干扰则触发国际电信联盟无线电通信部门的干扰处理程序。

1. 有害干扰的违章报告

《无线电规则》第一卷第15条第Ⅴ节规定了违章报告的程序。有害干扰的违章报告采取自下而上、由内向外的报告方式。违反《组织法》《公约》或《无线电规则》的事件，应该由进行检测的机构、电台或监测者报告各自的主管部门。关于一个电台从事了任何严重违章事件的正式抗议，应该由检测出此事件的主管部门向管辖该电台的国家主管部门提出。如果一个主管部门接到它管辖的电台违反《公约》或《无线电规则》的通知，就应该查明事实，确定责任并采取必要的行动。由此看来，有害干扰的处理首先由涉及的相关主管部门报告和采取措施。

2. 有害干扰的处理程序

《无线电规则》第一卷第四章第Ⅵ节详细规定了有害干扰事件情况的处理程序，其他相关条款还有第13和16条。各条款强调了在解决有害干扰问题时，各成员国应适当考虑一切有关因素，尽最大善意进行合作，检测和消除干扰。同时，考虑到遇险和安全频率以及飞行安全

---

① 《无线电规则》第一卷条款，第1.166款。
② 《无线电规则》第一卷条款，第1.167款。
③ 《无线电规则》第一卷条款，第1.168款。
④ 《无线电规则》第一卷条款，第1.169款。

和管制使用的频率上的发射需要绝对的国际保护,且必须消除对这类发射的有害干扰,当各主管部门被提请注意此类有害干扰时,应承诺立即采取行动。

3. 有害干扰的处理原则

有害干扰的处理原则主要是合作原则,体现在《无线电规则》第 15.22、15.25、15.32、16.1 款:尽最大善意相互帮助,合作检测和消除有害干扰,受干扰的收、发信台主管部门之间合作以及寻求其他主管部门或者组织合作,国际监测合作等。

4. 有害干扰来源和特性判定方面的规定

一般是由受干扰的收信台向受干扰的发信台报告有害干扰的来源和特性。受干扰的收、发信台主管部门之间合作以及寻求其他主管部门或者组织合作,以便确定干扰来源和特性。有害干扰由空间电台发射造成且用其他方法无法获知空间电台位置时,管辖产生干扰的电台主管部门,应根据管辖受干扰电台主管部门的请求,提供有利于确定空间电台位置所必要的即时星历数据。针对 HF 频段内有害干扰来源难以确定的情况,主管部门可迅速通知无线电通信局寻求帮助。就干扰来源的一般性困难,主管部门也可以寻求无线电通信局帮助鉴别干扰来源。

5. 寻求无线电通信局和无线电规则委员会帮助的程序

相关主管部门按照上述程序采取了行动后,如果有害干扰仍然存在,则业务受到干扰的发射电台的主管部门可以按照《无线电规则》第一卷第 15 条第 V 节规定,向管辖产生干扰的发射电台的主管部门送达一份不遵守或违反规定的报告。如果认为有必要,特别是按照上述程序采取步骤后未能产生满意的结果时,有关主管部门应该将该事件的详细情况寄送无线电通信局,或要求无线电通信局采取行动。

无线电通信局应该综合所收到的报告,并利用可得到的任何其他资料,立即鉴别出有害干扰的来源。在鉴别出有害干扰来源之后,无线电通信局应该将其结论和建议以电报方式通知提出有害干扰报告的主管部门和被认为须对有害干扰来源负责的主管部门,同时要求后者迅速采取行动。

根据《无线电规则》第一卷第 14 条,任何主管部门可要求对无线电通信局的审查结论或者其他决定进行复审,若复审仍未能解决问题,则由无线电通信局将有关问题做成报告,提交无线电规则委员会。

无线电规则委员会对复审做出的决定对无线电通信局和无线电规则委员会来说是最终决定。但根据《组织法》和《公约》,无线电规则委员会针对有害干扰的结论仅具有建议性质,不具有法律约束力和强制执行力。

如果要求复审的主管部门不同意无线电规则委员会的决定,则可在世界无线电通信大会上提出该问题。但世界无线电通信大会本质上是修订《无线电规则》的立法会议,是国际电信联盟成员国外交代表和部门成员代表参加的世界性大会,而非解决特定国家之间有害干扰争端的司法机构,因此,在世界无线电通信大会上提出其受到有害干扰的国家,可以获得政治上的关注,但很难解决争端。也就是说,国际电信联盟无线电通信部门并无要求造成干扰的主管部门消除干扰的强制执行力,若因有害干扰产生了国际责任而在国际电信联盟平台上未得到妥善解决,则应依据一般国际法上的责任机制来处理。

第 7 章 卫星导航规则

7.1 卫星导航的基础

7.1.1 卫星导航的技术构成

卫星导航是通过导航卫星在一定区域范围内提供定位、导航和授时服务的技术。尽管卫星导航并非是实现定位、导航和授时功能的唯一路径,但与传统的惯性导航系统和美国增强罗兰系统(eLoran)等地基导航系统相比,[①]卫星导航信号覆盖范围更广,所提供的位置信息更精确。因此,无论是美国、俄罗斯、欧盟和中国这些有能力运营全球卫星导航系统的国家和地区,还是东南亚、非洲和拉美这些不具备提供卫星导航服务能力的国家和地区,都已经将卫星导航技术整合到军事作战行动以及交通、银行、电力等国家民用关键基础设施之中。在当今信息时代,国家安全、经济增长和运输秩序在很大程度上依赖于卫星导航技术。

按照信号的覆盖范围,卫星导航系统可以分为全球卫星导航系统和区域卫星导航系统。卫星导航技术极其复杂,每一个卫星导航系统都由以下 3 部分组成(见图 7-1)。

1)空间段,即由外层空间中几十颗卫星组成的一个卫星星座,这些卫星以特定频率连续发送包含导航数据的无线电信号;

2)控制段,即一个由位于全球各地的主控制站、数据上传站和监测站组成的地基网络;

3)用户段,即根据 3 边测量法,通过对 3 个以上导航卫星接收到的卫星导航信号来计算位置信息的设备。[②]

卫星导航系统在技术上可以通过独立的增强系统向用户段播发卫星导航信号的修正信息,以提升卫星导航性能。增强系统分为星基增强系统(Satellite-Based Augmentation

---

[①] 关于增强罗兰系统和类似系统的更多信息,请见 A BILL: To Require the Secretary of Defense to Establish a Back-up for the Global Positioning System, and for Other Purposes, H. R. 1678, 114th Congress (2015—2016); Gelli Manoj Someswar, et al., Global Navigation Satellite Systems and Their Applications, 17(1) International Journal of Software and Web Sciences 2013, at 19.

[②] NovAtel Inc., An Introduction to GNSS (NovAtel Inc., 2010), at 7—9.

System,SBAS)和地基增强系统(Ground-based Augmentation System,GBAS),前者通过额外的地球静止轨道(Geostationary Earth Orbit,GEO)卫星改进信号精度;后者通过单独的地面设施实现增强功能。目前,主要的增强系统包括美国的广域增强系统(Wide Area Augmentation System,WAAS)、局域增强系统(Local Area Augmentation System,LAAS)和全国范围差分GPS系统(Nationwide Differential GPS,NDGPS),欧盟的欧洲地球同步导航重叠服务系统(European Geostationary Navigation Overlay Service,EGNOS),俄罗斯的卫星导航增强系统(System for Differential Corrections and Monitoring,SDCM),日本的多功能卫星增强系统(Multi-functional Satellite Augmentation System,MSAS),印度的GPS辅助型静地轨道增强导航系统(GPS-aided GEO Augmented Navigation,GAGAN)等。① 其中,大多数增强系统仅增强美国全球定位系统(Global Positioning System,GPS)的卫星导航信号。此外,日本的准天顶卫星导航系统(Quasi-Zenith Satellite System,QZSS)作为区域卫星导航系统之一,也可以通过频率L1-Submeter-class Augmentation with Integrity Function增强GPS信号。②

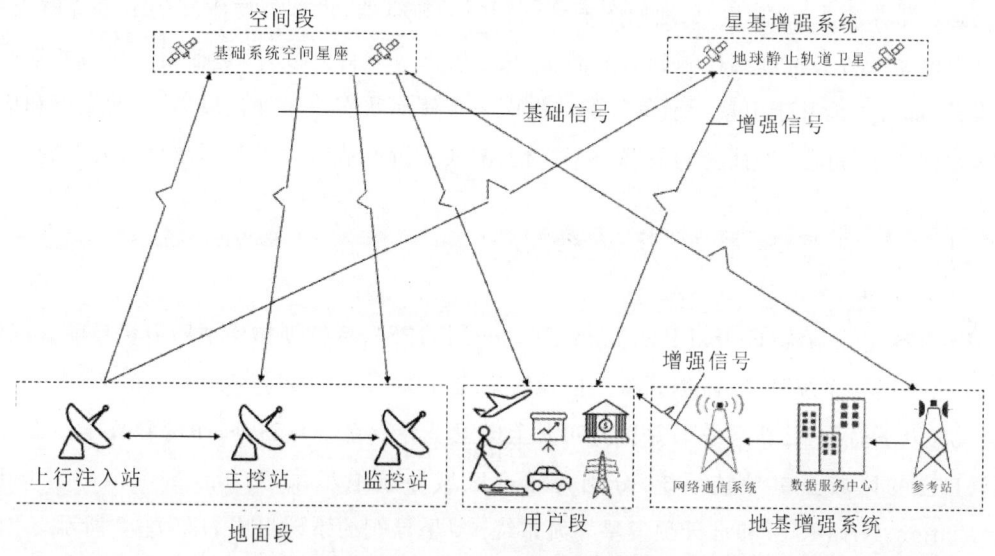

图7-1 卫星导航系统的技术构成

7.1.2 卫星导航的应用领域

卫星导航最初基于军事目的研发和部署,直到1983年大韩航空007号客机空难才促使美

---

① See UNOOSA, Global Navigation Satellite Systems: Education Curriculum, 2012, ST/SPACE/59, at iii.
② See Japan Aerospace Exploration Agency, Quasi-Zenith Satellite System Navigation Service: Interface Specification for QZSS (IS-QZSS), IS-QZSS V1.6, 28 November 2014.

国政府下决心在全世界范围内向民航领域开放其全球定位系统。① 经过几十年的发展,开放信号的免费政策被逐步确立下来,用户终端的成本逐步降低,这使得卫星导航的价值得以体现在国家安全、经济增长、运输秩序和效率等各种军民领域应用,其效益也早已渗透到地球的每个角落。

在定位和导航服务方面,卫星导航可被应用于几乎所有的交通运输方式,包括航空、航天、海事、铁路、公路和其他公共交通运输。② 举例而言,全球卫星导航系统可以为民用航空提供无缝的卫星导航服务,以提高飞行安全和效率。③ 在授时服务方面,卫星导航系统可以提供纳秒级别的时间信息,包括向蜂窝网络、电网和金融网络提供纳秒级别精度的时间同步服务。另外,卫星导航还在土地测量、执法、应急响应、灾害管理、环境保护、精准农业、采矿、科研、无人驾驶系统等方面发挥着至关重要的作用。某些卫星导航系统还具有独特的短报文通信功能,可以通过导航卫星提供应急通信服务。④

在高度信息化的今天,人类已经无法离开卫星导航的功用,一旦卫星导航系统故障,将会给社会运转带来重大灾难。⑤ 从地面车辆到飞行中的航空器,再到外层空间的卫星等航天器;从陆地电网系统等关键基础设施到海上潜艇;从万维网等软件到硬件,包括用于建筑和采矿的重型设备,都有可能基于卫星导航信号的缺失而陷于瘫痪状态。另外,卫星导航的发展和应用也极大地促进了各国经济社会的发展,相关的上游或下游产业带动了各国数百万人员的就业。

7.1.3 卫星导航的系统组成

美国全球定位系统(Global Positioning System,GPS)、俄罗斯格洛纳斯卫星导航系统(以下简称"格洛纳斯系统")、欧盟伽利略卫星导航系统(以下简称"伽利略系统")和中国北斗卫星导航系统(以下简称"北斗系统")并称为四大全球卫星导航系统。另外,印度和日本正在建设和运营自己的区域卫星导航系统,分别为印度区域导航卫星系统(Navigation with Indian Constellation,NAVIC)⑥和准天顶卫星导航系统⑦卫星导航的系统组成如图7-2所示。

---

① See Statement by Deputy Press Secretary Speakes on the Soviet Attack on a Korean Civilian Airliner, 16 September 1983, in Ronald Reagan, Public Papers of the Presidents of the United States: Ronald Reagan 1983 (United States Government Printing Office, 1984), at 1294-1295.
② UNOOSA, Global Navigation Satellite Systems: Education Curriculum, 2012, ST/SPACE/59, at iii.
③ National Coordination Office for Space-Based Positioning, Navigation, and Timing, Aviation, http://www.gps.gov/applications/aviation/, last accessed 1 October 2020.
④ 参见中国卫星导航系统管理办公室:《北斗卫星导航系统应用案例》,2018年12月。
⑤ Scott Madry, Global Navigation Satellite Systems and Their Applications (Springer, 2015), at 1.
⑥ See Indian Space Research Organisation, Indian Regional Navigation Satellite System (IRNSS): NavIC, https://www.isro.gov.in/irnss-programme, last accessed on 1 October 2020.
⑦ 具体信息参见 Cabinet Office National Space Policy Secretariat, Service Overview, https://qzss.go.jp/en/overview/services/index.html, last accessed on 1 October 2020.

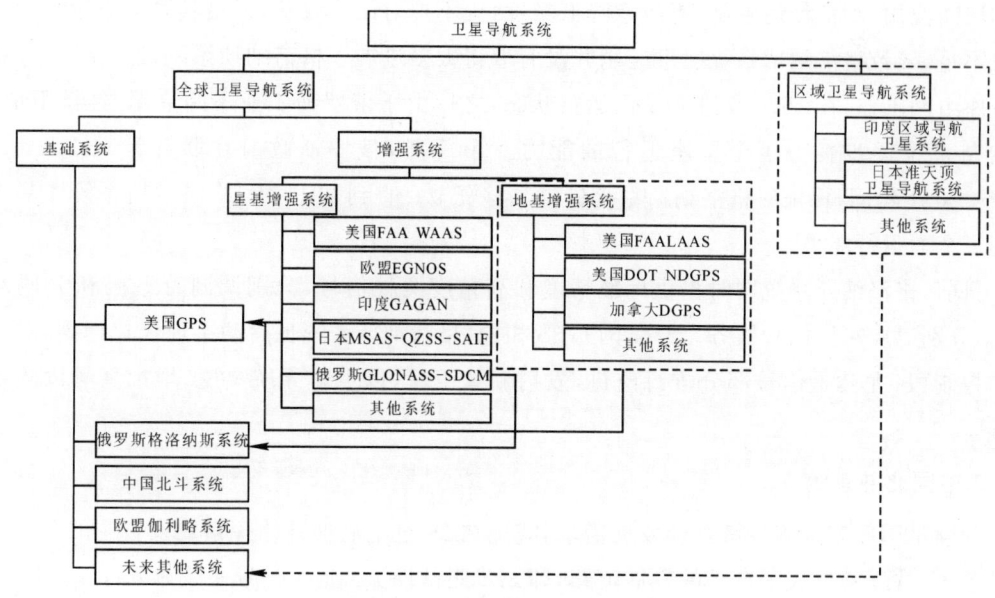

图 7-2 卫星导航的系统组成

1.GPS

作为目前全球最成熟的卫星导航系统，美国 GPS 始建于 1973 年底，并于 1995 年正式建成。① 虽然美国 GPS 在建设之初考虑了民用的因素，而且美国总统里根在 1983 年大韩航空 007 号班机空难之后宣布 GPS 建成后将开放民用，②但是美国 GPS 在根本上是作为军事系统而由美国国防部构想、设计和研发的，③目前由美国空军负责运营。④

GPS 提供精密定位服务（Precise Positioniug Service，PPS）和标准定位服务（Standard Positioning Service，SPS）两种服务。在开放民用初期，美国政府采取选择可用性政策（Selective Availability，SA），故意降低 GPS 民用信号的精度，但民间用户可以通过增强系统提升精度。2000 年，美国政府将 SA 政策废除，以满足 GPS 在全球范围内的应用需求。⑤ 之后，美国政府持续推动 GPS 现代化计划，以持续保持 GPS 的国际领先地位。

2.俄罗斯格洛纳斯系统

俄罗斯格洛纳斯系统项目自苏联时代开始启动，由军事部门建设和运营，目的在于为军事人员和装备提供尽可能精确的导航定位服务。1991 年，俄罗斯政府宣布格洛纳斯系统可供国

---

① U.S. Air Force Space Command Public Affairs Office, Global Positioning System Fully Operational, news release, July 17, 1995.

② 参见 Major Kevin K. Spradling, U.S. Air Force, The International Liability Ramifications of the U.S.' NAVSTAR Global Positioning System, Proceedings of the Thirty Sixth Colloquium on the Law of Outer space (1990), at 93.

③ 参见 Joint DOD/DOT Task Force, The Global Positioning System: Management and Operation of a Dual Use System, December 1993, at ES-1.

④ 参见美国 GPS 官方网站：http://www.gps.gov/systems/gps/，最后访问于 2020 年 10 月 1 日。

⑤ 参见 The White House Office of the Press Secretary, Statement by the President Regarding the United States' Decision to Stop Degrading Global Positioning System Accuracy, May 1, 2000.年 10 月 1 日。

防和民间使用,不带任何限制,不故意降低精度,也不拟对用户收费,但是其民事应用终端开发能力不足,导致格洛纳斯系统民事应用并没有取得太多进展。格洛纳斯系统最终于1995年完成星座组网工作,在1996年进入全面运行状态,之后由于俄罗斯工业不断衰退、经济下滑,格洛纳斯系统逐步丧失了全星座运行的能力。2001年,俄罗斯政府在联邦计划中表示,在2002—2011年间,保证对格洛纳斯系统提供足够资金。直到2011年,格洛纳斯系统才基本恢复到了全面运行能力。

目前,格洛纳斯系统同时提供标准精度和高精度两种信号,分别调制着S码和P码两种伪码,分别对应军民两种服务。与美国GPS相同,格洛纳斯系统也启动了现代化计划,对空间段和控制段,尤其是信号部分进行改进,发射新款卫星,以更新导航星座、增加新频段的导航信号。

3. 中国北斗系统

为满足国家安全与经济社会发展需求,我国在20世纪后期开始探索建设自主的全球卫星导航系统,并逐步形成了自己的发展道路,即三步走战略。[①] 北斗一号系统始建于1994年,于2000年采用双星有源定位体制提供导航服务;2004年,我国启动北斗二号系统建设,于2012年底建成并向亚太地区提供服务。2009年,我国开始建设北斗三号全球系统,于2020年宣布正式开通并向全球提供服务。自此,我国正式成为世界上第三个独立拥有全球卫星导航系统的国家。

北斗系统提供开放和授权两种服务。与其他全球卫星导航系统不同,北斗系统创新融合了导航与通信能力,除定位、导航和授时服务之外,还提供短报文通信服务。目前,我国正在致力于深化推进北斗系统的应用,建设更加完善的北斗综合定位导航授时体系。

4. 欧盟伽利略系统

欧盟伽利略系统致力于建设成为世界上第一个民用全球卫星导航系统,其在轨验证阶段由ESA和欧盟共同资助,并由欧洲航天局独自开发部署,全面运营阶段由欧盟全额资助和管理。[②] 另外,欧盟已经建成了GPS的增强系统——欧洲地球同步卫星导航增强系统(European Geostationary Navigation Overlay Service,EGNOS)。

根据伽利略系统的当前规划,其将提供开放服务、高精度服务、公共特许服务和搜索救援服务,虽然这些信号通过不同的频率来提供,但是由于伽利略并不涉及军民频段协调的问题,其所有的维护和统筹机构都是欧盟委员会,具体由欧洲全球卫星导航系统局负责实施伽利略系统的民事和商事应用。与美国GPS、俄罗斯格洛纳斯系统以及我国北斗系统不同,作为所宣称的全球第一个民用系统,欧盟伽利略系统更加注重商业化应用。

---

① 参见:国务院新闻办公室.中国北斗卫星导航系统[M].北京:人民出版社,2016:5-6。
② See ESA, Galileo Partners, http://www.esa.int/Our_Activities/Navigation/The_future_-_Galileo/Galileo_partners, last accessed 7 October 2020.

7.2 卫星导航管理制度

7.2.1 卫星导航相关国际组织

目前,与卫星导航相关的专门性国际组织为全球卫星导航系统国际委员会(International Committee on Global Navigation Satellite Systems,ICG)。该委员会其成立于2005年,是联合国组织架构下的一个非正式机构,由联合国外层空间事务厅(United Nations Office for Outer Space Affairs,UNOOSA)负责其日常事务。委员会的宗旨在于促进相关主体在卫星导航技术和应用领域开展自愿性的合作,其核心任务之一是鼓励各卫星导航系统供应商之间相互协调,提升彼此系统之间的兼容性、互操作性和透明度,并促进卫星导航的应用,使卫星导航技术尽快融入各国的基础设施建设之中。委员会下设供应商论坛和4个工作小组,前者用于协商解决各供应商在卫星导航系统频率或轨位使用方面的冲突等重大问题,后者讨论卫星导航技术方面的具体事项,但并不包括卫星导航的法律和政策。需要注意的是,委员会是一个自愿性组织,主要目的在于技术性协调,相关的决议和文件也不具备强制性约束力。[①]

卫星导航系统是一个空间技术系统,涉及导航卫星轨位和频率的申请、分配和协调,属于国际电信联盟的管辖范围。另外,卫星导航的核心应用领域为交通运输,与此相关的国际民航组织、国际海事组织等行业性国际组织,也会出台一些卫星导航应用相关的文件。[②]

7.2.2 美国卫星导航管理制度

美国GPS是军民两用系统,各军民部门在卫星导航管理方面具有清晰的职责分工。在系统建设方面,国防部负责GPS的建设、更新、运营和维护,交通运输部负责GPS民用增强系统的建设。在应用推广方面(主要体现在交通领域),国防部负责GPS在美国军事部门内强制应用,交通运输部负责GPS在国内交通领域内民事应用的推广,商务部、国务院(外交部)负责GPS应用的国际推广。在GPS频率协调方面,主要涉及国家电信和信息管理局、联邦通信委员会两个机构,[③]前者负责协调和管理GPS政府用(包括军用)频率,后者负责商用或者民间频率的管理和协调,虽然无法对GPS所用频率进行直接管理,但是致力于确保民间频率不对GPS信号造成干扰,并对相关干扰行为进行处罚。[④]

---

① UNOOSA, International Committee on Global Navigation Satellite Systems (ICG), last accessed on 2 October 2020.

② 关于国际民航组织在卫星导航领域所讨论和通过的文件,参见 Dejian Kong, Civil Liability for Damage Caused by Global Navigation Satellite System (Wolters Kluwer, 2019), at 108-126.

③ 国家电信和信息管理局负责管理美国联邦政府部门及外国驻美机构的频率资源使用,进行战时、非战时的联邦频谱规划和分配,参与国际无线电会议,维护联邦政府的频谱使用数据库;联邦通信委员会是民间频谱管理机构,负责非联邦政府机构的无线电频谱使用、射频传输装置和设备的认证认可。

④ 关于美国各联邦机构在卫星导航管理方面的具体职责,参见美国GPS官方网站:https://www.gps.gov/governance/agencies/,最后访问于2020年10月3日。

为了协调上述军民部门的关系,美国早在1996年就颁布了《美国全球定位系统政策》(PDD/NATC-6),建立了GPS跨部门执行委员会。2004年,美国通过第39号国家安全总统令(NSPD-39)颁布《美国天基定位、导航和授时政策》,取代了1996年的《美国全球定位系统政策》,承继了军民联合的管理体系。同时,国家天基定位、导航和授时执行委员会(以下简称"执行委员会")①取代了之前的GPS跨部门执行委员会,成为美国在卫星导航领域的军民协调机构。执行委员会下设国家协调办公室,作为其常设机构,具体负责执行委员会的日常行政事务。另外,国家天基定位、导航和授时顾问委员会(以下简称"顾问委员会")由美国政府之外的专家组成,负责提供咨询服务。② 美国卫星导航管理体系如图7-3所示。

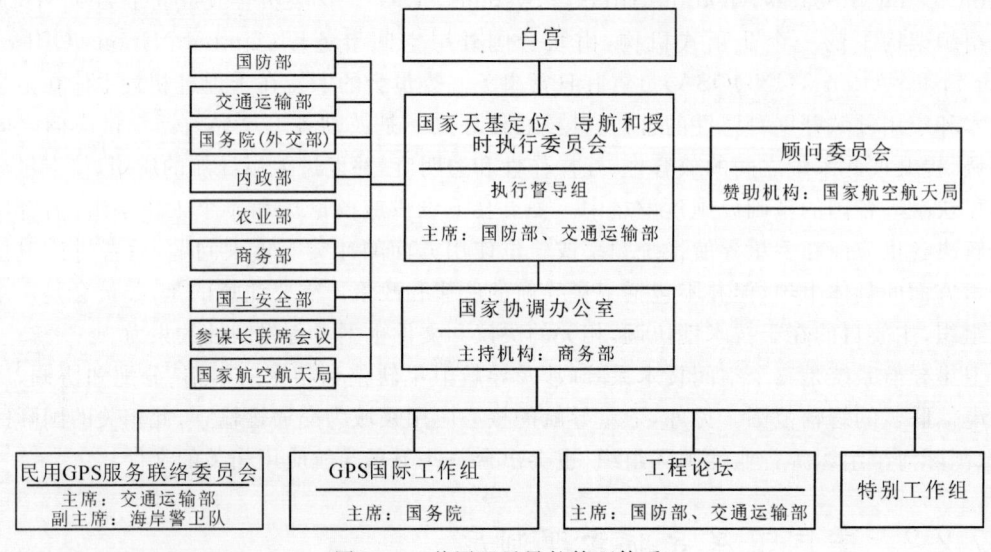

图7-3 美国卫星导航管理体系

(1)美国总统(白宫)

美国总统是美国的国家元首和军队统帅,负责执行美国议会所通过的法律,并负责认命政府各部门首脑和内阁成员。③ 美国在卫星导航领域的最高决策主体和监管主体为美国总统,其负责签发卫星导航相关的国家政策和法律,并任命国防部长、交通运输部长等卫星导航相关机构的首脑。

(2)国家天基定位、导航和授时执行委员会

根据《国家天基定位、导航和授时执行委员会章程》,由美国国防部副部长和交通运输部副部长或他们指派的代表共同担任执行委员会的主席,其成员包括美国国防部、交通运输部、国务院(外交部)、农业部、商务部、内政部、国土安全部、参谋长联席会议和国家航空航天局等部

---

① 此处的"天基定位、导航和授时"是指GPS、GPS的增强系统和其他全球卫星导航系统。See National Executive Committee, https://www.gps.gov/governance/excom/, last accessed on 3 October 2020.

② See NSPD-39: U.S. Space-Based Position, Navigation, and Timing Policy Fact Sheet, December 15, 2004, https://fas.org/irp/offdocs/nspd/nspd-39.htm, last accessed on 3 October 2020.

③ See White House, Our Government-The Executive Branch, https://www.whitehouse.gov/about-the-white-house/the-executive-branch/, last accessed on 3 October 2020.

门各自指派的代表组成,至少每两年举行一次会议。管理和预算办公室、国家安全委员会、科学技术政策办公室、国家经济委员会等美国总统行政办公室的工作人员应当作为观察员参与执行委员会事务。美国联邦通信委员会(Federal Communications Commission,FCC)主席或其代表可以作为联络人参与执行委员会活动。另外,执行委员会下设执行督导组,GPS国际工作组,国家天基定位、导航和授时系统工程论坛等跨部门机构协助其工作。①

执行委员会负责向美国卫星导航相关部门和机构提供建议,并通过总统行政办公室的相关代表向总统提供卫星导航相关政策的建议和咨询。同时,执行委员会就美国天基定位、导航和授时系统和服务相关的重大战略决策提供意见和建议,并负责协调工作。②

(3)国家天基定位、导航和授时顾问委员会

根据《国家天基定位、导航和授时顾问委员会章程》,③顾问委员会由非政府人员的专家组成,负责在卫星导航相关的政策、规划、项目管理和资金等方面向美国政府提供独立的意见和建议。顾问委员会由来自于美国工业、学术界和外国组织的专家学者组成,他们通过对执行委员会所委派的研究课题进行研究,并形成独立的研究报告。顾问委员会每年举办1~2次会议,并根据美国《阳光法》(Sunshine Act)的规定向公众开放。④

(4)国家天基定位、导航和授时协调办公室

国家天基定位、导航和授时协调办公室(简称"国家协调办公室")是执行委员会的日常机构,其负责从各政府机构收集卫星导航相关的信息,来支撑执行委员会的运行。同时,国家协调办公室负责实施和评估美国天基定位、导航和授时方面的五年国家计划,并组织执行委员会及其执行督导组的相关会议。另外,国家协调办公室也负责美国卫星导航官方网站(GPS.gov)的运营和维护,并编辑和宣传卫星导航的教育性材料。⑤

(5)民用GPS服务接口委员会

为了更好地与GPS民用用户交流信息,掌握民用用户的需求,促进GPS在民事部门的应用,美国交通运输部建立了民用GPS服务接口委员会,并由美国海岸警卫队导航中心与交通运输部共同协调和管理该委员会。该委员会实质是一个全世界范围的论坛,每年召开会议,会议和会员身份向所有对GPS民事应用感兴趣的主体免费开放。⑥ 该委员会下设美国各州和地方政府分委员会、国际信息分委员会、授时分委员会以及测量、制图和地理科学分委员会,其

---

① See Charter-National Space-Based Positioning, Navigation, and Timing Executive Committee, https://www.gps.gov/governance/excom/charter/, last accessed on 3 October 2020.

② See Charter-National Space-Based Positioning, Navigation, and Timing Executive Committee, https://www.gps.gov/governance/excom/charter/, last accessed on 3 October 2020.

③ See National Aeronautics and Space Administration Charter of the National Space-Based Positioning, Navigation, and Timing Advisory Board, http://oiir.hq.nasa.gov/docs/PNTAB_Charter_May2013_Tagged.pdf, last accessed on 3 October 2020.

④ See National Space-Based Positioning, Navigation, and Timing Advisory Board, https://www.gps.gov/governance/advisory/, last accessed on 3 October 2020.

⑤ See National Coordination Office for Space-Based Positioning, Navigation, and Timing, https://www.gps.gov/governance/excom/nco/, last accessed on 3 October 2020.

⑥ See Civil Global Positioning System (GPS) Service Interface Committee Charter, https://www.gps.gov/cgsic/charter/, last accessed on 3 October 2020.

从美国、国外和国际私营企业、政府和工业团体等民事用户获得关于GPS的意见和建议等信息,及时反馈给美国GPS相关政府机构,进而体现在GPS相关政策的制定和具体运营之中。

7.2.3 俄罗斯卫星导航管理制度

之前,格洛纳斯系统的发展、运行与管理完全由俄罗斯军方控制。1999年,俄罗斯总统令与政府声明发布后,为了保证、促进格洛纳斯系统的发展,加强军民部门间的协调,俄罗斯借鉴美国卫星导航管理制度并结合俄罗斯国情,成立了军民联合管理机构——跨部门协调委员会(Interagency Coordination Board),由原俄罗斯联邦航天局(现为俄罗斯航天国家集团公司,Roscosmos)、国防部、务部、交通运输部、工业和贸易部和联邦航空运输局等相关机构参与(见图7-4),其中某些机构作为格洛纳斯系统用户的身份而存在。国防部和俄罗斯航天国家集团公司既是格洛纳斯系统项目协调委员会的召集单位,又是格洛纳斯系统最重要的用户。格洛纳斯系统项目协调委员会设立秘书处和格洛纳斯系统顾问委员会,秘书处负责汇总委员会提出的问题,并将这些问题提交给顾问委员会,由顾问委员会提出咨询意见,目的是解决军民两用的协调发展问题。

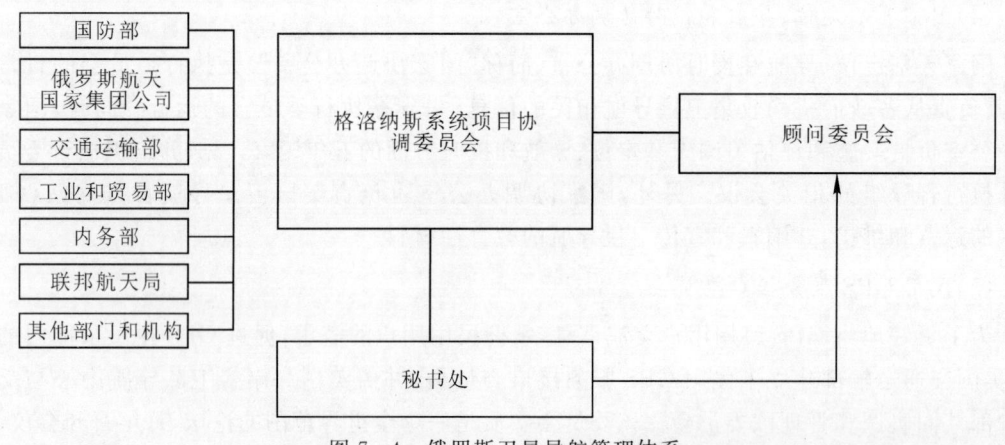

图7-4 俄罗斯卫星导航管理体系

在跨部门协调委员会的框架下,俄罗斯各政府部门和各种类型的公司在格洛纳斯系统的建设和运营中各司其职。

(1) 国防部

国防部负责格洛纳斯系统的开发和运行,以及供政府部门使用的用户终端设备的开发。

(2) 俄罗斯航天国家集团公司

该国家集团公司由俄罗斯联邦航天局于2015年改制而成,负责协助格洛纳斯系统开发,格洛纳斯系统民用用户业务的应用与开发,格洛纳斯系统增强系统开发以及格洛纳斯系统性能检测与控制。同时,俄罗斯航天国家集团公司还负责在国际层面推动格洛纳斯系统的合作和应用。

(3) 工业和贸易部、交通运输部

工业和贸易部、交通运输部主要负责格洛纳斯系统民事应用部分的管理,参与格洛纳斯系统政策的制定以及格洛纳斯系统部分用户终端设备的开发。

(4)内务部

(5)联邦航空运输

(6)其他部门和机构

格洛纳斯系统建设和应用的主要承包商是俄罗斯航天系统联合股份公司(Joint Stock Company),其中格洛纳斯系统空间段的主要建设单位是列舍特涅夫卫星信息系统联合股份公司(JSC ISS-Reshtetnev);俄罗斯交通事故应急响应系统 ERA-GLONASS 由俄罗斯格洛纳斯联合股份公司(JSC GLONASS)负责运营,导航领域的联邦网络运营商为俄罗斯非商业伙伴"格洛纳斯"集团(NP GLONASS);格洛纳斯系统的性能监测由俄罗斯机械制造中央研究所下设的信息和分析中心(Information and Analysis Center for Positioning, Navigation and Timing)负责。另外,俄罗斯于 2007 年基于公私合作伙伴关系成立了 NIS GLONASS 公司,是俄罗斯政府指定的国家导航服务提供商,致力于促进格洛纳斯系统在俄罗斯和国际市场上的商业化。

7.2.4 欧盟卫星导航管理制度

在伽利略系统建设之初,欧盟准备通过公私合营伙伴关系来解决伽利略系统建设和运营问题,并由欧盟理事会于 2002 年颁布第 876/2002 号条例,设立了伽利略联合体(Galileo Joint Undertaking),负责伽利略项目的建设中的行政管理和财政管控,并以附件的形式确立了伽利略联合体章程。[①] 而后,欧盟理事会于 2004 年颁布第 1321/2004 号条例,建立欧洲全球卫星导航系统监管局(European GNSS Supervisory Authority),负责监管欧洲全球卫星导航系统项目。[②] 2006 年,欧盟通过第 1943/2006 号条例,规定伽利略联合体于 2006 年 12 月 31 日停止运营,其所有的业务转移给了欧洲全球卫星导航系统监管局。2010 年,欧洲议会和欧盟委员会颁布第 912/2010 号条例,通过废除欧盟理事会第 1321/2004 号条例的效力,撤销了欧洲全球卫星导航系统监管局,并重新设立了欧洲全球卫星导航系统局(European GNSS Agency),负责欧洲全球卫星导航系统的行政管理和安全认证等方面事宜。[③] 2014 年欧洲议会和欧盟理事会专门颁布第 512/2014 号条例对以上条例和欧洲全球卫星导航系统局的组织架构和职责进行了修订。[④] 欧盟卫星导航管理机构沿革见表 7-1。

---

① See Council Regulation (EC) No 876/2002 of 21 May 2002 setting up the Galileo Joint Undertaking, Official Journal of the European Communities, L 138, at 1.

② See Council Regulation (EC) No 1321/2004 of 12 July 2004 on the establishment of structures for the management of the European satellite radio-navigation programmes, Official Journal of the European Union, L 246, at 1.

③ See Regulation (EU) No 912/2010 of the European Parliament and of the Council of 22 September 2010 setting up the European GNSS Agency, repealing Council Regulation (EC) No 1321/2004 on the establishment of structures for the management of the European satellite radio navigation programmes and amending Regulation (EC) No 683/2008 of the European Parliament and of the Council, Official Journal of the European Union, L 76, at 11.

④ See Regulation (EU) No 512/2014 of the European Parliament and of the Council of 16 April 2014 amending Regulation (EU) No 912/2010 setting up the European GNSS Agency, Official Journal of the European Union, L 150, at 72.

表 7-1 欧盟卫星导航管理机构沿革

中文名称	英文名称	成立时间	注销时间	法律依据	主要职能	备注
伽利略联合体	Galileo Joint Undertaking	2002	2006	第 876/2002 号条例	负责伽利略项目建设中的行政管理和财政管控	
欧洲全球卫星导航系统监管局	European GNSS Supervisory Authority (GSA)	2004	2010	第 1321/2004 号条例	负责监管欧洲全球卫星导航系统项目	在 2006 年底"伽利略联合体"注销之时，承接了其所有业务
欧洲全球卫星导航系统局	European GNSS Agency (GSA)	2010		第 912/2010 号条例(后由第 512/2014 号条例修订)	负责欧洲全球卫星导航系统的行政管理和安全认证等方面事宜	取代了"欧洲全球卫星导航系统监管局"

当前，伽利略系统的具体管理机构为欧洲全球卫星导航系统局，其主要负责提升欧洲全球卫星导航系统服务水平和基础设施建设，监督卫星导航服务质量，促进卫星导航技术研发和应用推广，保障卫星导航系统安全。① 欧盟卫星导航管理体系如图 7-5 所示。

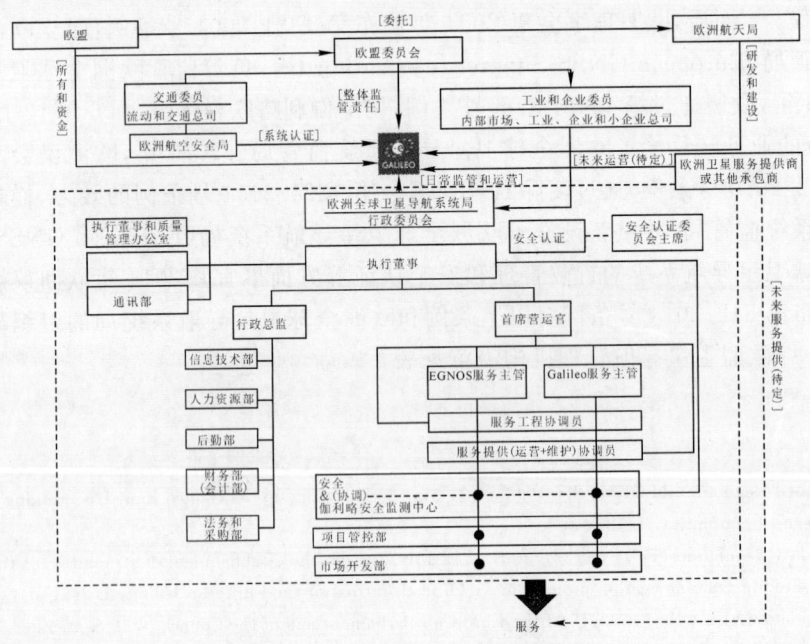

图 7-5 欧盟卫星导航管理体系

---

① See the official website of European GNSS Agency: https://www.gsa.europa.eu/gsa/about-gsa#missionstatement, last accessed on 4 October 2020.

另外,需要注意的是,虽然伽利略系统的设计和建设阶段具体由欧洲航天局(European Space Agency,ESA)负责,但其本质上只是建设单位,是作为欧盟委员会的设计机构和采购代理的身份从事伽利略系统相关活动。因此,欧洲航天局并非伽利略系统运营和应用推广的监管机构,在本质上只是伽利略系统建设的总体承包商。

7.2.5 中国卫星导航管理制度

北斗系统是国家的重大空间基础设施,相关科研和建设经费由中国政府重大专项支持。[①] 北斗系统建设是一个多部门参与、跨行业系统工程。[②] 目前,我国北斗三号系统已经建成,主要任务将逐步从研发建设为主转变为维护和应用并举。然而,我国的卫星导航管理制度建设仍处于初级阶段,有很大的完善空间。根据现行公开资料,我国卫星导航管理机构和行业机构主要分为以下4个:

1)中国卫星导航系统委员会。

2)中国卫星导航系统管理办公室,该办公室由有关部门联合成立,归口管理北斗卫星导航系统建设等有关工作。同时,该办公室成立了专家委员会和专家组,负责提出有关重大政策与措施的咨询建议,发挥专家智库咨询作用。[③] 另外,该办公室还负责运营北斗系统的政府网站(http://www.beidou.gov.cn),承担北斗系统发言人的角色,并负责发布《北斗卫星导航系统发展报告》《北斗卫星导航系统空间信号接口控制文件》《北斗卫星导航系统公开服务性能规范》《北斗卫星导航系统地基增强服务接口控制文件》等官方宣传和技术文件。[④]

3)中国卫星导航定位应用管理中心,负责北斗系统国内外应用的普及与推广,以及北斗导航产品质量检测机构和北斗导航民用服务单位资质的审批、监督和管理。[⑤]

4)中国北斗卫星导航标准化技术委员会,是由国家标准委和原总装备部于2014年成立的我国第一个由军民共建的全国标准化技术委员会,秘书处由中国卫星导航工程中心和中国航天标准化研究所联合担任。该委员会负责北斗系统管理、建设、运行、应用、服务等技术领域的国家和国家军用标准化工作,负责北斗系统相关的国标和国军标的制订、修订,积极推动相关标准体系建设,推动标准实施和军民标准融合发展。[⑥]

另外,我国与卫星导航管理相关的机构还包括工信部国家航天局、国防科技工业局、自然资源部(国土测绘和地理信息管理)以及交通运输部等部门。

---

① 参见中国政府官方网站:http://www.gov.cn/wszb/zhibo545/content_2300239.htm,最后访问于2020年10月2日。
② 参见:中共中央,国务院,中央军委.对北斗二号卫星导航系统开通服务的贺电[N].人民日报,2012-12-29(1).
③ 中国卫星导航系统管理办公室:《北斗卫星导航系统发展报告(4.0版)》,2019年12月,第1页。
④ 参见北斗系统官方网站:http://www.beidou.gov.cn,最后访问于2020年10月2日。
⑤ 参见中国卫星导航定位应用管理中心官方网站:http://www.chinabeidou.gov.cn/,最后访问于2020年10月2日。
⑥ 全国北斗卫星导航标准化技术委员会秘书处:全国北斗卫星导航标准化技术委员会成立暨第一次全体会议在京隆重召开,《航天标准化》2014年第2期。

7.3 卫星导航法规体系与制度

7.3.1 卫星导航法律法规体系的构成

卫星导航法并非一个独立的法律门类,其法规体系的构成要素涉及刑法、行政法、民法、国际法等各相关部门的法律。建设卫星导航法规体系的目的在于通过短期和长期的制度、政策和法律安排,以保障卫星导航系统的全链条长期可持续发展,并在卫星导航系统的所有权人、运营人、监管机构、军事和民事用户以及保险人等所有相关主体之间实现利益平衡。

尽管并非每个正在建设和运营卫星导航系统的国家都已经建立了完善的卫星导航法规体系,但从理论上讲,卫星导航法规体系内容既应当涉及卫星导航系统的良好建设和运营,又应当确保卫星导航应用和产品的高效管理。具体而言,卫星导航法规体系的构成包括但不限于下述方面。

(1)管理制度

世界上主要的卫星导航系统大都由军事部门主导或参与建设和运行,并同时提供军民两种服务,各国有必要建立一个军民协调机构或者部际联席工作机制,进而在系统建设、运营和维护以及应用开发和管理方面兼顾卫星导航系统军民管理机构和军民用户的利益需求。美国和俄罗斯均已经通过总统令的形式在卫星导航领域确立了完备的军民协调机制,可以给其他国家类似体制机制的建立提供一定借鉴。需要予以强调的是,这种军民协调机制以及在该机制下各相关管理部门的职责分工应当通过法律的形式予以确定。

(2)认证制度

卫星导航认证制度是指通过某些具有资质的内部或者外部机构对卫星导航系统是否符合精确性、完好性、持续性和可用性等方面的性能指标进行审查,并做出决定的过程。卫星导航认证制度对卫星导航在生命安全相关领域的应用十分重要,该制度的存在能够减少卫星导航系统的运行风险,增加卫星导航系统按计划和规划提供服务的能力和比例。另外,卫星导航认证的对象主要包括卫星导航信号、生命安全相关的应用和终端设备等。

(3)鼓励应用和强制应用

鉴于卫星导航对国民经济发展和国家安全的重大影响,有能力自主建设和运营本国卫星导航系统的国家,一般通过立法和政策制定等制度,安排、鼓励乃至强制本国交通、电力和金融等关键行业使用自己的卫星导航系统,或者至少兼容本国卫星导航系统服务或信号,以逐步减少对外国卫星导航系统的依赖,维护国家安全。中国、俄罗斯和欧盟都采取了类似做法。

(4)所有权、运营模式和成本回收

目前,世界上主要的卫星导航系统大都为国家投资和建设,其所有权理应属于国家,但鲜有国家立法明确系统所有权。但伽利略系统不同,其投资主体历经变化,最终确定由欧盟委员会资助,所有权人也通过欧盟立法的形式确定为欧盟委员会。

在运营结构上,各主要卫星导航系统都存在着一定的制度缺陷,即系统的所有权人、执法者和立法者的主体身份高度重合,有"裁判员和运动员合一"的嫌疑。因此,在卫星导航民事应用领域,需要在立法中持续推进卫星导航系统的商业化或者公司化程度,通过商业化的运营主体提供民事服务。

当前,所有的全球卫星导航系统都承诺向全世界用户免费提供开放信号,而且该种政策预计将持续很长一段时间。在免费政策下,各卫星导航供应商一般都没有制定自己的成本回收制度,但国际民航组织一直在研究探讨民用航空领域分担卫星导航建设和运营成本的基本原则。①

(5)国家主权

卫星导航系统的技术构成包括空间段、地面段和用户段。其中,地面段由主控站、注入站和监测站等若干个地面站构成,某些地面站需要分布在全球的各个角落,以提升卫星导航信号的精度。世界上主要的全球和区域卫星导航系统都具有在境外建设和运营地面站的需求和实践,②此时涉及地面站所在国的国家主权问题。①建设国需要经过所在国的同意,并一般不得危害所在国的国家主权和安全;②地面站所在国是否具有特殊地位而受到特殊保护,比如相关工作人员、通信数据和文档是否具有外交特权,这些都是应当在国际法和国内法中予以明确的内容。③

国家主权也体现在民用航空对卫星导航技术的应用之中。1944年《国际民用航空公约》第1条规定,"缔约各国承认每一国家对其领土之上的空气空间具有完全的和排他的主权",确立了国家主权原则。尽管根据该公约第28条的规定,各国在其认为可行的情况下,有义务在其领土内提供机场、无线电服务、气象服务及其他航行设施,但各国对是否在自己的航行设施内使用卫星导航技术具有绝对的自主权。即使各国使用了外国的卫星导航信号在其领土内提供空中航行服务,卫星导航系统提供国也不得在提供卫星导航服务的过程中,通过任何手段试图影响或减损用户国的国家主权。④

根据传统的国家主权理论,平等主体之间无管辖,国家享有豁免权。鉴于世界上主要的卫星导航系统的所有权人和运营人仍为国家或其政府机构,在某一卫星导航系统因为系统故障或信号中断、瑕疵等原因给其他国家或其公民造成损害的情况下,当受害人将该国政府起诉至外国法院时,该政府一般会通过国家主权豁免原则规避诉讼和法律责任。

(6)法律责任

尽管各卫星导航系统供应商都在竭尽全力地从技术层面提升自己系统的安全性和稳定性,但是也无法绝对避免卫星导航服务或信号故障。美国GPS、俄罗斯格罗纳斯系统和欧盟

---

① See ICAO, -GNSS-Cost Allocation, https://www.icao.int/sustainability/Pages/eap-im-gnss-cost-allocation.aspx, last accessed 4 October 2020.

② 参见刘艳亮等:全球卫星导航系统的现状与进展,《导航定位学报》2019年第1期。

③ 参见安娜·玛苏蒂著,孔得建译:非欧盟国家建设Galileo和EGNOS地面站的法律问题研究,《北京航空航天大学学报(社会科学版)》2016年第3期。

④ Article 3 b) of the Charter on the Rights and Obligations of States Relating to GNSS Services, Resolutions A32-19, adopted at the 32nd session of the ICAO Assembly, 1998.

伽利略系统都曾因设计瑕疵或人为失误导致信号精度降低和服务中断。① 如果因卫星导航服务或信号故障导致交通运输、电力和金融等行业事故,进而造成大量的人员伤亡,比如基于瑕疵的卫星导航信号在自动着陆时导致的坠机事故,相关责任人需要承担行政责任,情节严重的应当追究刑事责任。另外,负有责任的卫星导航系统供应商还应当承担相应的损害赔偿民事责任。然而,如果该供应商为国家或政府机构,国家豁免原则将会被援引适用。

(7) 数据和隐私保护

在当今信息时代,卫星导航终端设备可以被用来追踪定位犯罪嫌疑人等相关人员,但相应的追踪活动和位置信息使用的合法性这一问题也时刻挑战着各国的数据和隐私保护法律制度。一般情况下,卫星导航接收端只能接收卫星导航位置数据,并不能主动报告用户位置信息。然而,我国北斗系统保留了有源定位服务,北斗用户终端的位置信息可能会上传至北斗系统数据中心,这些数据的安全也需要在法律中予以保障。另外,随着大数据交易的增多,"数据财产""数据交易"等新名词先后出现,需要通过新的制度设计来明确数据交易规则,卫星导航系统产生的位置数据也不例外。

(8) 其他

除了上述制度外,卫星导航法规体系涉及以下几方面:①卫星导航服务或信号、相关产品设备的进出口管制;②卫星导航相关市场主体的市场竞争规则;③卫星导航技术相关的知识产权保护;④卫星导航系统的运营许可,此处可类比一些国家对遥感系统运营许可的要求;② ⑤各卫星导航系统之间的兼容和互操作性规定;⑥卫星导航系统作为国家重要空间基础设施的相关规定,比如,如果一国攻击另一国卫星导航系统空间段或地面段设备设施,或者恶意屏蔽、干扰另一国卫星导航信号,是否视为宣战行为并依法采取应对措施。

7.3.2 卫星导航国际法律文件

学界很早就提议制定卫星导航领域专门的国际公约或具有约束力的国际法律文件,尤其是针对全球卫星导航系统民事责任这一议题,③国际统一私法协会也进行过专题研究,④亚、非、拉等卫星导航用户国也希望通过制定这些国际法律文件,将卫星导航服务中各方主体的权

---

① See respectively: Brandon Ehrhart, A technological dream turned legal nightmare: potential liability of the United States under the Federal Tort Claims Act for operating the Global Positioning System, 3 Vanderbilt Journal of Transnational Law 2000, at 385; Staff Writers, Glonass Failure Caused by Faulty Software, https://www.gpsdaily.com/reports/Glonass_Failure_Caused_by_Faulty_Software_999.html, last accessed on 4 October 2020; European GNSS Agency, European GNSS (Galileo) Initial Services-Open Service-Quarterly Performance Report July -September 2019 (European Union, 2019), at 32.
② Article 5 of Remote Sensing Space Systems Act of Canada.
③ See Francis P. Schubert, An International Convention on GNSS Liability: When Does Desirable Become Necessary?, XXIV Annals of Air and Space Law 1999, at 245 – 273; Sergio M. Carbone & Maria Elena De Maestri, The Rationale for an International Convention on Third Party Liability for Satellite Navigation Signals, 14 (1 - 2) Uniform Law Review 2009, at 35 - 55.
④ See Unidroit, Study LXXIX-Third Party Liability for Global Navigation Satellite System (GNSS) Services (2010 -), https://www.unidroit.org/studies/civil-liability/393 — study-lxxix-third-party-liability-for-global-navigation-satellite-system-gnss-services, last accessed on 5 October 2020.

利和义务确定下来，①欧盟基于扩充自己在卫星导航国际市场商业份额的目的对国际公约的提议不表示反对，②但由于少数几个卫星导航系统提供国的垄断地位和雄厚的政治实力，该提议一直未能实现。因此，截止目前在卫星导航领域尚未成功制定专门的具有约束力的国际法律文件。

尽管如此，卫星导航的建设、运行和应用并非处于一个真空的国际法律环境中：③①卫星导航活动的空间段部署和运营是一种航天活动，相关法律问题应当适用现行的国际空间法律文件，比如《外空条约》和《责任公约》；④其次，国际民用航空和国际海事领域等卫星导航应用行业的现行国际法律文件也应当适用于因卫星导航在这些行业内应用所产生的法律关系，比如：卫星导航作为某些国家空中航行服务设施的技术构成，应当适用《国际民用航空公约》及其附件10航空电信第Ⅰ卷无线电导航设施。⑤②国际民航组织自上世纪就开始讨论和关注卫星导航的法律问题，并以大会决议、标准和建议措施、与美国和俄罗斯的换文以及包括手册、全球空中导航计划和程序在内的其他文件的形式，发布了一系列与卫星导航有关的指导性政策和技术文件，⑥比如：1994年国际民航组织理事会发布的《关于实施和运行CNS/ATM的政策声明》，⑦1998年颁布的《国家对于全球导航卫星系统服务的权利和义务宪章》（A32-19决议）和《制定并详细拟订一个适当的长期法律框架来管理GNSS的实施》（A32-20决议），⑧但上述指导性文件大都没有法律约束力，⑨某些技术性文件规定的是民用航空综合性的技术守则，其目的在于用更加统一的标准，实现各国在其管辖范围内实施GNSS的兼容性，而没有涉及卫星导航相关主体的实体权利和义务。

7.3.3 美国卫星导航政策法规

美国拥有目前世界上非常成熟的全球卫星导航系统和增强系统，其所建立起的卫星导航法规体系也比较完备，主要包括相关国家政策、《联邦成文法大全》和《联邦行政法规大全》相关

---

① See, e.g., ICAO, Considerations on the Final Report of the Secretariat Study Group on Legal Aspects of CNS/ATM, A35-WP/179, LE/16, 21/9/04, presented by the 21 Member States of the Latin American Civil Aviation Commission, at 4; ICAO, Legal Aspects of GNSS, AN-Conf/11-WP/143, 18/9/03, presented by the African States, at 2 & 3.

② See ICAO, Development of a Contractual Framework Leading Towards a Long-Term Legal Framework to Govern the Implementation of GNSS, A35-WP/125, LE/11, 21/9/04, presented by the 41 Contracting States, Members of the European Civil Aviation Conference, at 3.

③ Kim Murray, The Law Relating to Satellite Navigation and Air Traffic Management Systems-A View from the South Pacific, 53(2) Journal of Navigation 2000, at 385.

④ See Dejian Kong, Civil Liability for Damage Caused by Global Navigation Satellite System (Wolters Kluwer, 2019), at 94.

⑤ Dejian Kong, Civil Liability for Damage Caused by Global Navigation Satellite System (Wolters Kluwer, 2019), at 122.

⑥ Dejian Kong, Civil Liability for Damage Caused by Global Navigation Satellite System (Wolters Kluwer, 2019), at 121.

⑦ ICAO, Statement of ICAO Policy on CNS/ATM Systems Implementation and Operation, ICAO Doc. WP/3-2, LC/29, 28 March 1994.

⑧ ICAO, Charter on the Rights and Obligations of States Relating to GNSS Services, Resolutions A32-19, adopted at the 32nd session of the ICAO Assembly, 1998; ICAO, Development and elaboration of an appropriate long-term legal framework to govern the implementation of GNSS, Resolutions A32-20, adopted at the 32nd session of the ICAO Assembly, 1998.

⑨ See Jiefang Huang, Aviation Safety and ICAO (Leiden PhD Thesis, 2009), at 182.

条文以及一些案例法。

1.政策文件

自20世纪80年代起,美国政府就持续颁布航天政策,鼓励美国GPS在全球范围内的和平利用,促进美国GPS的民用和商业化应用。这些政策大都通过总统令的形式颁布,具有法律约束力。

(1)1996年《美国全球定位系统政策》(已失效)

1996年,美国时任总统比尔·克林顿颁布了关于GPS建设、运营和应用推广的综合性政策《美国全球定位系统政策》(PDD/NATC-6),建立了GPS跨部门执行委员会,负责管理GPS和美国政府的增强系统,界定了美国国防部、交通运输部和国务院(外交部)在美国GPS及政府控制的增强系统的发展和运营中各自的角色和职责。[①]

(2)2004年《美国天基定位、导航和授时政策》

2004年12月8日,美国时任总统乔治·沃克·布什颁布了《美国天基定位、导航和授时政策》(NSPD-39),取代了1996年的《美国全球定位系统政策》。该政策非常详细地规定了美国天基定位、导航和授时系统的管理体制和各部门的管理职责,所建立起的军民协调机制一直延续运行至今。

《美国天基定位、导航和授时政策》是1996年《美国全球定位系统政策》的升级版本,在术语使用上选择了含义更广的"天基定位、导航和授时系统",继续遵守放弃选择可用性政策的承诺。同时,该政策文件还使用了导航战(Navigation Warfare)的表述,对美国天基定位、导航和授时服务的国内外战略部署、政策制定和卫星导航法规体系的形成产生重大影响。[②]

(3)2020年《国家航天政策》

2020年12月9日,美国颁布新版本的《国家航天政策》,取代2010年《国家航天政策》,要求美国在全球卫星导航系统领域继续保持全球领导力,并详细规定了多项措施。[③]

2.法律文件

美国是一个判例法国家,但在行政管理方面大都制定了成文立法,其中包括《联邦成文法大全》(United States Code)和《联邦行政法规大全》(Code of Federal Regulations)。《联邦成文法大全》又称为《美国法典》(US Code),由美国国会众议院的法律修订委员会办公室通过将国会所通过的法律按照一定的规则重新分类编纂而成,在性质上属于法律;《联邦行政法规大全》由联邦政府公报办公室将联邦政府各部门和机构发布在《联邦公报》上的行政法规按照类似于《联邦成文法大全》的规则重新分类编纂而成,在性质上属于行政法规。目前,美国与卫星导航相关的法律法规如下。

---

① See Fact Sheet: U.S. Global Positioning System Policy, https://clintonwhitehouse2.archives.gov/WH/EOP/OSTP/html/gps-factsheet.html, last accessed on 5 October 2020.

② See NSPD-39: U.S. Space-Based Position, Navigation, and Timing Policy Fact Sheet, December 15, 2004, https://fas.org/irp/offdocs/nspd/nspd-39.htm, last accessed on 3 October 2020.

③ See National Space Policy of the United States of America, December 9, 2020, https://www.whitehouse.gov/wp-content/uploads/2020/12/National-Space-Policy.pdf, last accessed on 17 December 2020.

(1)《联邦成文法大全》第 10 编

《联邦成文法大全》第 10 编"武装力量"是制定法标题,①分为"一般性军事法""陆军""海军和海军陆战队"和"空军"4 个分编以及 1 个预备分编。第 1 分编"一般性军事法律"分别规定了武装力量的组织体系、人员、训练和教育以及装备和后勤保障等内容,其中,第 4 部分"勤务、补给和采购"项下的第 136 章"特定项目的相关规定"中的若干内容规定了卫星导航相关内容:

第 2281 节"全球定位系统",规定了国防部基于军用和民用双重目的维护和运营 GPS 的法定职责,要求国防部在全球范围内为民事用户提供持续且免费的民用卫星导航服务。国防部应当就 GPS 相关增强系统与交通部开展协调工作,并与商务部及相关部门共同推进 GPS 的民事和商业利用。另外,国防部应当采取相关措施在特定区域内防止敌对应用,但不得因此危害其他区域的民事使用。②

第 2279b 节"国防部定位、导航和授时企业监督委员会",要求该委员会对国防部的定位、导航和授时企业向民事、商业、科研和国际用户提供定位、导航和授时服务的行为予以监管。③

第 2279d 节"外国政府在美国领土建设卫星定位地面监测站的限制措施",要求总统不得批准或许可外国政府在美国领土建设卫星定位地面监测站,除非获得国防部长和情报总监的联合豁免证书。同时,该节对豁免的条件做了规定。④

(2)《联邦成文法大全》第 51 编

《联邦成文法大全》第 51 编"国家和商业航天项目"是制定法标题,是美国国家和商业航天领域最重要的法律文件,其法律规定以《1998 年商业航天法》第 104 节为基础。其第 5 分编"开拓商业机会的项目"规定了航天商业化(第 501 章)、商业复用航天运输(第 503 章)、商业航天竞争(第 505 章)、航天商业化办公室(第 507 章)、商业航天发射(第 509 章)和航天运输基础设施补助(第 511 章)等方面的内容。由于 GPS 设备和服务相关产业的快速发展,GPS 成为美国民用、科学研究和军事航天发展的重要组成部分,⑤在国会承认该事实的基础之上,《联邦成文法大全》第 501 章第 50112 节"美国全球定位系统性能标准的提升"规定,为了使 GPS 最大程度地促进美国国家安全、公共安全以及科学研究和经济利益,国会鼓励总统继续在全球范围内向民事用户提供持续且免费的民用服务,积极与外国政府合作,促使 GPS 及其增强系统成为一项可被接受的国际标准,保护 GPS 的无线电频谱免受非法干扰。⑥

(3)《联邦成文法大全》第 49 编

《联邦成文法大全》第 49 编"交通运输"是制定法标题,是美国海陆空运输最重要的法律文

---

① 《联邦成文法大全》标题分为制定法标题(positive law)和非制定法标题(non-positive law title),前者本身经过国会通过和总统签署,属于联邦成文法,具有直接的法律效力;后者只是联邦成文法的汇编,本身不具有法律效力,不可以直接作为法律引用。See United States House of Representatives Office of the Law Revision Counsel, Positive Law Codification in the United States Code, https://uscode.house.gov/codification/t51/PositiveLawCodification.pdf, last accessed on 6 October 2020.
② See 10 U.S.C. § 2281.
③ See 10 U.S.C. § 2279b.
④ See 10 U.S.C. § 2279d.
⑤ See 51 U.S.C. § 50112 note; Public Law 105-303, title I, § 104(a), Oct. 28, 1998, 112 Stat. 2852.
⑥ See 51 U.S.C. § 50112; Public Law 105-303, title I, § 104(b), Oct. 28, 1998, 112 Stat. 2852.

件,虽然关于航天发射和运输的相关规定被重新编撰入第51编,①但是美国全国范围差分GPS系统(NDGPS)作为交通领域基础设施的重要组成部分,其相关规定以成文法脚注②的形式被保留在该编之中。该部分内容主要规定了交通运输部建设、运营和维护NDGPS的职责,具体包括:与承包商签订服务合同,建设NDGPS,同时有效利用现有资源,并实现与其他相关系统的融合;负责NDGPS的管理和运营,确保不向用户收取费用,并与国防部合作,保证NDGPS不对美国的任何敌人开放;通过合同承包等方式,保证NDGPS维护成本的经济性;与学校、私营公司等机构合作,提升NDGPS性能,使其满足联邦政府、州政府和地方政府以及公共需求。③

(4)《联邦行政法规大全》

《联邦行政法规大全》并没有专门针对卫星导航系统的法规,相关规定散布在各章节中,主要涉及增强系统建设,频率分配和使用,农业、渔业等部门对卫星导航系统的民事应用等方面。例如:第49编"交通"规定,联邦公路管理局为NDGPS建设工作的具体牵头和领导部门。④另外,交通运输部长也可以将定位、导航和授时及频率的管理,NDGPS的建设、管理和运营等相关工作授权给交通运输部研究和创新技术管理局长负责。⑤第22编"对外关系"将可以提供定位、导航和授时信号(而非差分校正信号)的卫星和航天器,以及军用卫星导航接收设备纳入美国航天相关军需品清单,⑥进而根据《武器出口管制法》对其进行国防物品和服务的进出口贸易管制。第47编"无线电通信"对外国卫星系统(包括无线电卫星导航系统)的接收站在美国境内的运营作出了一定限制。⑦ 另外,还对差分GPS接收机在信号接收方面提出了某些特别要求。⑧ 第50编"野生动植物和渔业"等规定涉及卫星导航系统在其所适用领域的应用。⑨

3. 判例法

卫星导航被美国执法部门、私营机构和个人广泛地应用于对于犯罪嫌疑人、员工和消费者等位置信息的监测,虽然美国宪法第四修正案禁止无正当理由而对公民搜索和拘捕,搜捕时应当依法获得搜捕证,⑩但是执法部门对公民位置信息的获得是否需要获得批准令,美国司法系统目前尚未达成一致意见:一种观点认为,卫星导航位置信息属于个人信息的一种,执法部门

---

① See 49 U.S.C. Chapter 701 and 703.
② 《联邦成文法大全》中的正文和成文法脚注都具有法律效力,只是不同编纂方式。See Office of the Law Revision Counsel, Detailed Guide to the United States Code Content and Features, http://uscode.house.gov/detailed_guide.xhtml#class_laws, last accessed on 6 October 2020.
③ See 49 U.S.C. § 301; Public Law 105-66, title III, § 346 (e), Oct. 27, 1997, 111 Stat. 1449.
④ See 49 C.F.R. § 1.85(d)(13); Federal Register/Vol. 77, No. 160/Friday, August 17, 2012/Rules and Regulations, 49981.
⑤ See 49 C.F.R. § 1.99(p) & (q); Federal Register/Vol. 77, No. 160/Friday, August 17, 2012/Rules and Regulations, 49988.
⑥ See (d) of Category XII—Fire Control, Laser, Imaging, and Guidance Equipment, 22 C.F.R. § 121.1.
⑦ See 47 C.F.R. § 25.137.
⑧ See 47 C.F.R. § 87.151.
⑨ See 50 C.F.R. § 622.21(b)(4)(v)(A), etc.
⑩ See U.S. Const. amend. IV.

在向犯罪嫌疑人车辆安装卫星导航追踪装置时,应当依法获得批准令;①另一种观点认为,即使执法部门没有许可令,但是卫星导航位置信息相关证据的获得并没有违背非法证据排除规则,②没有侵犯宪法第四修正案赋予该犯罪嫌疑人的权利。③

4. 其他文件

为了推广 GPS 的国际应用,美国分别与欧盟、澳大利亚、中国、印度、日本、俄罗斯和英国等国家和地区签订了双边或多边合作文件,其中最典型的是美国于 2004 年与欧盟签订的《全球定位系统和伽利略卫星导航系统合作协议》,其第 4 条规定了两个系统民事信号的兼容性和互操作性,第 5 条规定了双方在制定标准、认证、监管措施和授权等方面的规定时应当向对方予以咨询,第 6 条规定了双方在卫星导航信号或服务交易中应当遵循非歧视原则,第 7 条和第 10 条规定了双方持续向用户免费提供开放民用信号。以上规定为全球定位系统在欧洲的应用推广扫除了障碍。然而,除了上述"合作协议"外,美国所签署的其他合作文件大都是"联合声明",并没有规定双方具体的权利和义务,只是表明双方对某些问题共同的态度或政策,不就具体事项承担国际义务,这种外交文书一般不具有条约性质,没有法律约束力。④

另外,为了促进 GPS 在民航和海事领域的应用,美国政府于 1994 和 2007 年向国际民航组织(International Ciyil Aviation Organization,ICAO)递交了服务承诺,于 1994 年和 2008 年向国际海事组织(International Maritime Organization,IMO)递交了服务承诺,在一定程度上增加了国际社会对全球卫星导航系统应用的信心,但其法律效力有待于进一步商榷。⑤

7.3.4 俄罗斯卫星导航政策法规

格洛纳斯系统的发展战略目标是:成功地开发、有效地应用格洛纳斯系统,保证国家、社会和经济的发展,保障国家安全;通过保证为俄罗斯和全球用户提供高质量的服务,保持俄罗斯在卫星导航领域的先进地位。为了实现该战略目标,俄罗斯政府近年来高度重视格洛纳斯系统,为其发展制定了相关政策和法律并采取了一系列措施,如:通过总统令与政府声明奠定格洛纳斯系统的政策基础;加大投资力度;调整现代化计划,对系统进行全面升级;寻求国际合作;实行军民两用;开发与 GPS 兼容的技术,拓展应用领域等。

---

① See United States v. Jones, 132 S. Ct. 945 (2012); Riley v. California, 134 S. Ct. 2473 (2014).
② See United States v. Katzin, 732 F.3d 187, 191 (3d Cir. 2013), vacated by United States v. Katzin, No. 12-2548, 2013 WL 7033666 (3d Cir. Dec. 12, 2013).
③ See United States v. Pineda-Moreno, 617 F.3d 1120 (9th Cir. 2010); United States v. Pineda-Moreno, 2012 WL 3156217 (9th Cir. Aug. 6, 2012).
④ 1969年《维也纳条约法公约》第 2 条第 1 款第 a 项规定:"称'条约'者,谓国家间所缔结而以国际法为准之国际书面协定,不论其载于一项单独文书或两项以上相互有关之文书内,亦不论其特定名称如何。"因此,判断一项外交文书是否为条约,需要看该文书的具体内容,是否包括接受约束的意愿、愿意承担国际法上的责任。即便如此,条约的生效也必须经过一国的国内法定程序。以我国为例,根据我国《宪法》(第 67 条)和《缔结条约程序法》(第 7 条)的规定:"条约和重要协定签署后,由外交部或者国务院有关部门会同外交部,报请国务院审核;由国务院提请全国人民代表大会常务委员会决定批准;中华人民共和国主席根据全国人民代表大会常务委员会的决定予以批准。"
⑤ Dejian Kong, Civil Liability for Damage Caused by Global Navigation Satellite System (Wolters Kluwer, 2019), at 111-115.

1. 政策文件

近年来,俄罗斯政府批准执行了《格洛纳斯系统 2002—2011 年的发展计划》和《2006—2015 年航天发展规划》,其主要目标就是成功地开发、有效地应用格洛纳斯系统,保证国家、社会和经济的发展,保障国家安全;通过保证为俄罗斯和全球用户提供高质量的服务,保持俄罗斯在卫星导航领域的先进地位。

2012 年 3 月 3 日,俄罗斯通过了《格洛纳斯系统维护、发展与使用 2012—2020 年规划》,确保俄罗斯格洛纳斯系统未来 9 年内的预算,确定了与格洛纳斯的开发和使用相关的合同,并规划了多项措施来提升格洛纳斯的服务性能。

2014 年 1 月,俄罗斯总统普京签署了《2030 年前使用航天成果服务俄联邦经济现代化及其区域发展的国家政策总则》。该总则旨在推动俄罗斯航天成果应用,推进俄联邦经济现代化及其区域的发展。总则明确了 2030 年前为实现俄联邦经济现代化及其区域发展,"航天成果应用"应实现的国家利益、应遵循的国家原则、航天成果应用的主要目标、优先事项、主要任务和实施阶段,明确提出要在国内交通部门大规模应用格洛纳斯卫星导航服务。因为俄罗斯近年来航天成果的典型应用是以格洛纳斯系统为基础开发和使用航天产品,特别是在交通监测和大地测量领域有着广泛应用。为此,一些地区已开始执行卫星导航定位技术区域专项规划。

俄罗斯用于开发格洛纳斯卫统的联邦专项计划也将被融入其 2021—2030 年航天活动统一国家计划之中,以保障格洛纳斯系统的维护和运营经费。①

2. 法律文件

1995 年,俄罗斯颁布第 237 号总统令,明确格洛纳斯系统应当向民事用户开放,并且针对直接用户采取民用信号免费的政策。

1998 年,俄罗斯制定了《俄罗斯国防工业军转民法》,其中包括格洛纳斯系统的军民共建与共用的原则。

1999 年,俄罗斯颁布第 346 号总统令和第 38-rp 号总统令,为格洛纳斯系统民事应用提供了明确的法律依据,主要内容包括:①确定格洛纳斯系统为军民两用空间设施,应用于科学、社会经济目的,以及俄罗斯联邦防务安全领域;②明确格洛纳斯系统是俄罗斯国家战略的重要组成部分;③要求系统提供免费的接入服务;④在俄罗斯领土内,鼓励使用 GPS/GLONASS 组合接收设备;⑤必须保证格洛纳斯系统与 GPS 的兼容性与互操作性;⑥明确进入全球卫星导航系统的全球市场是格洛纳斯系统的发展目标,要求格洛纳斯系统向全球开放,并由原俄罗斯航天局(现为俄罗斯航天国家集团公司)负责国际合作和应用的推广。

2001 年,俄罗斯颁布第 587 号总统令,要求政府机构所使用的设备必须同时兼容格洛纳斯系统和 GPS。

2007 年,俄罗斯颁布第 638 号总统令,主要规定:①格洛纳斯系统向俄罗斯和其他国家用户免费且无限制地开放民用导航信号。这在一定程度上促进了格洛纳斯系统的商业化应用和国内外战略部署。②俄罗斯重大基础设施和联邦政府机构必须使用格洛纳斯系统提供的信号或服务,进而取代 GPS。这使俄罗斯停止了在关键领域对 GPS 的依赖,保障了格洛纳斯系统

---

① 俄罗斯卫星通讯社:俄罗斯 2030 年前太空计划将在年底前提交政府,http://sputniknews.cn/science/202008071031924913/,最后访问于 2020 年 10 月 7 日。

在俄罗斯电力、金融等关乎国家和经济安全领域的应用。

2009 年,俄罗斯颁布第 22-FZ 号联邦法《俄罗斯联邦导航法》,共 12 个条文,规定了导航活动相关物体的所有权、导航活动的财政保障、各相关部门和主体的权利和职责、对导航数据的保护等内容,构成了俄罗斯导航领域的基本法律制度。

2013 年,俄罗斯颁布第 395-FZ 号联邦法律《ERA-GLONASS 国家自动系统法》,共 10 个条文,对 ERA-GLONASS 的系统建设和运营作出了详细规定,明确了 ERA-GLONASS 系统各相关主体的范围和类型以及权利和义务,确立了各相关机构之间数据信息转送的规则。[①]

2018 年,俄罗斯政府与中国政府在北京签署了政府间合作协议,为格洛纳斯系统和北斗系统在研发和生产民用终端设备方面的合作确立了组织和法律基础,同意在卫星导航应用领域制定共同的标准,同意在互惠原则的基础上在彼此的领土内建设彼此系统的境外监测站。2019 年,俄罗斯专门颁布法律,对上述合作协议予以批准。[②]

3. 其他文件

为推动格洛纳斯系统的国际化,中、俄也于最近在卫星导航领域先后签署了《中国卫星导航系统委员会与俄罗斯联邦航天局在全球卫星导航领域合作谅解备忘录》《中国北斗和俄罗斯格洛纳斯系统兼容与互操作联合声明》《和平利用北斗系统和 GLONASS 系统开展导航技术应用合作的联合声明》等文件。[③] 另外,与美国政府相同,俄罗斯政府也于 1996 年就格洛纳斯系统服务向国际民航组织提交了承诺函,增强了国际社会对使用格洛纳斯系统的信心;2012 年俄罗斯政府再次做出决定,承诺格洛纳斯系统民用信号将继续实施免费和非歧视政策,并且至少在接下来的 15 年之内不故意降低信号精度。

需要注意的是,俄罗斯还在卫星导航领域对美国采取报复措施。2012 年,俄罗斯开始着手与美国磋商在美部署格洛纳斯系统地面站事宜,但此事一直受到美国中央情报局和国防部的阻挠,进展甚微。因此,2014 年 5 月 31 日,俄罗斯关闭了其境内的 11 个美国 GPS 地面站,并于 6 月 1 日在其航天局网站发布了一份公告,声称根据俄罗斯联邦政府的指示,俄罗斯原国家航天局(现为俄罗斯航天国家集团公司)以及联邦政府的其他科学组织将于 6 月 1 日起停止使用境内 GPS 地面站的 GPS 数据。

7.3.5 欧盟卫星导航政策法规

欧盟的卫星导航法规体系由欧盟签署的国际协议和制定的条例(Regulation)、指令(Directive)和决定(Decision)构成,这也是欧盟的主要法律渊源。伽利略系统仍然处于建设阶段,欧盟卫星导航法规体系主要涉及卫星导航系统建设和开发、系统和公共安全、组织机构的设立以及国际合作等方面的内容。鉴于欧盟卫星导航组织机构相关内容已经在上文阐述,此处不再重复。

---

① ERA-GLONASS 是一个基于格洛纳斯系统信号的道路事故应急救援系统,具体信息请参见:JSC GLONASS, ERA-GLONASS, https://aoglonass.ru/en/gais-ehra-glonass/, last accessed on 7 October 2020.

② Roscosmos, Russia ratifies agreement with China on cooperation in GLONASS and BeiDou usage, http://en.roscosmos.ru/20834/, last accessed on 7 October 2020.

③ 如果谅解备忘录、联合声明中没有涉及国家应当承担的具体义务,则这些文件一般不具备法律约束力。

1. 系统建设和开发

作为泛欧交通网络(Trans-European Transport Network)的重要战略项目之一,伽利略系统在建设之前经过了欧盟理事会、欧洲议会和欧盟委员会的充分研究。① 最终,欧盟理事会于2002年颁布了第876/2002号条例,设立伽利略联合体(Galileo Joint Undertaking),规定该联合体存在期限为4年,负责伽利略项目的建设中的行政管理和财政管控,并以附件的形式确立了伽利略联合体章程。②

2008年,欧盟理事会和欧洲议会颁布第683/2008号条例,对欧盟卫星导航系统项目的执行做出了进一步规定,明确了伽利略的定义阶段、研发阶段、部署阶段和应用阶段的各自任务和时间节点,项目的所有权归属、资金来源和收入分配,界定了欧盟委员会及其全球卫星导航系统监管机构和卫星导航专门委员会、欧洲航天局之间的职责和权限划分等。③

2013年,欧盟理事会和欧洲议会颁布第1285/2013号条例,废除了上述第876/2002号条例和第683/2008号条例的效力,对伽利略建设的各阶段时间点进行了重新划分,对经费来源和分配做出了调整,对欧盟委员会和欧洲航天局等机构在卫星导航领域的职责予以进一步调整和细化。④

2. 系统和公共安全

伽利略作为欧盟的重大战略项目和基础设施之一,对欧盟及其成员国的公共安全密切相关。因此,欧盟委员会在2009年颁布第2009/334/EC号决定,专门就欧洲全球卫星导航系统的安全问题设立了专家组,即安全委员会。⑤ 同年,欧盟委员会颁布第2009/846/EC号决定,规定了欧盟委员会和欧洲全球卫星导航系统局在机密信息和安全相关事项方面的合作框架。⑥ 2011年,欧洲议会和欧盟委员会颁布第1104/2011/EU号决定,规定了欧盟成员国、欧盟理事会、欧盟委员会和欧盟对外行动署(European External Action Service, EEAS)对伽利略系统提供公共特许服务(Public Regulated Service, PRS)的使用权限,使用公共特许服务的

---

① See European Commission, Trans-European Transport Network: TEN-T priority axes and projects 2005 (European Communities, 2005), at 40.

② See Council Regulation (EC) No 876/2002 of 21 May 2002 setting up the Galileo Joint Undertaking, Official Journal of the European Communities, L 138, at 1.

③ See Regulation (EC) No 683/2008 of the European Parliament and of the Council of 9 July 2008 on the further implementation of the European satellite navigation programmes (EGNOS and Galileo), Official Journal of the European Union, L195, at 1.

④ See Regulation (EU) No 1285/2013 of the European Parliament and of the Council of 11 December 2013 on the implementation and exploitation of European satellite navigation systems and repealing Council Regulation (EC) No 876/2002 and Regulation (EC) No 683/2008 of the European Parliament and of the Council, Official Journal of the European Union, L 347, at 1.

⑤ See Commission Decision of 20 April 2009 establishing an expert group on the security of the European GNSS systems, 2009/334/EC, Official Journal of the European Union, L 101, at 22.

⑥ See Commission Decision of 20 October 2009 on the conclusion of an administrative Agreement between the European Commission and the European GNSS Supervisory Authority on the security and exchange of classified information, 2009/846/EC, Official Journal of the European Union, L 306, at 39.

欧盟成员国自己决定其本国内可以使用公共特许服务的主体范围。① 欧盟各成员国根据第1104/2011/EU号决定的要求将相关规定转化为国内立法。2014年,欧盟理事会颁布第2014/496/CFSP号决定,规定了在部署、运营和使用中发生危及欧盟及其成员国安全的紧急情况时,欧盟委员会、各成员国、欧盟全球卫星导航系统局等各组织机构的应对措施和处理程序。②

3.国际合作协议

2004年,欧盟与美国就伽利略系统和美国全球定位系统的民用信号之间的合作签订协议,而后分别在2010年与挪威、2014年与乌克兰和瑞士签订了欧盟卫星导航系统项目方面的合作协议。③

7.3.6　中国卫星导航政策法规

尽管卫星导航法规体系在理论上由多个制度要素构成,但并非每个国家都已经在实践中建立起完善的卫星导航法规体系。中国作为世界上少数几个有能力建设和运营自主卫星导航系统的国家,其卫星导航法规体系也仅由法律效力不强的政策性文件、规范性文件和技术性文件组成,在卫星导航法律法规方面极度缺乏。

1.现行政策法规

(1)政策文件

我国在卫星导航系统研制方面实施的是举国体制,④相继出台了一系列促进和推进卫星导航系统建设和应用的政策性文件,比如:2013年8月,国务院发布《关于促进信息消费扩大内需的若干意见》(国发〔2013〕32号),明确将北斗应用作为国家重点培育的信息消费领域予以支持;2013年9月国务院办公厅印发《国家卫星导航产业中长期发展规划》(国办发〔2013〕97号),从国家层面对卫星导航产业的长期发展进行了总体部署,提出了相关政策法规方面的总体要求,为北斗产业发展提供了国家宏观政策指导;2014年3月,国务院办公厅发布的《关于促进地理信息产业发展的意见》(国办发〔2014〕2号),加快北斗卫星导航系统在民用领域的推广应用和产业化发展,维护国家安全和利益;⑤2017年1月,国务院办公厅印发《国家突发事件应急体系建设"十三五"规划》(国办发〔2017〕2号),要求大力推动北斗导航系统在监测预警、应急救援等方面的应用。

---

① See Decision No 1104/2011/EU of the European Parliament and of the Council of 25 October 2011 on the rules for access to the public regulated service provided by the global navigation satellite system established under the Galileo programme, Official Journal of the European Union, L 287, at 1.

② See Council Decision 2014/496/CFSP of 22 July 2014 on aspects of the deployment, operation and use of the European Global Navigation Satellite System affecting the security of the European Union and repealing Joint Action 2004/552/CFSP, Official Journal of the European Union, L 219, at 53.

③ 与美国、俄罗斯和中国等国家相互之间签署的联合声明和备忘录不同,欧盟与与挪威、乌克兰和瑞士等国家签署一般是具有明确法律义务内容的合作协议,一般具有法律约束力。See EC, Reference documents, https://ec.europa.eu/growth/sectors/space/galileo/documents_en, last accessed 7 October 2020.

④ 中共中央、国务院、中央军委:对北斗三号全球卫星导航系统建成开通的贺电,2020年7月31日。

⑤ 陈丽平.卫星导航立法严重滞后 建设"法治北斗"刻不容缓[N].法制日报,2018-01-11。

除了上述由国务院办公厅出台的政策性文件,国务院各部门在卫星导航领域也迅速出台了若干工作文件,比如:2007年11月,国家发改委与原国防科工委联合发布《促进卫星应用产业发展的若干意见》(发改高技〔2007〕3057号),要求促进卫星导航产业规模化快速发展;2014年3月,原国家测绘地理信息局发布《关于北斗卫星导航系统推广应用的若干意见》(国测办发〔2014〕8号),要求加快北斗系统在民用领域的推广应用和产业化发展;2015年10月,国家发改委、财政部和国防科工局联合发布《国家民用空间基础设施中长期发展规划(2015—2025年)》(发改高技〔2015〕2429号),要求提高北斗系统地面应用服务能力,统筹部署北斗卫星导航地基增强系统和辅助定位系统,建立全国性、高精度的位置数据综合服务系统;2017年11月,交通运输部和装备发展部联合发布《北斗卫星导航系统交通运输行业应用专项规划》,推动北斗卫星导航系统在交通运输行业的应用。

为了宣传我国的北斗卫星导航系统,自2000年起的各版本《中国的航天》都将我国卫星导航定位作为重要的航天活动予以宣介。[①] 2016年6月,国务院新闻办公室专门发布了《中国北斗卫星导航系统》白皮书,对我国北斗系统的基本情况进行了详细介绍。需要注意的是,这些白皮书只是媒体宣传文件,并非法律意义上的政策或政策性文件。

(2)法律文件

目前,我国在卫星导航领域的立法滞后,尚未就卫星导航系统制定专门法律。一方面,我国仍为世界上少数几个欠缺航天基本法的航天大国之一;另一方面,尽管我国《卫星导航条例》自2016年被列入《国务院立法规划》,但为"(五)有关实施国家安全战略,维护国家安全的立法项目",立法优先性和紧迫性不高。另外,有关部门自2016年起一直在推动《卫星导航条例》的撰写工作,但整体进展缓慢,尚未正式进入国务院的立法程序。

在规章方面,原总参谋部于2014年颁布实施《中国人民解放军卫星导航应用管理规定》,专门规范我国军事卫星导航应用管理工作,对卫星导航应用的职责任务、规划计划、申请审批、应用组织、技术保障等方面做出了明确规定;[②]交通运输部、公安部和原国家安全生产监督管理总局于2014年联合颁布《道路运输车辆动态监督管理办法》(2016年修订),规定了道路运输车辆卫星定位系统平台的建设和通过该平台对车辆信息的监控,以及相关的法律责任。

(3)其他文件

鉴于在建设、运营和应用方面的技术复杂性,我国相关部门在卫星导航领域颁布了一系列的技术性文件,一方面表现为中国卫星导航系统管理办公室发布的北斗系统空间信号接口控制文件和地基增强服务接口控制文件等北斗系统相关的文件;[③]另一方面表现为交通运输部、原国家质量监督检验检疫总局、中国国家标准化管理委员会、全国北斗卫星导航标准化技术委员会等标准化组织发布的卫星导航相关技术、设备和产品的标准化文件。[④]

---

① 关于各版本的《中国的航天》白皮书,请参见国家航天局官方网站:http://www.cnsa.gov.cn/n6758824/n6758845/index.html,最后访问于2020年10月5日。

② 参见中国卫星导航定位应用管理中心官方网站:http://www.beidouchina.org.cn/bdzc/21.html,最后访问于2020年10月5日。

③ 参见中国卫星导航系统管理办公室官方网站:http://www.beidou.gov.cn/xt/gfxz/,最后访问于2020年10月5日。

④ 参见全国北斗卫星导航标准化技术委员会:《北斗卫星导航标准体系(1.0版)》,2015年11月,http://www.beidou.gov.cn/zt/bdbz/201710/W020171021460527989253.pdf,最后访问于2020年10月5日。

另外，中国卫星导航定位应用管理中心先后颁布了《北斗卫星导航产品质量检测机构能力要求(试行)》《北斗卫星导航产品质量检测机构审查办法》《北斗卫星导航民用服务资质管理规定》《北斗导航民用服务资质审查实施办法》和《北斗导航民用服务资质监督管理办法》等若干管理性文件。[1]

2.立法展望

纵观中国、美国、俄罗斯和欧盟卫星导航管理制度和法规体系，可以得出一个结论：中国卫星导航管理制度和法规体系的建设仍然处于初级阶段。一方面，中国的卫星导航管理体制机制尚不明确，各部门职责分工存在交叉重合，缺少军民协调机制；另一方面，中国的卫星导航法规体系尚未建立，目前仅以政策文件、技术文件和内部管理文件为主，欠缺最基本的法律、法规等具有较强约束力的法律文件。因此，借鉴美国、俄罗斯和欧盟在卫星导航法领域的经验，结合我国卫星导航系统的特点和实践，建议通过下述措施推动我国卫星导航法的发展。

(1)完善卫星导航管理制度

美国、俄罗斯和欧盟都建立起了完备的卫星导航管理制度。鉴于GPS和格洛纳斯系统均由军事部门建设和运营，但同时提供军民两种服务，美国和俄罗斯设立了军民协调机构，负责卫星导航相关职责部门的工作协调。欧盟结合伽利略系统的实践特点，在欧盟的框架下专门设立欧洲全球卫星导航系统局，履行伽利略系统及EGNOS的管理职责。这些国家和地区的卫星导航管理体系完备，各部门隶属关系明确，职责界限清晰。然而，我国卫星导航系统的监管体系信息不公开，也没有专门立法，各部门之间的隶属关系和职责划分比较模糊，导致资源浪费，给卫星导航产业的发展带来了一定的压力。因此，建议以我国卫星导航管理的现行架构为基础，借鉴美俄两国在卫星导航领域的军民协调机制，将系统建设、运营和应用的管理职责予以明确，并通过法律的形式予以规定下来。

(2)细化卫星导航国家政策

我国在卫星导航领域颁布了一系列的政策性文件，但仍有细化的空间。一方面，这些政策性文件一般只关注卫星导航发展的宏观领域，没有明确各相关部门的具体职责，可执行性欠缺；另一方面，这些政策大都没有专门针对卫星导航的建设、应用和发展，各政策文件之间没有形成体系性。因此，建议在国家层面分别颁布一般性的航天政策和具体的卫星导航政策，前者明确卫星导航系统在国家航天事业中的基本角色和发展方向和目标，后者细化卫星导航系统的发展路径和时间节点，尤其明确各部门之间的隶属关系和职责权限。另外，建议逐步削减国家色彩，增强商业化鼓励措施，提升政策信息的公开透明程度。

(3)加快卫星导航立法

无论是中国，还是美国、俄罗斯和欧盟等其他国家和地区，都是将卫星导航的建设和运营视为重大的航天活动来管理，卫星导航相关法律规定也是各国航天法的重要组成部分。然而，我国目前仍是少数几个欠缺航天基本法的航天大国之一。因此，建议加快推进我国航天立法进程，并将卫星导航作为航天基本法中的一个章节，确定卫星导航建设、运营、维护和应用等活动的基本法律原则和规范，并以卫星导航领域的专门立法作为实施细则。自2016年被列入国

---

[1] 参见中国卫星导航定位应用管理中心官方网站：http://www.beidouchina.org.cn/qwfb.html，最后访问于2020年10月5日。

务院立法计划至今,《卫星导航条例》的立法工作虽有推进,但整体进展缓慢。为了早日将我国卫星导航活动纳入法治化进程,有必要协调各相关部门关系和立法态度,加速推进立法进程。

(4) 实现卫星导航政策与法律的有效对接

我国需要将卫星导航政策有效转换为法律法规,由过去行政调节为主转向法律调节为主,按照卫星导航法律体系的理论构成,逐步建成符合我国实践需要的卫星导航法律体系。该法律体系应当以航天基本法中关于卫星导航系统的规定为基础,明确卫星导航法律的立法目标,将立法目标贯穿于整体的法律体系构建。该法律体系应兼顾公法和私法,重点完善卫星导航系统建设相关的法律法规,并根据北斗系统和北斗增强系统的建设顺序,区分阶段性立法重点,并就卫星导航系统的责任问题做出专门规定。另外,隐私权保护等问题可以通过修订或解释侵权法、行政诉讼法等部门法律条文予以完善。

第8章 卫星遥感规则

外空法的发展历来是与空间科学技术的发展密切相关的,联合国《关于从外层空间遥感地球的原则》(1986)①(本章简称《遥感原则》)的出台,正是顺应了卫星遥感技术的发展,其目的在于解决卫星遥感活动中出现的各类法律问题。国家层面的遥感政策和法规是一国发展和管理卫星遥感的方针与准则,国家遥感立法对于一国卫星遥感系统的建设、应用、产业化的发展也至关重要。本章设三节内容对卫星遥感的定义和特征、国际和国家法律规则进行介绍。

8.1 卫星遥感相关概念

8.1.1 卫星遥感的定义

明确卫星遥感的定义对于相关法律政策的研究和制定起着关键性作用。有许多学者和技术专家曾尝试着对卫星遥感进行定义,虽然各自的侧重点不同,但都为后来官方定义的出台提供了有价值的参考。其中具有代表性的技术方面定义有以下3个:①卫星遥感是为了获得特定物体或现象的信息,并且搜集信息的设备不与被观测的物体发生直接接触的一种方式;②②卫星遥感是一个系统的、经由环绕地球轨道上的电磁传感器,可以用来测量地球表面数千米内的环境条件;③③卫星遥感是一组系统方法,经由外空运载平台上的观测,对地球表面的物体、地表以及其上下的现象进行观测,从而达到确认其性质或状态的目的。④

联合国外层空间委员会科技小组委员会遥感工作组于1973年对卫星遥感做出了如下定义:"卫星遥感是指从空间平台依靠电磁波的辐射和反射进行观察和探测,用以判断和定位地球的自然资源所在位置、面貌和现象及其环境状况的一种方法"。⑤ 在国际法学界,也有学者尝试对卫星遥感作出定义,具有代表性的定义有以下几个:①卫星遥感是一门方法学,是经由

---

① 经联合国大会在其1986年12月3日第41/65号决议中通过。
② ZISSIS.The Development of Remote-Sensing of Earth Resources[J].Remote Sensing of Earth Resources,1992(89):78-85.
③ 1971年联合国地球资源调查遥感系统讨论小组(The United Nations Panel on Remote Sensing System for Earth Resources Surveys)提出。
④ 1971年联合国遥感研究发展计划小组(The United Nations Panel on the Establishment and Implementation of Research Programs in Remote Sensing)提出。
⑤ 联合国文件:A/AC.105/111,第2页,1973年2月14日。

外空平台上的观察和测量,可协助表明地表及其上下现象的性质或状态,目前,此种遥感方法依赖电磁辐射的发射与反射;②卫星遥感是指对特定物或现象有关信息的获取,而信息搜集设施与被感测物体并无接触;③卫星遥感是指经由安装于外空中快速移动的飞行器上的感应器收集地球上相关物体、材料及状况资料,并处理这些资料以供进行定性研究、定量研究或绘图之用。①

以上无论是技术界还是法律界提出的定义,虽然存在差异,但是在以下两个方面是大体一致的:①卫星遥感是对地球表面的观测,这种观测不会与被观测的物体发生直接的物理接触,观测的位置是处于卫星所在的外层空间,而不是从空气空间对地球的观测;②对数据的搜集、分析、储存、增值和分发是整个卫星遥感过程的内在组成部分。

1986年,联合国通过的《遥感原则》原则一对"遥感"所下的定义的措辞简明扼要,即"遥感一词是指为了改进自然资源管理、土地利用和环境保护的目标,利用被感物体所发射、反射或衍射的电磁波的性质从空间感测地球表面"。该定义把从外层空间遥感地球的主要方面都概括在内,是目前为止最为权威的定义,它把航空遥感排除在外,也把军事空间遥感排除在外,同时把环境保护包括在内,这对于维护全人类的共同利益是非常有必要的。② 除了对"遥感"进行定义之外,原则一还对遥感系统涉及的"原始数据"③"处理过的数据"④"分析过的数据"⑤以及"遥感活动"⑥一词均进行了定义。

8.1.2　卫星遥感的特征

从技术方面来看,卫星遥感是指在人造卫星上装载科学仪器,借助电子扫描、光学摄影、信息感应、传输和处理,从遥远的外层空间来实现对地球的观测与监控。卫星遥感具有大面积的、宏观探测的特点,通过卫星绕地球的重复周期性观察,可以获取不断更新的遥感数据。一般来说,可以根据信息源的不同而将遥感分为主动和被动两种类型。主动的卫星遥感也被称为有源遥感,其原理是先通过把人为产生的电磁辐射源传递给目标物体,然后再接收由目标物反射的电磁波;被动的卫星遥感也被称为无源遥感,是指直接接收物体自然发射出的电磁辐射,例如太阳、宇宙射线以及物体自身的红外辐射。

卫星遥感数据获得的原理是利用所有物体所特有的超过绝对零度以上温度所造成的电磁光谱特征,通过可见光、红外线和微波等遥感方式实现对遥感目标的信息数据进行收集。⑦ 通过可见光遥感器的工作,实际上就是卫星发射器对来自地球的太阳光线进行反应从而完成对目标物的信息收集工作;而红外线遥感器的工作则是通过地球表面的热能来实现信息的收集;微波遥感器则是通过地球本身的射线或通过安装在卫星上对地球射线的雷达和激光源反射信号来进行信息收集。光学观测在可以接受的空间范围内能够给出最为真实的彩色图像,而红

---

① VERSCHOOR D I H. An Introduction to Space Law[M]. Kluwer Law International,1993:63.
② 贺其治.外层空间法[M].青岛:青岛出版社,1992:170.
③ "原始数据"一词是指空间物体所载遥感器取得的并从空间以遥测方式用电磁信号播送或以照相胶卷、磁带或任何其他手段传送到地面的粗泛数据。
④ "处理过的数据"一词是指为了能利用原始数据而对这种数据进行处理所得到的产物。
⑤ "分析过的资料"一词是指对处理过的数据和从其他来源获得的数据和知识进行解释所得到的资料。
⑥ "遥感活动"等词是指遥感空间系统、原始数据收集和储存站的操作,以及处理、解释和传播处理过的数据的活动。
⑦ 裴浩.卫星遥感技术的应用与发展[J].航天器工程,2008(6).

外线遥感使得在黑暗情况下对地球表面的观察成为可能。①

遥感卫星传感器获取的图像和数据,需要经过一系列加工处理才能够得到有价值的遥感数据产品。② 卫星遥感系统主要由卫星、遥感器、数据的处理(接收、处理、分析)以及数据的应用这些主要环节组成,随着最新研发的遥感卫星高频率发射进入外空、卫星传感器不断更新升级以及与数字地球相关技术之间的融合,遥感的应用领域得到了很大的拓展。③ 到目前为止,卫星遥感技术已应用于众多的民用领域,主要包括土地资源调查、陆地水资源调查、植被资源调查、石油矿产资源调查、地质测绘、海洋勘察、环境监测、气象预报、考古调查、灾难预测以及城市规划管理等。④

8.2 卫星遥感的国际法律制度

随着20世纪70年代卫星遥感技术的快速发展,国际社会急需一套专门的国际卫星遥感法律原则以及规章制度来适应解决各国从事卫星遥感活动时所产生的新问题。⑤ 到目前为止,并没有一个专门关于卫星遥感的国际条约,卫星遥感活动中产生的法律问题是在联合国现存的外空法框架内进行解决的,并以《外空条约》⑥为其最基本的国际法依据。联合国通过的《遥感原则》是第一个专门关于卫星遥感活动规范的国际法律文件,虽然该决议不具有国际法上的约束力,但这一决议被多数学者认为是关于卫星遥感的实践惯例,其中很多规则已经被国际社会普遍遵守。⑦ 事实上,《外空条约》所确立的"自由探索和利用外空原则"就已经确立了对地球进行卫星遥感活动的合法性,联合国《遥感原则》对其进行了重新强调,并在此基础上建立了一套具体的国际遥感规则。

8.2.1 联合国《遥感原则》的形成

1.形成过程

1969年12月16日,联合国大会首次就卫星遥感问题通过决议,要求外空委研究在卫星遥感方面进行国际合作的可能性。1971年,外空委科技小组委员会设立了卫星遥感地球工作组,其任务是在考虑国家主权和《外空条约》相关规定的条件下,研究卫星遥感的适当利用问题。

---

① 尹玉海.国际空间法论[M].北京:中国法制出版社,2006:95.
② 卫星遥感数据的处理主要包括以下几个步骤:①数据最初的处理;②遥感影像的几何精校订;③合成假彩色遥感影像;④假彩色遥感影像的进一步处理.
③ 李健全.中国民用遥感卫星[J].航天返回与遥感,2003,24(2):1-4.
④ 李寿平,赵云.外层空间法专论[M].北京:光明日报出版社,2009:128.
⑤ 贺其治.外层空间法[M].北京:法律出版社,1994:20-21.
⑥ 《关于各国探索和利用外层空间包括月球与其他天体活动所应遵守原则的条约》(大会第2222(XXI)号决议,附件)1966年12月19日通过,1967年1月27日开放供签署,1967年10月10日生效.
⑦ 外空法学家Christol认为这一决议正式批准了国家在外空利用遥感卫星进行信息搜集活动,使得遥感原则逐渐成为国际习惯法. CHRISTOL C Q. The 1986 Remote Sensing Principles: Emerging or Existing Law[J]. Proceedings of the Thirtieth Colloquium on the Law of Outer Space,1987:134-138.

卫星遥感工作组与联合国秘书处开展合作，于1973年提出了关于遥感问题的《背景文件》。[①] 在该文件编制过程中，科技问题未引起重大争论，但法律问题发生严重分歧。1974年5月，外空委法律小组委员会第十三届会议根据1973年联大关于要求其专门审议有关法律问题的决议，开始将遥感问题列入议程，进行了一般性讨论，并在1975年2月第14届会议上设立遥感工作组，就有关法律问题进行详细讨论，以期制定关于卫星遥感地球的法律原则。

在1968年的联合国外空委会议上，卫星遥感问题开始被提上审议日程，[②]直到1986年才正式通过《遥感原则》。在此期间很多成员国提交了各自的提案，在解读《遥感原则》的正式文本之前，有必要了解起草过程中各国的立场、出现的分歧以及在每一阶段是如何达成统一意见的。根据谈判过程中讨论的重点，这些提案的主要内容可以划分为以下三点：①进行卫星遥感活动的条件；②获得和分发遥感数据的条件；③从事遥感活动而产生的国际责任。下文将以如下提案为主线，对《遥感原则》的起草历史进行回顾：①1970年阿根廷提案[③]；②1974年苏联-法国联合草案[④]；③)1974年阿根廷-巴西联合草案[⑤]；④1975年美国提案[⑥]；⑤1981年墨西哥提案[⑦]；⑥1982年巴西提案[⑧]；⑦)1984年法国提案[⑨]；⑧1985年奥地利提案[⑩]。

1970年，阿根廷提案是《遥感原则》起草的开端，该提案主张遥感国对被感国进行遥感之前要征得被感国的同意。因为联合国相关决议规定一国对其自然资源享有主权，由此阿根廷主张一国对其自然资源的相关信息也应享有主权。[⑪] 1974年，苏联和法国提出了一份联合提案，该提案仍然主张卫星遥感活动需取得被感国的事先同意，遥感活动的合法性限于遥感国本土以及无任何国家管辖的范围。此提案还首次提及了限制遥感数据的分发，此提案把遥感数据分为两种类型，一种是分辨率大于50 m的"全球性"数据，此类数据不会受到分发的限制；另一种是分辨率小于50 m的"本地性"数据，这类数据的分发将会受到严格的控制。[⑫] 此外，与其他提案不同是，这份提案还规定，在发生自然灾害或者是对环境有害的情形下，遥感国可以在没有获得被感国同意的情况下，向其他国家分发与灾害相关的遥感数据。[⑬]

1974年，阿根廷-巴西联合提案也再次强调，进行遥感活动应征得被感国的事先同意。由于此提案对遥感活动的限制过于严格，因此受到了具有空间能力的国家特别是美国的强烈反

---

① 联合国文件：A/AC.105/118，1973年6月12日。全称为，Background paper by the secretary-General assessing united Nations documents and other pertinent data related to the subject of remote sensing of the earth by satellites.
② 1969年12月16日联合国大会首次就卫星遥感问题通过决议，要求外空委员会研究在卫星遥感方面进行国际合作的可能性。
③ 联合国文件：A/AC.105/C.2/L.73,26(1970).
④ 联合国文件：A/AC.105/C.2/L.99(1974).
⑤ 联合国文件：A/AC.1/1047,Oct 15,1974.
⑥ 联合国文件：A/AC.105/C.2/L.103(1975).
⑦ 联合国文件：A/AC.105/288(1981).
⑧ 联合国文件：WG/RS(1982)/WP.11(1982).
⑨ 联合国文件：A/AC.105/C.2/L.144(1984).
⑩ 联合国文件：A/AC.105/L.105/L.158(1985).
⑪ 联合国大会决议，Resolution 1803 (XVII) on Permanent Sovereignty over Natural Resources, 14 December 1962, and Resolution 3171 (XXVIII) on Permanent Sovereignty over Natural Resources adopted by the UN General Assembly at its 28th session in 1973.
⑫ 联合国文件：A/AC.105/195(1977).
⑬ Sub-Section 5(c) of the Joint USSR-France Draft on Remote Sensing.

对。美国一直坚持空间遥感自由的立场,坚持"开放天空政策"[①],并且意识到卫星遥感数据有着潜在的商业用途。[②] 美国在其向联合国提交的关于遥感活动的工作报告中避开了国家主权问题,转而重点陈述遥感数据的应用将会有助于环境保护,以及促进国家对其自然资源进行更加有效的管理。[③]

美国从法律、技术、可操作性等角度指出了以上提案不符合《外空条约》的原因,并主张遥感活动的合法性应该由遥感设备所在的位置而不是被感目标的位置决定。[④]与美国相反,当时的苏联特别反对遥感数据的自由分发以及遥感数据的市场化。1974年的苏联-法国提案促成了《关于地球遥感数据的转让和使用的莫斯科公约》(以下简称《莫斯科公约》)于1978年获得通过。[⑤] 该公约详细规定了遥感数据分发的规则,也可以被理解为第一个国家间成文的遥感数据文件。这一公约的出台标志着关于遥感活动法律问题的争论从"遥感自由"转移到"对遥感数据的限制和管理"。《莫斯科公约》通过后的一段时间内,苏联还主张,当遥感数据对于他国造成严重损害的时候,遥感国应当对其承担国际责任。[⑥]

《莫斯科公约》的签署国只有最初的几个社会主义国家,[⑦]随着社会主义阵营在20世纪90年代初的瓦解,东欧集团国家(包括大多数公约缔约国)此后加入了西方的阵营,该公约自然受到了遗弃,从未成为一个国际社会公认的立法。如今,当初主张严格限制遥感活动的国家也已经变成了拥有遥感能力的空间国家。由于《莫斯科公约》并没有解决达成统一遥感原则所涉及的基本问题,因此,1976—1981年期间关于遥感原则的起草没有取得任何进展,国家主权原则与事前同意原则仍然是有待解决的问题。

1976年11月,联大决议要求法律小组委员会在已有的基础上优先审议遥感问题,着重起草有关法律原则。1977年,法律小组委员会经过审议后除接受已拟定的5条原则外,另增添了6条原则。1978年,法律小组委员会继续审议未取得协议的问题,但未获得进展,会议的争论非常激烈,并决定将未达成协议的5个问题拟成条文后全部加上括号,列为原则草案的第13~17条,另对本原则所采用的术语进行定义,列为第1条,全文共增为17条。从1979—1983年,法律小组委员会一直围绕上述17条原则进行审议。[⑧]

1981年,墨西哥提案的出台,[⑨]恢复了卫星遥感原则起草的建设性讨论。该提案主张数据的"优先获得",以及用"事前通知"代替了之前的"事前同意","通知"就意味着遥感国只有通知的义务,被感国针对他国的遥感活动并没有否决权。该提案还要求遥感国提供遥感活动过程的主要信息,并禁止未经同意的数据分发。这一提案意味草案起草过程中的争论已经由数据的限制和管理转向了数据的获取与传播。

---

① Open Skies Policy.
② HAYWARD C M. Remote Sensing: Terrestrial Laws for Celestial Activities[J]. Boston University International Law Journal,1989(8):174.
③ 联合国文件:A/AC.105/C.2/L.103(1975).
④ See HAYWARD C M. Remote Sensing: Terrestrial Laws for Celestial Activities, 8 Boston University International Law Journal,1989:174.
⑤ 联合国文件:A/33/162,29 June,1978.
⑥ BRIGHAM A L.Natural Resources:View from Above[J].Journal of Air Law and Commerce,1989(55-2):529.
⑦ 该公约的签署国有古巴、捷克斯洛伐克、德国、匈牙利、蒙古、波兰、罗马尼亚、苏联。
⑧ 联合国文件:A/AC.105/305,附件一,第13页,1982年2月24日。
⑨ 联合国文件:A/AC.105/288(1981).

1982年，巴西提案对关键性的自由分发遥感数据的问题作了一定的限制，但强调被感国有权获得有关其领土的遥感数据，从而打破了起草谈判的僵局。① 对于被感国"优先获取遥感数据"这一焦点问题，巴西提案表明："相对于第三国，被感国应当在及时且不受歧视的情况下获取遥感国收集的被感国管辖范围内的原始遥感数据。"此外，巴西提案还表明，遥感国应对因其数据散发而造成的被感国利益受损承担国际责任。无论是社会主义国家还是发展中国家都支持巴西的这一提案，但是美国等拥有遥感技术的国家却很难同意，因为通过这一提案意味着遥感国需要对本国私人实体进行的遥感活动承担国际责任，特别是遥感过程中由于数据分发而导致的对他国造成损害的赔偿责任。

　　1984年，法国在一些西方国家的支持下出台了另外一个工作文件，删除了有着较大争议的自由散发遥感数据和资料问题，并规定遥感国仅对卫星在进行遥感活动的过程中对别国造成的损害承担国家责任。② 为了协调各国的分歧，奥地利于1985年提出了一个折中性的文件。③ 外空委法律小组委员会在1986年会议上经过多轮讨论之后，最终接受了奥地利的这一方案，经由外空委提交联合国大会。《遥感原则》最终于1986年12月3日通过，④从而结束了长达15年的争议。⑤ 这一套原则基本上是两种不同主张之间的一个妥协性方案，整个原则共15条，一律没有标题。

　　回顾整个起草过程可以看出，以美国为代表的遥感国是这场关于卫星遥感法律问题论战最大受益方，联合国最终通过的《遥感原则》清晰地反映了没有遥感技术的发展中国家很大程度的妥协。在发展中国家提出的提案中，关于被感国权利和遥感国义务的内容都没有在最后的文本中得到明确的体现。例如，发展中国家主张的事先同意原则、优先获得数据原则、数据分发限制政策以及数据散发造成的赔偿责任都没有最终得到落实，取而代之的是一些模糊性的原则规定。⑥ 最后原则文本没有涉及遥感国具体的义务，仅仅是重新强调了国际法上普遍存在的一些原则。虽然《遥感原则》最后获得了通过，一些国家特别是发展中国家对最后的结果仍然不满意。例如，2003年拉丁美洲国家提议制定一套更加具体的遥感国际规则，阿根廷、巴西、墨西哥向联合国外空委提交了一项新的日程安排提议，要求把制定一份卫星遥感国际公约提上议事日程，⑦但这些提议仍然没有取得实质性进展。

2.适用范围

　　从《遥感原则》第1条对于"遥感"的定义中可以看出，该联合国决议仅适用于民用遥感中的少数几个领域，即自然资源管理、土地利用和环境保护，⑧从而推断这一原则并不适用于外空军事活动，即排除了适用于卫星用于侦察和情报的遥感活动。但是对于《遥感原则》是否适用于军民两用的遥感卫星（例如全球环境和安全监测卫星GMES）仍然没有定论。此外，根据

---

① 联合国文件：A/AC.105/305,附件一,第20页。
② 联合国文件：A/AC.105/C.2/L.144(1984).
③ 联合国文件：A/AC.105/L.105/L.158(1985).
④ 联大决议：41/65(1986).
⑤ 贺其治.外层空间法[M].青岛：青岛出版社,1992:163.
⑥ 例如《遥感原则》第4条提到的"不得损及被感国的合法权利和利益"，第12条"被感国可在不受歧视的基础上依照合理费用条件取得这些数据"，第14条"操作遥感卫星的国家应对其活动承担国际责任"等模糊性原则规定。
⑦ 联合国文件：A/AC.105/C2/L.244(2003), Why is an international convention on remote sensing of the Earth from outer space necessary?
⑧ 《遥感原则》第1条(a)。

该决议的内容也难以判断此原则是否同样适用于商业遥感活动。

《遥感原则》对"遥感活动"涉及的环节也进行了列举,主要包括:①遥感空间系统的操作;②原始数据的收集和储存站的操作;③数据的处理;④数据的解释;⑤传播处理过的数据。① 虽然《遥感原则》适用于数据的处理以及分发环节,但是并不适用于用户对遥感数据资料的使用过程。需要指出的是,以上遥感活动只有第一个环节发生在外层空间,其余都发生在地球表面。然而《遥感原则》对于分别发生于外空和地球的数据相关活动并没有进行区分,一国只要参与了以上遥感活动的任意一个环节,《遥感原则》都对其适用,即从事遥感活动的国家不仅包括发射和经营遥感卫星的国家,也包括建立地面站以接收、处理和存储遥感数据的国家。尽管遥感数据的搜集活动发生在外层空间,国际社会还应该意识到遥感数据在地表也得到了广泛的应用,最终转换成对人类有价值的数据产品,所以对于此类数据资料的传播和使用也应该成为接下来的遥感法律制度应该重点规范的部分。

《遥感原则》对于私人实体从事遥感活动的监督管理的相关规定并没有新的内容,只是重复了《外空条约》的相关规定,在原则14中提到:"根据《外空条约》第6条,国家对其遥感活动承担国际责任,无论此类活动是由政府实体还是私人实体进行的……"这意味着私人实体的遥感活动受到其管辖国的管制,但是该决议并没有规定如何对非政府实体从事卫星遥感活动进行授权和监督。

3.国家主权

《遥感原则》起草过程中的分歧主要出现在拥有遥感能力的发达国家与缺乏遥感技术的发展中国家之间:②①以美、日及一些西方国家为代表,这些国家坚持认为信息的自由获得与传播是一项基本人权,主张遥感国无须经被感国的同意即可进行无限制的遥感,并且可对遥感数据和信息进行自由散发;②以苏联为首的社会主义阵营国家则认为,国家不仅对其自然资源享有主权,其自然资源的相关信息也属于国家主权管辖的范围,主张对一国领土进行遥感必须经过其事先同意,被感国应享有优先获取对其领土进行遥感所得的原始和经过分析以后的遥感数据,此外,被感国还拥有控制这些数据向第三方进行散发的权利。③

1978年,法律小组委员会针对以上分歧拟定的原则草案采取了折中的措辞,在有关的条文中,不提"事先同意"字样,只提在不损害《外空条约》规定的自由探索和利用外空的原则的条件下,遥感地球应尊重一切国家对其自然资源享有充分主权的原则。但一些西方国家仍不同意,要求删去这一原则;另一些西方国家则要求加上"并适当考虑其他国家及其自然人和法人按照国际法所拥有的权利和利益";而发展中国家和苏联等国则要求加上尊重各国对"处理其自然资源和有关这些资源的资料的不可剥夺的权利"。这一分歧和下文提到的关于散发有关自然资源的争论有密切的联系。

4.对数据和资料的限制散发问题

关于遥感数据和资料的散发问题是联合国外空委讨论过程中最尖锐的一个问题。以美国为首的一些西方国家反对对遥感数据的散发加以限制。它们认为各国在平等基础上自由取得遥感数据是国际法所许可的,并着重基于当前的实际应用情况和技术理由,来阐述自由散发的

---

① 《遥感原则》第1条(e)。
② HAYWARD C M. Remote Sensing: Terrestrial Laws for Celestial Activities[J]. Boston University International Law Journal,1989(8):170.
③ GOROVE S. Developments in Space Law[M]. Dordrecht: Martinus Nijhoff Publishers,1991:295.

必要性。美国代表称,许多国家已从美国或其本国所建立的接收站获得了本国领土以外的地球自然资源和环境的数据。如果加以限制,这些数据将被美国一国所垄断。从技术上看,卫星遥感范围必然要跨越各国国界,要求将成百万张的图片,按照国界截成小块,在技术上和经济上都是不可取的和不必要的。另外,根据联合国有关人权的文件及美国关于新闻自由的法令,美国政府不可能禁止其公民接受从美国空间计划获得的数据和资料。

发展中国家对于美国等西方国家的立场表示反对,认为应该严格限制散发,因为出于卫星遥感地球活动的制度,应该尊重国家主权原则,尤其是国家对其自然资源的主权原则,所以受感国有权监督对本国自然资源的遥感资料和数据的散发,在任何第三方之前应及时和不受歧视地获得有关其领土的原始数据和分析过的资料。例如,墨西哥指出,实行遥感地球的国家未经被感国的同意,不得传播后者自然资源的资料或相关结论。

1977年,苏联在其原来主张的基础上,提出按照地面分辨率将遥感数据分为全球性、区域性和地方性3类。凡地面分辨率在50 m以内者为地方性数据,这类数据涉及防务和经济潜力等重大利益,须经有关国家部门许可后才可提供,而全球性和区域性两类数据则可以自由散发。在外空科技小组委员会审议中,许多国家对于这种分类的必要性以及分类的标准和方法表示异议。法国则主张分辨率在10 m以内的数据加以限制。

从整个起草谈判的发展过程来看,在最初一个时期,第三世界国家从维护国家主权出发,曾竭力主张从事卫星遥感活动必须取得被感国的事先同意。但在谈判后期,除少数情况下继续提到这一问题外,争论重点主要集中在对卫星遥感数据和资料的散发是否须加以限制的问题上。近年来,争论重点有了新的发展,关于被感国应优先和以低廉费用取得有关领土的数据和资料的问题获得了更多和更广泛的重视和讨论。

8.2.2 联合国《遥感原则》的主要内容

《遥感原则》初步建立了基本的遥感活动国际规范框架,主要涉及数据的搜集和获取、遥感活动国际合作以及遥感国国际责任等问题。以下将《遥感原则》分为创新和传统两类原则进行解读和介绍。

1. 创新原则

《遥感原则》的创新之处在于明确规定了数据搜集的基本原则,但仅限于遥感国分发数据和被感国获取数据环节。创新原则体现在如下三个方面:①外空进行遥感的自由;②尊重被感国的权利和利益;③数据获取和分发规则。

《遥感原则》第4条,可以说是该决议的核心条款,此原则规定"进行遥感活动应遵守《外空条约》第1条所载的原则[1]……"。[2] 这一原则意味着所有国家有权在外空从事遥感活动,而且此类活动也应遵循《外空条约》确立的自由探索和利用外空原则。该条原则主要发挥了协调各

---

[1] 《外空条约》第1条第2款规定:"在平等和不受歧视的基础上,所有国家可以根据国际法自由探索和利用外层空间(包括月球和其他天体),自由进入天体的一切区域。"

[2] 《遥感原则》第4条:"进行遥感活动应遵守关于各国探索和利用包括月球和其他天体在内外层空间活动的原则条约第一条所载的原则,该条特别规定探索和利用外层空间应为所有国家谋福利和利益,而不论其经济或科学发展程度如何,并订明在平等基础上自由探索和利用外层空间的原则。进行这些活动时应尊重所有国家和人民对其财富和自然资源享有完全和永久主权的原则,同时应适当顾及其他国家及其管辖下的实体依照国际法享有的权利和利益。这种活动的进行不得损及被感测国家的合法权利和利益。"

国利益的功能,达到了平衡两种不同利益的效果。该原则再次强调了开展遥感活动的精神应与《外空条约》的规范相符合,即对外空的探测与使用均要以所有国家的福祉与利益为宗旨,而不论各国其在经济或科学方面的发展程度如何。该原则还援用了《外空条约》第1条的外空自由原则,以适应西方国家要求的自由与平等。该原则之所以在一定程度上发挥了协调功用,是因为其规定遥感活动不得以对被感国的法律权利与利益有所损害的方式开展。

《遥感原则》第4条,进一步概括规定了应当尊重一国对其自然资源和财富所享有的权利。① 在《遥感原则》起草过程中,发展中国家主张国家对其自然资源理应享有永久和充分的主权,对处理其自然资源和有关这些资源的资料享有不可剥夺的权利。但是原则4的这一规定显得非常模糊,并没有提及发展中国家对其自然资源资料享有的权利,被感国的这一关键性诉求没有得到体现。②

《遥感原则》第4条,最后提到"遥感活动的进行不得损及被感国的合法权利和利益",这里的"遥感活动"指的是原则1提到的几个阶段性活动,③并没有明确遥感数据在最终投入应用的过程中,被感国的合法权益是否仍然受到保障。④ 现实中,被感国的合法权益最容易受到遥感数据不当应用的侵害。由于《遥感原则》并没有规定遥感国或第三国应当为其滥用数据而承担国际责任,也没有明确被感国拥有支配本国自然资源数据的权利,所以被感国不能通过此原则来减轻或防止因遥感数据的滥用而对本国造成的损害。

从区分遥感国和被感国权利和义务的角度出发,原则第12条规定了国家层面数据获取和分发的原则。⑤ ①从该原则可以看出,遥感国在对数据进行分发前也无须征得被感国的同意,相应地,被感国也没有针对数据分发的否决权。从理论上来说,被感国不能够禁止第三国接收包含被感国领土信息的数据,也不能限制遥感国散发数据的类型(例如分辨率类型)。②这里的"合理费用"一词也显得过于模糊,导致其有着不同的可能解释,既可理解为合理的成本价格,也可以是合理的市场价格。③此规定意味着遥感国有义务在同等条件下把数据提供给被感国,但被感国和第三国获取数据的条件没有任何区别,被感国对于其本国的遥感数据并不享有任何类型的优惠⑥,此原则也不能作为国家出于公益目的而自由获取数据的依据。⑦

相比之下,《遥感原则》第10条和第11条出于区分数据的不同用途,对数据获取进行了规定。⑧《遥感原则》第10条规定遥感活动应促进地球自然环境的保护。在所有参与遥感活动

---

① 《遥感原则》第4条规定:"进行遥感活动时应尊重所有国家和人民对其财富和自然资源享有永久和完全主权的原则……"
② HAYWARD C M.Remote Sensing: Terrestrial Laws for Celestial Activities[J].Boston University International Law Journal,1989(8):176.
③ 即遥感空间系统、原始数据收集和存储站的操作,以及处理解释和传播处理过的数据的活动。
④ CATALANO S G.Prevention and Management of Natural Disasters,Outlook on Space Law over the next 30 years[M].Kluwer Law International,1997:299.
⑤ 联合国《遥感原则》第12条规定:"有关被感国管辖下领土的原始数据和处理过的数据一经制就,该国即得在不受歧视的基础上依照合理费用取得这些数据。被感国可以按照同样的基础和条件取得任何参与遥感活动的国家所拥有的关于其管辖下领土的分析过的数据,并应当特别考虑到发展中国家的需要和利益。"
⑥ 主要是指在数据获取的时间和价格方面。
⑦ 例如国家出于救灾、环境保护的目的。
⑧ 《遥感原则》第10条规定:"遥感应促进地球自然环境的保护。为此目的,参加遥感活动并确定其拥有的资料能防止有害于地球自然环境的任何现象的国家应将此类资料提供给有关国家。"第11条规定:"遥感应促进保护人类免受自然灾害侵袭。为此目的,参加遥感活动并确定其拥有的处理过的数据和分析过的资料对受到自然灾害侵袭或很可能受到即将发生的自然灾害侵袭的国家也许有助益的国家,应尽快将这种数据和资料送交有关国家。"

的国家中,当某国在其所拥有的信息内发现有可以避免地球自然环境灾害的确定信息时,此国家应提供相关资料给相关国家。《遥感原则》第11条规定遥感应增进人类免于自然灾害的侵袭,这是延续第10条原则揭露自然环境灾害信息的义务。该条要求资料及信息拥有国应尽其可能,迅速通知相关国家有关该国可能受影响的自然灾害的确定资料或信息。这条《遥感原则》第11条和12条涉及同一类性质的问题,要求参加遥感的国家遵守国际上普遍接受的行为准则,这些准则已在世界气象组织的有关文件中得到了明确。综上所述,这两个原则分别强调了遥感活动的两个目的,即促进地球自然环境的保护以及促进保护人类免受自然灾害的侵袭。为了实现这两个目的,遥感国应尽快把相关的数据资料分发给有关国家。

2. 传统原则

《遥感原则》余下的内容结合了遥感活动的具体情况,对已在《外空条约》中确立的基本原则进行了重申,下文将重点介绍国际合作与国际责任这两大主题。

从决议文本可以看出,加强国际合作是一大主题,《遥感原则》第5和《遥感原则》第13条的共同目标就是促进遥感活动的国际合作。① 《遥感原则》第5第规定、"进行遥感活动的国家应促进遥感活动方面的国际合作。为此目的,它们应向其他国家提供参与其事的机会。每项这种参与都应基于公平和彼此接受的条件。"这条规定在《遥感原则》第8条中得到了进一步的阐述,② 即"联合国和联合国系统内有关机构应促进遥感方面的国际合作,包括技术援助和协调。"《遥感原则》第8条主要是责成联合国及其所属机构负有促进遥感活动国际合作的责任。各国对此曾提出各种建议,如要求在联合国范围内建立储存和散发遥感数据和资料的中心,等等。在联合国每年的空间应用方案中,对培训遥感技术人员和推广遥感技术等方面也做了大量工作。

《遥感原则》第13条规定:"为了促进和加强国际合作,特别是考虑到发展中国家的需要,从外层空间遥感地球的国家经请求应当同领土被感国进行协商,以提供参与机会和增进双方由此得到的惠益。"此原则内容就发展中国家而言,属于明显的让步。自早期遥感国因国家主权观念得有被感国的事先同意观念,演变为由被感国先行提出协商要求,对遥感国而言是非常有利的。其转变的原因可能是卫星遥感活动已经长期运行,并未遭致强烈的反对,或国际法庭判例上有足够被感国援引为事先同意的判例。更主要的是,经由多年的卫星遥感活动实践经验,被感国(特别是发展中国家)经由国际合作自遥感国(多属西方发达国家)所获得的经济利益,如外空技术的转移、地面工作站设施的建立等。

《遥感原则》第第6条和第8条分别提供了促进国际合作的指导。《遥感原则》第6条鼓励各国通过协定或其他安排,设立和操作数据收集和储存站以及处理和解释设施。③《遥感原则》主要是依据第5条国际合作的建议,鼓励各国依据协议或商定,提供遥感活动各项设施的建构与操作,如资料收集、储存、处理和解释等设施。实践证明,在这方面做出区域性安排,如亚太地区的遥感合作安排,是行之有效的措施。《遥感原则》第7条鼓励遥感国向感兴趣的国

---

① 《遥感原则》第5条规定:"进行遥感活动的国家应当促进遥感活动方面的国际合作。为了实现这一目的,他们应当向其他国家提供参与其事的机会。"
② 《遥感原则》第8条规定:"联合国和联合国系统内有关机构应促进遥感方面的国际合作,包括技术援助和协调。"
③ 《遥感原则》第6条规定:"为使遥感活动所带来的惠益在最大范围内得到享用,应通过协定或其他安排,鼓励各国设立和操作数据收集和储存站以及处理和解释设施,尤其是可行时在区域协定或安排的范围内进行。"

家提供技术支持。①《遥感原则》第7条主要涉及技术支援的可得性。该原则规定参加遥感活动的国家应按照彼此同意的条件向其他有兴趣的国家提供技术援助。所谓参加遥感活动的国家包括两类国家：一是发达国家，二是设有地面接收站的发展中国家。这两类国家都可以向其他发展中国家提供有关的技术援助。《遥感原则》第8条则强调了联合国有关机构应当促进遥感方面的国际合作，包括技术援助和协调。② 该原则主要是责成联合国及其所属机构负有促进遥感活动国际合作的责任。各国对此曾提出各种建议，如要求在联合国范围内建立储存和散发遥感数据和资料的中心等等。本原则的一般性措词是符合联合国目前所起的作用的。《遥感原则》第9条是关于遥感活动透明度的规定，要求从事遥感计划的国家按照《登记公约》第4条和《外空条约》第11条的规定将有关情况向联合国秘书长通报，以增进国际间的互信，降低疑虑。经任何国家，特别是受到该计划影响的发展中国家请求，被请求的遥感国应尽可能提供任何其他有关资料。③

《遥感原则》第14条规定，根据《外空条约》第6条，操作遥感卫星的国家应对其活动承担国际责任，④即遥感卫星操作国应对其遥感活动承担国际责任，并保证卫星遥感活动不违反国际法规范，不论此卫星遥感活动是由国家政府或非政府实体或国际组织来施行。在起草过程中，两大阵营针对卫星遥感活动所引起的国际责任问题同样也存在严重的分歧。发达国家认为，各国只对其在外空的活动，而不对其地面活动，尤其是非政府实体进行的地面活动负责。发展中国家认为，各国应对其从事的遥感活动带来的损害承担责任，例如巴西、乌拉圭、希腊等国提出，遥感国应对传播任何不利于被遥感国的数据和资料承担国际责任，不论是否是由政府或者非政府实体行使的，但最终通过的原则14指明是国家操作卫星的活动，也就是排除了地面接收站的数据资料分发活动。可以理解为，一国仅对其在外空的卫星遥感活动承担国际责任，对于数据在地面分发之后可能发生的损害（无论是由国家造成还是由私人实体造成），该决议的责任原则就不能够适用。严格来说，对于那些并没有进行卫星遥感操作活动，但实际上接收了分析过的资料或者是参与数据的处理和分发的国家或私人实体，此原则并没有对其规定相应的国际责任。

《遥感原则》第15条规定，这些原则的适用所产生的任何争端应通过既定的和平解决争端程序予以解决。该原则主要是指当操作卫星遥感活动进而引发国际间对应用上述各原则有争议时，应以和平解决为基准。关于争端的范围，在草案审议过程中曾提出两种解释：一种认为，争端的范围应包括遥感活动所产生的任何争端；另一种认为，这些争端仅限于对本原则条文的解释和实施时所产生的争端。由于本原则适用于整个从外空遥感地球的活动，因此关于争端的范围也理应包括因遥感活动而产生的任何争端。

---

① 《遥感原则》第7条规定："参加遥感活动的国家应按照彼此同意的条件向其他有兴趣的国家提供技术援助。"
② 《遥感原则》第8条规定："联合国和联合国系统内有关机构应促进遥感方面的国际合作，包括技术援助和协调。"
③ 《遥感原则》第9条规定："按照关于登记射入外层空间物体的公约4第4条和关于各国探索和利用包括月球和其他天体在内外层空间活动的原则条约第11条的规定，进行遥感计划的国家应通知联合国秘书长。经任何其他国家请求，尤其是受该计划影响的任何发展中国家请求，该国还应在切实可行的最大限度内提供任何其他有关资料。"
④ 此原则是根据墨西哥和巴西的提案提出的。《遥感原则》第14条规定："根据关于各国探索和利有包括月球和其他天体在内外层空间活动的原则条约第6条，操作遥感卫星的国家应对其活动承担国际责任，并确保此类活动的实施符合这些原则和国际法规范，不论此类活动是由政府实体或非政府实体进行的还是通过该国所参加的国际组织进行的。这条原则不妨碍国际法关于遥感活动的国家责任的规范的适用。"

3.总体评价

《遥感原则》确立的遥感活动基本原则顺应了当时卫星遥感技术的广泛应用和迅速发展。原则所确立的权利和义务主要包括以下几个方面：①任何国家都有权从外层空间在未获得事前同意的情况下对地球进行遥感活动；②遥感国和被感国有义务在公平、合理的情况下提供数据和获取数据；③遥感国有义务不侵犯被感国的权益；④遥感国有承担遥感活动国际责任的义务。虽然该遥感原则不具有国际法的约束力，但它是各国寻找解决遥感活动所产生争端的努力的结果，在一定程度上有利于缓解国际遥感活动中所产生的冲突。① 由于《遥感原则》的通过基于外空委成员国的协商一致原则，最终采用近乎一揽子同意的方式，可以说该原则中和了各种观点，最大程度上满足了外空委成员国的各方利益诉求。

发展中国家之所以同意通过最终的《遥感原则》，因为 15 条《遥感原则》中至少有 8 条体现了他们的诉求，并在一定程度上照顾到了他们的利益。《遥感原则》第 2 条规定"应特别考虑到发展中国家的需要和利益"；《遥感原则》第 5 条肯定了发展中国家在平等基础上参加遥感活动的权利；《遥感原则》第 8 条要求联合国及有关机构在遥感地球方面促进国际合作，包括技术援助，从而赋予了发展中国家在国际合作中取得技术援助的权利；《遥感原则》第 9 条确定了准许发展中国家取得有关信息尤其是被感国取得其管辖下领土的数据和资料；《遥感原则》第 13 条规定了发展中国家在不受歧视的合理条件下取得遥感原始数据和分析过的资料；《遥感原则》第 14 条要求遥感国对其遥感活动承担国际责任，从而为被感国避免和减少因遥感活动可能产生的不利影响提供了保障；《遥感原则》第 15 条规定了在遥感适用过程中，产生争端时的解决程序及方法，从而保证了原则的顺利实施。

发达国家也从最终的《遥感原则》中得到了实惠和益处。草案回避了遥感前"事先同意"，从而给遥感国带来了更多的自由；《遥感原则》第 7 条规定了进行遥感的国家也可以根据协议条件而得到技术援助；《遥感原则》第 9 条规定了遥感国可在最大效用和可行性基础上充分享用遥感活动取得的数据和资料；《遥感原则》第 14 条还规定了非政府实体可从事遥感活动，从而照顾到西方国家利益及其遥感活动已出现的商业化趋势；原则第 14 条还规定，遥感国依 1967 年《外空条约》对其遥感活动承担国际责任。而实际上《外空条约》仅涉及外空活动，于是遥感国可依此主张只对其外空活动负责，而不对其地面涉及的遥感数据和资料的散发引发的损害负责。尽管原则中也提到了遥感国对遥感的地面活动适用一般国际法原则，但由于目前尚未确定这种可适用的原则，这导致该项原则就等同于对遥感的地面活动未加约束，从而更多地满足了发达国家的诉求。

除了以上提到的《遥感原则》中和了各种观点以及考虑到了各方利益这一优点，另一优点是该原则中没有禁止性规定。在《遥感原则》中既未对已从事的活动加以限制，也未对将来进行的活动予以禁止，而是对有关遥感的各种活动进行了准行性规定。例如：草案中未明确规定遥感国在从事遥感活动前需征得同意，但也未禁止这种同意；没有要求遥感国最先向被感国提供数据和资料，也未禁止遥感国向第三国提供所得原始数据和分析后的资料，也没有禁止遥感所得数据与资料的广泛散发。由于《遥感原则》并非国际公约，其约束力的可能形成方式可以是确定某些行为是准行的，进而通过实践为各国接受，使其成为国家习惯而成为国际公认的有拘束力的国际行为准则。

---

① 李寿平,赵云.外层空间法专论[M].北京:光明日报出版社,2009:134.

8.2.3 对现行遥感国际规则形成与发展的评析

现存的国际外空法框架映射出其出台过程中浓厚的国际政治色彩。《外空条约》的顺利出台是空间国家最早相互妥协的一个结果，可以说各国促成这一国际条约通过的真正目的，并不是制定一个具体的制度来规范外空活动的发展，而是出于各国在当时社会背景下的利益需求。此外，联合国《遥感原则》具有高度的妥协性，发展中国家的主张并没有得到充分的满足，此原则集中体现了当时遥感国的集体意志和利益。《遥感原则》涉及有关国家的重大政治、经济利益，在审议过程中出现了很多难以解决的争议性问题。最终通过的《遥感原则》是两类意见妥协和折衷的结果，它删除了对遥感数据和资料分发的限制，实际上是实行自由销售。[①] 一些关键性法律问题的遗留使得该套原则通过之后并没有完全发挥其应有的效用。例如《遥感原则》没有明确被感国的自然资源主权是否包括遥感数据的所有权、优先取得权以及控制该数据散发的权利，或者当遥感国自由进行外空遥感活动的权利同被感测国的自然资源和领土主权相冲突的情形下如何解决的问题。[②] 各国在一些法律问题上并没有达成共识，[③]导致该原则最终没有涉及具体的规范，所以针对这些法律问题的模糊规定是不可避免的，甚至从某种程度上来说是当时的起草者有意进行的安排。

《遥感原则》是20世纪80年代的政治与科技环境的特定反映，重点在于关注遥感国和被感国的权利和义务，原则的内容在当时看来是比较全面的，因为当时最关键的问题是调和遥感国和被感国之间的利益纷争。当时仅有美国等几个国家拥有外空遥感能力，其余国家都是被感国的角色。在该套原则通过后的20多年间，越来越多的国家掌握了空间遥感技术并拥有了在轨运行的遥感卫星。如今，随着遥感活动在全球范围的普及，遥感数据已经在众多领域得到了应用，且成为了通信领域的核心信息工具。随着遥感数据的商业化趋势和公益价值的日益凸显，国际社会对于卫星遥感的关注点也逐渐发生了转变，从当初关注遥感活动过程中国家层面的权利义务，转变为对于数据政策（例如数据可靠性的判断标准）的关注。当前的国际遥感制度框架中还欠缺最新的数据政策和规则方面的内容，这些规制更多散见于各国的遥感法规政策中。

8.3 卫星遥感的国内法律制度

关于外层空间活动的国家立法一般都会涉及对一国管辖范围内空间活动的持续监管，遥感活动的国家立法也不例外。国家对于卫星遥感活动的管制主要是出于以下几个目的：①保障国家安全和外交利益；②保证国家在危难时期能够优先获取数据；③促进卫星遥感的商业化；④保障数据提供者和使用者的权益。本节将分析和介绍美国、加拿大以及我国的卫星遥感法律政策，特别是美国卫星遥感监管方面已经形成较为健全的政策和法规体系，本节将重点予

---

① 贺其治.外层空间法[M].青岛：青岛出版社，1992：173.
② 李寿平，赵云.外层空间法专论[M].北京：光明日报出版社，2009：136.
③ 例如由数据的分发而引发的国家责任。

以介绍。

8.3.1 美国关于卫星遥感的法规政策

美国作为世界上最早开展航天活动的国家之一,不仅掌握着全世界最先进的遥感技术,还建立了较为完善和成熟的遥感政策和法规体系。遥感政策和法规是美国发展和管理遥感领域的方针和准则,对美国遥感卫星系统的建设、应用、产业化发展至关重要。① 美国的遥感政策法规是随着空间遥感技术的进步、市场化发展、以及空间政策的调整而得到不断充实和完善的。从其遥感制度升级可以看出,美国政府一直努力保持本国在遥感领域的领先地位,并通过健全的监管来维护国家的安全和外交利益。

1.《遥感商业化法》(1984年)

自从1972年美国陆地卫星-1号(Landsat-1)进入外空开始,美国就开始考虑陆地卫星系统(Landsat System)的私营化。1979年,美国商业部正式开始承担陆地卫星的管理工作。里根当局于1984年颁发了《陆地空间遥感卫星商业化法》,②这一法案规定把陆地卫星遥感系统转让给私营实体运行,希望尽快实现Landsat系列卫星的私有化,这一法案是美国促进卫星遥感商业化运作的有效尝试。同年7月,美国地球观测卫星公司(EOSAT)③接管了Landsat卫星的管理权,该商业化和私有化项目协议长达10年之久。④ 美国政府原计划通过指定一个私营实体来进行数据的销售,并对遥感系统逐渐停止政府补贴,然后以商业运作的模式继续开发Landsat系列卫星。然而,Landsat数据商业化进程并不顺利,数据市场价格的剧烈上升导致数据需求量下滑,特别是受到1986年竞争对手法国SPOT卫星遥感系统的影响,Landsat卫星失去了大部分的市场份额。20世纪90年代初,美国最终迫于压力放弃了其遥感卫星商业化的尝试,重新收回了Landsat卫星的运营管理权。

2.《遥感政策法》(1992)

美国在经历了遥感卫星商业化的失败尝试之后,不得不重新出资支持Landsat卫星系统的发展。1984年的《遥感商业化法》随之由1992年出台的《遥感政策法》⑤取代。根据1992年《遥感政策法》,陆地卫星由美国国防部(United States Department of Defense, DOD)和NASA进行综合运营,国家海洋和大气管理局(National Oceanic and Atmospheric Administration, NOAA)作为许可授权部门。⑥ 美国出于长远考虑,并没有宣布其短期的遥感商业化

---

① 龚燃.美国卫星遥感政策和法规体系及其作用[J],卫星应用,2013(3):25-30。产业化是指产业形成和发展的过程,具体包括初期的研发、产品化和商品化,中期的生产技术成果的商业运作,以及后期的商业化运作成熟阶段。
② 《遥感商业法案》,以下简称"1984《遥感商业化法》",The Land Remote Sensing Commercialization Act,Public Law 98-365,98th Congress,H.R. 5155,17 July 1984.
③ 该公司由美国休斯公司和无线电公司(RCA)合股组建。
④ 该公司在陆地卫星-4号停止工作后,除继续提供陆地卫星-5号的数据外,已发射陆地卫星-6号,并计划发射7号和8号。陆地卫星已改称为"地球观察卫星",向各国出售卫星遥感图像。
⑤ 《陆地遥感政策法》以下简称"1992《遥感政策法》",The Land Remote Sensing Policy Act 1992,Public Law 102-555,102nd Congress,H.R.6133,28 October 1992.
⑥ 参见:1992年《遥感政策法》Sections 101,102 and Section 201-205。

第8章 卫星遥感规则

的计划,①其意图是先执行优惠的数据价格,让更多用户能够获取数据,从而让公众意识到陆地卫星数据的价值,然后再逐渐实现遥感商业化。该法案规定"为了使陆地遥感卫星项目对美国公众的价值最大化,陆地遥感卫星4~6号未增强的数据至少应当让美国政府机构、全球环境变化研究人员以及其他的由美国政府资助的研究人员以满足用户需要的价格获得。并且,陆地遥感卫星7号未经增强的数据应当让所有的用户以满足用户需要的价格获得。"②此外,美国政府和其附属用户可以以更低廉的价格获取数据。

为了刺激遥感商业市场的发展,1992年《遥感政策法》规定了陆地卫星数据的独家销售权不再只授予单一的私营部门实体,陆地卫星-7号的数据及增值服务的提供,将在不同的私营实体间通过各自的定价开展竞争,这是美国政府促遥感商业化最为重要的举措之一。法案还强调,私营实体申请经营许可的时候应当本着促进市场竞争的原则,商务部部长不得为了保护现有的被许可人免于竞争而拒绝其他实体的新的许可申请。③ 这一规定可以促使美国的遥感数据和服务在全球范围内更具有竞争力。

除了上面提到了陆地卫星系统,美国还希望私营实体能够运营其他的遥感卫星系统,并且能够经营后续的数据分析处理和市场化运作。为此,法案规定任何受美国管辖和控制的的实体如果想运营私人遥感系统,都必须获得政府部门的许可。法案规定的许可要求是:①被许可人应当以保护美国的国家安全以及遵循美国的国际义务的方式运营此遥感系统;②任何国家的政府以合理的条件都可获得被许可人所获得的原始遥感数据;③以总统认为合适的方式部署外空遥感卫星;④向部长提供此系统完整的轨道以及数据搜集特征,并及时通报任何轨道偏离情况;⑤向部长通报被许可人欲与外国、外国实体、包括外国或外国实体的合营企业签订的任何协议。④ 以上这些严格的许可条件是在美国国会权衡了遥感系统私营化对国家安全的利害关系后而提出的,充分表明了美国当局发展卫星遥感产业的决心,从这一法案也可以看出美国是如何通过国内立法来平衡商业利益和国家利益。

1992年《遥感政策法》至今仍然是美国监管遥感活动的主要立法,并作为一个综合的遥感法律框架,不断得到更新和补充,最常见的情形是通过颁布具体的政策和规章来对其进行完善。例如,1994年克林顿政府颁布的总统决议指令第23号(Presidentid Decision Directive)⑤;2003年《商业遥感政策》⑥;2006年《私营陆地卫星遥感系统许可条例》⑦;下面重点介绍2003《商业遥感政策》。

3.《商业遥感政策》(2003年)

由于遥感产业尚未完全实现商业化,美国意识到需要通过积极支持本国的卫星遥感从业

---

① 1992年《遥感政策法》5601(6):"陆地卫星系统的完全商业化在可预见的时期之内是不可能实现的,所以不能成为国家政策短期之内的目标;然而,遥感商业化应当成为美国外空政策的一个长远目标。"

② 1992年《遥感政策法》5601(13)。Section 5602(2)还定义了"满足用户要求的价格":满足用户要求的价格是指为了满足用户需求,在数据的收集、复制、分销过程中所产生的费用,且不应当包括任何其他额外的费用,例如原来由美国政府所支付的遥感资产的采购费、分期偿还费用、或者是固定资产的折旧费。

③ 参见1992年《遥感政策法》5621(d)。

④ 参见1992年《遥感政策法》5622(b)(c)。

⑤ 总统决议指令第23号(PDD-23)——《美国以外国家介入空间遥感能力的政策》,1994年3月10日。该政策允许私营企业经营图像分辨率不优于1m的遥感卫星,并有条件地开放向外国提供卫星服务和出售卫星图像。

⑥ 美国《商业遥感政策》,2003年5月13日通过,用以取代1994年克林顿总统发布的第23号决议指令。

⑦ The 2006 Regulation on Licensing of Private Land Remote Sensing Space Systems,2006.04.25.

者来促进该产业的发展。2003年美国政府发布了《商业遥感政策》,号召最大程度地使用商业遥感能力用于军事、情报、外交、国土安全和民用,填补图像和地理空间数据的需求。具体来说,为了鼓励美国遥感公司建立和运营商业遥感系统,该政策取消了对数据的分辨率和光谱的限制,批准了私营实体对最新的0.25m分辨率遥感卫星的研制,还鼓励商业遥感图像公司与政府签订销售合同。此外,商业遥感实体对于雷达测绘和其他类型的遥感器在内的卫星遥感系统的出口也获得了批准。[1]

该政策规定"美国政府将依靠美国商业遥感系统来满足政府对于图像和地理空间遥感数据的需求,只有在商业系统不能满足此类需求的时候,政府才会通过自身能力来获取",[2]这表明美国政府成为了美国私营遥感系统的主要顾客,对于商业遥感能力的依赖度得到了增强。可以看出,2003年《商业遥感政策》旨在通过放松遥感管制以及政府打包购买数据的措施来刺激国内商业遥感的快速发展。为了使本政策得到具体落实,政策还要求建立国家影像与测绘局(National Imagery and Mapping Agency, NIMA)[3],这一政府机构负责所有的商业遥感与国家安全有关的事务。[4] 并规定,对敏感先进的信息、系统、技术以及部件的出口,要进行严格的单独审查。[5]

8.3.2 加拿大《卫星遥感操作法案》

加拿大《卫星遥感操作法案》(简称《法案》)[6]也是一部关于卫星遥感的综合性法律。该《法案》与20世纪90年代后期加拿大雷达卫星系统(Radarsat)的运营变化有着密切的联系。该卫星系统雷达1号于1995年成功发射,随后加拿大政府决定在雷达2号项目中引入私人资本,随之而来的就是相关配套法律的跟进。因为在由政府所有和控制的雷达1号系统配套政策中并没有涉及对相关数据的限制,所以在私营实体参与此遥感项目后,为了对数据的搜集和分发进行限制,加拿大政府把制定配套的遥感法律提上议事日程。2000年签订的《美国、加拿大政府关于商业遥感卫星系统的政府间协议》[7]是加拿大建立综合性遥感法规的第一份法律文书。

1.《法案》适用范围

《法案》通过许可和持续监督的方式对本国全部的遥感活动进行规制,政府当局享有对遥感活动的监察权和制裁权。该法案同时适用于私人实体和公共部门,这就意味着该法案不仅适用于商业卫星遥感活动,也适用于加拿大国家宇航局(Canadian Space Agency, CSA)等国家公共部门进行的卫星遥感活动。遥感立法适用于公共部门这一现象并不常见,因为大部分

---

[1] 龚燃:美国卫星遥感政策和法规体系及其作用[J].卫星应用,2013(3):25-30。
[2] 参见2003《商业遥感政策》Section Ⅱ。
[3] 截至2004年,该机构的名称改为"国家地理空间情报局"(NGA)。
[4] 参见2003《商业遥感政策》Section Ⅴ。
[5] 刘薇,国外高分辨率遥感数据开发政策[J].卫星应用,2013(3):31-35。
[6] 以下简称2005《法案》。Remote Sensing Space Systems Act, S.C.2005, c.45.
[7] Agreement between the Government of Canada and the Government of the United States of America concerning the Operation of Commercial Remote Sensing Satellite Systems, U.S.-Can., June 16, 2000, 2000 Can.T.S.No.2000/14.

的国内立法都是旨在规制私人实体。① 法案不仅适用于加拿大管辖范围内的自然人和实体,还适用于在加拿大境外的加拿大公民和公司。② 此外,该法案广泛的适用范围不仅体现在公私部门方面,也体现在法案对于遥感卫星的广义定义方面,即"遥感卫星是指能够通过电磁波检测地球表面的卫星,受本法案规制的卫星是指装有雷达、热红外、多光谱等类型传感器的卫星"。③

虽然该法案适用于其管辖范围内所有的加拿大遥感系统,但外交部部长仍然有权使任何自然人和实体以及遥感系统和数据得到豁免。这一豁免权可以有效地避免加拿大政府对主要属于他国管辖的遥感业务进行不必要干涉的情形。④ 对于由宇航局或国防部操作的遥感系统,总督会同行政局签发指令让其遵守《法案》及实施条例。⑤ 可以推断,行政指令完全可以排除《法案》适用于由政府操作的遥感系统。加拿大的策略是先通过综合法案涵盖其管辖范围内所有可能的遥感活动,然后再通过具体的法令对个例进行豁免,从而对遥感活动进行无缝管理。

2.《法案》确立的政府权利

(1)许可权

《法案》大部分内容都是在规定被许可者和政府在有关遥感系统操作和数据散发过程中的权利义务,其中也有涉及加拿大管辖范围内卫星遥感活动的许可制度。例如,加拿大外交部在颁发许可后的90天内有权对许可进行修订、暂停其生效、还可以对其撤销。⑥ 被许可者有义务服从对其原始数据进行限制散发的规定。⑦ 此外,政府还可以通过发布指令来实施对遥感活动的监管和控制权。例如,政府可出于国家安全的考虑发布指令,要求被许可者按照政府的意志进行遥感活动,否则将受到吊销许可的惩罚。⑧

(2)干预权

该法案还确立了政府对于本国管辖范围内遥感活动进行干预的权利,如果有理由认为被许可者的遥感活动会对国家利益造成损害,外交部部长和国防部部长都可以发布指令对被许可方的遥感活动进行限制或叫停。⑨ 就实践中的具体限制措施来看,被许可者在一般情况下不会被要求停止对数据的搜集和分发,只是分发的时间可能被推迟或者是数据的分辨率会被降低。由于此类干预措施会影响遥感商业市场的运作,所以被许可者被勒令停止遥感数据服务的情况极少发生。⑩

---

① See B.W.Mann.First License issued under Canada's Remote Sensing Satellite Legislation,34 Journal of Space Law (2008),73.

② Remote Sensing Space Systems Act S.C.2005,Section 6.

③ Remote Sensing Space Systems Act S.C.2005,Section 2.

④ See B.W.Mann.First License issued under Canadas Remote Sensing Satellite Legislation,34 Journal of Space Law (2008),72.

⑤ Remote Sensing Space Systems Act S.C.2005,Section 4(2).

⑥ Remote Sensing Space Systems Act S.C.2005,Section 10-13.

⑦ Remote Sensing Space Systems Act S.C.2005,Section 8(6)&(7).

⑧ Remote Sensing Space Systems Act S.C.2005,Section 13.

⑨ Remote Sensing Space Systems Act S.C.2005,Section 14.

⑩ See T.Gillon.Regulating Remote Sensing Space Systems in Canada-New Legislation for A New Era,34 Journal of Space Law (2008),30.

(3) 优先权

《法案》规定了加拿大政府享有对遥感数据的优先获取权,以保证政府在紧急情况下可以及时获得相关数据。加拿大国防部部长、国家公共安全和应急部部长出于外交和国家利益考虑,可以下令被许可者向政府提供任意的遥感服务。具体来说,遥感服务的优先获取权通常由女王陛下、加拿大皇家骑警以及加拿大情报局享有。① 与上文提到的政府限制指令一样,这种优先获取权在一般情况下也不会被启用,但由于这一权利可以由政府副部级启动,所以其被启用的概率也相应会比启用限制指令的概率要高。②

虽然政府优先获取数据时也会支付费用,但是对于政府出于国家安全或外交利益的善意目的而采取的措施造成的损失,被许可者是得不到任何的经济补偿的。这些措施具体包括修改系统运行方案、暂停或吊销许可、通过行政命令对被许可者进行限制、暂停被许可者提供服务、政府行使优先获得权。③

(4) 监督惩罚权

《法案》的一大亮点是设立了对于卫星遥感活动的不定期抽查制度。法案授权指定的部长官员有权在合理的时间内,对被许可方的任何与遥感活动相关的场所和人员进行临检。一旦发现被许可者存在不履行法案义务或者是违反法案规定的情况,调查员可以当场以执法人员的身份向被许可者签发违规告知书。④

该法案还对被许可者违规的级别进行了分类:一类是"违法"级别,另一类是"犯罪"级别。前一类级别不属于犯罪行为,被许可者在收到"违规"告知书后的 30 日内可以进行相关说明陈述,然而"犯罪"级别的被许可者则没有做出回应的机会,他们将被直接移交司法机关遵循相关程序进行定罪。被许可者的违规情形通常包括以下 4 种:①未获得许可的情况下进行遥感活动;②指挥境外的人从事遥感活动;③不遵循部长的指示进行相关的遥感操作;④不遵守部长的指令中断遥感服务。⑤

以上两种违规类型分别对应着各自的惩罚级别,"违法"级别最高的每日罚款额度可以高达 5 000 加元,对于"犯罪"级别这一数字则为 25 000 加元,罚款的总额根据违规的天数来决定。⑥ 值得注意的是,某些违规的行为既可被视为"违法",也可以视被为"犯罪",在这种情况下只能对违规者择其一进行处罚。⑦

8.3.3 中国关于卫星遥感的法规政策

中国目前既没有综合性的国家航天法,也没有单独的遥感活动法,可以说中国目前的空间

---

① Remote Sensing Space Systems Act S.C.2005, Section 15.
② See T. Gillon.Regulating Remote Sensing Space Systems in Canada-New Legislation for A New Era,34 Journal of Space Law(2008),30.
③ Remote Sensing Space Systems Act S.C.2005, Section 22.
④ Remote Sensing Space Systems Act S.C.2005, Section 25.
⑤ Remote Sensing Space Systems Act S.C.2005, Section 5,16(1),13 and 14.
⑥ 这与上文介绍的 1992《美国遥感商业法案》的规定是类似的,美国法案规定"对于违规者的最高处罚可高达 50,000 美元,18 个月的监禁,或者是同时进行罚款和监禁"。
⑦ Remote Sensing Space Systems Act S.C.2005, Section 34(1).

立法还处于数量少、层级低的阶段。作为《外空条约》的原始缔约国,中国应当遵守条约所确立的基本外空法原则。在缺乏专门遥感立法的现状下,联合国《遥感原则》在一定程度上为中国开展卫星遥感活动起到了指导作用。

我国于 2001 年和 2002 年分别出台了关于空间物体登记和航天发射许可的两个法规,[①]这两个法规也适用于由自然人和法人在中国的管辖范围内所从事的民用遥感活动。根据许可办法的规定,任何空间遥感活动必须在发射遥感卫星前取得国防科工委(现国防科工局)颁发的许可,[②]原国防科工委有权停止被许可者违法的空间遥感活动[③]。此外,许可办法还规定了被许可者违规的情形以及相应的惩罚措施。[④] 这一规定与上文介绍的美、加两个综合性遥感法对于违规的惩罚措施存在相似之处。以上两个部门规章不足以覆盖遥感活动的各个方面,特别是在遥感数据政策方面的规定基本处于空白状态。我国可以考虑借鉴美国、加拿大等国的立法经验,针对不同种类的遥感数据建立一套完善的数据政策。

目前,中国的遥感数据产品从试验应用型转向了操作服务型,国内外遥感用户的扩张加快了中国搜集的遥感数据的广泛传播。在当前背景下,中国当局有必要完善现有的国家空间立法,特别是遥感方面的专门法规和政策,从而保证遥感技术有序和可持续发展,促进遥感数据在不同领域的应用。

综上所述,从美国和加拿大的遥感法律制度可以看出,现存的卫星遥感国家法律政策主要是出于国家的利益而制定的,政府想通过建立一套综合的遥感制度来规制遥感活动的参与者,从而达到维护国家利益的目的。虽然一些国家的遥感制度也试图尽量减少对商业活动的限制,避免遥感制度对本国的商业市场造成消极的影响,但是这往往只能惠及制度所属国的遥感从业者,对于国际社会的整体遥感活动并没有多大的影响。由于我国目前还没有专门的遥感法规政策,为了进一步促进我国遥感事业的发展以及维护国家的安全利益,有必要借鉴美、加等国的先进立法经验来建设我国的遥感法律和政策框架。

[①] 《空间物体登记管理办法》与《民用航天发射项目许可证管理暂行办法》。

[②] Interim Measures on the Administration of Licensing the Project of Launching Space Objects, Nov.21,2002 (P.R.C.),at arts.2&3, available at 33 J. of SPACE L.442(2007).

[③] 中华人民共和国国防科学技术工业委员会(简称"国防科工委",COSTIND)是原国务院组成部门之一,主要负责组织管理国防科技工业计划、政策、标准及法规的制定与执行情况监督。已撤销,其大部分职能归于现在的工业和信息化部。

[④] 参见《民用航天发射项目许可证管理暂行办法》第 24 条规定:"对被许可者在申报和执行过程中隐瞒真相、弄虚作假,损害国家利益的,依法给予行政处罚;构成犯罪的,依法追究其刑事责任。"第 25 条规定:"对未取得许可证擅自从事项目的自然人、法人或其他组织,由国防科工委责令停止非法活动,并对有关当事人给予行政处罚,构成犯罪的依法追究刑事责任。"

第 9 章　外空资源开发规则

半个多世纪以来,人类在航空航天领域取得了突飞猛进的发展,空间发射活动、载人航天活动、对月球及其他天体的深度探测活动等无不处于飞速发展之中,外空资源的开发与利用活动也逐渐步入正轨。随着自然资源需求缺口的不断扩大,人们开始将目光投向蕴含着丰富资源的外空。时至今日,外空资源已成为人类地球生活所需自然资源不可或缺的组成部分,并越来越彰显其对人类地球生活乃至未来对人类地外生活的重要性。[①]

9.1　外空资源开发一般理论

9.1.1　外空资源的定义

外空资源,又称空间资源,包括高度资源、环境资源、物质资源等。物质资源作为人类最熟知的外空资源类型,又包括矿产和能源资源。外空资源的开发不仅有助于解决地球本身资源匮乏的问题,还有助于人类未来在天体表面及内部进一步开展空间活动。围绕"外空资源"所进行的一系列研究早在上个世纪就已经开始,但关于"外空资源"的定义、特征、法律地位等的讨论却始终在继续,时至今日也没有一个统一的答案。

高度资源主要指人类利用天体轨道来观测地球、大气层,监测和预报天气及各类自然灾害,并为人类提供通信、导航、定位等服务,具体包括近地球轨道资源、地球-月球轨道资源、环月低轨道资源等。环境资源是指星际中存在的独特的高真空资源、辐射资源、重力资源和太阳能资源等,这些资源为空间新产品开发开辟了新途径,有力地推动了流体力学、材料科学和生物技术的发展。[②] 以太空微重力资源为例,利用这种资源可以进行地面上难以实施的科学实验、新材料加工和药物制取等。[③] 物质资源则是指月球、小行星等外空天体上具有实体形态的外空资源,其中以矿物资源、能源资源和水资源最为典型。

狭义上,外空资源是指天体上具有实体形态的自然资源或外层空间中可触摸的有体资源,即前述广义概念中的物质资源。[④]这是因为当前人类利用外空资源的方式,正逐步从原位利用

---

① 廖敏文.外空资源法律地位的确定问题研究[J].国际法研究,2018(2):41.
② 刘登锐.太空资源知多少[J].百科知识,2005(12):15.
③ 徐祥民,王进.外空资源利用与外空环境保护法律制度的完善[J].中国人口·资源与环境,2007(4):111.
④ 王国语.外空资源开发法律问题研究[J].空间法学研究年刊,2018:390.

高度和环境资源向开发提取物质资源转变,因此,不少学者在研究外空资源开发法律问题时,主张从狭义上界定外空资源这一概念。这在现有相关立法中也有体现。如美国《2015外空资源探索与利用法》规定,"外空资源"是指在外层空间的非生命资源,包括水和矿物质。再如2017年卢森堡《探索与利用空间资源法》,通过第2条第4款[①]的有关规定,利用排除法,间接界定了该法提到的"外空资源"指包括矿产资源在内的有体自然资源。又如2017年9月由外空资源治理海牙工作组[②]发布的《外空资源活动国际框架发展要素(草案)》(简称《草案》)。《草案》第2条规定,"外空资源"指外层空间可采的原位非生物资源。《草案》同时对外空资源的具体类型进行了列举,认为外空资源应包括矿产资源、水资源和挥发性物质,但不包括卫星轨道、无线电频谱和太阳能。

9.1.2 外空资源的特征

与地球上存在的自然资源相比,外空资源具有不同的特征,除数量巨大、储量丰富外,还具有以下特征:

1) 原位性。这一特征在《月球协定》第11条中有所表述,即"处于原位上未经动用的自然资源"。具体含义是指外空资源在物理属性上依附于外层空间或外空天体。该特性一方面体现了外空资源与外层空间在法律地位上的同源性,另一方面也将原位外空资源与被提取的外空资源进行了区分。

2) 非生物性。虽然通常意义上自然资源应由生物资源和非生物资源共同组成,但迄今为止人类并未在太空中发现任何生物,因此在谈及外空资源时,人们一般排除生物资源的存在,默认其具有非生物性。

3) 可提取性。这一性质决定了外空资源应具有可被提取的实体形态,从本质上区分了狭义的外空资源与外空高度资源和环境资源。

9.1.3 外空资源的法律地位

随着人类天体探测技术的发展,外空资源的开发与利用已纳入部分国家的空间发展战略,而其中最主要的法律障碍就是外空资源的法律地位。只有明确了外空资源的法律地位,才可以明确外空资源的权利归属,明确实施开发的主体和开发的方式。而在探究外空资源的法律地位之前,需要先对外层空间的法律地位进行讨论。

1.外层空间的法律地位

当前,有关外层空间法律地位的全球性文件主要包括《外空宣言》《外空条约》及《月球协定》。据上述国际立法,外层空间法律地位的内容包括[③]:①外空探索和利用自由。外空包括天体是全人类的开发范围,各国均可平等地探索和利用,但应遵守国际法和为全人类谋福利和

---

① 该条款内容为:这一立法不适用于卫星通信、轨道位置或频段。
② 海牙工作组是在美国深空矿业公司、世界安全基金会支持下成立的半官方机构,其主要推动者是以美国深空工业公司、行星资源公司等为代表的外空资源开发私人实体。
③ 冯艳昌,何山.论外层空间的法律地位[J].中国商界(下半月),2008(3):143。

利益。②不得据为己有。外层空间由各国"共同使用",不是国家主权所及之处,任何国家不得对外空主张主权或权利。③探索和利用外空应为和平目的。④天体及其资源属于全人类共同继承的财产,待可以开发资源时要建立国际制度。

这些关于外层空间法律地位的规定似乎很明确,然而从各国利用外空的现状来看,人们对于外层空间的法律地位存在着不同的理解,这些理解上的偏差也为开发和利用外层空间带来了挑战。

可以肯定的是,外层空间绝不属于无主物。"无主物"的概念起源于罗马法,主张国家或个人可以通过实际控制取得对无主物的所有权,即通常所说的"先占"原则。然而,在当下,无主区域已经不能依靠"先占"取得。试想一下,若"先占"原则继续适用,航空强国必然会据此取得外空资源的所有权,并对其进行瓜分及开发,这无疑会威胁到航空弱国的利益——这也是广大发展中国家否认外层空间属于"无主物"的重要原因。此外,根据《外空宣言》和《外空条约》的条文内容亦可做出"外层空间不属于无主物"的判断。上述两个国际性文件在正文内均规定了不得据为己有原则,要求任何国家均不得以主权要求、占有、使用或其他任何手段将外层空间及其天体据为己有。该原则否定了任何认为外层空间是"无主物",因而可以通过有效占领取得所有权的主张。因此,我们可以得出肯定的结论:外层空间不属于无主物。

问题在于,外层空间究竟属于公有物还是共有物?

首先,外层空间不属于全人类的共有物(Co-Ownership)。共有物是指多个权利主体对同一物享有所有权,该物对外是完整的所有权关系,对内则按照共有的不同类型由共有人承担不同的权利、义务。而外层空间作为一个整体,仅存在一个权利主体即全人类。全人类作为一个利益共同体,其内部在外层空间上绝不存在权利、义务、份额等的区别或分割。因此,将外层空间定性为全人类的共有物有失妥当。

其次,外层空间是否属于全人类的公有物(Res Communis)。公有物是指任何人不得占有或对某物主张所有权,但任何人均可以自由使用该物。换言之,公有物只排除任何形式的占有,但对自由使用不做任何限制。持此种观点的学者不在少数,其主要理由如下:

1)就各国空间活动的具体实践来看,自1957年第1颗人造卫星升天之后,累计有上千颗卫星和其他空间物体进入外层空间并运行在相应轨道上,但从没有任何国家对此提出自己的领空主权受到侵犯的问题,①由此也形成了一种国际共识,即外层空间应当由全人类共同享有,任何主体不得对其主张权利。

2)就国际空间立法来看,联合国大会于1961年通过的第1721号决议,肯定了"外层空间由所有国家按照国际法自由探索和使用而不得由任何国家据为己有"的原则。其后通过的《外空宣言》和《外空条约》均以条文形式确认上述原则。具体而言,《外空宣言》第1条和第3条规定,"外空之探测及使用应为全体人类之福祉与利益而进行之""外空及天体不得由各国主张主权,藉使用或占领,或以任何其他方法,而据为本国所占有"。②《外空条约》则在第1条和第2条再次重申了上述内容。

因此,持这类观点的学者认为:外层空间是人类的"公有物",不属于任何国家主权管辖范

---

① 贺其治,黄惠康.外层空间法[M].青岛:青岛出版社,2000.
② 联合国大会.关于各国探索及使用外空工作之法律原则宣言[EB/OL].[2020-07-15].https://www.un.org/zh/documents/treaty/files/A-RES-1962(XVIII).shtml.

第9章 外空资源开发规则

围,各国不得以任何方式将其据为己有,国家在遵守国际法的条件下,可以对外层空间进行自由探索,加以和平利用。①

最后,外层空间是否属于人类共同继承的财产?

在公有物说之外,同样也是占据主流地位的一类观点认为,外层空间应当视为人类共同继承的财产。这一概念最早来自于海洋法中对国际海底区域的资源开发利用的安排。根据1982年《联合国海洋法公约》的规定,并结合该领域的相关实践可推知,"人类共同继承财产"应当包含以下几方面内容:①不得由任何国家行使主权或者主张主权性权利,不得由任何国家或者私人实体(自然人、法人)据为己有;②由全人类共同开发、利用;③开发、利用须为全人类的共同利益,由此所得收益须由全人类共享;④开发、利用须为和平目的,并不得歧视;⑤须为后世人类而进行保护。②

支持此类观点的理由主要体现在以下两方面:

1)"人类共同继承的财产"已成为约定俗成的习惯法规则。"人类共同继承的财产"最早由马耳他在1967年联合国大会上针对大陆架问题提出。《联合国海洋法公约》以条约形式确认国际海底区域及其资源是人类共同继承财产,目前,已有数百个国家批准或加入该公约,国际海底区域及其资源作为人类共同继承财产得到普遍接受。此外,1959年《南极条约》也沿用了这一概念,认为南极地区同样属于全人类共同继承的财产。而外层空间与国际海底、南极地区具有相似性,故可类推适用"人类共同继承的财产"。

2)《外空条约》和《月球协定》中存在明文规定。《外空条约》第1条第1款规定,探索和利用外层空间(包括月球和其他天体),应为所有国家谋福利和利益,而不论其经济或科学发展程度如何,并应为全人类的开发范围(province of all mankind)。该条款将外层空间定性为"全人类的开发范围",明确了外层空间的法律性质,实际上是"共同继承的财产"在外空领域的体现和具体表述。除该条款本身的内容外,其居于条约正文之首的设计也足以说明《外空条约》的中心内容具有比"公有物"更进一步的意义,即"共同利益"制度,可见条约在制定之初便认可外层空间属于人类共同继承的财产。试想,若《外空条约》的目的仅限于将"公有物"的法律制度适用于外层空间,那么只需要订立"自由探索和利用原则"及"不得据为己有原则"就足以表明"公有物"的性质,没有必要在上述两原则之外再规定共同利益原则,更无需将其列在如此突出的位置。因此,《外空条约》所建立的法律制度不同于传统的"公有物"制度,其目的就是将"公有物"制度扩大为"人类共同继承的财产"制度。③

《月球协定》第11条第1款明文规定,月球及其自然资源均为全体人类的共同财产。国际法学界普遍认为,该协定的适用范围不仅局限于月球这一单独的星体,也应当包括太阳系内地球之外的其他天体,甚至是环绕月球的轨道。因此,《月球协定》为"外层空间作为人类共同继承的财产"的法律地位提供了法律依据。

综上所述,外层空间不属于无主物,不能通过"先占"取得;外层空间也不属于共有物,因为

---

① 贺其治,黄惠康.外层空间法[M].青岛:青岛出版社,2000。

② Christopher C. Joyner, Legal Implications of the Concept of the Common Heritage of Mankind, International and Comparative Law Quarterly, Vol.35, 1986, pp.190－199;Mary V. White, The Common Heritage of Mankind:An Assessment, Case Western Reserve Journal of International Law, Vol.14, 1982, pp.535－537.

③ 贺其治.外层空间法[M].北京:法律出版社,1992;黄解放.空间法的"共同利益"原则:〈外空条约〉第1条第1款再探讨[J].中国国际法年刊,1987:179－196.

其权利主体单一,且内部不存在权利、义务等的划分。就外层空间的法律地位问题,目前外层空间法学界存在两种主流观点,一是外层空间为全人类的"公有物",二是外层空间属于人类共同继承的财产。当然,也有学者认为将外层空间视为一种特殊环境更为恰当,[①]但这一观点在当前中国法学界并不占主流。

2. 外空资源的法律地位

对于外空资源的法律地位,现行国际立法没有明确规定,只在《外空宣言》《外空条约》及《月球协定》中存在一些原则性规定。

考虑到外层空间与外空资源在法律属性上的同源性,外空资源必然不属于无主物或共有物的范畴,此处不再赘述。同时,由于"公有物"和"人类共同继承的财产"这两个概念并非相互矛盾,而是一脉相承,可以说"人类共同继承的财产"这一概念脱胎于"公有物",并在其基础上提出了更为严格的开发和分享要求。所以下文将重点探讨外空资源是否属于人类共同继承的财产,如果能排除,则其作为"公有物"的法律地位便不言自明。

赞同"共同继承财产说"的学者所持依据也体现在下述两点:

1)"人类共同继承财产"法律制度已经构成了一项国际习惯法规则。由于这一制度不仅被规定在国际海洋法法律文件中,还被规定在国际空间法法律文件中,因此,尽管具体的适用情况可能因所适用领域的差异而有所不同,但该制度在国际海洋和外层空间中均应得以适用。[②]

对此,本书存在不同看法。国际习惯法规则的形成需具备两个要素:①物质因素,即国家在相当长时期内"反复"和"前后一致"的实践(General Practice);②心理因素,即法律确信(Opinio juris),指各国认为该惯例是国际法所必要的,因而相约受其约束。而"人类共同继承财产"在上述两要素上均存在欠缺,无法构成一项国际习惯法规则。

在心理因素方面,持支持态度的学者普遍认为,联合国大会第2749号决议将"海床、洋底和底土及其资源"明文确认为"人类共同继承财产";而后,《联合国海洋法公约》第136条就"海床、洋底和底土及其资源"作为"人类共同继承财产"做了正式规定——这便是以法律形式正式确立了"人类共同继承财产"制度,使其具有了法律确信。但实际上,由于联合国大会决议仅具有建议性质而不具备法律拘束力,并且,对联合国大会决议的通过也并非创设国际法,因此,成员国就第2749号决议投赞成票的行为至多只能表示其认同"人类共同继承财产"这一概念,而无法充分表明其在心理上已将"人类共同继承财产"的理念接受为法律。[③] 在物质因素方面,无论是在联合国大会第2749号决议通过之后,还是在《联合国海洋法公约》生效之后,国际社会均未能够就实施"人类共同继承财产"法律制度形成反复多次、前后一致的实践。[④]

2)现行国际空间法明文规定了"外空资源属于人类共同继承财产"。其依据为《外空条约》

---

① 如蓝海昌在其于1988年出版的专著《外层空间法》中提出,外层空间和天体都被视为是各国活动的领域,是一个受特别法制控制的环境,受法律的特别保护。
② 王铁崖.王铁崖文选[M].北京:中国政法大学出版社,2003。
③ 赵云,蒋圣力.外空资源的法律性质与权利归属辨析:兼论外空资源开发、利用之国际法律机制的构建[J].探索与争鸣,2018(5):86。
④ 赵云,蒋圣力.外空资源的法律性质与权利归属辨析:兼论外空资源开发、利用之国际法律机制的构建[J].探索与争鸣,2018(5):86。

第1条第1款①和《月球协定》第11条第1款及第3款②的相关规定。

本书同样不认同此类观点。①《外空条约》主要阐述的是外层空间的法律地位,通篇并未提及"外空资源",更没有明确"人类共同继承财产"这一法律制度;②《月球协定》虽首次将"外空资源"纳入国际空间法的调整范围并加以定性,但因其缔约国数量有限,并不具有普遍的法律拘束力。因此,不能单纯由《外空条约》及《月球协定》的相关条文得出有关外空资源法律地位的确切结论。

综上所述,外空资源属于"人类共同继承财产"这一观点并没有得到国际社会的广泛认可,尚无法肯定该法律制度适用于外层空间。从现行国际空间法来看,空间资源仍然属于"公有物"范畴:①空间资源不得占为己有,但允许自由探测和利用;②国际社会需要制定有关外空资源开发与利用的具体规则,以保证空间资源的可持续利用。

9.2 外空资源开发及其现行制度

9.2.1 外空资源开发的必要性

适时开展和推动外空资源的开发利用具有重要意义,利用外空资源是获得永久外空资源开发的唯一方式。随着地球资源短缺问题越发突出,我们必须将目光投向浩瀚的宇宙,将外层空间作为人类开发资源的下一个目的地。关于外空资源开发的必要性,可以从以下两方面进行分析。

1. 地球资源存在严重的短缺问题

无论是矿产资源、能源资源,还是水资源,自然资源的普遍特点之一为稀缺性。据联合国《2019年世界人口数据展望报告》,预计全球人口在2030年、2050年、2100年可能分别增长到85亿人、97亿人、109亿人。在世界人口持续增长的趋势下,维持人类生存的资源消费总量也将持续增加,但在一定条件下,全球资源的数量始终是有限的,特别是其中还存在着部分不可再生的自然资源。当对自然资源的总需求超过总供给,这时就会出现绝对稀缺,彼时人类的生产、生活都将受到严重影响。地球资源短缺已经成为一个无法回避的事实,无论是矿产资源、能源资源还是水资源都相对紧张。

1) 地球矿产资源储量有限,且不可再生。美国地质调查局(United States Geological Survey, USGS)2020年最新公布的《矿产品概要》(简称《概要》)(Mineral Commodity Summaries)③提供的数据显示:截至2019年末,铝土矿的全球储量约在550亿~750亿吨之间,锑约为150万吨,金约为5万吨,银约为56万吨,钼约为1 800万吨,稀土约为12 000万

---

① 《外空条约》第1条第1款:探索和利用外层空间,应为所有国家谋福利和利益,而不论其经济或科学发展程度如何,并应为全人类的开发范围。

② 《月球协定》第11条第1款:月球及其自然资源均为全体人类的共同财产;第3款:月球的表面或表面下层或其任何部分或其中的自然资源均不应成为任何国家、政府间或非政府国际组织、国家组织或非政府实体或任何自然人的财产。

③ Mineral Commodity Summaries 2020, USGS, 2020, https://pubs.usgs.gov/periodicals/mcs2020/mcs2020.pdf,登录时间:2020年7月14日。

吨。另外,相比 2015 年 8 万吨的储量,铍作为航空及冶金业中不可缺少的材料,目前在世界上已无可用储备。此外,《概要》还显示,一些国家在某些资源上已经完全依赖进口。由此可见,地球上的矿产资源,尤其是主要的金属资源,储量十分有限,并不能满足人类社会长远的使用需求。

2) 地球能源储量有限,且传统能源消耗模式短期内不会改变。①地球能源储量有限。2020 年《BP 世界能源统计年鉴(第 69 版)》①提供的数据:截至 2019 年底,全球石油储量总量保持在 1.734 万亿桶,相比 2018 年减少了 20 亿桶,最多能为人类提供 50 年的生产需要;全球天然气探明储量增加 1.7 万亿立方米,达 198.8 万亿立方米,可供人类继续使用 49.8 年;全球煤炭储量为 1.07 万亿吨,可供人类继续使用 132 年。②虽然可再生能源使用量在能源消耗占比中显著提高,燃料结构在不断优化,但就全球来看,人类对于石油、天然气、煤炭的依赖程度依旧很高,传统能源消耗模式在短期内不会发生根本性改变。

3) 地球上可利用的水资源相对有限。虽然地球表面近 72% 的面积被水覆盖,但能直接被人们用于生产和生活的却少之又少。且地球上可直接利用的淡水资源大部分是分布在南北两极地区的固体冰川,依靠现有技术尚无法大规模利用。目前,全球 80 多个国家的约 15 亿人面临淡水不足的危机,约 26 个国家的 3 亿人完全生活在缺水状态。

总之,随着人类勘探和开发技术的发展,能被探明和开采的矿产、能源资源将逐渐增多,但人类的资源需求并非一成不变,必然会随着世界人口的增多及各国工业化发展而快速增加,故在资源需求不断增多而地球的资源供应终将有限的情况下,地球必将出现资源供需不平衡的局面。待到资源枯竭之时,人类又将何去何从?这就需要我们到外层空间去寻找所需要的资源或替代品。

2. 目前探测发现的外空资源已经相当丰富

《世界政治经济》曾指出:外空资源是现今最具战略价值的资源。浩瀚的宇宙蕴藏着无尽的资源,与之相比,地球只是沧海一粟。

就月球而言:①月球作为太阳系中最靠近地球的星体,具有得天独厚的的位置优势,是观察地球及地球大气层的最佳场所,也是外层空间的理想观测点,同时可作为人类日后进行深空探测的重要基地。②月球表面及下层蕴藏着数量巨大的矿物和能源资源。有关资料显示,月球上铝、铁、铬、锰、钾、镍等矿产资源储量丰富,月海玄武岩中可开采的钛铁矿储量高达 15 000 000 亿吨,克里普岩中的稀土含量更是达到了 225 亿~45 亿吨,②这些矿物质既可以作为原料直接使用,也可提取后作为结构和电气性能的材料使用。另外,科学家已经从月壤中提炼出了氢、氦、氮、碳和硫磺等能源,足够为人类在月球上建立基地提供原材料。③最值得一提的一点是,月球上有大量氦-3 资源存在。专家预测,月球上百万吨的氦-3 足够供地球使用几千年。阿波罗 17 号、FTI 的研发者之一 Harrison Schmitt 说,只需一架载重 25 吨左右的航天飞机容量的氦-3 就可以满足全美一年的能量需求。③ 最后,月球上还蕴藏着极为丰富的水资源。据月

---

① 《BP 世界能源统计年鉴(第 69 版)》,联合国大会,2020 年,http://cngascn.com/public/uploads/file/20200617/20200617165159_64619.pdf,登录时间:2020 年 7 月 16 日。
② 欧阳自远,邹永廖.月球的地质特征和矿产资源及我国月球探测的科学目标[J].国土资源情报,2004(1):37。
③ 金斗焕.构建亚洲空间发展局的必要性研究[J].中国空间法年刊,2009:43。

球勘测数据,预计约有60亿吨水冰或5 200亿加仑的水存在于月球的两极地区。与人类赖以生存的水资源相比,月球水冰不但可以饮用,还可以作为一种重要燃料,这种燃料不仅能用于火箭发射,还可以用于卫星系统以收集太阳能光束,从而使得卫星通过光波返回地球。[①]

除了月球,宇宙中还有许多蕴藏着大量自然资源的行星和特殊的小行星。譬如:水星上有大量的氧化铁和铁资源;火星上含有众多的硫、铁、镍、铁等矿产资源,类木行星和彗星上存在着丰富的氢能资源。这些空间资源不仅可用于建设航天基地和空间港,还可供地球提取使用。

9.2.2 外空资源开发的可行性

1.政治因素

相对和平、稳定的世界政治格局和各国国内政治形势为外空资源的开发和利用创造了良好的政治环境。

就世界政治格局来看,一方面,第二次世界大战后大批新兴民族独立国家涌现,这些国家积极参与国际政治事务,不断推动世界政治新格局的建立。另一方面,各国政治力量呈现出此消彼长的态势,作为超级大国的美国实力逐渐削弱,而其他政治大国或政治联盟的实力逐渐增强,最终在彼此间形成既积极合作又相互制衡的局面。就国内政治局势来看,大部分国家的内部政治局势相对稳定,政府的执政能力较强,有能力主持和实施勘探和开发外层空间的计划并提供财政支持。在这种政治局势内外皆好的背景下,世界各国对探索、利用外层空间的财政投入不断增多,进一步加快了外空天体资源开发的进程。

值得一提的是,国与国之间的战略竞争关系同样体现在外空之中,外空资源是有限的,从竞争战略上讲,先来者必然会制约后来者的参与。因此,航空技术较为先进的国家通过制定各类政策或法律以保证本国外空资源开发活动顺利进行,甚至立法鼓励国内私人实体开展行星采矿等外空资源开采活动。航空技术欠发达的国家也通过制定相应政策或法律保证自身利益,以免被先来者抢占资源开发的先机。在这样的情势之下,各国航空与空间政策和法律相应出台,时至今日,世界上有近30个国家制定了国内的空间法律法规,而在这些国家中,至少有10个国家制定了专门的空间法,这也为外空资源开发提供了有力的法制保障。

2.经济因素

1)20世纪以来,世界经济蓬勃发展,新的经济秩序逐渐建立,世界各国逐步积累了雄厚的资金和财富,为开发外层空间奠定了坚实的物质基础,进一步加快了人类开发外空资源的进程。

2)随着人类外空探索进程的不断推进,其成果也在助推世界经济的发展。随着航空技术的不断发展和相关研究的不断深入,"太空经济"时代已经到来,并正在改变地球上人类生活的方方面面。研究显示,航天产业1美元的投入,将换来7~14美元的回报。正如中国航天工程咨询中心主任王昆声所说:"航天产业对技术的拉动和对经济增长的带动,远远高于我们的想象"。太空经济必将成为国家间力量博弈的有力砝码,世界经济的新出路必然在太空。

---

① 尹玉海,郑婷婷,姚鸿,等.月球探索与开发的国际法律问题研究[M].北京:中国民主法制出版社,2013。

3. 技术因素

开发外空资源所面临的技术问题主要有开发目标的选择,如何顺利抵达开发目标,如何在开发目标上安全着陆并开展勘探和开采活动等。而在开展勘探和开采活动方面,仍面临着两项技术难题,一是如何就地利用和研究资源,二是如何提取资源并带回地球进行研究。

①在开发目标选择上,科学家已经有了相对成熟的考虑,即以月球或其他近地小行星为主。②过去与现在的各种外空探索实践表明,人类已具备向月球、火星等天体发射探测器的能力,故现在的科技水平完全可以解决如何顺利到达开采目标这一问题。③实践证明,部分航空大国已经具备了将少量外空资源提取后带回地球研究的能力,虽然此举成本昂贵,但也在一定程度上证明了开发外空资源具有极强的可行性。

总之,虽然在外空资源开发方面还有许多技术问题需要解决,但是包括太空钻井技术、太空采样技术等资源勘查技术和采矿机械研发水平的提高,为该领域打下了良好的基础。同时,我们也应当预见,人类外空资源开采技术必将不断发展。因此,外空资源的开发具备技术上的可行性。

综上所述,随着国际合作与交流的逐渐加强、经济全球化趋势的不断加快以及空间技术和发射设备的不断发展,开发外空资源已经不再是一个遥不可及的梦,人类显然已经具备了开发外空资源的能力。

9.2.3 外空资源开发的趋势与障碍

随着外层空间技术的不断发展,人类勘探开发外空资源的能力不断增强,"谁控制了太空,谁就将控制地球的命运"这句话被各国实践不断证实,外空资源开发在现阶段的空间活动中已越发成为各国关注的焦点。当前,外空资源开发的现状和问题主要表现在以下几个方面。

1. 外空资源开发主体的多元化

在人类空间活动初期,外空资源的开发主体主要为各主权国家,特别是以美国、苏联为首的航空航天强国。后来,随着人类空间活动范围的扩大及空间技术的发展,外空资源开发主体呈现出多元化的发展趋势,这种多元化主要表现在两个方面。

1)越来越多的主权国家参与到空间活动之中。当下,空间活动国家已经达到了200多个,其中不乏有能力开发利用外空资源的国家。除美国之外,越来越多的航天国家开始崛起,俄、中、印、日、英、法、德等国还具有了探月等深空探测能力。

2)国际组织及私人实体也逐渐参与到外空资源开发中来,逐渐成为外空资源开发的重要主体。首先是国际组织,以 ESA 为例,它是欧洲国家组织和协调空间科学技术活动的机构,也是人类历史上第一个独立参与空间活动的国际组织。该国际组织成立于1975年,肩负着发射和运行其他行星和月球的无人探测任务、地球观察、科学和通信、设计运载火箭等重要任务。从其实践来看,欧空局作为一个国际组织,已经能够独立地从事空间活动。[①] 至于私人主体,美国于2015年通过的《外空资源探索与利用法》就明确将私人列为外空资源开发的主体。着眼到具体实践,私人主体以商业化利用为目的介入外空资源开发的情况不断涌现。美国一些

---

① 李寿平.21世纪空间活动新发展及其法律规制[M].北京:法律出版社,2016。

资金雄厚的私人实体已经表现出对行星采矿、月球开发等活动的浓厚兴趣,这其中包括行星资源公司、深空工业公司(Deep Space Industry)、月球快递公司(Moon Express)和比格罗航天公司(Bigelow Aerospace)等。

综上所述,随着人类空间活动的发展,外空资源开发主体逐渐从国家这一单一国际空间法主体向国家、国际组织、私人主体共存的方向发展。

2. 外空资源开发范围进一步扩大

过去人类对宇宙空间的认识有限,对外层空间的勘探开发也只局限于大气层以外的有限空间之内。随着空间科学技术的不断发展,人类对外层空间的开发和利用范围也在不断扩大。① 除了对月球和其他天体进行勘探开发之外,人们还在广阔的宇宙空间中发现了诸多重要矿产和能源资源。与此同时,人们对于电磁波资源、微重力资源、位置及环境资源等的勘探开发也日渐步入正轨。

3. 外空资源开发活动的商业化趋势明显

在外空资源开发初期,勘探利用活动带有明显的军事性、政治性特征。尤其在美、苏争霸时期,国家利用太空、探索太空的一系列活动主要是为军事服务,目的在于威慑其他国家。20世纪80年代以来,在空间科学和探索以及空间技术应用方面出现了一些新动态,其中之一是拥有探索空间能力的国家增多,利用空间技术的国家也迅速增加,空间应用的商业化程度愈来愈高。② 时至今日,各国、国际组织或私人主体勘探和开发外空资源的商业化趋势更加明显。

4. 外空资源开发活动缺少具体有效的国际法律规范

目前,与外空资源利用和开发有关的国际法律规制主要是《外空条约》和《月球协定》,前者内容多为原则性规定,且未对外空资源的商业化开发和利用提出更加明确具体的法律规则;后者缔约国数量有限,国际社会的接受程度较低,其关于规范外空资源开发的内容同样过于笼统,缺乏可操作性。

由此可见,关于外层资源开发这一新兴领域,国际社会还未出台具体可行的规范性法律文件加以规制,对于外空资源的权属、是否可以开发、由谁开发、如何开发等均未形成统一的国际法律规范。在缺乏国际法律规范的前提下,各国有关空间资源开发的国内法律规定更是参差不齐。③ 未来的外空资源开发活动要保持长期良好的秩序环境,单靠一国国内立法是难以实现的,终究还是要依靠国际法相关秩序规则的指引。

综上所述,目前外空资源开发的发展现状主要表现在以下4方面:①外空资源开发主体由单一化向多元化趋势发展;②外空资源开发范围进一步扩大,针对月球及其他天体表层和内部资源的探测与开发活动正如火如荼地展开;③外空资源开发活动逐渐从军事化向商业化过渡,且商业化、私营化趋势明显;④外空资源开发活动缺少有效的法律规范,以原则性条款居多,亟需制定和完善国际法律规范体系加以规制。

---

① 高阳.论外空资源开发法律制度的构建[J].中国空间法年刊,2014:64。
② 贺其治,黄惠康.外层空间法[M].青岛:青岛出版社,2000。
③ 高阳.论外空资源开发法律制度的构建[J].中国空间法年刊,2014:64。

9.2.4　与外空资源开发有关的制度

在1957—1979年间,联合国外空法律委员会先后通过了"一个宣言、五大公约",构成了外空资源开发利用的主要法律渊源。同时,致力于外空资源开发利用的国家也制定了与外空活动相关的国内法。

1. 外空资源开发国际法律制度

1) 外空资源开发的基础法律文件——《外空宣言》。1963年11月20日,为使外空资源开发利用活动造福全人类,加强开发者之间探测和使用外空资源的合作,联合国大会第1962(XVIII)号决议通过《关于各国探测及使用外空工作之法律原则宣言》(简称《外空宣言》)。虽然《外空宣言》不具备法律约束力,但其可为相关国际组织或主权国家未来通过或签署外空资源开发利用法时提供指引。

该宣言共包括9条内容,涉及不得私自占有外空及天体、国家责任、共同利益、登记及营救等,具体规定各国为和平用途,在开发和使用外空资源过程中应遵循以下原则:①外空之探测及使用应为全体人类之福祉与利益而进行之;②外空及天体可任由各国在平等基础上并依国际法规定探测及使用之;③外空及天体不得由各国以主张主权及使用或占领,或以任何其他方法,而据为本国所占有;④各国进行外空探测及使用工作,应遵守国际法规定,包括联合国宪章在内,以利国际和平及安全之维持及国际合作与了解之增进;⑤各国对本国之外空工作,不论由政府机关或非政府团体进行,以及对保证本国工作符合本宣言所定原则,皆负有国际责任,等等。⑥各国探测及使用外空,应遵依合作与互助原则,所有外空工作之进行,应妥为顾及他国之同类利益,等等。⑦将射入外空之物体登记在案之国家,对于该物体及该物体内任何人员,在其停留外空期间,保有管辖及控制权,等等。⑧凡发射或促使发射物体进入外空之国家及自其境内或设施发射物体之国家,对于此物体及其构成部分在地球空间或外空所加于外国或其所属自然人或法人之损害,在国际上皆应负责任;⑨各国应视航天员为人类在外空之使节,遇其发生意外,遭受危难,或在外国领土或公海上紧急降落时,应给予一切可能之救助,等等。

2) 外空资源开发的基本法律依据——《外空条约》。作为"五大公约"中缔约国数量最多且被国际社会接受和认可程度最高的一项条约,《外空条约》具有"外空宪章"之称,其规则和原则是人类开发和利用外空自然资源最主要的法律依据。

《外空条约》制定的目的是深化各国和各民族在和平探索和利用外层空间方面的合作,以为全人类和全民族谋福利。《外空条约》所确立的原则,即共同利益、自由探索和利用、不得据为己有、国际合作、限制军事化、外空登记和管辖、国家责任以及保护外空环境等,对于当前各国外空自然资源开发和利用活动具有规制作用,对于未来进行外空资源开发的专门立法提供明确指引。

《外空条约》的原则和内容几乎涵盖了国际社会在外空领域从事的所有活动,因而被大多数国家承认、签署和加入,具有强大的法律约束力,为实际开发者探索、开采和利用外空自然资源提供法律指引。不过,值得指出的是,《外空条约》缺乏对相关概念的解释,规定的相对原则较笼统、抽象,难以直接解决实践中出现的各类复杂情形,这为国际社会制定其他细化的条约留下余地。总体而言,《外空条约》是各缔约国开发利用外空资源的基础性法律文件。

3)外空资源开发的主要法律规范——《月球协定》。1979年12月5日,联合国大会通过了《指导各国在月球和其他天体上活动的协定》(简称《月球协定》),1979年12月18日开放签署,1984年7月11日生效。

《月球协定》中的大部分内容是对现有已生效外空条约中条款的重申和补充,主要包括共同利益、自由探索和利用、不得据为己有、限制军事化和保护外空环境等原则,前文已对该类原则进行了解释,在此不再赘述。除这些原则以外,《月球协定》还创造性地规定了月球及其自然资源是人类的共同财产、建立开发月球资源的国际制度和情报制度3项内容。

1)《月球协定》第11条第1款规定"月球及其自然资源均为全体人类的共同财产",表明外层空间在很大程度上与公海、国际海底区域、北极和南极等地区相似,属于"人类共同继承财产",并具有如下特点:①不属于任何国家、组织或私人所有;②全人类都有权开采和利用该区域的自然资源;③开发者应以所有国家的利益为出发点,其勘探获得的收益应由全体国家及其公民共同享有;④外层空间应专用于和平目的,且各开采国之间不得相互歧视;⑤全体人类及后代需形成合力,全面保障外层空间资源的安全和可持续利用。①

2)《月球协定》第11条第5款提出"缔约各国承诺一俟月球自然资源的开发即将可行时,建立指导此种开发的国际制度,其中包括适当程序在内。"第7款指出建立这种国际制度的宗旨为:①有秩序地和安全地开发月球的自然资源;②对这些资源作合作的管理;③扩大使用这些资源的机会;④所有缔约国应公平分享这些资源所带来的惠益,而且应当对发展中国家的利益和需要,以及各个直接和间接对探索月球做出贡献的国家所作的努力,给予特别的照顾。

3)《月球协定》第11条第6款确立了情报制度,要求缔约各国应在实际可行的范围内尽量将他们在月球上发现的任何自然资源告知联合国秘书长以及公众和国际科学界。

与前4项公约相比,由于《月球协定》的缔约国数量相对较少以及美国、俄罗斯和中国等空间大国未批准和加入该协定,因此《月球协定》缺乏实际应用价值和现实指导意义。尽管如此,《月球协定》仍是国际社会在开发利用外空自然资源领域中取得的重要成果。

2. 外空资源开发国内法律制度

这方面的典型代表有美国和卢森堡的相关立法。尤其是美国2015年签署的《外空资源探索与利用法》最具代表性。因此,下文着重介绍美国这部法律的内容。

近年来,在太空商业化趋势日益明显的背景下,时任美国总统奥巴马在2015年11月25日签署了《外空商业发射竞争法》,②该法第四部分《外空资源探索和利用法》赋予私人对近地小行星的太空采矿权,引起了国际社会的广泛关注和热议。

《外空资源探索和利用法》包括定义、商业探索和商业获取以及小行星资源和外空资源权利3个部分。

1)关于相关名词的定义,《外空资源探索和利用法》对"美国公民""小行星资源"和"外空资源"做出解释,分别是指:①"美国公民":(a)有美国公民身份的个人;(b)按照美国法律或州法律组成的或存在的实体;(c)按照外国法律组成的或存在的实体,如果其控制利益(由运输部长确定)是由本款小款(a)(b)所述的个人或实体掌握。②"小行星资源":在单一小行星表面或内

---

① Christopher C. Joyner, Legal Implications of the Concept of the Common Heritage of Mankind, International and Comparative Law Quarterly, Vol.35, 1986, pp.190-199.

② 《外空商业发射竞争法》包括激励私人航天竞争及创业、商业遥感、空间商业办公室及外空资源探索和利用四个部分。

部发现的外空资源。③"外空资源":在外层空间的非生命资源,包括水和矿物质。[1]

2)关于商业探索和商业获取,该部分规定美国总统及联邦机构、政府部门的义务和职责为:①协助美国公民对外空资源的商业探索和商业获取;②减少政府阻碍,为外空资源的探索和利用提供便利的途径,保障这一活动安全、稳定地进行;③发挥联邦政府的监管作用,促使美国公民在不受有害干扰的环境下开采外空资源,保障美国公民权利的实现。

3)关于小行星资源和外空资源权利,《外空资源探索和利用法》规定:"本章中参与小行星资源或外空资源商业获取的美国公民,根据可适用的法律,包括美国的国际义务,对所获得的任何小行星资源或外空资源享有权利,包括占有、拥有、运输、使用和出售小行星资源或外空资源。"该规定允许美国公民享有对外空资源的所有权,是本法最核心的部分,同时也是最具争议的部分。在2016年第55联合国外层空间委员会法律小组委员会届会上,俄罗斯、墨西哥、智利等国认为,该规定与《外空条约》《月球协定》中确立的"不得据为己有"原则相悖,[2]极有可能损害其他国家尤其是发展中国家的太空市场份额和期待利益。还有一些学者不以为然,[3]认为《外空条约》只规定"任何国家不得以主权要求、占有、使用或其他任何手段将外层空间及其天体据为己有",而并没有禁止私人实体开发和处置外空自然资源,美国的这一做法不仅未违背现行国际空间法,而且会极大地激发私人开发外层空间的热情,为国家谋取更大的经济利益。直至现在,社会各界对该规定的合法性和合理性问题的讨论仍在继续,尚无统一的定论。

9.3 外空资源开发法律制度的发展与建议

9.3.1 外空资源开发制度化的挑战

1.现有法律不足以保证外空资源的有序开发

当前,虽然国际社会已在外空领域形成了"一个宣言、五大公约"的法律体系,但其中只有《外空条约》和《月球协定》与外空资源开发利用活动密切相关,且这两项公约对相关概念的界定较为模糊,分别存在内容过于原则化和适用范围狭窄的缺陷,难以保证各主权国家和私人实体有序开发外空资源。其主要表现如下:

1)对"和平目的"的界定。根据相关条约的规定和国际实践的惯常做法,各主权国家对外空的开发和利用应完全用于和平目的。虽然《外空宣言》《外空条约》等都确立了和平开发和非军事化原则,但并未说明"和平目的"的适用领域和对"非军事化"进行详细的界定,极易导致

---

[1] 王国语,陶阳子.美国<2015外空资源探索与利用法>的分析及应对建议[J].中国航天,2015(12):22。

[2] 除俄罗斯、墨西哥、智利等国不认可美国的做法外,中国政法大学廖敏文等教授也认为美国为实现外空权益最大化和实际占有外空资源,才制定了《外空资源探索与利用法》。美国在《外空资源探索与利用法》主张的"外空资源可以据为己有"的观点已经明显溢出了立法国享有的国际空间法赋予的权利边界,这种做法将会使《外空条约》形同虚设,不应被国际社会所鼓励。

[3] 香港大学赵云教授、华东政法大学蒋圣力博士在《外空资源的法律性质与权利归属辨析——兼论外空资源开发、利用之国际法律机制的构建》一文中提到:"人类共同继承财产"法律制度不应适用于外层空间,外空资源并非"人类共同继承财产"。

开发者利用这种"立法空白"大肆开采外空资源,抢占其他国家的太空市场份额和损害其合法权益。其中,就"和平目的"的适用领域而言,《外空条约》第4条第2款规定:"缔约国必须出于和平目的的探索利用月球及其他天体……"在实践中,一些国家及政府实体断章取义、过于片面地理解该规定,认为其在开发和利用外空资源时,"和平目的"无须适用于所有天体及自然资源的开发利用活动中。就"非军事化"原则而言,《外空条约》和《月球协定》都禁止在天体建立军事基地、设施和工事,禁止在天体试验任何类型的武器以及进行军事演习。然而,这些公约未明确界定"大规模毁灭性武器"的定义,也未将新型武器涵盖在约束范围之内,这些法律漏洞使得一些国家有机可乘,其往往出于保护本国利益的目的,设法避开法律的规定,打着和平的幌子,干着非和平地开发利用行为,损害其他国家尤其是空间实力较弱国家的合法权益。因此,各主权国家要想在和平利用外空问题上达成共识,就必须对该问题进行长时间的磋商和谈判。

2) 对"发射国"和"登记国"的界定。在早期国际社会探索和开发外层空间时,发射行为和登记行为通常是由一个国家进行的,因而《登记条约》的相关条款对"发射国"和"登记国"的界定只有"国家"的表述。近年来,随着太空商业化的发展和各国之间加强在太空领域的合作,非政府团体和私人越来越多地参与到太空活动中,且发射行为和登记行为也不再只由一个国家进行,使得《登记条约》变得不合时宜。为此,《登记条约》做出强制性的规定,要求所有从事发射行为的国家都应向相关部门进行登记。不过,该规定在实践中并没有得到很好的遵守和贯彻,导致出现登记不全面、混乱以及追责难的困境。

3) 对"人类共同继承财产"的界定。虽然《月球协定》规定月球及自然资源均为人类的共同继承财产,但其对"人类共同继承财产"的界定较为模糊和抽象,使得发达国家和发展中国家对"共同继承财产"的理解大相径庭。具体而言,由于不同国家的历史背景、经济发展程度和空间技术水平不可避免地存在差异,各主权国家必定会从国家本位和自身利益的角度片面地解释"共同继承财产"的内涵。一些空间大国为了使利益最大化,实现独占太空的目标,强调"自由获益"理念,认为人类共同继承财产的核心是保障人类享有自由进入、开发和利用外层空间的权利,这种观点虽赋予各国平等、自由探索外空及自然资源的机会,但忽视了人类共同继承财产原则为全人类谋福利的要求。与此不同的是,空间实力较弱的国家为了弥补其在空间技术上的不足,倡导各国对外层空间享有共同管理权和收益权,[①]这种"利益均沾"学说虽在一定程度上平衡了"自利"与"他利"之间的关系,但可能因未重视实际开发者在开发外空资源过程中付出的努力而引发不满,打击开发者的热情,不利于外空活动的长期可持续发展。总之,以上两种观念都过于偏激,要想避免各国因理解偏差损害其他国家的利益,各缔约国就必须修改和完善《月球协定》及其他相关条约对"人类共同继承财产"的定义、特点、性质和判断标准。

4) 现有外空资源开发法存在的问题。虽然国际社会制定了许多调整和规制外空活动的法律规范,但只有《外空条约》和《月球协定》等为数不多的法律与开发利用外空资源有关,且这些法律都不可避免地存在一些缺陷。如《外空条约》的内容过于原则化和抽象,只确定了共同利益、不得据为己有等开发外层空间的基本原则,但并未构建具体的开发制度,也未解决各主权国家和私人实体等在开发过程中可能涉及的各类问题;《月球协定》的缔约国数量有限,在国际社会中的认可度较低,适用范围相对狭窄,导致《月球协定》的实际效力大打折扣。

---

① 韩雪晴.自由、正义与秩序:全球公域治理的伦理之思[J].世界经济与政治,2017(1):137.

2. 不得据为己有原则不足以阻断资源的排他性占有

(1) 现实方面——国家或私人实体可占有外空资源

当前,一些发达国家为加快对外空自然资源的争夺和抢占太空制高点,放纵甚至鼓励国内私人主体对外空资源进行探索、开发和利用,大力宣扬"谁开采谁获得所有权"和"外空资源可以据为己有"等理念,①明显违背了传统外层空间国际法中确立的"不得据为己有"原则,损害了其他国家的合法权益。

上文提到,美国前总统奥巴马在2015年11月25日发布了《美国商业太空发射竞争法》,该法第四章"外空资源探索与利用"赋予美国公民对近地小行星的太空采矿权,②以及对小行星和其他空间资源的占有、运输、销售和使用的自由,③并规定除非美国违背国际义务,否则联邦政府不得通过设置行政管理壁垒的方式限制企业和公民开发外空资源,④以保障私人实体不受干扰地享有对外空资源的所有权和对其实施有效管理。2020年5月,美国国家航空航天局公布了《阿尔忒弥斯协议》(Artemis Accords),允许开发公司从月球、火星以及小行星上开发和提取资源,倡导在月球基地周围建立"安全区",由此对月球区域划定所有权,建立月球殖民地,阻碍其他国家对外空自然资源的开发。

无独有偶,2017年7月13日,卢森堡有选择性地吸收了美国提出的"谁开采谁获得所有权"的主张,制定《外空资源探索与利用法草案》,明确规定拟开展商业探索与利用外空资源的运营人(一般是指卢森堡法律规定的国营股份有限公司、合伙股份公司、私营有限责任公司或注册地在卢森堡的欧洲公司)应事先向相关部门提交书面申请,其在获得审查机构的许可和批准后,即可取得探索、开采、占有外空自然资源的权利。至此,卢森堡成为首个以立法形式规定"外空资源可以据为己有"的欧洲国家。

自美国和卢森堡推行私人实体或国家可对外空资源进行占有的观念以来,各主权国家就高度关注外空自然资源的权利归属问题。根据经典罗马私法的规定,先占者只能对无主土地主张所有权和实行有效的管理。⑤具体到外层空间领域,《外空条约》和其他相关条约明确指出,外层空间及其所有天体中的自然资源都属于人类共同继承财产。外层空间不属于国际法规定的先占客体,任何国家或私人都不得以先占为由,将外层空间的自然资源据为己有。基此,大多数国家认为,美国、卢森堡的做法虽能在一定程度上激发私人实体或国家对外层空间的探索热情和创造更丰厚的经济效益,但严重违背了"不得据为己有"这一利用外层空间的国际习惯规则。除具有非法性外,比利时在第55届联合国外空委会议上声称:"如果一个实体在获取资源的过程中获得了太多的自由,那么其自由访问的权限可能会受到极大的阻碍;如果无

---

① 廖敏文.外空资源法律地位的确定问题研究[J].国际法研究,2018(2):40.
② Erin C. Bennett, "To Infinity and Beyond: the Future Legal Regime Governing Near-Earth Asteroid Mining," Texas Environmental Law Journal, Vol.48, 2018, p.10.
③ U.S. Senate, 114th Congress, 1st Session, Document 2262, "Space Resources Exploration and Utilization Act of 2015," § 51302-51303.
④ 李寿平.自由探测和利用外空自然资源及其法律限制:以美国、卢森堡两国有关空间资源立法为视角[J].中外法学,2017(6):1576.
⑤ 周海忠.国际法[M].北京:中国政法大学出版社,2004.

法平衡各国对资源的权利取得,那么可能产生过于膨胀的'亮线'区域和导致土地争夺。"①从中可知,美国、卢森堡等的做法可能加剧各国在外空领域的地缘政治关系,动摇国际安全、稳定,损害全人类的合法利益。

综上所述,美国、卢森堡等主张的"国家或私人实体可对外空资源享有主权"的理念与"不得据为己有"原则相悖,对外空安全造成了现实的挑战,遭到了许多国际组织和国家的抵制和反对。

(2)理论方面——主客体界定模糊与法律效力低

《外空条约》仅规定了各国不得以主权要求、占有、使用和其他任何手段将外层空间及其天体占为己有,但并未明确非政府组织、社会团体以及私人主体是否也需要受到该条约的限制,也未明确外空自然资源是否在不得据为己有的客体范围之内,具有很大的模糊性和不确定性,从而为一些非政府组织、私人实体肆意占有、使用、销售外空资源提供了看似合理的说辞。

在司法实践中,各国对此问题态度不一、各持己见,产生了严重的分歧和矛盾。其中,一些国家认为,社会团体和私人主体作为国家重要的组成部分,其享有何种权利完全取决于国家的授权。根据《外空条约》的规定,国家尚且无法对外层空间主张主权,那么非政府主体更不可能超越国家对外空资源进行无节制的挖掘。在该观点的支持下,美国航天局对"格雷格里·尼米兹对 433 号小行星主张私有权利案"做出裁决,指出由于"个人可占有天体"理论缺乏相关法律的支撑,裁定驳回格雷格里·尼米兹的诉讼请求。② 在中国月球大使馆兜售月球土地案中,北京市海淀区人民法院认为,所有国家以及国家内的公民和组织都无权对月球主张所有权。与该观点针锋相对,还有一些国家声称个人应当得以代表其自身、或者代表其他个人、私人社团以及国际组织,合法且合理地占有外层空间的任何部分。③ 据此,这些国家允许甚至大力支持本国的私人实体对外空资源进行先占、开采和利用,美国、卢森堡就是最有力的印证。直到现在,国际社会对"不得据为己有"原则约束主体范围这一问题仍未达成统一意见,可能导致一些欲在外层空间领域攫取大量利益的国家绕开法律的规定,指使其国内私人实体占有并大规模开发外层空间的自然资源,进而损害其他国家及其公民的合法权益。

除约束主客体不明确以外,"不得据为己有"原则还存在内在的逻辑困境,即其法律拘束力来自和依附于"国家主权"原则,法律效力相对薄弱。具体来说,主要表现在两个方面:①就"不得据为己有"原则的确立而言,由于《外空条约》具有一般条约的法律性质和特点,其只对加入和批准该条约的主权国家产生法律拘束力,而不得成为管控非缔约国或加入国的法律依据。换言之,只有承认"国家主权"原则的国家才享有加入《外空条约》和受"不得据为己有"原则约束的资格,这意味着"国家主权"原则是"不得据为己有"原则发生效力的前提;②就"不得据为己有"原则的变更而言,随着各国对外空资源的勘探和开采技术日益提高,以及各国对自然资源的需求不断增加,一些国家企图通过动摇和改变"不得据为己有"原则在外层空间国际法中的地位来肆意占有外空资源。不难预测,如果越来越多的国家质疑或反对"不得据为己有"原

---

① Craig Foster, "Excuse me You're Mining My Asteroid: Space Property Rights and the U.S. Space Resource Exploration and Utilization Act of 2015," *University of Illinois Journal of Law, Technology & Policy*, 2016, pp.26 – 28.

② 霍贝,施密特—泰德,施罗格.科隆空间法评注(第一卷:外空条约)[M].李寿平,等译.北京:世界知识产权出版社,2017.

③ Stephen Gorove, "Interpreting Article II of the Outer Space Treaty, Proceedings of the Colloquium on the Law of Outer Space," Vol.11, 1968, p.40.

则的合理性,那么缔约国极有可能依据国家主权原则构建全新的条约和规则,以挣脱"不得据为己有"原则对本国原有的束缚和制约。总之,"国家主权"原则作为现有国际法律体系的逻辑基础和核心主张,几乎对所有国家都会产生法律拘束力,是一项难以被变更和替代的原则。相反,"不得据为己有"原则则只约束批准或加入《外空条约》的国家,且其并非是不可变更的基本法律原则,法律效力远弱于"国家主权"原则。

3. 外空商业化不足以促进外层空间的可持续发展

近年来,随着各国经济的飞速发展和科学技术的日益提高,越来越多的国家、非政府团体和私人组织参与到外空资源开发活动中,这种明显的外空商业化趋势引发了国际社会对外空旅客的法律地位、责任主体的确定、破坏外空环境等问题的关注。主要表现在以下三方面:

1) 外空旅客的法律地位问题。在外空商业化以前,由于宇航员是唯一有权进入外层空间的主体,《营救协定》只规定了对宇航人员、空间物体及其组成部分进行营救。如今,普通民众进入外空旅游已成为一种现象,而现有法律法规根本无法保障外空旅客的权利。在此背景下,国际社会开始探讨下列问题:①《营救协定》是否应将除宇航员之外的其他进入外层空间的主体也纳入营救的范围?②当外空旅客遭遇危险时,登记国或发现国应承担何种救援责任?③相比于宇航员,登记国或发现国对外空旅客的营救标准应更加严格还是更加宽松?④国际社会是否有必要根据外空商业化的发展,专门制定一部保护外空旅客权利的法律?直到现在,这些问题尚未得到解决,国际社会仍需对其进行进一步研究。

2) 外空商业化下责任主体的确定问题。在开发外层空间的早期,由于各主权国家的经济发展程度和科技水平存在巨大的差异,一国在开发利用外空资源过程中很少与其他国家进行合作,当该国在发射、运行卫星或从事其他相关活动时对另一国造成损害的情况下,受害国非常容易确定责任国和要求其承担相应的赔偿责任。而近年来,在外空商业化趋势日益明显的国际背景下,不仅各国之间加大了在开发外空领域方面的合作和交流,而且非政府团体和私人组织也频繁参与到开发活动中,使得责任主体越来越多元和复杂,加大了受害国对加害行为者的追责难度,甚至可能导致受害国无法获得充足的赔偿。

3) 开发实体对外层空间造成的环境问题。人类在实际开发外空资源的过程中,不可避免地会给外层空间带来过多的物质、成分、电波和辐射,进而对外空造成空间碎片污染、放射性污染、生物污染和化学污染等,①破坏外空环境和影响外空的可持续发展。尤其是近年来,空间碎片已成为太空污染的一个重要来源,几乎所有的航天国家在发射火箭、卫星和执行其他航天任务时都会制造空间碎片,产生一系列危害:①空间碎片对空间轨道的污染可能使地球轨道的部分区域不再具有可利用性;②空间碎片已经成为人造卫星和轨道空间站的潜在杀手,严重威胁宇航员的人身安全;③空间碎片和运行中的空间物体相撞击;④空间碎片对地球环境和人员安全形成潜在的威胁。② 不难预测,以空间碎片为主的太空污染必将是国际社会在日后开发利用外空资源过程中关注的重点问题。

---

① 邢晓玲.对外空资源利用与环境保护的几点思考[M].北京:人民法院出版社,2006。
② 侯瑞雪.风险社会视阈中的外空环境法律保护:以空间碎片污染为例[J].当代法学,2010(5):141-142。

9.3.2 外空资源开发有关制度发展的建议

1. 制定完备的外空资源开发利用法

如上所述,国际社会已在开发利用外层空间领域构建起"一个宣言,五大公约"的法律体系,但这些法律规范存在内容原则化和滞后、对相关概念的界定模糊、认可度较低等缺点,不利于外层空间的可持续发展和保护人类共同继承财产。对此,为了使各主权国家平等开发利用外空资源,国际社会亟需从以下两方面完善和补充已有的相关条约。

(1) 补充与完善"五大公约"的内容

随着外层空间商业化和外层空间私营化的发展,虽然以《外空条约》为主的"五大公约"的许多内容都显得较为陈旧和落后,但几乎所有外空活动仍无法超出"五大公约"的管辖范围。为此,国际社会有必要结合人类开发利用外空资源的实情,及时补充和更新"五大公约"对非军事化原则、发射国和登记国等内容的规定:

1)《外空条约》仅将"武器"限定为"核武器和其他类型大规模杀伤性武器",且只禁止在月球和其他天体上放置武器,各缔约国为防止一些国家利用未被《外空条约》规制的新型武器威胁外层空间的安全,避免不法实体在月球轨道和其他行星轨道上部署军事设备,应扩大"武器"的涵盖种类和武器的放置"禁区"范围。

2)《登记公约》对"登记国"和"发射国"的规定忽视了非政府组织、私人团体在开发利用外层空间中的作用,国际社会可考虑在外空商业化趋势下分别修改"登记国"和"发射国"为"登记方"和"发射方"。

3)《营救协定》将除宇航员以外的其他进入外空的人员排除在营救范围之外,这在外空旅游日益兴起的今天显得不合时宜。为全面保障进入外层空间的人员的人身安全,激发私人实体开发利用外空资源的热情,《营救协定》可赋予凡是合法进入外层空间的人员,在发生意外事件时均享有被国际社会救助的权利。

4)《责任公约》与《登记公约》存在的问题类似,对责任主体的界定只停留在国家层面,不利于追究私人开发实体的责任和保护受害方的利益。对此,《责任公约》应重新审视对责任主体的界定,并明确各责任主体在不同情况下承担责任的方式。

5)《月球协定》的缔约国数量相对较少,受认可程度较低,无法发挥应有的约束效力。考虑到各国在较长时间内的空间实力和利益诉求难以保持一致,我们可通过允许一些国家对《月球协定》的某些条款做出保留,以扩大《月球协定》的适用范围和增强其法律约束力。

综上所述,"一个宣言,五大公约"构建起国际外层空间法的框架和基础,国际社会应审时度势,定期或不定期对这些法律规范进行查漏补缺,更新其中与实际情形相脱节和滞后的内容,从而为人类开发利用外空资源提供坚实的制度保障。

(2) 明确"不得据为己有"原则的适用范围

根据《外空条约》对"不得据为己有"原则的规定,明确禁止各主权国家享有对外空资源的所有权,但并未将国内私人实体、非政府组织纳入约束的范畴之内。该种模糊、不确定的表述致使美国、卢森堡等国鼓励公民对外空资源进行自由开发和商业利用,极易损害其他国家尤其是不发达国家的经济利益。基此,各缔约国可通过修订《外空条约》《月球协定》以及其他国际公约的方式,明确界定适用"不得据为己有"原则的主体范围。不过,由于各国在开采外空资源技术方面存在着巨大的差距和国家之间的利益难以协调,各国很难在较短时间内对"不得据为己有"原则是否应约束私人实体这一问题达成统一意见。因此,国际社会可从全人类的利益平衡和各国的实际发展水平出发,暂行采取相对中立、缓和的态度,树立原则性和灵活性相结合、一般性与例外性相统筹的理念,针对外空资源的所有权和收益权做出不同的规定。对所有权而言,外层空间的自然资源属于人类共同继承财产,关系到全人类的生存和每个国家的利益。为使外层空间真正成为人类赖以生存的"资源宝库",避免一些科技强国通过滥用法律权利侵害其他国家或地区的资源利益,各缔约国应对《外空条约》的第6条规定"各国应对其航天活动承担国际责任,不管这种活动是由政府部门还是非政府部门进行的"①进行广义解释,即"不得据为己有"原则不仅对各缔约国产生法律拘束力,而且还应严格规制任何私人实体或非政府组织对外层空间资源的非法占有行为。②

然而,如果采取"一刀切"的方式绝对禁止主权国家和公民对外空资源的任何种类的权利,那么必然会消耗开发主体对外层空间的探索热情和阻碍各国对自然资源的开采进程。因此,国际社会应在前述规定的基础上,通过制定例外条款的方式吸引国家和私人实体积极持续地开发外空资源,以推动经济社会实现跨越式发展。其主要包括以下3种做法:①赋予主权国家和私人实体自由勘探、开发、利用外空资源的权利,并对该权利的行使条件、程度、范围做出一定的限制;②在"开发外空资源符合全人类共同利益"理念的指引下,赋予实际开发者对外空资源有限的收益权和受益权,根据各国在开发过程中发挥的作用和贡献的力量不同,有针对性地分配权益以及平衡空间能力发达、不发达甚至完全无空间能力的国家之间的发展;③③参鉴罗马经典私法对土地采矿人的适格条件的规定,④要求全体利益攸关方在遵循"不得据为己有"原则和服从相应的管理机制的前提下,向外空资源的所有权人或专门的国际空间管理机构支付相应的对价,以换取对外空自然资源的开发和利用权限。⑤ 从而打造实际开发国和非实际开发国之间的双赢合作模式,全面保障所有缔约国在外层空间中的合法权益。

综上所述,国际社会应采取"以不开发为主,以有限开发为辅"相结合的原则,明确规定私人实体和非政府组织都不得享有对外空资源的所有权,但能对其进行合理开发和利用,从而保护人类的共同继承财产和实现各国在外空资源开发领域的利益平衡。

2.建立专门的外空资源管理机构

由于国际海底区域和外层空间都具有公共性、跨国性的特点,国际社会可借鉴国际海底区域开发利用的经验教训,参照各国对国际海底区域的管理机制和模式,建立类似于国际海底管理局的外空资源管理机构(即"国际空间管理局"),以对外空资源进行合理配置和平衡各缔约

---

① "Treaty on Principles Governing the Activities of States in the Exploration and Use of Outer Space, including the Moon and Other Celestial Bodies," Office of Treaty Affairs, 1967, https://www.state.gov/outer-space-treaty,登录时间:2020年7月12日。
② 廖敏文.外空资源法律地位的确定问题研究[J].国际法研究,2018(2):65。
③ 赵云,蒋圣力.外空资源的法律性质与权利归属辨析:兼论外空资源开发、利用之国际法律机制的构建[J].探索与争鸣,2018(5):90。
④ 根据经典罗马私法,地球上的土地所有权的空间范围达及地上物和地下物。其他国家要想在他人的土地和共有共用土地上进行采矿,需事先向土地所有人和管理机制支付一定的对价。
⑤ 廖敏文.外空资源法律地位的确定问题研究[J].国际法研究,2018(2):66。

国之间的利益。

众所周知,《外空条约》多次强调外层空间的自然资源属于人类共同继承财产,任何主体对其进行开采都必须惠及所有缔约国的发展,因而国际社会在构建国际空间管理局时应率先树立不得据为己有、共同利益、自由探索和利用、平等开发以及可持续发展的理念,处理好空间能力强国和弱国之间的协调和冲突关系。在该类原则的指引下,外空资源管理机构还应尽可能多地吸纳成员国,以奠定坚实的组织基础。一般而言,"国际空间管理局"可选择以下几类国家作为其会员国:①可对外层空间进行充分探索和开采的国家;②具有金融投资能力的国家;③任一联合国会员国;④独立的主权国家或地区。① 对此,前两种情形仅赋予外空科技强国和金融强国开采外空自然资源的权利,明显违背了人类共同利益原则,剥夺了发展中国家或地区的勘探和受益机会,不符合国际空间活动的发展趋势。相比较而言,情形③在理论上存在一定的合理性。根据《联合国宪章》的规定,任何成员国均不得干涉其他国家的内部事务。具体到外层空间领域,该规定有利于保留非实际开发国在外空中享有的开采权和受益权,但这种情形是否真正合理还有待实践的进一步验证。情形④将国家是否享有独立的主权作为统一的判断标准。因此,考察申请国是否满足加入"国际空间管理局"的身份和条件,保障了各缔约国平等进入"国际空间管理局"的权利,必然发展成为各国普遍遵循的主要方式。

除了树立先进的设计理念和吸引更多主权国家加入外空资源管理机构外,"国际空间管理局"还应设立具有不同权限和职责的内设机构。具体而言:①"国际空间管理局"可成立成员国大会,由该会负责制定一般性政策和章程、审批成员国加入或退出、审议通过财政预算等综合性事项;②各航天强国、弱国、居中国家可考虑派出一定比例的代表组成常任理事会,负责处理管理局日常行政审批工作,弥补成员国大会无法及时召开的缺点;③成立专门的财政委员会,以管理财政规则的起草、收取各成员国的会费和许可费等工作;④组建争端解决机构;⑤下设相关的事务执行机构;⑥为保障各国合理开采外空资源,为规制开发实体的不正当开采行为,"外空资源管理局"还应建立一个行之有效的内部评估审核机构,主要包括法律、环境、科技考察部门。

综上所述,国际社会应在"一个宣言,五大公约"及其相关原则的指引下,号召各主权国家积极成立专门的外空资源管理机构及其内设部门,从而打造系统的、完整的、全面的运行治理机制。

3.构建国际资源开发许可与通知机制

在实践中,一些国家和非国家实体滥用权利,损害其他国家对外空自然资源的所有权和收益权。为防止此类现象的发生,保护全人类的共同继承财产,国际社会可考虑建立外空资源的开发许可和通知机制。具体而言,主要包括两方面内容:

1)为保障从事实际开发活动的国家、组织和个人合理开采外空资源,国际社会应要求开发主体严格遵循相关国际条约对许可流程的规定,有步骤地向"国际空间管理局"完成申请和登记工作,以获取"国际空间管理局"对其出具的开发许可文件。首先,形式审查。申请者应通过提交专利技术证明、投入资金证明以及已有的开发经验证明等各种材料,证明自身满足开发外空自然资源的身份要件,并向理事会全面阐述其制定的开发计划,包括开采目的、区域范围、方

---

① Ricky J. Lee, Creating a Practical Legal Framework for the Commercial Exploitation of Mineral Resources in Outer Space, Ph.D. dissertation, University of Murdoch, 2009, p.588.

法、年限、阶段性预期成果、对环境的影响程度、与他国的合作方案以及争议解决途径等内容。此后,"国际空间管理局"应对此类材料进行初步形式审查。如果申请人上交的材料齐全且不存在任何表面瑕疵,那么申请流程可顺利进入第二阶段;反之,如果材料不符合相关的规定,"国际空间管理局"应及时将材料退还给申请人,并视情况向其说明理由,以便申请者对材料进行适当的修正或补充。其次,实质审查。"国际空间管理局"应继续对通过初步审查的申请者进行实质审查,可根据证明文件的不同类型,将材料分别转交给特定的评估审核机构。该类机构应在45日内将审核结果如实上报给"国际空间管理局",据此,"国际空间管理局"应在30日内做出申请者是否可以进入下一审查环节的决定。另外,对于未通过实质审查的申请者,"国际空间管理局"应要求其在60日内提交更为完善的开发计划书和其他证明资料,并重复以上审核工作。① 最后,全体表决。"国际空间管理局"需召开成员国大会,就申请者是否具备开采外空资源的能力问题进行全体表决,最终对通过表决的适格主体颁发许可证明文件。

2)为使利益相关方事先掌握各国对外空资源的开发情况和保护本国的合法权益,"国际空间管理局"应通过建立外空开采通知机制要求各缔约国将其开发计划广泛告知其他国家。该通知机制可包括如下内容:首先,任一缔约国都负有将开采活动通知给"国际空间管理局"及整个国际社会的义务;其次,如果一个国家已获知另一国的开采计划且同时在相同区域内从事资源勘探活动,那么其应立即向另一国汇报本国的开采时间、计划以及其他相关内容,以保护先行开发者的利益不受侵犯;最后,国家、非政府组织和私人实体应将其在外空中发现的可能对人类生命健康造成威胁的任何现象或其他任何有机生命现象,全面上报"国际空间管理局"及整个国际社会。

总之,"国际空间管理局"应以构建外空开采许可和通知机制的方式筛选出符合开采条件的各类主体,从而保障非实际开发国对外层空间享有的自由探索和利用的权利。

---

① Fabio Tronchetti, "The Exploitation of Natural Resources of the Moon and Other Celestial Bodies," *Studies in Space Law*, Vol.4, 2009, pp.259-260.

第 10 章 外空责任规则

随着外空科学技术的发展,人类外层空间活动的范围日趋扩大,同时,外空商业化的趋势也愈发明显。然而,外层空间活动的风险问题也成为人类外层空间活动不容忽视的一个方面。例如,苏联核动力卫星"宇宙 954 号"发生故障,未燃尽的带有放射性的卫星碎片散落在加拿大北部地区,造成大面积放射性污染,为此,美国和加拿大都向苏联提出了赔偿请求。根据一般国际法,国际责任主体应当对其外空活动对地球、空气空间或外层空间(包括月球和其他天体)造成的损害性后果承担法律责任。这也表明外空活动的发展使得外层空间责任立法既十分重要又相当紧迫。

10.1 外空责任法理基础

10.1.1 外空责任的沿革

1959 年 7 月 14 日,和平利用外层空间专设委员会在年度报告上,就"航天器的损害责任"一题进行讨论,并类比航空器的损害责任问题进行分析,认为航天器的损害责任主体、责任类型和归责原则等问题亟待解决。[①] 1962 年 6 月 4 日,美国代表在外空委法律小组委员会议上正式提出该议题,并提出"航天器事故的损害责任草案",与会国家就该草案进行讨论,但并未达成协议。[②] 此时,苏联认为,依据"特雷尔冶炼厂仲裁案(Trail Smelter Arbitration)"和"科孚海峡案(Corfu Channel Case)"等国际判例,损害赔偿是毋庸置疑的,不宜过多地关注赔偿问题,所以并未就该问题进行过多的讨论,但大多数国家更希望通过有约束力的国际法构建外空法中的损害赔偿责任。1963 年 4 月 29 日,比利时提交了"关于外空装置造成损害赔偿责任公约草案",次年 3 月 16 日,匈牙利提交了"发射外空物体造成损害赔偿责任草案",同期美国提交了改进草案。外空法中国际责任的前期讨论主要围绕以上三个国家提出的草案,就条约适用范围、所涉概念、赔偿具体事项等议题进行磋商。

---

① 参见联合国文件 A/4141. [EB/OL]. (1959-7-14) [2020-07-15]. https://documents-dds-ny.un.org/doc/UNDOC/GEN/N59/168/35/pdf/N5916835.pdf? OpenElement.

② 参见联合国文件 A/AC.105/6. [EB/OL]. (1962-7-9) [2020-07-15]. https://documents-dds-ny.un.org/doc/UNDOC/GEN/N62/148/24/pdf/N6214824.pdf? OpenElement.

与此同时,1963年,联大通过了《各国探索和利用外层空间活动的法律原则宣言》(以下简称《宣言》),其中第5条和第8条分别明确规定了外空活动的国际责任和赔偿责任原则。《宣言》规定各国对本国在外层空间的活动,以及对保证本国的活动遵守本宣言所规定的原则,均负有国际责任。国际组织在外层空间从事活动时,应由该国际组织及其各成员国承担遵守本宣言所规定原则的责任。同时规定,向外层空间发射实体的国家或发起国家,以及被利用其国土或设施向外层空间发射实体的国家,所发射的实体或组成部分在地球、天空或外层空间造成外国或外国的自然人或法人损害时,应负有国际上的责任。该宣言虽不具有法律约束力,但为外层空间法的发展奠定了一定理论基础。

20世纪六七十年代,美、苏争霸的国际背景使得外空法立法进程停滞不前,两大阵营就条约缔约国范围、争端解决方式和国际组织的地位问题争执不下,一时间没有定论。[①] 随着外空技术的发展,美、苏又迫切想要达成具有约束力的外层空间法律制度,1966年《外空条约》在此背景下通过,其中就国际责任的规定延续了《宣言》中的主要内容,其第6条和第7条首次在国际法上确立了外空活动的国际责任和国际赔偿责任。《外空条约》规定了,各缔约国对其(不论是政府部门,还是非政府的团体组织)在外层空间所从事的活动,要承担国际责任,并应负责保证本国活动的实施,符合本条约的规定。国际组织遵照本条约之规定在外层空间进行活动的责任,应由该国际组织及参加该国际组织的本条约缔约国共同承担。同时规定,凡进行发射或促成把实体射入外层空间的缔约国,以及为发射实体提供领土或设备的缔约国,对该实体及其组成部分,在地球、天空或外层空间(包括月球和其他天体)使另一缔约国或其自然人或法人受到损害,应承担国际责任。

《外空条约》的以上两项规定是外空法中责任制度的基础性规定,第6条不仅确立了国家对政府实体外空活动的国际责任,也确定了国家对其国内非政府实体外空活动的国际责任。第7条规定了发射国应当对因其发射的外空物体所引起的损害,承担国际赔偿责任。《外空条约》是外层空间法中实质性的一步,随后联大敦促外空委同时进行营救协定和责任公约的立法工作。1970年6月,外空委成立起草小组,并提出公约草案,但与会各方对"争端解决方式"和"适用法律问题"仍未达成一致。[②] 同年,"阿波罗-13"的飞行事故使得美、苏两国意识到外空合作的重要性,并签订了为期5年的外空技术合作协议。双方关系的缓和在一定程度上促进了责任草案的磋商进程,最终起草小组于1971年6月28日提交草案,同日法律小组委员会通过该草案。外空委通过该草案后,由联大一委提交联大于1971年11月29日通过。历经十余载,《责任公约》于1972年9月1日正式生效,其对外空物体造成涉外损害的责任主体、求偿主体、归责原则、赔偿方式和条约适用等问题进行了规定。

10.1.2 外空责任的概念

任何法律制度都有关于违背义务所引起责任的规定,国际法中不仅有对国际法主体承担义务的国际法实体规则,也有违背该义务引起的责任规则。英国学者詹姆斯·克劳福德

---

① Bin Cheng. Studies in International Space Law[M]. Oxford: Oxford University Press: 290-291.
② 参见联合国文件 A/AC.105/85. [EB/OL]. (1970-7-3) [2020-07-15]. http://www.unoosa.org/pdf/reports/ac105/AC105_085E-lc.pdf.

(James Crawford)指出,国际责任是指国际法主体从事了违反国际法规则的行为,或者违背了本应承担的国际义务时,在国际法上应该承担的责任,而无论这些义务是哪种类型的。[①] 该理论认为,国际责任来源于对国际义务的违背,或者是对国际规则的违背,无论这些义务和规则的类型。此理论忽略了国际责任的另一产生依据,即国际法上不加禁止的行为造成的损害性后果引起的国际责任,仅规定了国际不法行为引起的国际责任。我国学者王献枢指出,国际法上的国家责任,也称国际责任,主要是指国际法主体对其国际不当行为或损害行为所应承担的法律责任。[②] 该理论完整地阐述了国际责任产生的两大依据,但是没有明确国际责任的性质,仅指出了法律责任的产生。

我国学者李寿平指出,国际责任是指,国际责任主体对其国际不法行为或损害行为所应承担的法律后果。此理论较为完整地体现了国际责任的内涵与实质。[③] 首先,该定义反映了国际责任产生的依据,一方面是国际不法行为,另一方面是国际法不加禁止但造成损害性后果的行为。其次,该定义也反映了国际责任的实质是一种法律后果,不仅是责任方的义务,也包括受害方的权利。

在现行国际法体系中,外层空间法上的国际责任主要是指外空法主体违背国际义务或从事外空法活动时造成损害所应承担的法律后果,主要确立外空法物体对他国或他国自然人、法人的财产或人身财产损害的赔偿责任,以及外空法物体和空间碎片造成外空法环境损害的国际责任。

10.1.3 外空责任的类型

外空法中的国际责任主要源自于外空活动或外空物体对人身、财产或者外空环境造成的损害,针对不同的损害性后果会产生不同的国际责任。

1.外空物体造成损害的赔偿责任

《外空条约》第 7 条规定,凡发射或促使发射物体进入外层空间,包括月球与其他天体在内的缔约国,以及以其领土或设备供发射物体用的缔约国,对于这种物体或其组成部分在地球上、在大气空间或在外层空间,包括月球与其他天体在内,使另一缔约国或其自然人或法人遭受损害时,应负国际责任。该条规定了发射国对其外空物体造成损失所应承担的国际责任(Liability),是关于外空损害赔偿责任原则性的规定,明确了在外空法律体系框架下发射国需要承担国家责任,《责任公约》以此规定为基础,对整个外空损害赔偿责任构建了比较完整的体系。

根据第 7 条的规定,某一发射国可能对《外空条约》的其他缔约国,对其自然人或法人所造成的损害承担赔偿责任,而这种损害可能发生在空气空间、外层空间或地球表面,包括月球和其他天体。这就从事实上针对发射外空物体的行为施加了国际赔偿责任。

---

① CRAWFORD J. State Responsibility: The General Part[M].Cambridge :Cambridge University Press,2013: 51-52.
② 梁西.国际法[M].武汉:武汉大学出版社,2003.
③ 李寿平.现代国际责任法律制度[M].武汉:武汉大学出版社,2003.

2.外空活动违反国际义务所引起的一般国际责任

在现行的国际实践中,外空活动违反国际义务所引起的一般国际责任主要是指外空活动造成外空环境损害,其中比较突出的是空间碎片造成的外空环境损害问题。随着航天技术的不断发展,人类加快了探索和利用外层空间的脚步,外空活动日趋频繁,且随着参与太空活动的国家数量和空间能力的不断增加,航天器的数量激增,但也带来了空间碎片问题。尤其是近年来小卫星星座的部署、航天器的不稳定性以及航天器碰撞事件的发生,使得空间碎片问题愈发严重,空间碎片密度、大小和速度等,严重威胁着人类的外空活动。

当前,外空环境可持续性发展受到了严重挑战,截至2020年7月,全球在轨卫星有2 685颗,而自人类第一颗人造地球卫星成功入轨,人类已经累计发射入轨的航天器数量为9 568颗,外空环境的可持续性还受到了轨道拥挤的潜在威胁,以及对轨道或无线电频率等稀缺资源使用的相应限制。然而,空间碎片的扩散是对外空系统的威胁增长最快的方面。自1957年以来(外空物体)发射超过5 000次后,超过10 cm的可追踪的碎片数量预计将超过22 000块,1~10 cm之间的碎片数量达到60 000块,直径在1 mm~1 cm之间的碎片数量超过3亿块。总体来说,目前在轨的质量超过了750万千克。[①]

外空环境损害是指,人类探索和利用外层空间的活动所造成的外层空间环境污染,并导致外层空间环境恶化,对外空环境可持续利用产生现实威胁的现象。外空法律制度的发展是为了确保各国自由地探索和利用外空,保护外层空间环境则是外空法律制度的应有之义,而遵循国际义务是国际法中的一项重要原则,《联合国宪章》在序言中重申,"尊重由条约和其他国际法渊源而起的义务"。继而1948年《美洲国家组织宪章》、1969年《维也纳条约法公约》、1970年《国际法原则宣言》及1982年《联合国海洋法公约》等一系列国际公约重申了该原则,违背国际义务就必然引起国际责任。

《外空条约》第6条规定,各缔约国对本国在外层空间,包括月球与其他天体在内的活动应负国际责任,不论这类活动是由政府机构或是由非政府团体进行的,它都应负国际责任,以保证本国的活动符合本条约的规定。非政府团体在外层空间,包括月球与其他天体在内的活动,应经本条约有关缔约国批准并受其不断的监督。一个国际组织在外层空间,包括月球与其他天体在内进行活动时,遵守本条约的责任应由该国际组织和参加该国际组织的本条约各缔约国共同承担。该条为国家的活动(第一句及第二句)和国际组织的活动(第三句)设立了一种国际监管的义务,尤其是此持续监管的义务需要保证其外空活动的实施要符合《外空条约》其他条款,以及《外空条约》其他国际义务的规定,都间接地表达出保护外层空间环境的义务,违反这些基本义务将会引起国际责任。

10.1.4 外空责任的性质

1.外空物体造成涉外损害责任的性质

外空法中的国际责任,作为责任主体所要承担的法律后果,其性质是一种不具有惩罚性的

---

① Space Debris, IADC Assessment Report 2011 [R] IADC, April 2013.

法律责任。外空法中的责任制度并未就国际责任进行惩罚性制裁的规定,更多的是一种对责任主体,基于其造成的损害性后果而需恢复原状的补偿性规定。在国际法上,一般国际不法行为所产生的国际责任,其性质是一种不具有惩罚性的补偿责任,该观点多次被国际司法实践所采纳。

比较典型的案例是美-德混合索赔委员会(Mixed Claims Commission - United States and Germany)关于"卢西塔尼亚案"(Lusitania Case)中惩罚性损害赔偿的判定,很多美国、英国国内的审判会支持惩罚性损害赔偿的请求,其主要原因是英国首席大法官普雷特(Lord Chief Justice Pratt)的判决,普雷特大法官认为,损害赔偿不仅是对受害者的补偿,同样是对犯罪者的惩罚,并且能够对此类犯罪起到一定的警示作用,以减少此类犯罪。委员会认为,损害赔偿的请求是针对受害人所遭受损失所应确定的补偿,应当与损失相称。但是将损害赔偿与惩罚性或惩戒性等目的挂钩是不当的,混淆了损害赔偿的法理来源,惩罚性明显是独立于受害方获得施害方补偿的权利范围的,是没有法理依据的。[①] 此后,美国国内的裁决也通过扩大确定损害赔偿因素的范围,减少对惩罚性损害赔偿的适用。

在1980年"利特里尔(Letelier)和莫非特(Moffit)案"中,智利-美国国际委员会的专员奥列格·维库纳(Orrego Vicuna)明确表示,国际法中没有惩罚性赔偿的概念,不相称或者数额过高的惩罚性的赔偿都是不正当的,都是与国际法相抵触的。在1989年"维拉斯加诉洪都拉斯赔偿案"中,美洲人权法院也拒绝了原告提出的惩罚性损害赔偿的请求。[②]

现代国际法对国际责任主要强调赔偿,目的是使责任主体对自己的行为所造成的后果承担国际责任。外空法中的国际责任是一种补偿性的法律责任,不具有惩罚性或警示性,仅就所造成的损害性后果进行合理补偿,以期恢复原状。

2. 外空活动违反一般国际义务引起国际责任的性质

根据现行国际责任理论,一般国际责任产生的原因主要是国家的国际不法行为,其采用的归责原则为过错责任。外空活动违反国际义务引起的一般国际责任具有特殊性,尤其是空间碎片造成的外空环境污染引起的国际责任:①空间碎片会对外空环境造成污染;②空间碎片造成的外空环境污染使得他国的财产或人身受到损害。上述①会产生外空环境污染致害国的一般国际责任,②则会产生外空环境污染致害国的国际赔偿责任。

根据联合国国际法委员会《国际法不加禁止行为引起有害后果的国际责任条款草案》的规定,国际赔偿责任的归责原则适用严格责任原则,但就《责任公约》的规定来看,外空物体引起的损害赔偿责任的归责原则区分为严格责任和过错责任。外空物体在地球表面以外或其他地方对其他国家的外空物体或其所载人员造成损害,只有致害国存在过失时才承担国际责任。显然,此时空间碎片造成的环境污染致害国的国际赔偿责任不属于国际赔偿责任。由于外空活动的特殊性以及空间碎片造成环境污染的特殊性,此类国际责任属于一般国际责任,是由于违背国际义务产生的一般国际责任。

---

① Edwin B. Parker, Chandler P. Anderson and W. Kiesselbach. Mixed Claims Commission, United States and Germany: Opinion in the Lusitania Cases[J]. The American Journal of International Law, Vol. 18, No. 2 (Apr. 1924): 361 - 373.
② 李寿平. 现代国际责任法律制度[M]. 武汉:武汉大学出版社,2003:25 - 26.

10.2 外层空间法中的责任制度

10.2.1 构成要件

1. 外空物体造成损害的赔偿责任的构成要件

(1) 主体要件

在国际法中,当行为可归因于国际责任的主体时,才产生国际责任。在外层外空法中,外空物体造成损害的赔偿责任主体是外空物体的发射国,无论该外空活动是由政府实体或非政府实体实施。《外空条约》第7条明确规定,发射国可能对公约的其他缔约国,或对其自然人、法人所造成的损害承担国际责任。同时,《责任公约》第2条和第3条更加明确地规定,发射国对其外空物体在地球表面、空气空间和外层空间,对其他国家造成的人身或财产损害,承担国际损害赔偿责任。

《外空条约》第6条第1款规定,各缔约国应对其本国在外层空间的活动承担国际责任,无论是政府实体或非政府实体的外空活动。并且,国家对非政府实体实施的外空活动要进行批准和持续的监督。而《外空条约》第7条揭示了按照《外空条约》第6条所规定的某一国家从事国内航天活动所应肩负的监管义务(Responsibility)与该国外空物体造成损害所应承担的国际赔偿责任(Liability)之间的法律联系,对国家和国际组织监管义务的规定,赋予了非政府实体所进行外空活动的可归因性,使得国家也需要对本国非政府实体的外空行为承担国际责任。

《责任公约》第1条第3款对发射国的含义进行了界定。发射国是指发射或促使发射外空物体的国家,或从其领土或设施发射外空物体的国家。两大公约对发射国的定义都较为笼统,联合国外空委法律小组委员会在1968年的报告中对发射国的概念做了进一步解释,确定发射国的7项标准:为发射外空物体提供领土者;为发射外空物体提供设备者;对外空物体的轨道或弹道实行控制者;外空物体为其所有者或占有者;促使发射外空物体者;参加外空物体之发射者;外空物体的登记者。

随着商业航天的蓬勃发展,国际责任主体的法律关系变得愈发复杂,私营实体的进入对现行的损害赔偿制度的责任主体提出挑战。首先,外空活动的国际合作使得同一发射行为产生多个发射国,而符合《责任公约》中规定的发射国都应承担国际责任,但各个发射国之间的责任划分问题没有可适用的解决方案。其次,《外空条约》第6条规定了国家对其国内的外空活动的监管义务,不管是政府实体还是私营实体的活动,将该规定作为国家承担私营实体造成损害的国际责任的理由并不公平。私营实体从事商业航天活动的目的是获得利润,而国家承担全部国际责任,加重了国家层面的责任和义务,也不利于私营实体安全防范意识的提升。

除国家外,一些政府间国际组织也参与了外空物体的发射和运营,如国际卫星通信组织、国际移动卫星组织、欧洲空间局等。在政府间国际组织参与发射时,该国际组织应承担发射国的义务。《责任公约》第22条第1款规定,若任何从事外空活动的国际政府间组织声明接受本公约所规定的权利和义务,其一半成员系本公约及关于各国探索和利用外层空间,包括月球与其他天体活动,所应遵守原则的条约的缔约国,本公约,除第 24~27 条外,对所称国家的一切规定,完全适用于该组织。

(2) 客观构成要件

在国际责任的理论中,对于损害是否构成国际责任构成的必备要件是有争议的,但在外空物体造成的损害赔偿责任中,损害显然成为此类国际责任的客观构成要件。国际法上的损害是一个广义的范畴,即法律主体的行为使事业、利益、健康、名誉等蒙受损失,不仅包括违法行为所致的损害,也包括合法行为所致的损害。传统国际法认为,产生国际责任的损害事实,主要是指物质上的损害,而不包括非物质的损害,但近年来,非物质损害在国际责任制度中不断得到确认。

损害是外空物体侵权的必然结果,是责任产生的前提条件,损害也是因为责任主体的行为违背了国际义务出现的事实现象。外空物体造成的损害赔偿责任实现是一国向另一国求偿时,求偿国必须有其利益被损害的事实,才有损害赔偿请求权。

2. 外空活动引起的一般国际责任的构成要件

一般国际责任的构成要件主要包括两个要素:①该行为违背了该责任主体的国际义务;②该行为可以归责于国际责任主体。在现行的国际实践中,外空活动违反国际义务所引起的一般国际责任主要是,外空活动造成外空环境损害,其中比较突出的是空间碎片造成的外空环境损害问题,即国际法主体发射的外空物体所产生的空间碎片造成损害所产生的国际责任。该责任主体如果违背了国际条约、国际习惯等相关规定,就会产生一般国际责任,但外空法规定不明确,导致该责任的构成需要进一步探讨。

1) 空间碎片造成外空环境污染的国际责任主体问题。空间碎片长年累积,且近年来呈指数级增长,数量庞大,已经造成了严重的外空环境污染问题,但由于空间碎片的可追踪性低,难以明确具体碎片的归属国,因此,将外空环境污染的国际责任归责到某一具体国家不现实。对此问题,现行外层空间法也没有明确规定,仅有《外空条约》第 6、7 条及《责任公约》第 2、3、4、5 条规定的外空物体的发射国应对其发射的外空物体造成的损害承担责任,无法明确空间碎片的所属主体,且空间碎片能否纳入外空物体的范围尚存争议,该规则的适用性受限。

空间碎片毫无疑问是外空活动国从事外空活动产生的太空垃圾,空间碎片群的形成也需要长时间的积累,这些碎片在无法辨认主体的情况下,将空间碎片造成的污染环境行为认定为所有外空活动国的共同侵害行为比较合理,所有从事过或正在从事外空活动的国家都是这些空间碎片造成外空环境污染的主体。[①] 但笔者认为,由于不同国家参与外空活动的程度不同,造成空间碎片形成的程度不同,因此每个国家可承担不同程度的国际责任。

2) 空间碎片造成外空环境污染的国际责任的客观构成要件是外空活动主体在外层空间造成空间碎片的行为违背了国际义务。国际法不加禁止行为造成损害与国际不法行为产生的国家责任的法理基础不同,国际不法行为违背了直接的积极的义务,而国际法不加禁止行为造成损害的国际责任则主要是由于违背了消极的派生义务,比如保护外空环境的义务等。外空频轨资源是人类的共同财产,是一种有限的自然资源,尤其是近地轨道和静止轨道,随着商业航天的发展,外空活动愈发频繁,小卫星星座的快速发展也在一定程度上对外空环境造成污染。

---

① 李寿平. 试论空间环境损害的国际责任[J]. 现代法学, 2007(1):102-106.

科学数据显示,即使没有任何新物体被送入轨道,地球轨道上已经有足够数量和质量的废弃碎片,足以产生相当大的碰撞危险,在未来引发碰撞解体的风险,[1]严重影响了外层空间的利用以及外空航天器的正常运行。《外空条约》以及其他国际法、国际习惯等,都间接地表达出保护外层空间环境的义务,违反这些法律义务将会承担国际责任。

3)关于空间碎片造成外空环境污染的国际责任的求偿主体。在空间碎片造成外空环境污染对他国造成了实际损害后果的情况下,受害国作为此国际责任的求偿主体,但在空间碎片仅造成外空环境污染的情况下,此类国际责任的求偿主体难以确定。

在国际海底区域资源管理体系中,国际海底管理局设有法律和技术委员会,委员会将监督"区域"内的活动,并对"区域"内的活动对环境的影响进行观察、测算、评价和分析,对开发活动引起的环境污染具有管辖权,在环境污染受到损害时,有权代表全人类作为求偿主体,向国际海洋法庭提起司法程序。对于外层空间的管理,联合国外空委制定和平利用外空的原则和规章,促进各国和平利用外空领域的合作,研究与探索和利用外空有关的科技问题和可能产生的法律问题,但以此为依据使其代表全人类的利益,在空间碎片造成外空环境损害污染时提出求偿请求,其法律依据和法理依据还有待完善。

在外空法领域,效仿海洋法中的国际海底管理局的做法,在全球建立一个既有执行力又具有专门性的国际组织来代表全人类的利益,对外层空间环境进行检测和管理,在外空环境受到污染时代表全人类利益提出求偿请求。当然,在现行国际环境下建立一个外空管理机构绝非易事,需要国际法主体积极参与、真诚合作,共同研究开发新技术,缓解、移除空间碎片,预防外空环境污染,从源头解决外空活动造成外空环境污染的问题。

10.2.2 归责原则与承担方式

按照侵权法的理论,归责标准是指在侵权行为者的行为或者物件造成他人损害(人身、财产、精神等损害)的情况下,应当依据何种根据和标准而使施害方承担责任。《责任公约》对外空物体造成涉外损害规定了两种归责原则,即外空物体对地球表面或飞行中的飞机造成损害适用绝对责任原则,对地球表面以外造成损害适用过失责任原则。

1. 外空物体造成涉外损害的绝对责任

《外空条约》第7条规定了发射国对其外空物体在地球、空气空间或外层空间所造成的损害负有国际上的赔偿责任,但没有明确此类责任的归责原则。航天活动理论上是高风险作业,具有潜在危险性,外空活动者应当予以特别注意,且一旦造成损害,其规模和程度难以估计。同时考虑到在外空活动的受害者一般不具备此类知识和能力以防备外空物体的损害,也不具备此类知识来证明外空活动的过失。[2] 因此《责任公约》第2条就明确规定了发射国对其外空物体在地球表面或飞行中的飞机造成损害负有绝对责任。

这一规定意味着,只要发射国的外空物体对地球表面或飞行中的飞机造成损害,不论发射国在整个过程中是否具有过失,发射国对此都应承担赔偿责任。但绝对责任并非完全的、无条

---

[1] LIOU, J C. An Active Debris Removal Parametric Study for LEO Environmental Remediation. [J]. Advances in Space Research, 2011, 47: 1865-1876.
[2] 李寿平.21世纪空间活动新发展及其法律规制.[M].北京:法律出版社,2016:211.

件的、无例外的"绝对责任",如果出现《责任公约》第 6 条第 1 款规定的情形,即发射国若证明全部或部分原因是要求赔偿国或其所代表的自然人或法人的重大疏忽,或因其采取行动或不采取行动蓄意造成损害时,该发射国对损害的绝对责任,应依证明的程度予以免除。但是这一免责条款有一个前提,即发射国的外空活动需要符合国际法,特别是符合联合国宪章及关于各国探索和利用外层空间,包括月球与其他天体活动,所应遵守原则的条约,只有在符合此类规定的情况下,发射国才能依照第 6 条进行免责。

2. 外空物体造成涉外损害的过失责任

根据《责任公约》第 3 条规定,发射国的外空物体在地球表面以外的其他地方,对另一发射国的外空物体,或其所载人员或财产造成损害时,只有损害是因前者的过失或其负责人员的过失而造成的条件下,该国才对损害负有责任。同时第 4 条第 1 款中规定,发射国的外空物体在地球表面以外的其他地方,对另一发射国的外空物体,或其所载人员或财产造成损害,并因此对第三国的外空物体,或其所载人员或财产造成损害,前两国对第三国所负的责任,要根据它们的过失,或所属负责人员的过失而定。

以上两种情况适用过失责任原则,《布莱克法律词典》对过失的定义为,未能尽到一个合理的人在同样情况下应当尽到的谨慎;违反法律规定的注意标准,使他人面临不合理的危险。① 对过失责任的定义为,基于过错产生的责任。航天活动属于高度危险作业,一个高危因素对其他高危因素造成损害的情况下,两者所处的地位是平等的,任何一方都不能要求特别保护,责任应该是建立在过失的基础上,受损害的一方需要证明加害者确有过失,才能获得损害赔偿。所谓"过失责任原则"是指,过失作为责任的主要依据和根本要素。在"过失责任原则"下,发射国承担责任的条件不仅要求受害国证明其受到的损害具有可赔性,还必须证明发射国对此损害的产生具有过失。

如何判断过失的成立,现行的国际法没有明确的规定。在国际法中,由于国际法主体主要是国家或国际组织等,它们是法律上虚拟的"人",其难以适用国内法中"主观过失说"对行为人心理状态的判断,因此在国际法上,应当主要采用"客观过失说",即应从某种客观的行为标准来判断行为有无过失,过失并非在于行为人的主观心理态度具有应受非难性,而在于行为且有应受非难性,行为人的行为若不符合某种行为标准即为过失。国际法主体在进行外空活动时,只要行为违背国际义务,即可认定为具有过失。

3. 个别责任与连带责任

外层空间法中针对责任主体的责任判定,在一定程度上参照了航空法中的有关规定,特别是 1952 年《关于外国航空器对地面(水面)上的第三方造成损害的公约》有关责任判定的规定。②《责任公约》第 5 条规定,两个或两个以上的国家共同发射外空物体时,对所造成的任何损害应共同及单独承担责任;发射国在赔偿损害后,有权向共同参与发射的其他国家要求补偿。共同参与发射的国家应缔结协定,据所负的共同及个别责任分摊财政义务,但这种协定,不得妨碍受害国向承担共同及个别责任的发射国的任何一国或全体,索取根据本公约的规定应予偿付的全部赔偿的权力;从其领土或设施上发射外空物体的国家,应视为共同参与发射的

---

① CHENG B. Studies in International Space Law[M]. Oxford: Oxford University Press, 1997.
② 王铁崖等编,《国际法资料选编》(续编),法律出版社,1993 年,第 421-438 页。

国家。

据此,发射国作为一个整体对损害赔偿负有连带责任,同时各发射国也负有单独的责任。受害国既可以向某一个发射国提出求偿要求,也可以向所有发射国提出求偿要求。在有多个发射国的情况下,各发射国间的内部责任如何分摊,《责任公约》并未做具体的规定,这需要有关国家协商解决。一般来说,在发射阶段(从运载器点火至卫星与运载器分离),应由提供发射服务的国家负责。在卫星与运载火箭分离之后的整个运行阶段,则应由卫星所有人和经营人所属的国家负责。实践阶段通常是由商业航天公司通过协定的方式,以合同等形式明晰具体的责任阶段和责任划分,①但发射国内部责任的划分,并不影响受害国的赔偿请求权的行使。

《责任公约》第4条规定,任一发射国的外空物体在地球表面以外的其他地方,对另一发射国的外空物体,或其所载人员或财产造成损害,并因此对第三国,或第三国的自然人或法人造成损害时,前两国应在下述范围内共同和单独对第三国负责任:①若对第三国的地球表面或飞行中的飞机造成损害,前两国应对第三国负绝对责任;②若在地球表面以外的其他地方,对第三国的外空物体,或其所载人员或财产造成损害,前两国对第三国所负的责任,要根据它们的过失,或所属负责人员的过失而定。在本条第一款所谈共同及单独承担责任的所有案件中,对损害的赔偿责任应按前两国过失的程度分摊;若前两国的过失程度无法断定,赔偿应由两国平均分摊。但分摊赔偿责任,不得妨碍第三国向共同及单独负有责任的发射国的任何一国或全体,索取根据本公约的规定应予偿付的全部赔偿的权利。

针对国际政府间组织的国际赔偿责任,该组织及其成员国中的本公约缔约国,应承担共同及个别责任,其中主要责任是由政府间国际组织承担,②唯有在该组织于6个月内,未支付经协议或决定规定为赔偿损害而应付的款额时,要求赔偿国才可以要求该组织成员国中的本公约缔约国负责支付该款额。③

10.2.3 赔偿范围与赔偿标准

1.赔偿范围

损害(Damage)一词有广义与狭义两种涵义。广义上的损害是指法律主体的行为使事

---

① 1994—1997年,我国在为香港发射"亚太一号""亚太二号""亚洲二号""亚太一号A"和"亚太二号A"等卫星时,曾与共同发射国英国就第三方损害责任问题达成如下协议:对于上述卫星在发射阶段(从发射器点火至卫星与发射器分离)对其他国家或其国民造成损害的赔偿,中国将根据《责任公约》《外空条约》及其他国际法原则承担责任。转引自:贺其治,等.外层空间法.[M].青岛:青岛出版社,2000.
② Galicki. Liability of International Organizations for Space Activities. [J].5th Polish YIL,(72/73):199—207.
③ 《责任公约》第22条 1.若任何从事空间活动的国际政府间组织声明接受本公约所规定的权利和义务,其一半成员系本公约及关于各国探索和利用外层空间包括月球与其他天体活动所应遵守原则的条约的缔约国,本公约,除第24~27条外,对所称国家的一切规定,完全适用于该组织。2.凡既是这种组织的成员国,又是本公约的缔约国的国家,应采取一切适当步骤,保证该组织按上款的规定发表声明。3.若国际政府间组织根据本公约的规定对损害负有责任,该组织及其成员国中的本公约缔约国,应承担共同及个别责任;但:(a)对这种损害的任何赔偿要求,应首先向该组织提出;(b)唯有在该组织于6个月内,未支付经协议或决定规定为赔偿损害而应付的款额时,要求赔偿国才得要求,该组织成员国中的本公约缔约国负责支付该款额。4.凡按本条第一款的规定发表了声明的组织,受到损害时,应由该组织内的本公约缔约国根据本公约的规定,提出赔偿要求。

业、利益、健康、名誉等蒙受损失,它不仅包括违法行为所致的损害,也包括合法行为所致的损害。狭义上的损害主要是指违法行为导致法律主体的事业、利益、健康、名誉等蒙受损失,这实际上仅指侵权损害。国际法上的损害类似于广义上的损害,它是指由于国际法主体的活动而遭受的物质和非物质的损失。国际法上的损害既可能由国际不法行为所致,也可能由国际法不加禁止的行为所致。从内容上来看,国际法上的损害既可包括物质的损害,也可包括非物质的损害。一般来说,物质损害既可由国际不法行为所致,也可由国际法不加禁止的行为所致,但非物质损害大多是由国际法主体的过失行为造成,源于国际法的违法事实。①

在现行外空法中,《责任公约》第1条对于损害的范围和第2、3条对损害发生的地理范围进行了明确的界定。根据第1条规定,"损害"是指生命丧失、身体受伤或健康的其他损害;国家、自然人、法人的财产,或国际政府间组织的财产受损失或损害。第2、3条的规定采用了两分法,对地球表面和地球表面以外的地方进行规定,使得赔偿的地理范围没有明确限制。

根据第1条损害范围的界定,《责任公约》的赔偿对象仅限于人身伤害和财产损害,并没有涉及对其他权利的损害。有学者认为,由于《责任公约》第12条规定了"把损害恢复到未发生前原有状态"的赔偿方式,因此公约中的损害应当涵盖外空活动对环境的清理和恢复,从而认定赔偿范围包括对空气空间的环境损害,②但此种推论有扩大解释的嫌疑,《责任公约》对赔偿范围的界定采用的是列举式的方法,其赔偿的范围则仅限于列举出来的赔偿事由,但公约未纳入环境损害的规定确实是一种缺陷,严重不符合当今外空活动频繁、空间碎片指数级增长的现实情况。

《责任公约》中所指的损害并未明确规定是否包括间接损害,且就《责任公约》的准备工作来看,与会各国并未就间接损害的定义和范围达成一致。③根据国际习惯法的规定,国际损害赔偿责任中不包括间接损害,典型案例是"亚拉巴马案",日内瓦的仲裁庭表示不接受间接损失的赔偿要求,"在确定这些损失类别以及所有损失的数额时,不应考虑预期的利润(Speculative Damages),即间接损失,无论是通过贸易还是捕鲸和渔民的捕捞获得的收入,还是任何未赚取的运费或通行费"。④而后许多的国际仲裁也遵循此原则,还有"特雷尔冶炼厂仲裁案"等都不支持间接损害求偿,仅支持已经发生的损害,并对预估的间接损害持否定态度。⑤现行外空法中的损害赔偿责任针对直接损害和间接损害没有明确规定,但应当采取国际习惯法的规定,不包括间接损害。

2. 赔偿标准

准据法问题是起早《责任公约》时最棘手的问题之一,各国草案都根据本国的政治、经济需要有不同诉求,同时准据法问题也是确定外空物体造成损害时赔偿标准的决定性因素。《责任公约》第12条规定,发射国根据本公约负责偿付的损害赔偿额,应按国际法以及公正合理的原则来确定,以使对损害所做的赔偿,能保证提出赔偿要求的自然人或法人、国家或国际组织把

---

① 李寿平.现代国际责任法律制度.[M].武汉:武汉大学出版社,2003:43-44.
② 贺其治等主编.外层空间法.[M].青岛:青岛出版社,2000:74-75.
③ 联合国文件 A/AC.105/37.[EB/OL].(1967-7-1)[2020-07-27].http://www.unoosa.org/pdf/reports/ac105/AC105_037E-lc.pdf.
④ Alabama Claims Decision. [J].Harvard Law Review, Vol. 5, No. 4 (Nov. 15,1891):204-205.
⑤ Arthur K. Kuhn. The Trail Smelter Arbitration——United States and Canada. [J].The American Journal of International Law, Vol. 32, No. 4 (Oct.1938):785-788.

损害恢复到未发生前的原有状态。此规定指出，发射国的损害赔偿责任的赔偿原则为国际法的公正合理原则，赔偿标准则是把损害恢复到未发生前的原有状态，即恢复原状，但是《责任公约》对赔偿原则和赔偿标准并未做进一步的界定。

结合"公正、合理原则"和"恢复原状"标准，外空法中应当是以恢复原状为最高准则，不能恢复时则采取等值赔偿的方式。英国国际法学者伊格尔顿认为，在恢复原状不可能或不够时，通常的赔偿标准是金钱赔偿，通常说赔偿金的目的是为了支付所受的损失。[①] 以上论述都表明，赔偿是支付金钱，以期达到恢复原状的一种赔偿方式，外空物体造成涉外损害的赔偿则应以恢复原状为标准。

10.2.4 实现途径

1. 外交途径

在国际法中，外交途径是国际责任实现的主要途径。当受害人是国家或国际组织本身时，损害发生后，国家或国际组织首先应通过外交渠道向被求偿方提出求偿。当受害人是私人时，国家或国际组织对于其国民或职员在所在地遭到的损害通过外交途径向责任方提出国际求偿，即外交保护。受害者为私人时，援引国际机制解决该问题，则需要受害者用尽当地救济的办法，此为用尽当地救济原则，并在一般国际法中确立。[②]

对于外空物体造成涉外损害求偿的外交途径，《责任公约》第9条规定，赔偿损害的要求，应通过外交途径向发射国提出。要求赔偿国若与发射国无外交关系，可请另一国代其向发射国提出赔偿要求，或以其他方式代表其在本公约内的所有利益。要求赔偿国也可通过联合国秘书长提出赔偿要求，但要以要求赔偿国与发射国均系联合国会员国为条件。同时，第11条规定，根据本公约向发射国提出赔偿损害要求，无须等到要求赔偿国或其代表的自然人或法人，采用一切当地补救办法用尽后才提出。

通过《责任公约》的规定可以看出，外空物体造成涉外损害时，要求赔偿国可通过外交途径向发射国提出求偿请求。外交途径有两种形式：直接谈判和间接谈判。两国若存在外交关系，则可以进行直接谈判；两国若无外交关系，则可请其他国家代为提出，或在发射国和求偿国均为联合国会员国的情况下采取间接措施。同时第11条第1款的规定排除了一般国际法上，一国向另一国就其国民遭受另一国的损害提出外交保护，需要该国民用尽当地一切救济办法的规定，可直接就该损害向发射国提出求偿请求。此为双方最直接、便利的方式，可以达到充分磋商，若仍不能达成一致，难以取得预期结果，便可采用另一程序——成立求偿委员会。

2. 司法途径

外空物体造成涉外损害求偿所采用的司法途径，不是国际法上的国际司法途径，国际司法途径是指，通过国际司法途径实现国际求偿，即当事方把有关求偿的争端交给一个事先成立的、由独立法官组成的国际法院或国际法庭。此处的司法途径主要是采取国内法的司法途径。

《责任公约》第11条第2款规定，本公约不妨碍一国，或其可能代表的自然人或法人向发

[①] EAGLETON C，The Responsibility of States in International Law[M]. New York，1928，p189.

[②] MALCOLM N. Shawn. International Law(Sixth Edition)[M]. Cambridge：Cambridge University Press，2008：273-274.

射国的法院、行政法庭或机关提出赔偿要求。若一国已对发射国的法院、行政法庭或机关提出了赔偿损害的要求,就不得根据本公约或其他对有关各国均有约束力的国际协定,对同一损害再提出赔偿要求。求偿者可根据此条规定直接向发射国的国内司法机关提出赔偿请求,即使受害者不是国家,也可以作为自然人或法人的代表向发射国要求赔偿。

如上所述,《责任公约》第1款的规定排除了用尽当地救济原则,受害者即可采用国际机制解决损害赔偿问题,但第2款规定,若已经采用国内司法途径解决,则不得再为同一损害提出赔偿要求。这一规定将产生一个问题,如果国内司法程序被求偿者选择,则该程序便是该争端的唯一解决途径,没有其他程序可以继续救济,理由是不得因为同一损害再次提出赔偿要求。因此可以预见,除非受害者非常信任加害国的司法程序,相信此争端可以得到公平公正的解决,否则不会轻易采用该程序。

3.求偿委员会

在国际法上,当通过外交途径未能实现国际求偿时,受害方就可以寻求法律途径解决该争端。在当今国际社会缺乏强有力的司法机关的情况下,仲裁便成了国际社会普遍的选择。所谓仲裁,就是指当事国根据协议,把争端交给双方自行选择的仲裁员处理,并相互约定遵守其裁决的争端解决方式。①

外空物体损害求偿时,在通过外交途径未能解决争端的情况下,《责任公约》第14条规定,若在要求赔偿国通知发射国已提出赔偿要求文件之日起一年内,赔偿要求据第9条规定,通过外交谈判仍未获得解决,有关各方应于任一方提出请求时,成立求偿委员会。求偿委员会的解决方式类似于一般国际法上的国际仲裁,在争端一方有成立要求的时候,可以成立临时性的求偿委员会,此组织类似于仲裁机构,求偿委员会的组成也是由争端方各自指派一名,共同选派一名并担任主席。② 如果双方自请求成立委员会之日起4个月内未能选派主席,联合国秘书长可应任何一方请求,于两个月内指派。

此规定出现两种情况:①双方均已指派一人出任求偿委员会的人员,只是未能达成在选派第三人的问题的协议,②一方提出成立求偿委员会的要求后,另一方不予理睬,既不指派人员组成求偿委员会,更谈不上共同指派第三人。公约规定,在第②种情况下,要求成立委员会的一方可请联合国秘书长指派主席。有所不同的是,由于不同意成立委员会的一方没有指派出任委员会的组成人员,所以秘书长指派的主席应"组成仅有一个委员的要求赔偿委员会。"③ 只要争端一方有成立求偿委员会的要求,则该委员会不管以任何方式终究会成立,即便是在仅有联合国秘书长指派的独任委员是实际成员的情况下。

求偿委员会只要申请提出,便有一定的强制性,但其所做裁决并不一定具有强制约束力。《责任公约》第19条第2款规定,若各方同意,委员会的决定应是最终的,并具有约束力;否则

---

① 梁西.国际法.[M].武汉:武汉大学出版社,2000:477-478.
② 《责任公约》第十五条 1.要求赔偿委员会应由三人组成:一人由要求赔偿国指派,一人由发射国指派,第三人由双方共同选派,并担任主席。每一方应于请求成立 要求赔偿委员会之日起两个月内指派其人员。2.若选派主席未能于请求成立委员会之日起四个月内达成协议,任一方得请联合国秘书长另于两个月内指派。
③ 《责任公约》第十六条 1.若一方未于规定的期限内指派出其人员,主席应根据另一方的要求,组成仅有一个委员的要求赔偿委员会。2.不管委员会由于什么原因,而出现委员会空缺时,委员会应按原定的指派程序进行补派。3.委员会应自行决定它的程序。4.委员会应选定一个或数个开会的地点,并决定其他一切行政事项。5.除单一委员的委员会所作的决定和裁决外,委员会的一切决定和裁决均应以过半数的表决通过。

委员会应提出最终的建议性裁决,由各方认真考虑。委员会应提出其决定或裁决的理由。由此可见,争端双方的选择才是裁决强制力的关键因素,若争端方达成一致,则具有强制约束力,否则该裁决仅有建议性质。显而易见的是,若争端方未就求偿委员会的组成人员达成一致,则很难一致同意求偿委员会的裁决具有强制性。虽然,求偿委员会裁决不具有当然的强制约束力令人遗憾,但由于公约规定求偿委员会应公布裁决并提出裁决的理由,有关各方不可能对裁决置若罔闻,在目前没有外空法庭的情况下,此也不失为一个较为适当的结果。

4. 损害赔偿的国际实践

自人类开展外空活动以来,外空物体造成损害的实例相对来说较为少见,援引《责任公约》解决损害的案例就更为少见。赔偿问题多数是通过非司法程序解决的。关于外空物体造成损害赔偿的案件中,1978年苏联的"宇宙954号"损害事件的解决具有典型意义。

1978年1月,苏联的核动力源卫星"宇宙954号"坠入加拿大境内,虽然未造成人员伤亡,但对加拿大的环境造成了损害。加拿大方面称,其采取的救援等行动花费了1 400万加元。加拿大和苏联均为《责任公约》的缔约国。加拿大政府认为,发射国苏联应对"宇宙954号"卫星落入加拿大境内给加拿大所造成的损害承担责任,并向苏联政府提出了600万加元的赔偿要求。苏联不否认作为发射国应承担的赔偿责任,但对加方提出的赔偿额持有异议。苏联以《营救协定》第5条第2款作为抗辩理由,该条款规定:每个缔约国若在它管辖的区域内发现外空物体或其组成部分时,应根据发射当局的要求,如果有请求,应在该当局的协助下,采取它认为是切实可行的措施,来寻获外空物体或其组成部分。苏联认为,加拿大应允许苏联参与搜寻和救助行动,然而,在损害事件发生后,加拿大请求并非发射国的美国提供了协助,但拒绝了发射国苏联主动提出的协助意愿。经过谈判,加拿大政府降低了其求偿要求,将求偿额由600万加元降低为300万加元。本案中,求偿是通过双边外交渠道谈判解决的,未启动《责任公约》建立的求偿的机制。

1981年4月2日,两国政府在莫斯科达成协议,并签署了《加拿大政府和苏联政府关于"宇宙954号"损害赔偿的议定书》。该议定书包括3个条款,主要内容如下:苏联政府应向加拿大政府一次性支付总额300万加元,作为于1978年1月苏联"宇宙954号"卫星解体有关的所有事项的完全的和最终的解决;加拿大政府接受300万加元的付款,作为上述第1条所提及的所有事项的完全的和最终的解决,包括加拿大就此提出的求偿要求。

10.2.5 承担形式

"破坏国际约定就产生以适当形式给予赔偿的义务,这是国际法的一条原则"。[①] 外空物体造成损害的国际责任一经确定,则在行为国与受害国之间造成法律后果,形成一种新的权利义务关系,责任方需要就新的法律关系履行自己的国际义务。

1. 赔偿

赔偿是指支付一笔金钱以达到消除损害所造成的一切法律或物质后果的一种解决方式,

---

① 詹宁斯,瓦茨. 奥本海国际法(第一卷第一分册).[M].北京:中国大百科全书出版社,1995:415页.

赔偿是承担国际法律责任最普遍采用的方式,它也是外层空间国际法律责任承担最基本的方式。一般来说,国际法上的赔偿主要形式是等值赔偿。同时《责任公约》规定,外空物体造成损害赔偿的赔偿金额要以公平合理的原则,达到恢复原状的标准。赔偿的目的是取代受害方由于损害而被全部或部分剥夺的任何物质或非物质利益,赔偿损害行为造成的可以进行经济估价的损害。同时,赔偿不含有惩罚的成分。

《责任公约》除了对赔偿额进行了规定,第13条还就赔偿的货币形式进行了明确规定,除要求赔偿国与按本公约规定应进行赔偿的国家另就赔偿方式达成协议外,赔偿应付给要求赔偿国的货币;若该国请求,以赔偿国的货币偿付。

2. 恢复原状

国际法上赔偿的目的就是消除不法行为的一切后果,《责任公约》第12条规定的赔偿标准为恢复到损害未发生时的状态,同时,恢复原状也是国际法中众多赔偿形式中居于首位的赔偿方式。恢复原状从字面含义理解,是指一种自然、直接的赔偿损害方式,但关于恢复原状的概念,国际法没有统一的规定。《责任公约》中将恢复原状定义为,恢复损害未发生前之原有状态,但有学者认为,从充分赔偿的原则来看,作为一种完整的赔偿形式,仅要求恢复到损害未发生的状态不合理,也不公平,应当恢复到损害不发生时应有的状态,这种观点就充分考虑到受害者的既得权利。[①]

作为一种国际损害责任的赔偿形式,恢复原状在理论上可以单独适用,但在实践中,很少单独存在,一般都是与其他赔偿形式结合使用,多数是结合金钱赔偿共同适用。恢复原状也并非绝对的责任形式,有两种实施的例外情况。首先,事实上的恢复不可能。在国际实践中,某些损害造成的后果,不可能再恢复到原来的状态,比如损害对象实物灭失,则面临不可恢复的状态,此时就需要采用其他的赔偿方式进行补偿。其次,恢复原状对构成损害一方造成过分沉重的负担。这一例外是公平合理原则的基本要求。当然这一例外情况应当得到严格的限制,否则会对受害方不公平。一般来说,只有在恢复原状严重危害了造成损害国的经济、政治或社会制度时,或者恢复原状的负担与造成的损害明显不相称时,才可采取其他的方式补充或代替恢复原状。

如前所述,由于外空环境损害的对象是外层空间的频轨资源等,该部分属于人类共同财产,不属于任何国家的主权管辖范围,并且外空环境损害将导致频轨资源的状态发生变化,进而影响频轨资源的正常利用并妨碍航天器的正常运行。因此,外空活动造成外空环境损害的责任不适合采用损害赔偿责任的实现方式,同时,由于和平探索和利用外层空间是国际法不加禁止,甚至是国际社会积极鼓励的科技探索行为,因此也不适用保证不再犯的责任承担方式。笔者认为,恢复原状是外空环境损害责任的主要实现方式,即外空环境损害责任的主体应当采取空间碎片减缓或空间碎片主动移除等有效措施,以恢复外层空间清洁的原状。

3. 道歉

现行国际法中,补偿是与赔偿、恢复原状等赔偿形式的性质不同的一种赔偿形式,通常作为其他赔偿形式的补充形式。在补偿的各种形式中,道歉是主要的补偿形式之一,一般,道歉

---

① 李寿平.现代国际责任法律制度.[M].武汉:武汉大学出版社,2003:154-155.

都是与其他赔偿形式结合使用。如"孤独号案"(the I'm Alone Case)中,加拿大政府控告美国海岸警卫船在公海击沉一艘在加拿大登记的走私酒类的船舶。求偿委员会认为,美国应当正式承认其非法性,并因此向英属加拿大政府道歉。此外,作为对该损害的修正,美国应当向英属加拿大政府支付 25 000 美元。① 作为补偿的责任形式,受害国不得提出有损行为国尊严的要求,道歉应当采用非羞辱性和不过分的形式。②

当外空活动造成的损害引起一般国际责任时,求偿主体可以要求责任方进行道歉,外空物体造成的损害不可估量,动辄就造成巨大甚至灾难性的损失,责任主体对受害国已确立的权利造成实际损害或影响事实状态时,应当恢复原来的事实状态,并在必要时给予补偿,尤其是外空活动造成的外空环境污染对他国造成损害的情况下。

10.3 主要国家航天立法中的责任制度

外层空间法是国际法的重要组成部分,随着外空科学技术的不断发展,制定有关外空活动的国内法的必要性日益增加。《外空条约》规定,各国应当对本国政府或私人从事的外层空间活动负有持续的监督义务,国家有必要通过立法管理本国的外空活动,同时国内空间立法有助于国家在本国实施外层空间法。世界上主要的空间国家都针对本国外空活动进行了专门立法,其中不乏对国际责任制度的规定。我国目前也在积极酝酿制定外层空间活动的立法,研究和分析主要空间国家外层空间活动引起国家责任的基本特征,对我国空间立法具有积极的借鉴意义。

10.3.1 立法模式

世界主要空间国家对空间立法的规定不乏对国际责任的规定,其主要集中在外空活动损害责任的规制,其立法模式大致可分为以下两种:

1)专项立法,主要是指通过制定一项专门法案,做出有关外空活动损害责任的法律规定。例如,意大利采取了此种立法模式,1983 年 1 月 25 日,意大利通过了《〈空间物体所造成损害国际责任公约〉实施规范》,其中对损害赔偿的范围、归责原则以及赔偿标准等进行了详细规定。

2)一般性立法,即在基本性的外空法中确立专门的章节,作出有关外空活动损害责任的具体法律规定。从目前来看,大多数国家采取此类立法模式,美国、英国、俄罗斯、澳大利亚、比利时、芬兰、新西兰等国都在国家基本性的外空法或航天法相应的章节中对外空活动的损害责任进行了规定。

当然,如果国内立法并未对外空活动造成损害引起的责任进行明确立法,也不妨碍援引该国的相关侵权和对外关系法等法律法规进行相关裁决。

---

① Reports of International Arbitral Awards:3, [R].UN. p1618.
② 伊恩布朗利著.国际公法原理[M].曾令良,译.北京:法律出版社,2003.

10.3.2 归责原则

《责任公约》规定,发射国对其外空物体在地球表面,或给飞行中的飞机造成损害,除非发射国证明,全部或部分是因为要求赔偿国,或其所代表的自然人或法人的重大疏忽,或因为它(他)采取行动或不采取行动蓄意造成损害时,应负有赔偿的绝对责任。各国国内空间责任立法也基本上遵守了公约确立的绝对责任原则,并且主要适用于对外层空间以外的区域造成的损害。

俄罗斯《联邦空间活动法》第30条规定,俄罗斯联邦在其领域内或领域外(外层空间除外)进行外空活动时,对于外空物体造成的损害赔偿责任,实施无过错责任原则。法案也规定了过错责任,其归责原则的划分标准与《责任公约》的规定如出一辙。但其中对责任过错的分析较多地参考了俄罗斯民法中关于侵权的规定。

意大利《〈空间物体所造成损害国际责任公约〉实施规范》第5条规定,国家所承担的损害赔偿责任是绝对责任,不存在任何免责事由。英国的《航天产业法》(2018年)第34条对责任问题进行了规定,明确了在英国领土、水域或领海造成的人员伤害或财产损害,或对在此类领土、水域或领海上空飞行的飞行器造成的损害,或对此飞行器上的人员或财产造成的损害:①损害由某人(运行者)进行的航天飞行活动中的任何飞行器或外空物体造成;②损害由此类飞行器或外空物体上掉落的物体造成;③损害由此类飞行器上的人员造成,此类伤害或损害造成的损失可以在没有证据证明过失、故意或其他诉因的情况下获得赔偿,如同伤害或损害是由运行者的故意行为、疏忽或违约造成的。法案中也对类似公约中的免责条款进行了规定。

澳大利亚《航天法》(2018年)第67条对地球或空中的损害进行了规定,发射或返回外空物体的责任方有责任赔偿外空物体对第三方造成的任何损害:①在地球上;②由于飞行中的航空器损坏而造成的。法案也规定了大功率火箭对第三方造成损害的归责原则,第75条D款规定,大功率火箭关于对地球或空中造成的损害,大功率火箭的发射方有责任赔偿火箭对地球或空中第三方造成的任何损害。

菲律宾《菲律宾航天法》,即《为确立菲律宾外空发展和利用政策,建立菲律宾航天局及其他目的之法案》第24条规定了菲律宾对国家外空物体的损害赔偿责任,根据联合国《外空物体造成的损害的国际赔偿责任》及相关国际法,菲律宾政府应对在菲律宾外空物体登记册上登记的外空物体造成的损害承担赔偿责任,该规定将自菲律宾政府批准《责任公约》和《登记公约》后生效。

葡萄牙根据其宪法颁布的《航天活动法令》(即《部长会议第16号法令》)第18条规定了损害赔偿责任,在不损害其他法律上适用的赔偿责任制度的前提下,营运人对进行外空活动造成的损害对外空物体对地球表面或飞行中的飞机造成的损害承担严格责任,由于受害方故意的不当行为或重大过失,或营运人未遵守本法的规定除外。

新西兰《外空和高空活动法》、芬兰《空间活动法》等诸多国内空间立法中也有类似的规定,运营者不得违背法案本身的规定以及国际公约的规定。

10.3.3 免责事由

国际责任的免责事由在现行国际法中很少有系统的规定,但各国国内立法以及司法实践表明,侵权责任常见的免责事由包括依法执行职务、正当防卫、紧急避险、受害人的故意或同意等,显然这些免责事由并不能应用到国际法中。《责任公约》第6条对外空物体造成损害的赔偿责任进行了免责规定,在有证据证明的情况下,可以依证明程度予以免除。

《美国国家航空航天法》第309节规定,美国航空航天局局长可以代表美国及其部委等部门与开发或合作方以及开发的相关各方或合作方相互放弃索赔权,创设了外空法中的交叉互免责任制度。《外空商业发射法》第15节规定,运输部部长可以指定免责协定、财务责任证明以及其他用以保护美国及其机构和个人在发射或经营含政府设施或人员的发射场时免于责任、损失或损害要求。

《日本国家宇宙事业团法案》第24-3条第(2)项规定,如果所述损害是由任何一个委托发射有关方故意失误造成的,则事业团有权要求该失误方偿还事业团已赔付的损失。

英国《航天产业法》(2018)中关于运行者对在英国领土、水域或领海造成的人员伤害或财产损害,或对在此类领土、水域或领海上空飞行的飞行器造成的损害,或对此飞行器上的人员或财产造成的损害不适用于:①由指定类型的参加或以其他方式接触航天飞行活动的个人引起的伤害或损害;②由致害者的疏忽造成或促成的伤害或损害。并且该法中还对运行者规定了有限责任,法规可规定运行许可证中持证人对以下情况造成的伤害或损害承担有限责任(根据本条或其他规定):①由持证人进行的航天飞行活动造成;②指定情势下发生或由指定类型人员造成。

澳大利亚《航天法》(2018年)也对免责条款进行了详细规定,其中第67条关于地球或空中的损害规定,如果责任方确定损害是由以下原因造成的,则责任方不承担责任:①第三方的重大过失;②第三方意图造成损害的任何行为(无论是作为还是不作为)。且第68条关于对其他外空物体的损害中规定,发射或返回外空物体的责任方有责任赔偿外空物体造成的任何损害,不在地球上或由于飞行中的航空器损坏而导致的除外:①由第三方发射或操作的外空物体;②在该外空物体上的第三方或第三方的财产;若损害是责任方或关联方的过错所致。其中关于大功率火箭对第三方造成损害赔偿责任的免责事由为,发射方确定损害是由以下原因造成的,发射方不承担责任:①第三者的疏忽;②第三方意图造成损害的任何行为(无论是作为还是不作为)。

10.3.4 损害求偿程序

外空活动对第三方造成损害的赔偿责任的实现,需要国内的外空立法确立一系列的损害赔偿程序,以保障损害赔偿的实施。对损害的范围和影响程度进行评价和估算是确立赔偿标准的前提条件,国内的求偿程序规定也是保障损害赔偿责任实现的重要路径,各国的空间立法通常确立了损害评估的制度以及求偿途径的国内程序性规定。

《美国国家航空航天法》法规定,由国家航空航天局确定5 000美元以下的索赔,5 000美元以上的索赔则要上报国会。美国《商业外空发射法》(修正案)则规定,最大可能损失额由运输部部长同美国航空航天局局长、空军部长及其他适当机构的首长协商后确定。

《比利时外空物体发射、飞行操作与指导活动法》规定了损害评估的程序为：①如果损害是对第三国或外国国民造成的，应当根据《外空国际责任公约》或其他可以适用的条款，由比利时和代表受害者的国家对损害进行评估。操作者或为此目的由操作者任命的人可以参与讨论，或者在相关国家代表中作为损害评估程序中的一方，以维护其自身的利益；②在①的情况下，如果损害是对比利时国民造成的，损害应当由3个专家组成的小组进行评估，其中两名专家由双方各自任命，第三名专家由双方在协议基础上指定。部长可以将事先任命专家作为一项授予许可的条件，其程序安排由国王决定。

澳大利亚《航天法》(2018年)针对外国的赔偿要求，第75条规定索赔委员会，如果根据《责任公约》有必要建立一个索赔委员会来解决向联邦提出的索赔，则联邦可以采取该公约规定的一切措施，以设立该委员会，并使其能够执行公约规定的决定或裁决，但对国内的诉讼程序第75F条规定，联邦法院和联邦巡回法院具有审理和确定本部分适用的损害赔偿诉讼的管辖权。第75G条规定赔偿诉讼仅适用于以下方面的损害赔偿诉讼：①损害发生之日起一年内；②若损害发生后，提起诉讼的人在损害发生一年内不知道该损害的发生：刚意识到损害或尽职调查后仍未发现损害的发生。

英国《航天产业法》第35条规定了国务大臣进行赔偿的权力或义务，其中第2款规定，如果责任额度超过了保险额度，国务大臣可就差额补偿持证人。本款中"责任额度"指持证人的责任额度(由第34条第5款的规定或根据该条款作出的规定进行限定)；"保险额度"指持证人为此责任投保的额度(如果由附件1中第35(a)段施加的条件要求持证人为此责任投保的额度更高，则为该更高额度)。并且规定，国务大臣有权参与法律程序第2款下的权力或第3款下的义务相关责任的法律程序，或指导在此法律程序中须负赔偿责任的个人的案件处理。同时法案赋予法规可规定：①国务大臣在第2款或第3款下可以或必须支付的限额；②国务大臣不产生在第2款下的权力或第3款下的义务的特殊情况或情势；③制定补充第4款的规定。

10.3.5 责任保险制度

责任保险制度是侵权人减轻损失并保障受害人得到赔偿的责任分担机制。外空物体造成的损害往往难以估计，赔偿额高，强制保险制度的确立无疑促进了国际责任的确定和实现，有助于促进外空活动安全、有序地发展，各国国内外空立法也对责任保险制度进行了明确规定。

《美国国家航空航天法》第308节规定，授权美国航空航天局根据其认为合适的程度，为那些因在航天飞行器发射、运营或回收活动中遭受人员伤亡或财产损害向任何航天飞行器的用户提出赔偿的第三方，提供全部或部分补偿的责任保险。同时1984年美国《商业外空发射法》第15条规定，运输部部长可以确立责任保险要求，第16条进一步提出，"每个持根据本法发放或转让许可证而发射运载火箭或经营发射场的个人均应承担责任险，其险额至少为部长根据美国的国际义务而认为该发射或经营所必需的金额。部长应在与司法部长及其他相关机构协商后确定"，其保险额度和保险量应援引《美国法典》中的规定。

英国《航天产业法》(2018年)也规定，法规可要求本法下的持证人和其他参加航天飞行活动的人员就特定风险和责任进行投保，且法规可规定：①保险范围事项；②所投保险范围可以或不得排除的事项；③所投保险的金额。芬兰2018年《空间活动法》第22条针对第三方损害责任的保险要求规定,经营者应为外空活动可能对第三方造成的损害投保,保险金额不超过第7节第21条规定的国家追索权的最高限额。[①] 当然在发射公司的保险或其他相应保险实质上涵盖了经营者和国家因为外空活动可能对第三方造成的损害赔偿责任时,经营者可以选择不购买第22条的保险。澳大利亚《航天法》(2018年)第48条规定,澳大利亚发射许可证或授权书的持有人需要购买其可能根据本法招致支付赔偿发射或返回对第三方造成的任何损害原因的保险;并且需要购买可能会根据《责任公约》或国际法以其他方式招致损害赔偿的保险。

[①] 芬兰《空间活动法》(2018年)第21条:本法第二十条规定的国家追索权最高金额为6 000万欧元。如果经营者未遵守本法或第五节中许可所附条件,最高金额追索条例将失去效力。

第 11 章 航天贸易规则

航天产品、技术与服务贸易是以对外贸易为绝对主导的国际交易活动,属于全球化程度较高以及非常有前景的外贸产业。自 2016 年以来,全球航天经济规模基本维持平稳增长态势,在当前全球经济不景气的背景下,航天贸易的一枝独秀十分可贵。为了促进航天贸易的发展,国际社会和国家层面都有必要制定公正、透明的航天贸易法律规则进而对全球航天贸易及其产业化提供规范和保障。

航天贸易法律规则,主要是指调整航天产品、技术与服务交易关系的法律法规和制度的总和,其调整范围既包括横向的贸易关系,也包括纵向的贸易关系——国家对航天贸易活动进行管理的具有公法性质的法律规范。本章主要针对调整纵向贸易关系的航天贸易法律规范,特别介绍与航天产品与技术的出口管制有关的规范。目前,尽管"航天产品"或"航天技术"还缺乏公认的定义,[①]但是由于航天发达国家迫切需要扩大航天产品与技术出口;同时,航天不发达国家也迫切需要引进国外航天产品与技术,因此,航天产品与技术的国际贸易市场空间很大。为了充分释放这种潜在的巨量市场需求,有必要制定航天贸易法,以促进航天产品与技术国际贸易的健康、快速发展。

11.1 国际航天产品及技术贸易制度

航天产品和技术具有天然的军民两用性,除了民用领域之外,航天产品与技术具有重大的军事价值,如运载火箭、再入飞行器、卫星遥感导航分别与弹道导弹和军事侦察紧密相关,这使航天贸易具有高度敏感性,相关国家均通过出口管制机制对航天产品与技术出口进行控制。所谓出口管制,是一国或者多个国家为达到特定政治、军事和经济目的,利用行政和法律的强制手段,以限制或禁止某些物项、技术的出口流向和规模的行为。出口管制的主要对象是军用物项、技术及军民两用物项、技术。加强对战略性敏感物项进行出口管制,是防止大规模杀伤性武器扩散,保障国家安全利益和产业竞争力的重要手段,因而受到相关国家政府的高度重视。

出口管制往往与防止大规模杀伤性武器扩散相关联。大规模杀伤性武器(Weapon of Mass Destruction,WMD)特指核武器、生物武器、化学武器,可以有效地运载这些武器的运载

---

① 有观点认为,航天产品是指航天系统开发、研制或生产过程形成的硬件或软件,包括运载火箭、航天器、地面设备等及其组成部分。航天技术是用于外层空间或天体而设计、开发或应用的任何技术。参阅:袁家军.航天产品工程[M].北京:中国宇航出版社,2011:1-2. MICHAEL C, MINEIRO.Space Technology Export Controls and International Cooperation in Outer Space[M].Dordrecht,Heidelberg,London,New York:Springer,2012.

工具也常在扩散关注之列①。为了有效实现防扩散的目的,在联合国的主导和各国的共同努力下,国际社会建立起了一套相对完整的国际防扩散法律法规体系。在国际层面上,防扩散法律法规体系主要由在联合国框架下建立起的国际公约和安理会决议组成。

1)《不扩散核武器条约》是在联合国框架下订立的国际公约,其宗旨是防止核扩散,推动核裁军和促进和平利用核能的国际合作。该条约于1970年3月正式生效。中国于1991年12月28日决定加入该公约,1992年3月9日递交加入书,同时对中国生效。

2)《全面禁止核试验条约》是在联合国框架下订立的一项旨在促进全面防止核武器扩散、促进核裁军进程,从而增进国际和平与安全的国际条约。1994年3月,日内瓦裁军谈判会议正式启动全面核禁试条约的谈判;1996年9月10日,联合国大会以158票赞成、3票反对、5票弃权通过了《全面禁止核试验条约》。但由于种种原因该条约目前尚未生效。

3)《禁止生物武器公约》是在联合国框架下订立的国际公约,全称为《禁止细菌(生物)及毒素武器的发展、生产及储存以及销毁这类武器的公约》,于1975年3月26日生效。主要内容是:缔约国在任何情况下不发展、不生产、不储存、不取得在和平用途之外的微生物制剂、毒素及其武器;不协助、鼓励或引导他国取得这类制剂、毒素及其武器;缔约国在公约生效后9个月内销毁一切这类制剂、毒素及其武器;缔约国可向联合国安理会控诉其他国家违反该公约的行为。1984年9月20日,中国加入该公约。

4)《禁止化学武器公约》是在联合国框架下订立的国际公约,也是第一个关于全面禁止、彻底销毁一整类大规模杀伤性武器,并规定了严格核查制度和无限期有效的国际条约,全称为《关于禁止发展、生产、储存和使用化学武器及销毁此种武器的公约》,其核心内容是在全球范围内尽早彻底销毁化学武器及其相关设施,确保《禁止化学武器公约》得到实施,于1993年1月开放供签署,1997年4月29日正式生效。1997年4月,中国加入该公约。

5)《特定常规武器公约》是在联合国框架下订立的国际公约,全称为《禁止或限制使用某些可被认为具有过分伤害力或滥杀滥伤作用的常规武器公约》,1981年4月10日在纽约开放签署。公约旨在禁止或限制使用某些被认为具有过分伤害力或滥杀滥伤作用的常规武器。中国于1981年9月14日签署了该公约,1983年12月2日该公约对中国生效。

6)2004年4月28日,联合国安全理事会根据《联合国宪章》第七章,通过第1540号决议,申明核武器、化学武器和生物武器及其运载工具的扩散是对国际和平与安全的威胁。决议要求各国,不得以任何形式支持非国家行为者开发、获取、制造、拥有、运输、转移或使用核生化武器及其运载工具。决议对所有国家具有国际法约束力,要求各国通过立法,防止核生化武器及其运载工具的扩散,并就防止相关材料的非法贩运建立适当国内管制。

在多国出口管制机制方面,业已建立的机制主要包括"桑戈委员会"②"核供应国集团"③

---

① 朱立群,博驰,卢静.国际防扩散体系:中国与美国[M].北京:世界知识出版社,2011:169—186.
② "桑戈委员会"(Zangger Committee, ZAC)于1971年成立,其宗旨是根据《不扩散核武器条约》第三条第二款,制定向未参加该条约的无核国家出口核材料、设备和技术的控制条件和程序。该委员会制定了核出口控制"触发清单",规定出口清单项目须接受国际原子能机构保障监督。该委员会现有39个成员国,每年在维也纳召开两次会议,主要讨论核出口控制政策及"触发清单"的修改问题。1997年10月16日,中国正式加入桑戈委员会。
③ "核供应国集团"(Nuclear Suppliers Group, NSG)于1975年成立,其宗旨是确保主要核供应国协调和加强核出口控制,防止核领域敏感物项的扩散。该集团通过《核转让准则》及《与核有关的两用设备、材料、软件和相关技术的转让准则》实施出口控制,要求进口国接受国际原子能机构全面保障监督作为核出口条件,严格控制敏感核物项及技术(如后处理、铀浓缩和重水生产)的出口。"核供应国集团"现有48个成员国,每年召开一次全体会议,审议"准则"执行情况。2004年6月10日,中国成员资格生效。

"导弹及其技术控制制度""澳大利亚集团"①"瓦森纳安排"。本节就与航天产品与技术出口管制相关的"导弹及其技术控制制度"及"瓦森纳安排"进行重点介绍。

11.1.1 《导弹及其技术控制制度》及其内容

《导弹及其技术控制制度》(Missile Technology Control Regime, MTCR)成立于1987年,是由加拿大、法国、德国、意大利、日本、英国和美国等7国建立的国家间非正式的政治谅解制度,旨在限制导弹及导弹相关技术的扩散,目前有美国、英国、法国、德国、日本、加拿大、意大利、挪威、澳大利亚、卢森堡、荷兰、比利时、丹麦、西班牙、奥地利、新西兰、芬兰、瑞典、希腊、葡萄牙、瑞士、爱尔兰、阿根廷、匈牙利、冰岛、巴西、俄罗斯、南非、土耳其、捷克、波兰、乌克兰、韩国、保加利亚和印度等35个成员国以及爱沙尼亚、哈萨克斯坦、拉脱维亚等3个遵从国。MTCR文件由《敏感导弹相关转让的准则》(以下简称《准则》)和《设备、软件和技术附件》(以下简称《附件》)组成。

1. MTCR的宗旨

《准则》明确,MTCR的宗旨是对可能用于发展核武器、化学和生物武器等大规模杀伤性武器运载系统(不包括有人驾驶飞机)的转让项目加以控制,以减少上述武器的扩散风险,同时减少管制项目及其技术落入恐怖组织和恐怖分子手中的风险,但这些准则不是为了阻碍那些与发展大规模杀伤性武器运载系统无关的国家空间项目或国际空间合作项目。

需要注意的是,MTCR不是一个国际条约,对成员国没有施加法律上有约束力的义务,只是成员国之间就导弹和导弹技术防扩散达成的非正式政治共识。政府通过国内立法执行《准则》,即各成员国在本国主权决策基础上、根据国内立法和实践负责准则和附件的实施。

2. 政府审查的考量因素

《准则》规定,各国在审查《附件》物项的转让申请时,将考虑以下因素:①大规模杀伤性武器扩散的关切;②接受国发展导弹和空间计划的能力和目的;③转让对于大规模杀伤性武器运载系统的潜在作用;④该转让的最终用途情况,包括接受国的相关保证等;⑤相关多边协定的适用情况;⑥受控物项落入恐怖组织和恐怖分子手中的风险。

在审议《附件》物项或任何导弹(无论是否在《附件》中)的转让时,若出口国政府根据所有可获得的、有说服力的信息,结合上述6项因素考量后判定该出口物项将被用于运载大规模杀伤性武器,将采取严格限制措施,且该转让将面临强烈推定拒绝转让政策。

3. 物项管控

MTCR对《附件》②列明物项实施分类管控,分为"Ⅰ类物项"和"Ⅱ类物项",广泛涵盖了

---

① 澳大利亚集团(Australia Group, AG)于1985年成立,是一家非官方组织,其成立宗旨在于帮助出口国或转运国最大程度地降低为生化武器(CBW)扩散推波助澜的风险。集团每年举行会议,探讨如何通过提高各参加国出口许可措施的有效性,来防止潜在的扩散分子获得研制生化武器所需的各种原料。澳大利亚集团的参加国并不承担任何具有法律约束力的义务。其合作的有效性纯粹依赖于它们对不扩散生化武器目标的共同承诺及其各自所采取的相应措施的力度。澳大利亚集团现有43个成员国,中国不是澳大利亚集团的成员国。

② 《附件》的最近一次修订由2019年的第32届MTCR奥克兰全体会议的技术专家会议做出。

与开发、生产和操作可运载大规模杀伤性武器系统相关的设备、材料、软件和技术,包括军事用途和两用的物项。

Ⅰ类物项包括《附件》中的项目1和项目2,是最敏感的物项,即"完整运载系统"(Complete Delivery Systems)和"用于完整运载系统的完整分系统"(Complete Subsystem Usable for Complete Delivery System),主要是能够将至少500 kg载荷投送到至少300 km距离的完整火箭系统(包括弹道导弹、空间运载火箭和探空火箭)和完整无人驾驶航空飞行器系统(包括巡航导弹系统、靶机和侦查无人机),以及上述系统的生产设施和完整分系统,如各级火箭、再入飞行器、火箭发动机以及制导系统等。

在审查Ⅰ类物项的转让时,无论其转让目的是什么,都会采取特别限制,且审查政策是强烈推定拒绝转让。除非另有通知,否则不得批准转让Ⅰ类物项的生产设施。其他Ⅰ类物项的转让,也只有在极其少数情况下被允许,且还须满足以下条件:①出口国政府获得具有约束力的政府间承诺,承诺中包括接受国政府做出的保证,具体内容如下:i)有关物项仅用于所述目的,并且,未经出口国政府事先同意,不得修改其用途,也不得对有关物项进行修改或复制;ii)未经出口国政府同意,有关物项、其复制品及其衍生品均不得再转让。②负责采取一切必要的措施确保该产品仅用于规定的最终用途。

Ⅱ类物项,主要包括《附件》中剩下的项目3至项目20的所有物项,包括推进部件及设备、推进剂、飞行控制、测试设施及设备等。成员国政府对于Ⅱ类物项的出口也采取审慎限制措施,包括:成员国在审议物项或技术转让时,将采取"一事一议"的管控措施;若出口国根据所有相关信息,结合前述审查考量因素判断该出口物项计划用于运载大规模杀伤性武器,将采取严格限制措施,且该转让将面临强烈推定拒绝转让政策;若转让物项可用于大规模杀伤性武器的运载系统,则出口国政府只有在收到接受国证明后才能批准该物项的转让。

4. 会议及交流机制

MTCR对于成员国没有施加强制性的义务,依赖各成员国国内出口控制制度得以执行,同时各成员国通过MTCR框架下的会议机制就相关国内导弹防扩散出口许可问题进行信息交流和探讨。MTCR不设秘书处,工作文件由巴黎联络处负责发放,联络处的职能由法国外交部承担。

MTCR框架下会议机制包括每年的全体会议、技术专家会议及联络处会间磋商。MTCR成员国根据制度总体目标定期交流各国出口许可证管理方面的信息,每年举行一次全体会议,由各成员国轮流担任主席;MTCR在巴黎的联络处举行会间磋商;技术专家会议则是临时专题会议。

MTCR主席国和成员国对非成员国开展拓展宣传活动,目的是使非成员国了解MTCR的活动,为其防止大规模杀伤性武器运载系统扩散的努力提供具体帮助。主席国会代表MTCR与非成员国进行一系列接触,包括由MTCR主办的研讨会等,并就MTCR制度的目标和活动加强对话。

11.1.2 《瓦森纳协定》及其内容

《瓦森纳协定》又称瓦森纳安排,全称为《关于常规武器和两用物品及技术出口控制的瓦森纳协定》,成立于1996年7月,决定从1996年11月1日起实施新的控制清单和信息交换规则。瓦森纳安排现有澳大利亚、比利时、加拿大、丹麦、法国、德国、希腊、意大利、日本、卢森堡、荷兰、挪威、葡萄牙、西班牙、土耳其、英国、美国等原"巴统"[①]17个成员国及阿根廷、奥地利、保加利亚、捷克共和国、芬兰、匈牙利、爱尔兰、新西兰、波兰、罗马尼亚、俄罗斯、斯洛伐克、韩国、瑞典、瑞士、乌克兰、墨西哥、南非、印度、克罗地亚、爱沙尼亚、拉脱维亚、立陶宛、马耳他、斯洛文尼亚等全部42个成员国。瓦森纳安排是一种建立在自愿基础上的集团性出口管控机制,对于成员国没有法律约束力,由各成员国自行决定本国的出口管制措施及方式,但实际上协定完全受美国控制。每年至少举行一次全会,由成员国轮任会议主席。

1. 宗旨

根据1996年7月全体会议通过,2001年12月全体会议修订的"纲要",瓦森纳安排的宗旨在于:①提高传统武器及两用物项和技术转让的透明度、增强相关国家的责任,促进地区稳定和国际安全;②进一步完善和加强现行大规模杀伤性武器及其运载工具的控制制度;③增强相互合作,以便在地区形势或某个国家的行为令参加国担忧的情况下,阻止其采购军品和用于军事目的的敏感两用品;④不针对任何国家或国家集团,不阻碍真正的民用贸易;⑤阻止恐怖组织或个人获得常规武器和两用物项及技术。

2. 运行机制

为达到上述目的,瓦森纳安排的运行机制包括:成员国对常规武器和两用物项与技术的转让行为实行管控;对任何项目的转让与否都有独自决定权;可按照各自国家的法律和政策自主决定。成员国在自愿的基础上交换信息,增加武器和敏感两用物项与技术转让的透明度;根据交换的信息,共同评估,协调改变国家控制政策。成员国之间通报批准转让或拒绝转让的情况,但某项拒绝转让的通报不意味着其他成员国有拒绝类似转让的义务;但是,如果某成员国批准的某项转让曾在最近三年内遭另一个成员国拒绝,则该成员国最好在30天内、最迟不超过60天将此事通报所有成员国。

3. 管制清单

瓦森纳安排的管控清单由军品清单和两用物项及技术清单组成。军品清单22项,两用物项清单9类(特殊材料及相关设备、材料加工、电子设备、电信、信息安全、传感器和激光器、导航与航空电子、船舶、航天与推进系统),其中,与航天产品与技术相关的两用物项主要集中在两用物项清单的第9类。两用物项及技术清单后附两个附件,即敏感物项清单和极敏感物项清单,是从两用物项清单中提炼出来的敏感或极其敏感的项目,对于敏感和极其敏感清单下的项目有更加严格的交换信息的要求。

[①] 随着苏联1991年解体,1994年4月1日,"巴黎统筹委员会"(简称"巴统")正式宣告解散。"巴统"的两份控制清单:一份是军民两用商品和技术清单,涵盖了先进材料、材料处理、电子器件、计算机、电信与信息安全、传感与激光、导航与航空电子仪器、船舶与海事设备、推进系统等;另一份是军品清单,涵盖了各类武器弹药、设备及作战平台等。

11.2 国外航天产品及技术贸易制度

11.2.1 美国航天产品及技术的出口管制

美国将出口管制作为维护其经济和技术优势、捍卫国家安全利益、推行外交政策的重要工具。航天贸易的重要战略地位，使得相关航天产品和技术一直是美国出口管制制度关注的重点。美国政府运用法律、经济和行政手段建立的一系列审查、限制和控制机制，以直接或间接的方式防止本国航天产品或技术通过各种途径流通或扩散至目标国家。与此同时，美国还常常将限制向相关国家出口作为对其施加经济制裁的手段，以维护本国的安全、外交和经济利益。

美国出口管制体系主要由两大部分组成。一部分主要管理"两用物项"（Dual-use Items），即既可以用于民用目的，也可以用于军用目的的产品和技术的出口。另一部分主要管理"军品物项"（Defense Items），即武器、军火和防务产品、技术和服务的输出。

1. 军品出口管制

（1）法律框架

美国军用产品和技术出口管制的法律基础是 1976 年《武器出口管制法》（Arms Export Control Act，AECA）及其施行条例《国际武器贸易条例》（International Traffic in Arms Regulation，ITAR），用以规范从事军品出口的政府工作人员和军火制造商及出口商的行为。该条例附有《军品控制清单》（U.S. Munitions List，USML）并规定了军品出口登记制度、军品出口政策、出口许可证申请处理、违反及其处罚、行政程序等。

（2）主管机构

《武器出口管制法》授权总统行使军品出口控制的权力，具体由美国国务院负责，国务院政治军事事务局下设的国防贸易管制局（Directorate of Defense Trade Controls，DDTC）是负责军品出口审查的主管机构。

（3）军品清单

根据《国际武器贸易条例》，军品是指"符合'军品控制清单'所列指标或标准的物项或服务"或者"能够提供与'军品控制清单'所列物项提供等效性能"的物项。[①]

《军品控制清单》共包括 21 类产品和技术，与航天产品紧密相关的是其中第 4 类"运载火箭、导弹、弹道导弹……"以及第 15 类"航天系统及相关设备"。此外，第 21 类是兜底性条款，即"未列明的物项、技术数据及防务服务"，"包括：①任何未在《军品控制清单》上列出的物项可列入本类别，直到相应类别的物项清单完成修订之时。是否将该物项列入本类别以及将某一物项认定为非重要军事装备由国防贸易管制局主任决定。②与本类①段中的物品直接相关的技术数据和国防服务。

---

① International Traffic in Arms Regulations, 22 C.F.R.120.3.

(4) 军品出口许可审批

《武器出口管制法》规定了美国开展国际军备合作及军品出口控制的外交和国家政策目标,以及根据该法可以受让美国军品物项及军事服务的合格国家或国际组织的"标准",并规定了军品物项及服务仅在如下"用途"情况下出售给"友好"国家——包括用于"内部安全",用于"合法自卫",使接受者能够参与"符合联合国宪章的地区或集体安排或措施"等。

国会参与重大军品交易的许可审查,此程序由根据《武器出口管制法》第36节向国会提交的正式报告触发。根据《武器出口管制法》第36(b)节的规定,国务院须提前30个日历日将重大军品交易情况通知国会,重大军品交易的标准为出售价值超过1 400万美元的重大国防装备、出口价值超过5 000万美元的军品物项货服务以及设计或建设服务价值超过2亿美元。如果重大军品交易涉及北约其成员国、日本、澳大利亚和新西兰,仅需提前15天通知国会,且触发重大军品交易的阈值更高。

ITAR规定了美国《军品控制清单》项下物项出口的许可政策。《军品控制清单》项下的任何物项出口几乎都需要许可证,仅对加拿大、英国、澳大利亚等国适用有限的许可证豁免。与美国商务部的一些两用物项管制不同,军品许可证的要求主要是对基于物项性能的判断,而不是物项的最终用途或最终用户。

国防贸易管制局负责对《军品控制清单》项下的物项出口"逐项审查",国防贸易办公室接到军品出口商提交的许可证申请后,可批准、拒绝或不采取行动退回申请;并且可以将其受理的许可证申请转交国防部、能源部、NASA或国务院的其他部门审查。参与审查的部门可建议国防贸易管制局批准、拒绝、或不采取行动退回许可证申请,或者附加一些关于最终用途的条款或条件。

2. 两用物项出口管制

(1) 法律框架

美国两用物项和技术出口管制的现行法律基础是2018年《出口管制法》(Export Controls Act, ECA)及1979年《出口管理条例》(Export Administration Regulations, EAR)。ECA于2018年8月13日成为法律,赋予总统实施两用物项出口控制的广泛且具体的授权。而在此前,1979年《出口管理法》[1](Export Administration Act, EAA)是美国两用品出口管制的法律基础;2001年EAA到期后,美国总统通过援引《国际紧急经济权力法》[2](International Emer-

---

[1] 《出口管理法》于1979年生效。美国先后在1981年、1985年、1988年对《出口管理法》做了修订。《出口管理法》1989年到期;从1989—1994年,美国国会通过临时将该法延期或者由美国总统援引《国际紧急经济权力法》,授权继续实施两用品出口管制。1994年8月,克林顿总统根据《国际紧急经济权力法》发布第12924号行政命令,此后6年美国两用品出口管制一直按照该命令授权进行。2000年11月,美国参众两院通过立法,将1979年《出口管理法》的有效期延长至2001年8月20日。

[2] 《国际紧急经济权力法》于1977年生效,旨在规范美国总统在国家面临紧急状态时的权力。该法授权美国总统宣布美国的国家安全、对外政策或者经济面临紧急状态,以及采取措施,通过管制贸易或冻结资产来应对外部威胁,是和平时期总统对国际经济事务行使紧急状态权力的主要法律依据。根据该法,在紧急状态下,总统可根据其规定的规则,通过行政令、许可或其他方式,对美国管辖内的人或财产:①调查、管理或禁止外汇交易;调查、管理或禁止由银行机构、通过银行机构、银行机构之间或向银行机构的信用的转让或付款,该转让或付款涉及外国利益或其国民利益;调查、管理或禁止货币或证券的进口或出口;②调查、管理、指示和强制、宣布无效、使无效、阻止或禁止外国或其国民拥有利益的财产的取得、持有、扣留、使用、转让、取消、运输、进口或出口,或其交易,或与其有关的交易的权力、权利或特权。

gency Economic Powers Act,IEEPA)宣布进入国家紧急状态来继续施行 EAA。新颁布的 2018 年《出口管制法》替代了 EAA 成为两用品出口管制的永久法律基础(ECA 没有效期)。ECA 要求总统控制"受美国管辖的物项的出口、再出口和国内转移,无论行为人是美国人还是外国人",以及美国人在任何地点从事的与核爆炸装置、导弹、化学或生物武器、为外国军事情报机构提供服务等有关活动。

EAR 由美国商务部最早依据 EAA 制定并实施出口管制细则,2018 年,ECA 替代原 EAA 成为 EAR 的上位法和依据。EAR 具体规定了货物和目的地的许可证政策、出口商使用的申请程序以及《商业控制清单》(Commerce Control List,CCL)等内容。

(2)主管机构

美国商务部产业安全局(Bureau of Industry and Security,BIS)负责管理两用出口管制系统的出口许可证和执法职能。

(3)两用品清单

CCL 是受 EAR 管制的产品、技术和软件的物项清单。产业安全局根据威胁、技术、有关物项在市场上的可获得情况、美国承担的国际义务及其他因素的变化,定期更新 CCL。

1)物项类别。CCL 将受管制物项分为 10 个类别,具体包括:0 类——核材料、设施和设备;1 类——化工品、"微生物"和毒素;2 类——材料加工;3 类——电子;4 类——计算机;5 类——通信及信息安全;6 类——激光及传感器;7 类——导航及航空电子;8 类——海洋产品;9 类——航天及推进。每一个类别又被进一步分为 5 个功能组,包括:①设备、集成和部件;②检测、检验和生产设备;③材料;④软件;⑤技术。

2)ECCN 码。每个受控物项都有一个基于上述类别和功能组的出口管制分类号(Export Control Classification Number,ECCN)。ECCN 码都由一组数字和字母组成,例如 3A001,第一个数字"3"表示物项所属的类别(即"电子类");紧跟在第一位数字后面的字母"A"表示该物项的功能分组(即"设备、集成和部件");字母后面的数字"0"表示受控原因(即"国家安全原因");倒数第二个数字"0"也是表示受控原因;最后一个数字"1"是同一类产品在一个分类组内的顺序号,用以区分清单中的物项。

ECCN 编码中的受控原因与数字的对应关系如下:0——国家安全原因(包括两用和"瓦森纳安排"军品清单)以及"核供应国集团"两用附件及触发清单;1——导弹技术原因;2——核不扩散原因;3——化学及生物武器原因;5——根据商务部判断的影响国家安全或外交政策的物项;6——"600 系列"受控物项[①];9——反恐、犯罪控制、地区稳定、供应短缺、联合国制裁等。

除了 CCL 上列明的物项外,几乎所有原产于美国的物项都"受控于 EAR";这类物项可能基于其最终用途和最终用户而在运往某目的地时受限。这些属于 EAR 管制范围,但未纳在"商业控制清单"中予以列明的,均以 EAR99 指代。

3)管制理由及《商业国家列表》。CCL 对于每个受管制项目都详细列出管制理由,管制理由与"国家图表"(Commercial Country Chart)结合,可以判断某个物项出口至该国是否受两用出口管制制度管辖;若受管辖,则该项目的出口至该国须获得美国商务部的许可。

"国家图表"以表格形式呈现。表格列明所有国家的名称与相应的管制理由。管制理由共

---

① 600 系列物项指瓦森纳安排军品清单所列物项,以及之前列入美国军品清单但后来列入两用品清单的物项。

有 8 项,分别为:①生化武器[①];②核不扩散[②];③国家安全[③];④导弹技术[④];⑤地区稳定[⑤];⑥武器条约[⑥];⑦犯罪控制[⑦];⑧反恐[⑧]。若某一国家与某一管制理由的交点处有"X"标记,则说明向该国的两用出口因该理由而受管制。

(4)两用品出口管制措施

1)管制范围。EAR 出口管制的核心范围是从美国的"出口"。同时,EAR 的相关条款赋予"出口"一词广义的含义,既适用于美国境外的交易,又适用于出口以外的活动。其广泛的适用范围体现在以下几方面:

①再出口(Reexports)。再出口即已经从美国出口的物项、软件和技术在再出口的情况下依然受到 EAR 的约束。但再出口至某些目的国的可能不需要申领许可证或适用许可证要求的例外情况。

②国外物项。在某些情况下,来自国外的出口、再出口或(国内)在美国境外生产的物品,如果其含有超过 EAR 第 734.4 节规定的最低限度受控美国原产含量(De Minimis Amount of Controlled U.S-Origin Content)物项也受 EAR 管制。

由此可见,EAR 对于受其管辖的物项范围界定得非常宽泛,包括:①在美国境内的所有物品,包括在美国对外贸易区内的物项或者过境物项;②所有原产于美国的物品(无论位于何处);③外国制造的包含超过"最低限度受控美国原产物项含量"的物项、与受控原产美国软件"捆绑"的物项、与受控原产美国软件混合的外国制造软件以及与受控美国原产技术混合的外国制造技术;④外国制造的使用原产于美国的技术或软件生产的"直接产品";⑤使用位于美国境外的任何工厂或工厂的主要部件生产的物项,该类工厂是美国原产技术或软件的直接产品。除了 CCL 中列明的物项外,符合清单中相关物项定义的其他所有物项即所谓的"EAR99"物项。

③视同出口(Deemed Export)。"视同出口"是"出口"中的一种情况,包括将技术或软件发布(Release)或以演示或口头简报等方式向美国境内的外国人转移,都将视为向该个人的国籍所属国的出口。

④美国人的活动。如果相关行为涉及大规模杀伤性武器的扩散,则 EAR 限制"美国人"参与或提供支持或服务而无论其身处世界的任何地方。

2)国别政策。EAR 将所有国家分成 4 组,针对不同的组别设置不同的管制政策,其中:

A 组一般是参加瓦森纳协定、导弹及其技术控制制度、澳大利亚集团、核供应国集团等多边机制的国家;D 组一般是美国对其有国家安全、核、生化、导弹技术扩散等方面关切以及被美国实行武器禁运的国家;E 组一般是美国所谓的支持恐怖主义国家(如伊朗、朝鲜、苏丹、叙利亚)或者遭受美国单边禁运的国家(古巴);B 组是其余国家。

在 EAR 的国家分组中,中国属于 D1/3/4/5 类受控国家(D1 为国家安全、D2 为核技术、

---

① Chemical & Biological Weapons,CB.
② Nuclear Nonproliferation,NP.
③ National Security,NS.
④ Missile Technology,MT.
⑤ Regional Stability,RS.
⑥ Firearms Convention,FC.
⑦ Crime Control,CC.
⑧ Anti-Terrorism,AT.

D3 为生化武器、D4 为导弹技术、D5 为武器禁运)。

3)最终用户与最终用途管制。EAR 规定了基于"最终用途"(End Use)或"最终用户"(End User)的管制体系。最终用途是指物项和技术的实际目的和应用。最终用户是指商品和技术的最终接收人。任何人不得在"明知"的情况下向第 EAR 第 744 条规定的各类"最终用途"或"最终用户"出口。

值得注意的是,基于"最终用途"或"最终用户"的管制体系并未规定哪些具体项目不得出口。换言之,原产于美国的任何产品、技术或软件的出口都有可能因"最终用途"或"最终用户"不适当的原因受 EAR 规制而需商务部批准。商务部根据交易具体情况进行个案审查,决定是否批准出口。如果买方处于受限制最终用户名单之中,商务部在审查时会直接建立"不予批准出口"的法律推定,除非企业能提出十分强大的证据推翻该不利推定。

两用产品和技术出口的授权和审批主要由美国商务部负责,但在决定是否批准的过程中,对于具体产品和技术,商务部可在接到出口申请后将是否批准出口的决定权交给其他更加熟悉该产品和技术的相关机构,包括美国国务院、国防部、能源部、NASA、CIA 等。EAR 规定了审查两用许可证和解决机构间争议程序的时间表。在收到许可证申请的 9 天内,商务部必须将许可证申请提交给其他机构(国防部、能源部等,视情况而定),或者授予许可证、拒绝许可证,或者寻求其他信息或将其返还给申请人。如果商务部将许可证申请转交其他机构,则该机构必须在 30 天内做出批准或拒绝申请的建议。EAR 为持异议的机构提供了一个就争议提交解决的程序;但是,整个许可证发放过程,包括争议解决程序,应计划在 90 天内完成。

4)执行和处罚。刑事处罚:ECA 对违法行为最高处以 100 万美元罚金或 20 年监禁,或两者并罚;民事处罚:对于违规行为,可处以 30 万美元的罚款或处以交易价值两倍金额的罚款(两者孰高);此外,处罚措施还可包括撤销出口许可证以及取消违法者从事出口活动的资格。

执法工作由 BIS 下设的出口执法办公室(Office of Export Enforcement, OEE)进行。OEE 的总部设在华盛顿特区,在美国华盛顿特区以外有 10 个办事处,并在 7 个国家设有出口管制官员。OEE 被授权在国内进行调查,并与国土安全部(Department of Homeland Security, DHS)合作进行海外调查。该办公室还与美国驻海外使馆官员一起,进行许可证前检查和装运后验证。

3.关于航天产品出口的相关规定

美国《军品控制清单》第 15 类物项"航天系统及相关设备"的法律地位比较特殊。大多数受控物项都是行政自由裁量权列入相应清单的,而第 15 类中的"商业通信卫星"是美国国会 1999 年通过立法将其出口审批权划归国务院的。中国因素是美 1999 年加强航天出口管制的主要动因,美卫星相关物项出口管制改革的历程,集中反映了美对华安全顾虑及其加大高敏感物项管制力度的过程。美国目前严格的航天出口管制政策始于 1998 年国会通过的《1999 年财年国防授权法案》,该法案对卫星出口做出了严格规定:商业卫星视同军品,其出口审批权由商务部出口管理局转给国务院国防贸易管制办公室;同时,对向中国出口卫星制定了严格的限制条件[①]。

---

① 限制条件包括:总统不得一揽子式批准中国发射美国卫星;如果总统认为对华出口某些设备和技术不会损害美国安全,不会显著提升中国空间发射能力,则必须提前 15 天通知国会方可出口;总统行使豁免权时,必须详细说明其相关出口符合美国的国家利益。

美国卫星产业界认为,上述管制规定延长了美制卫星出口审批时间,增加了交易不确定性,削弱了美商业卫星制造业的国际竞争力,损害了美航天产业基础。2009年通过的《2010年国防授权法》第1248节要求国防部长和国务卿对美国的航天出口管制政策进行评估,评估将卫星及相关零部件从军品清单移除的影响;2012年4月,美国国防部、国务院发布了《航天出口管制政策风险评估》最终报告,对将部分卫星以及相关部件从军品控制清单转移到商业控制清单提出了风险评估意见;2012年12月,美国国会两院通过了《2013年国防授权法》;2013年5月,美国商务部产业安全局和国务院国防贸易管制局分别公布航天物项出口管制改革规则,主要内容包括:

1)将部分卫星及相关物项从美国《军品控制清单》转移至《商业控制清单》,专门这类物项设立"500"系列①出口管制分类编号。

2)所有的"500"系列产品都将基于国家安全、地区稳定以及反恐等原因受到控制;部分物项要受到导弹技术控制。其审批政策是逐案审批。对于向受到美国军品禁运的"D:5"类国家(包括中国)申请出口"500"系列产品,将适用"推定拒绝"的政策。

3)在美国境外生产的物项如果使用了受控的美产两用物项,且超出了最低限额的比例,那么该外国物项出口就要向美国商务部申请出口许可证;如果低于最低限额比例,则适用最低限额豁免(即无需申请出口许可),但最低限额豁免不适用于受到美国军品禁运的国家(中国处于美国军品禁运国家之列)。

4)针对上述物项采取严密的最终用户和最终出口管制措施。

通过上述出口管制改革,美国按照具体标准和参数,将敏感度较低的航天产品划归商务部管辖,国务院只负责管辖较为敏感的军用航天产品,减轻了对敏感度较低的宇航产品出口的管制束缚;同时,实施严格的国别政策,充分贯彻其全球地缘竞争考虑及关切。

11.2.2 欧盟航天产品及技术的出口管制

欧盟基于国家安全、国际条约义务、国家政策需要以及促进贸易等方面的考虑实施出口管制,20世纪90年代以来,欧盟逐渐形成了两用品出口管制和军品出口管制体系。

1. 军品出口管制

20世纪90年代之前,欧共体军品出口管制由各国政府负责。1992年初,欧共体形成了关于军品出口的8项共同标准,但是常规武器的出口仍然由各成员国决定。1998年6月,欧盟理事会正式接受了《欧盟武器出口行为准则》(European Union Code of Conduct on Arms Exports),但从本质上讲,该行为准则只是欧盟成员国关于武器出口应遵循条件的一项政治承诺,缺乏对成员国的法律约束力。

2000年6月,欧盟通过了《共同军品清单》(Common Military List of the European Union),该清单是根据瓦森纳安排的军品清单制定的,涵盖军械弹药、武器系统、相关设备以及软件和技术等,共22类。该清单为成员国国内军事技术和设备清单提供参考,但不直接取代

---

① "500"系列物项,ECCN编号的第3位都是5,即"9A515""9B515""9D515""9E515"。其中,第1位数字9是指《商业控制清单》上的第9类物项,即航天器;第2位A到E,标明物项的功能分类;最后两位数字15,标明它原属于《军品清单》第15类物项。

成员国清单。

2008年12月,欧盟各国外长以"共同立场文件"的形式通过了《军事技术和设备出口管控共同条例》(Common Rules Governing the Control of Exports of Military Technology and Equipment),将原来准则中的"武器出口"扩大为"军事技术与设备出口",并对欧盟各成员国具有法律约束力。

根据共同条例,每个成员国应逐项评估欧盟共同军品清单上物项的出口许可申请。出口许可申请包括有形出口的许可申请、中介服务许可申请、过境或转运许可申请、软件和技术无形转让的许可申请。成员国应公布拒绝出口许可申请的详细资料及其原因。任何成员国在批准一项近三年内其他成员国拒绝的同类交易的许可证之前,必须与其他成员国商议,但转移或拒绝转移任何军事技术或设备的决定仍将由各成员国自行决定。同时,为最大程度实现条例的有效性,成员国应在共同外交与安全政策框架下工作并加强相互合作。

2. 两用品出口管制

(1)法律框架

伴随着欧洲共同体的形成和演变,欧盟出口管制法律体系的形成经历了一个发展过程。1992年,《欧盟理事会条例(EC)第2913/92号》的出台形成了欧洲的出口控制法规。2000年,《欧盟理事会条例(EC)第1334/2000号》(以下简称"第1334/2000号条例")通过,欧盟建立了统一的两用物项和技术出口管制机制。① 之后,该条例几乎每年都会被修改和调整;直到2006年12月,欧盟开始彻底修订第1334/2000号条例。2009年8月,《欧盟理事会条例(EC)第428/2009号》(以下简称"第428/2009号条例"或"条例")生效,取代了第1334/2000号条例。第428/2009号条例是欧盟两用物项出口管制的主要法律依据,用以"设立欧盟层面的两用物项出口、转让、经纪和过境管制制度"。该条例2009年开始实施,历经9次修订,最近一次修订是2019年12月。除条例外,欧盟各成员国国内立法也是成员国两用品出口管制的法律依据。

(2)主管机构

出口控制的最终执行与决策权掌握在各成员国手中。根据条例第13条"成员国的主管当局在根据本规定行事时,可拒绝授予出口许可,可废止、中止、修改或者撤销已经授权的出口许可"。欧盟理事会将这些部门的名录公布在"欧盟官方公报"的C系列中。部分成员国的出口管制主管机构见表11-1。

表11-1 部分欧盟成员国出口控制主管机构

国 家	机 构
法国	经济与财政部、企业管理局、军民两用品司②
德国	联邦经济与出口控制局③
英国	国际贸易部、出口控制联合司④

① 彭爽,李利滨.论欧盟的出口管制体制[J].经济资料译丛,2018(1):1-13。
② Ministère de l'Économie et des Finances, Direction Générale des Enterprises, Service des biens à double usage(SBDU), https://www.entreprises.gouv.fr/biens-double-usage
③ Federal Office for Economic Affairs and Export Control, http://www.ausfuhrkontrolle.info
④ Department for International Trade (DIT), Export Control Joint Unit (ECJU), https://www.gov.uk/export-control-licence

续表

国　家	机　构
意大利	经济发展部、国际贸易政策总局、出口控制司①
荷兰	外交部、国际关系总局、贸易政策与经济管理司②
奥地利	数字化与经济事务部、外贸管理局③
波兰	企业与技术部、战略物资与技术安全部④
瑞典	战略产品监管局⑤

为协调成员国之间的出口管制行为，根据条例第19条，成员国在与欧盟委员会的合作中，应采取适当措施，在主管当局间建立直接合作和信息交流，以避免两用物项出口管制应用上的分歧造成贸易转移。同时，根据条例第23条，组建了以欧盟委员会代表担任主席的两用物项协调组（Dual-Use Coordination Group，DUCG），各成员国指派代表参加协调组。协调组负责核查主席或成员国代表就条例的执行提出的问题，并在其认为必要的时候，咨询出口方、经纪方或本条例所涉其他利益相关方。

（3）两用品清单

条例的附件1是欧盟"两用物项清单"（List of Dual-use Items），该清单涵盖核、特殊材料、电子产品、计算机、电信等10类物项。部分航天产品及技术列入清单的第9类"航天及推进系统"。在每类物项下，又按物项性能分为5类：①系统、设备与零部件；②测试、检验与生产设备；③材料；④软件；⑤技术。

（4）两用品出口管制措施

1）"出口"（Export）、"转移"（Transfer）及"过境"（Transit）。准确把握欧盟两用物项出口控制的具体措施，需要首先厘清上述概念在欧盟语境下的不同含义："出口"，是指从成员国领土或者欧盟关税区出口或再出口到欧盟以外的第三国。"转移"，是将物项从成员国境内输往欧盟关税区内的地方的行为。"过境"，是指非欧盟两用物项进入、通过欧盟关税区，其最终目的地在欧盟之外的运输行为。

针对"出口""转移""过境"，条例规定了不同的管制要求。

欧盟内转移两用物项一般不需要办理许可，但根据条例第22条，附件Ⅳ所列物项的转移需要取得许可。但条例也同时强调根据条例第22条对欧盟内"转移"采取许可措施时，不应造成从一个成员国向另一个成员国转移时所受到的限制性条件多于将相同两用物项出口到第三

---

① Ministry of Economic Development, Directorate-General for International Trade Policy, Export Control Unit, http://www.mise.gov.it/index.php/it/commercio-internazionale/import-export/dual-use.

② Ministry for Foreign Affairs, Directorate-General for International Relations, Department for Trade Policy and Economic Governance, http://www.rijksoverheid.nl/exportcontrole.

③ Federal Ministry of Digital and Economic Affairs, Division for Foreign Trade Administration, 网址：www.bmdw.gv.at/pawa.

④ Ministry of Entrepreneurship and Technology, Department for Trade in Strategic Goods and Technical Safety, www.gov.pl/web/przedsiebiorczosc-technologia/zezwolenia-na-obrot-produktami-podwojnego-zastosowania.

⑤ Inspectorate of Strategic Products(ISP), http://www.isp.se/2.Swedish Radiation Safety Authority, http://www.ssm.se.

国所受到的限制性条件。

另外,条例第 6 条规定了对于非欧盟原产的两用物项,如果其全部或部分准备用于化学、生物或核武器及其运载等用途,成员国的主管当局可以禁止"过境"。

2)许可制度。欧盟对两用品有 4 种类型的出口许可。其中"欧盟通用出口许可"(EU General Export Authorisations,EU GEAs)由欧盟委员会颁发,其余 3 类授权由出口商所在成员国的主管当局授予。

①欧盟通用出口许可,指欧盟对满足条例之附件Ⅱa～Ⅱf条件的所有出口商,许可其出口物项到某些目的地国家。目前有 6 种"欧盟通用出口许可",包括:

EU001 许可——出口"两用物项清单"大多数物项(除了附件Ⅱg 所列物项)到澳大利亚、加拿大、日本、新西兰、挪威、瑞士(含列支敦士登)、美国等 8 个国家;

EU002 许可——出口特定两用物项(附件Ⅱb 所列物项)到阿根廷、克罗地亚、冰岛、南非、韩国、土耳其共 6 个国家;

EU003 许可——修理或替换后出口两用物项(除了附件Ⅱc 第二部分所列物项)到包括中国在内的 24 个国家;

EU004 许可——用于展览或展销临时出口两用物项(除了附件Ⅱd 第一部分所列物项)到包括中国在内的 24 个国家;

EU005 许可——出口特定电信物项(附件Ⅱe 所列物项)到包括中国在内的 9 个国家;

EU006 许可——出口特定化学品(附件Ⅱf 所列物项)至阿根廷、克罗地亚、冰岛、韩国、土耳其和乌克兰共 6 个国家。

为确保欧盟通用许可仅适用于附件Ⅱa～Ⅱf 所列的低风险交易,如果出口目的国受到武器禁运,欧盟委员会有权将该目的国从欧盟通用出口许可的国别范围内移除。另外,欧盟通用许可由欧盟委员会颁发,但如果出口商所在成员国的主管当局有合理怀疑出口商没有能力遵守此类授权或出口管制法规的规定,可以禁止出口商使用这些授权。成员国主管当局应当剥夺出口商上述许可的情况,与其他成员国进行信息交换,除非确定出口商不会试图通过另一个成员国出口两用物项。

②国家通用出口许可(National General Export Authorisations,NGAs),指成员国根据条例第 9 条第 2 款的授权,由成员国国内法规定,对符合条例第 9 条及附件Ⅲc 出口授予许可。条例第 9 条第 4 款规定了"国家通用出口许可"授予的条件,包括:①物项中不包含附件Ⅱg 所列物项;②由成员国国内立法或实践界定,供在签发此类授权的成员国境内设立或居住的出口商使用;如果出口商符合条例及各成员国国内法规定的条件,应按照附件Ⅲc 中的要求发布该许可;同时,成员国应立即通知欧盟委员会已签发或修改的国家通用出口许可;欧盟委员会应在"欧盟官方公报"C 系列中公布这些通知;③出口商如果知道或获当局通知,物项可能被用于受武器禁运的国家,则不能适用这类许可。

③全球出口许可(Global Export Authorisation),指成员国主管当局向一个出口商发放的某种或某类两用物项的全球许可证,可向一个或多个特定最终用户和/或向一个或多个特定第三国出口。

④单项出口许可证(Individual Export Authorisation),是指成员国主管当局向一个出口商发放的,涉及一个或多个两用物项向某第三国的一个最终用户或收货人出口的许可,这也是最常用的出口许可形式。

全球出口许可和单项出口许可由成员国根据国内法决定是否授予许可,但为了建立欧盟层面统一的出口管制规则,包括一套共同的评估标准,条例规定了在决定是否授予单项或全球出口授权时,各成员国应考虑的相关因素,包括:①成员国参加的国际不扩散机制及出口管制安排所承担的义务;②各成员国在欧盟理事会或联合国安理会约束性决议实行的武器禁运项下的义务;③国家的外交和安全政策方面的考虑;④关于预期最终用途和挪作他用的考虑等。除上述考量因素外,在评估全球出口许可申请时,成员国还应考虑出口商采用适当和充足的手段及程序,以确保符合条例的规定和目标以及授权的条款和条件。

11.3 我国航天产品及技术贸易制度

11.3.1 我国航天产品及技术贸易的现状

随着我国航天技术的不断发展,我国的航天产品与技术逐步走入国际市场,成为落实中国航天"走出去"战略,深入推进国际合作,扩大我航天国际影响力的重要途径。我国航天产品与技术贸易包括发射服务、整星在轨交付、航天基础设施及地面系统出口、部组件及元器件出口等多种形式。

1. 发射服务

我国的宇航产品与技术出口最早是从对外提供发射服务开始。对外提供发射服务,是使用我国研制的运载火箭将国外客户的卫星或载荷运送到预定轨道的活动。从本质上说,这种贸易行为出口的不是运载火箭本身,而是运载火箭所提供的运输服务。

1985年,中国政府宣布长征火箭进入国际市场,中国长城工业总公司[①]作为中国政府授权的发射服务提供商,开始对外提供发射服务。1990—1999年,我国用长征系列火箭共发射了26颗美制卫星和1颗欧洲卫星。

1998年底,美国出台"考克斯报告"和《1999年财年国防授权法》,限制用中国火箭发射美制卫星和含有受控美制零部件的卫星,我国的发射服务进军国际市场受阻。2002年开始,中国航天与欧洲卫星制造商合作发射不含有受控美制零部件的卫星,即所谓ITAR-Free卫星,到2012年共发射了7颗欧洲卫星;此后,欧洲卫星制造商迫于压力停止了ITAR-Free卫星的研制。

随着美国出口管制改革进一步强化对中国航天的限制,我国的对外发射服务主要以整星在轨交付和国际搭载发射服务为主,先后为卢森堡、土耳其、厄瓜多尔、阿根廷、波兰、西班牙、丹麦、加拿大等多个国家提供搭载发射。截至2020年7月底,中国长征系列运载火箭为国际客户提供国际商业发射服务51次,发射59颗国际商业卫星(包含整星在轨交付的发射);提供19次搭载发射,发射卫星/载荷24个。

2. 整星在轨交付

整星在轨交付(Satellite in-orbit Delivery),也称整星出口,是使用我国研制的运载火箭将

[①] 2011年,中国长城工业总公司改制,更名为中国长城工业集团有限公司。

按照国外客户的需求设计并建造的卫星运送到预定轨道,经过在轨测试,将该卫星交付国外客户使用的行为。

我国的整星出口开始于2007年。2007年5月,我国发射了尼日利亚通信卫星一号,实现首颗国产通信卫星出口;2012年9月发射委内瑞拉遥感卫星一号,完成国产遥感卫星出口零的突破;2015年10月发射亚太九号卫星,首次向区域成熟卫星运营商提供在轨交付卫星;2016年1月,发射白俄罗斯卫星,整星出口业务首次拓展到欧洲市场。截至2020年7月底,我国已向尼日利亚、委内瑞拉、巴基斯坦、玻利维亚、老挝、香港、白俄罗斯等国家和地区的国际客户在轨交付通信卫星10颗、遥感卫星3颗。

经过10多年的发展,我国的航天产品及服务系统集成商,已经能够完整地提供包括发射服务、通信卫星、遥感卫星、测控服务、地面应用系统、卫星在轨服务、融资、保险、培训及技术转让等相关服务在内的整星交付一揽子解决方案。

3. 航天基础设施及地面系统出口

航天基础设施和重大设备的出口,是中国的航天产品进入国际宇航设备供应链体系,输出中国航天标准的一个重要方面。目前,我国已经初步实现了卫星研制中心及卫星总装、测试中心等设备及系统级产品的出口,并实现了卫星及地面应用系统的集成打包出口。在一定程度上,开展航天基础设施方面的国际合作也有助于推动新兴航天国家快速建立航天能力。

4. 部组件及元器件出口

1992年,长征火箭搭载发射的瑞典弗利亚科学卫星上采用了我国提供的星上电池等,实现了宇航部组件产品的首次出口;此后我国陆续与相关国家开展部组件合作;特别是随着发射服务和整星项目的推进,我国出口部组件产品涵盖太阳翼、热管、分离环等星上产品及其他地面设备。近年来,我国也开始向国际市场推广国产航天电子元器件产品。经过几年的市场开拓,电子元器件出口产品的种类开始逐步扩大,出口国家日益增多,目前已实现向俄罗斯、法国、德国、白俄罗斯等国的出口。

11.3.2 我国航天产品及技术的出口管制

航天产品与技术明显的军民两用属性及突出的战略重要性,使得在航天产品及技术出口管理方面:一方面,国际社会通过联合国安理会决议,相关国家通过瓦森纳安排、导弹及其技术控制制度等多国机制,从防止大规模杀伤性武器扩散等角度要求相关国家对于航天产品与技术出口实施管控;另一方面,美、欧等航天大国,从维护国家安全和保持自身技术领先优势方面出发,建立了相对完善的"军品"和"两用物项和技术"出口管制体系,严格规范航天产品及技术的出口行为。

值得注意的是,国家对航天产品的出口管控在一定程度上影响着一国航天产品贸易的健康发展及其航天商业竞争力的形成。在当前航天国际市场竞争日趋激烈的情况下,建立宽严适度的出口管制制度、合理平衡国家安全与产业竞争力,是我国航天产品及技术出口管制体系构建必须考虑的内容。

1. 出口管制法律法规体系

我国的出口管制法律体系主要由法律、行政法规及部门规章三个层次构成。在法律层面,

2015年通过的《国家安全法》确立了总体国家安全观,并在第59条规定,国家建立国家安全审查和监管的制度和机制,对影响或可能影响国家安全的特定物项和关键技术等进行国家安全审查。2020年10月,《出口管制法》的出台,正是对总体国家安全观的回应;作为一部统领出口管制工作的法律,《出口管制法》统一确立了出口管制政策、管制清单、管制措施以及监督管理等方面的基本制度框架和规则。此外,《对外贸易法》对于国家可以限制或者禁止有关货物、技术的进口或者出口的规定①,《海关法》规定的对管制物项实施海关监管等内容都与出口管制相关。

在行政法规及部门规章层面,《出口管制法》出台以前,我国就已制定了6部关于出口管制的行政法规,包括《监控化学品管理条例》《核出口管制条例》《军品出口管理条例》《核两用品及相关技术出口管制条例》《导弹及相关物项和技术出口管制条例》《生物两用品及相关设备和技术出口管制条例》等,初步形成了覆盖核、生物、化学、导弹以及军品等物项的出口管制规则体系,对加强出口管制、维护国家安全、积极履行国际义务发挥了重要作用。

目前,我国没有专门针对航天产品出口管控的规章,现阶段,主要是根据航天产品的"用途"或"参数""性能"等将其归于"军品""两用物项"等进行管控。在我国现行出口管制法律体系中,涉及航天产品出口管制的法律法规及部门规章见表11-2。

表11-2 部分涉及航天产品出口管制的法律法规及部门规章

	名称	现行文本实施时间	文号
法律	《国家安全法》	2015.7.1	主席令第29号
	《出口管制法》	2020.12.1	主席令第58号
	《对外贸易法》	2016.11.7	主席令第57号
	《海关法》	2017.11.5	主席令第81号
法规	《货物进出口管理条例》	2002.1.1	国务院令第332号
	《技术进出口管理条例》	2019.3.2	国务院令第709号
	《军品出口管理条例》	2002.11.15	国务院、中央军委第366号
	《导弹及相关物项和技术出口管制条例》	2002.8.22	国务院令第361号
	《导弹及相关物项和技术出口管制清单》	2002.8.22	国务院令第361号
	《海关行政处罚实施条例》	2004.11.1	国务院令第420号
规章	《禁止出口限制出口技术管理办法》	2009.5.20	商务部、科技部令2009年2号
	《禁止出口限制出口技术目录》	2020.8.28	商务部、科技部公告2020年38号
	《敏感物项和技术出口经营登记管理办法》	2015.10.28	商务部2015年第2号令
	《两用物项和技术进出口许可证管理办法》	2006.1.1	商务部、海关总署令2005年29号
	《两用物项和技术进出口许可证管理目录》	2020.1.1	商务部、海关总署公告2019年68号
	《两用物项和技术进出口通用许可证管理办法》	2009.7.1	商务部令2009年第8号
	《军品出口管理清单》	2002.11.15	科工法[2002]828号
	《海关暂时进出境货物管理办法》	2018.2.1	海关总署令第233号

---

① 参阅《对外贸易法》第十六条。

2. 出口管制相关规定

(1) 管制物项范围

《出口管制法》第 2 条规定了"两用物项""军品""核"及其他与维护国家安全和利益、履行防扩散等国际义务相关的货物、技术、服务等都属于管制物项的范围。对于与航天产品及技术相关的"两用物项""军品",《出口管制法》给出了明确的定义:

1) 两用物项,是指既有民事用途,又有军事用途,或者有助于提升军事潜力,特别是可以用于设计、开发、生产或者使用大规模杀伤性武器及其运载工具的货物、技术和服务。

2) 军品,是指用于军事目的的装备、专用生产设备以及其他相关货物、技术和服务。具体判断相关航天产品及技术是否属于管制物项范围,还需要结合相关的管制清单、名录或者目录。

除了《出口管制法》及相关条例、管制清单确定的物项范围外,《出口管制法》还采取了国际通行的全面管制("Catch-all")原则,即出口管制清单所列管制物项以及临时管制物项之外的货物、技术和服务,出口经营者知道或者应当知道,或者得到国家出口管制管理部门通知,相关货物、技术和服务可能存在危害国家安全和利益、大规模杀伤性武器及其运载工具扩散、用于恐怖主义目的等风险的,应当向国家出口管制管理部门申请许可。

(2) 管制清单

《出口管制法》第 4 条规定"国家实行统一的出口管制制度,通过制定管制清单、名录或者目录(以下统称管制清单)、实施出口许可等方式进行管理"。现阶段,航天产品及技术可能涉及的清单或目录主要包括:

1)《军品出口管理清单》。《军品出口管理清单》由原国防科学技术工业委员会、中国人民解放军总装备部制定,自 2002 年 11 月 15 日起施行。清单所列军品物项分 14 大类,每一大类又划分为若干小类,构成了以武器定义、武器种类、武器主要系统或部件以及与武器装备直接相关的零部件、技术和服务为主体的框架体系。其中,第 8 类为"火箭、导弹、军用卫星及其辅助设备",包含的航天产品如火箭、军用卫星等物项及技术,而对于"军用卫星"的定义,我国是按照用途来界定的,即"用于军事目的的卫星",这与有些国家基于物项性能判断是否需要按照军品管理有所不同。

2)《导弹及相关物项和技术出口管制清单》。《导弹及相关物项和技术出口管制条例》及其附件《导弹及相关物项和技术出口管制清单》于 2002 年 8 月 22 日公布,并自公布之日起施行。该清单将导弹相关物项及技术分为两个部分,适用不同的管制要求:第一部分所列的物项及技术,按照军品管理;第二部分所列的物项和技术,按照《导弹及相关物项和技术出口管制条例》第 7 条至第 13 条的规定履行审批手续;但是,如果用于军事目的,则应当依照军品管理。

在第一部分和第二部分物项的分类问题上,清单基本上参照了 MTCR 的附件清单的划分标准。清单第一部分是导弹和其他运载系统(包括弹道导弹、巡航导弹、火箭和无人驾驶飞行器)及其专用物项和技术,包括能把 500 kg 以上有效载荷投掷到 300 km 以上的完整弹道导弹、运载火箭、探空火箭、巡航导弹和无人驾驶航空飞行器,以及为其专门设计的生产设施等。清单第二部分是与上述物项相关的物项和技术。

我国对导弹及相关物项和技术出口实行严格管制,防止清单所列的可被用于运载大规模杀伤性武器的导弹及其他运载系统的扩散。对国家安全、社会公共利益有重大影响的导弹相关物项和技术出口,国务院外经贸主管部门应当会同有关部门,报国务院、中央军事委员会批准。

3)《两用物项和技术进出口许可证管理目录》。《两用物项和技术进出口许可证管理目录》由商务部会同海关总署制定并发布,自2006年1月1日起施行。之后,目录经过几次调整,现行有效的文本是商务部、海关总署于2019年发布、2020年1月1日起施行的《两用物项和技术进出口许可证管理目录》,该目录分为《两用物项和技术进口许可证管理目录》和《两用物项和技术出口许可证管理目录》。目前,我国尚未颁布统一的两用品物项和技术出口清单,现有《两用物项和技术出口许可证管理目录》集合了核出口管制清单、核两用品及相关技术出口管制清单、生物两用品及相关设备和技术出口管制清单、监控化学品管理条例名录、有关化学品及相关设备和技术出口管制清单、导弹及相关物项和技术出口管制清单等所列物项和技术。

4)《禁止出口限制出口技术目录》。该目录根据《对外贸易法》及《技术进出口管理条例》制定,最早于2002年1月1日起施行,2008年进行过修订。2020年8月28日,商务部、科技部发布公告,对《中国禁止出口限制出口技术目录》的内容再次做出调整,调整部分涉及航天技术,在"禁止出口的"技术目录部分,对航天器测控技术、空间数据传输技术、卫星应用技术等技术的控制要点进行了相应的修改;另外,"限制出口的"技术目录部分新增了部分涉及航天的内容,如新增了大型高速风洞设计建设技术、大型振动平台设计建设技术、航空航天轴承技术、无人机技术以及航天遥感影像获取技术等,并对空间仪器及设备制造技术的控制要点等进行了修订。

(3)管制措施

1)出口经营者资质或登记要求。根据《出口管制法》,出口经营者从事管制物项出口,需要依法取得相关管制物项出口经营资格的,应当取得相应的资格。

《军品出口管理条例》规定,依法取得军品出口经营权的军品贸易公司可在核定的经营范围内从事军品出口经营活动;军品出口经营权由国家军品出口主管部门审查批准。未取得军品出口经营权的任何单位或组织不得从事军品出口经营活动,且国家禁止个人从事军品出口经营活动。

根据《敏感物项和技术出口经营登记管理办法》规定,凡从事敏感物项和技术出口的经营者,必须向对外贸易经济合作部(现商务部)申请登记;未经登记的,任何单位或者个人不得经营敏感物项和技术的出口。

2)受管制的行为。受管制的行为包含出口、视同出口、过转通及再出口。

《出口管制法》第2条规定,国家对从我国境内向境外转移管制物项,以及我国公民、法人和非法人组织向外国组织和个人提供管制物项,采取禁止或者限制性措施。需注意的是,公民、法人和非法人组织向外国组织和个人提供管制物项也属于出口管制的范围,该规定与"视同出口"概念较为类似,即中国主体在中国境内向外国实体提供管制物项也属于受《出口管制法》规制的"出口"。另外,管制物项的过境、转运、通运、再出口或者从保税区、出口加工区等海关特殊监管区域和出口监管仓库、保税物流中心等保税监管场所向境外出口,依照《出口管制法》的有关规定执行。

3)出口许可。国家对管制物项的出口实行许可制度。对于管制清单物项、临时管制物项以及符合前述"全面管制"情形的物项,出口经营者在出口前需要获得国家出口管制管理部门的许可方能出口。

对于军品,军品出口经营者在出口军品前,应当向国家军品出口管制管理部门申请领取军品出口许可证。军品出口经营者出口军品时,应当向海关交验由国家军品出口管制管理部门颁发的许可证件,并按照国家有关规定办理报关手续。除了出口需获得许可外,军品出口立项、军品出口项目、军品出口合同,均需办理审查批准手续;重大军品出口立项、重大军品出口项目、重大军品出口合同,应当经国家军品出口管制管理部门会同有关部门审查,报国务院、中央军事委员会批准。①

对于两用物项,《出口管制法》要求出口经营者向国家两用物项出口管制管理部门申请出口两用物项时,应当依照法律、行政法规的规定如实提交相关材料。国家两用物项出口管制管理部门受理两用物项出口申请,单独或者会同有关部门依法进行审查并作出准予或者不予许可的决定。

《出口管制法》规定了国家出口管制管理部门在对出口经营者出口管制物项的申请进行审查时,综合考虑的八项因素:国家安全和利益;国际义务和对外承诺;出口类型;管制物项敏感程度;出口目的国家或者地区;最终用户和最终用途;出口经营者的相关信用记录;法律、行政法规规定的其他因素。

对于已建立出口管制内部合规制度,且运行情况良好的出口经营者,《出口管制法》第14条规定对其出口有关管制物项可给予通用许可等便利措施。商务部2009年5月颁布的《两用物项和技术出口通用许可管理办法》具体规定了两用物项和技术出口通用许可的含义、种类、条件、实施以及监督管理等内容。

4)"最终用户和最终用途"及"管控名单"。最终用户和最终用途是国家出口管制管理部门对出口申请进行审查时的重要的考量因素之一。出口经营者应当向国家出口管制管理部门提交管制物项的最终用户和最终用途证明文件,有关证明文件由最终用户或者最终用户所在国家和地区政府机构出具。管制物项的最终用户应当承诺,未经国家出口管制管理部门允许,不得擅自改变相关管制物项的最终用途或者向任何第三方转让。国家出口管制管理部门建立管制物项最终用户和最终用途风险管理制度,对管制物项的最终用户和最终用途进行评估、核查,加强最终用户和最终用途管理。

《出口管制法》对违反最终用户或最终用途管理要求,或者可能危害国家安全和利益,或者将管制物项用于恐怖主义目的的进口商和最终用户,建立管控名单。对列入管控名单的进口商和最终用户,国家出口管制管理部门可以采取禁止、限制有关管制物项交易,责令中止有关管制物项出口等必要的措施。出口经营者不得违反规定与列入管控名单的进口商、最终用户进行交易。出口经营者在特殊情况下确需与列入管控名单的进口商、最终用户进行交易的,可以向国家出口管制管理部门提出申请。列入管控名单的进口商、最终用户经采取措施,不再有上述情形的,可以向国家出口管制管理部门申请移出管控名单。

5)"不可靠实体"清单及反制措施。除"管控名单"外,2020年9月19日,商务部发布了《不可靠实体清单规定》。相比管控名单通过对物项管控进而对进口商和最终用户实施管控,不可靠实体清单是对外国实体(包括外国企业、其他组织或者个人)采取相应的措施。

国家建立不可靠实体清单制度,对外国实体在国际经贸及相关活动中危害中国国家主权、安全、发展利益;违反正常的市场交易原则,中断与中国企业、其他组织或者个人的正常交易,

---

① 详见《出口管制法》第24条,《军品出口管理条例》第14条、第15条、第16条、第17条。

或者对中国企业、其他组织或者个人采取歧视性措施,严重损害中国企业、其他组织或者个人合法权益的行为采取相应措施。这些措施包括:限制或者禁止其从事与中国有关的进出口活动;限制或者禁止其在中国境内投资;限制或者禁止其相关人员、交通运输工具等入境;限制或者取消其相关人员在中国境内工作许可、停留或者居留资格;罚款;或者其他必要的措施。《不可靠实体清单规定》还规定了调查程序、审查考量因素、特殊情况交易申请、清单移除等内容。

此外,《出口管制法》第48条规定,任何国家或者地区滥用出口管制措施危害中华人民共和国国家安全和利益的,中华人民共和国可以根据实际情况对该国家或者地区对等采取措施。上述规定意味着中国开始在法律层面建立反制措施,以维护国家安全和利益,维持公平、自由的国际经贸秩序,保护中国企业的合法权益。

第 12 章 外空知识产权保护规则

12.1 外空知识产权及其保护

12.1.1 外空知识产权保护的基础

目前,航天技术的商业应用,如电信服务、遥感和全球导航服务,等等,无疑都是相当成功的。[①]卫星发射、卫星通信、遥感、卫星定位、卫星直播和外空旅游都是商业航天发展的典型例子。外空的独特环境为无法在地球上进行的特定科学实验提供了有利条件。国际空间站(International Spaee Station, ISS)的建立促进了外空的科学研究和实验。这些研究结果已经成功地应用于我们的日常生活中,包括外空材料加工和外空制药行业等。

知识产权是激励社会进行创造性劳动的有效机制。知识产权的保护越来越适用于外空活动之上,因为随着外空商业化和私有化的加深,更多的私营主体参与对外空应用的投资中,这完全不同于以往的以国家为单一主体的外空投资模式。与许多其他涉及技术和知识的领域一样,尽管智力成果可能使社会受益,但有人必须承担此类智力成果的研发费用。一方面,这通常招致某个领域的商业化和私有化,以使私营部门能够对这方面的研究进行投资。另一方面,一旦某个领域看起来有潜在的商业投资回报,私营部门就会表现出兴趣,但其往往希望在实际开始注入资金之前就能保护投资,因而需要对这些资产的进一步开发采取激励措施,显然外空商业化的扩大提出了对外空知识产权保护的需求。

然而,现行法律体制还没有规定外空创新的专门条约或国内法。现行的一般知识产权法律规范应对外空知识产权保护的法律适用问题做出指引。属地管辖权原则是否允许将国内法适用于位于外空的空间物体,这仍旧是一个开放的问题。是否可以将空间物体视为国家领土的延伸? 从目前的各国实践来看,答案是肯定的。[②]《外空条约》第 8 条规定了凡登记把实体

[①] Yun Zhao, Space Commercialization and the Development of Space Law, Oxford Research Encyclopedia of Planetary Science (Oxford: Oxford University Press 2018), DOI: 10.1093/acrefore/9780190647926.013.42, at p. 1.

[②] See Michael Gerhard, "National Space Legislation-Perspectives for Regulating Private Space Activities," in Marietta Benko and Kai-Uwe Schrogl (eds), Space Law: Current Problems and Perspectives for Future Regulation (Utrecht: Eleven, 2005), 82.

射入外层空间的缔约国对留置于外层空间的实体及其所载人员,应仍保持管辖及控制权。《登记公约》第2条进一步确认了这一点。国际空间站对管辖权规则也做出了明确规定,即每个成员国均应保留对其所登记单元的管辖和控制权。① 因此,只要外空物体的单元获得登记,国际空间站的具体参与国的管辖和控制权自然也就得以明确。本章将以我国为例,分析与外空创新和创造活动有关的知识产权保护法律制度。

我国高度重视知识产权保护,积极参与知识产权国际条约的签署与国内知识产权的立法。我国几乎是所有主要的国际知识产权条约的成员国,包括《保护工业产权巴黎公约》《保护文学和艺术作品伯尔尼公约》和《与贸易有关的知识产权协定》等。同时我国还达成了涉及知识产权保护的双边外空协定和多边协定。此外,自1978年实行对外开放政策以来,我国制定了一套完整的保护知识产权的法律法规。1986年全国人民代表大会颁布的《民法通则》确定了知识产权的范围:著作权、专利权、商标权、发现权、发明权及其他科技成果权。相关规定在专利法、商标法、著作权法等具体法律法规中得到进一步完善。

12.1.2 对外空知识产权进行保护的主体

通常而言,外空活动涉及3类主体:国际组织、非政府团体和国家。

1. 国际组织对外空知识产权的保护

第1类国际组织主体已制定了相关的国际条约,就此类国际组织开展的活动规定了有关知识产权的所有权和适用规则。《亚太空间合作组织公约》的规定便是一个示例。例如,《亚太空间合作组织公约》有一条关于知识产权的条文规定:①在本组织的项目和活动中或利用本组织拥有的资源取得的发明、产品、技术数据或技术,应为本组织所有。②理事会应就成员国使用本组织所拥有的技术、产品、技术数据或技术及其他知识产权制定和通过指导原则和程序。③理事会应就本组织及成员国通过适当的协定或合同使用一成员所拥有的发明、产品、技术数据或技术及其他知识产权,通过指导原则和程序。本组织应遵守有关保护知识产权的国际公约。② 亚太空间合作组织是亚太地区唯一的区域性空间组织,总部设在我国北京。我国在该组织的日常运作中发挥着积极和主导的作用。我国在2006年底之前首先完成了对亚太空间合作组织的资助,其他成员自2007年起开始履行支付义务。我国已在多个场合同意协助亚太空间合作组织其他成员开发和应用外空产品和技术。例如,我国于2013年同意向亚太空间合作组织成员国提供遥感卫星数据,以协助该地区的自然灾害减灾救灾工作。亚太空间合作组织公约的上述条款规定了亚太空间合作组织和成员国知识产权保护的一般准则。我国在提供有关知识产权供其他成员使用时,应与亚太空间合作组织和成员国就保护这些知识产权达成协议。

2. 非政府团体对外空知识产权的保护

对于第2类主体非政府团体,情况可能更为复杂。国家应对政府或非政府团体开展的国

---

① 1998年1月29日在华盛顿签署的《政府间协定》,Treaties and Other International Acts Series 12927,第5(2)条。
② 《亚太空间合作组织公约》(以下简称《APSCO公约》),北京,2005年10月28日缔结,2006年10月12日生效;2423 UNTS 127,第22条。

家外空活动承担国际责任。① 非政府团体开展的外空活动应被视为已被国家授权并受国家持续监督的国家活动的一部分。国家通过登记和许可等行政措施来管理非政府团体外空活动。因此在国际层面上,国家是对所有外空活动担责的实体。然而,一国应承担责任这一事实并不直接导致一国拥有非政府团体外空活动产生的任何发明,否则可能会挫败非政府团体从外空活动中获利的初衷,并阻碍外空活动的商业化发展。因此,可能需要考虑规定非政府团体对知识产权所有权的相关国内法律。如果非政府团体拥有所有权,则可能会对权利的应用、转让和许可施加某些限制,尤其是涉及国家安全和国家机密的情形。据此,有必要审查我国现行的知识产权法,并研究某些规定对与外空有关的发明和产品的适用情况。

3.国家对外空知识产权的保护

对于第 3 类国家主体,一国的外空活动通常由其雇员进行,意味着国家通常对职务关系产生的有关知识产权权利享有所有权。这也适用于我国,下文将在讨论国内知识产权法律时进一步说明。

12.2 主要的外空知识产权保护制度

12.2.1 外空专利保护的内容

高科技几乎涉及外空活动的所有方面。外空创新可以来自于对运载火箭的研究、发射和回收以及在航天器上进行的实验。我国在外空研究和探索方面投入了大量资金。因此,为研究成果提供充分保护的法律制度对于维持这类研究的进一步发展是非常重要的。专利法是实现这一目的的一部重要法律。②

在国际上,《与贸易有关的知识产权协定》第 27 条第 1 款规定,一项技术取得专利需要具备 3 个条件,即新颖性、创造性和实用性。我国《专利法》(2020 年修正)第 22 条做出了近似的规定。根据《专利法》(2020 年修正)的规定,新颖性是指该发明或者实用新型不属于现有技术;也没有任何单位或者个人就同样的发明或者实用新型在申请日以前向国务院专利行政部门提出过申请,并记载在申请日以后公布的专利申请文件或者公告的专利文件中。申请专利的发明或者实用新型在申请日以前不得通过以下任何一种方式在国内或者国外为公众所知,即公开出版、公开使用或者以其他方式为公众所知。创造性是指与现有技术相比,该发明具有突出的实质性特点和显著的进步,该实用新型具有实质性特点和进步。实用性是指该发明或者实用新型能够制造或者使用,并且能够产生积极效果。③

判断一项申请专利是否具有新颖性,以申请专利的发明或实用新型是否属于现有技术为

---

① 《外层空间条约》,第 6 条。
② 1984 年 3 月 12 日第六届全国人大常委会第四次会议公布的《专利法》,1992 年、2000 年、2008 年、2020 年四次修订。
③ 专利法(2020 年修正),第二十二条。

准。所谓现有技术,是指申请日以前在国内外为公众所知的技术。具体言之,申请专利的发明或者实用新型在申请日以前不得通过以下任何一种方式在国内或者国外为公众所知:①出版物公开,即在申请日以前的正式出版物上已经记载了同样发明创造的情况。出版物包括各种专利文献、杂志、书籍、学术论文、教科书、技术手册,等等,还包括采用电、光、照相等方法制成的各种缩微胶片、影片、照相底片、磁带、唱片、光盘等。出版物不受地理位置、语言或者获得方式的限制,也不受年代的限制。对于一些标有"内部刊物"等字样的出版物,如果是在特定范围内要求保密的,则不属于公开出版物。②使用公开,即由于该项技术的应用而向公众公开了该项技术的内容,如新产品的制造、销售、使用和公开展示、表演等。③以其他方式为公众所知。例如口头公开,通过报告、讨论会发言、广播或者电视的播放等方式使公众得知技术内容。由于公众不能得知处于保密状态的技术内容,因此不属于现有技术。通常情况下,外空实验所形成的发明创造属于参与国的国家机密资料,除了参与国的相关主管部门之外,不会为参与国国内或者国外的公众所知,能够满足专利"三性"的新颖性要求。

　　判断一项申请专利的发明是否符合创造性的标准,是该项发明是否具有"突出的实质性特点"和"显著的进步"。所谓"突出的实质性特点",是指发明与现有技术相比具有明显的本质区别,对于发明所属技术领域的普通技术人员来说是非显而易见的,他不能直接从现有技术中得出构成该发明的全部必要的技术特征,也不能通过逻辑分析、推理或者试验而得到。如果通过以上方式就能得到该发明,则该发明就不具备突出的实质性特点。所谓"显著的进步",是指从发明的技术效果上看,与现有技术相比具有长足的进步,具体包括:①发明解决了人们一直渴望解决,但始终未能获得成功的技术难题;②发明克服了技术偏见;③发明取得了意料不到的技术效果;④发明在商业上获得成功。

　　创造性的标准是专利申请的关键基础,尤其是有关外空发明的专利申请。由于外空环境的独特内在属性,几乎所有的外空运用均会构成创造性,即同以前已有的技术相比,具有突出的实质性特点和显著的进步。外空环境的这些固有特性必将成为在空间站上进行科学研究的主题。基于零重力和超真空的环境特征而言,外空的确是独一无二的,地球上均不存在这种纯正的自然环境。绝大多数外空发明将被视为具备新颖性或创造性,因为关乎专利的科学研究项目几乎都将涉及对外空的内在独特环境特性的运用。在外空开展科学研究的成本应当是十分高昂的。只要能够在地球上采用更为廉价的设备开展研究,就基本上都不会选择在外空开展。显然,任何对外空的研究都可能会利用外空的独特内在环境特征,例如零重力和超真空,而这在地球上是不存在或难以复制的,除非付之于极其高昂的成本投入。①所以由外空研究产生的发明将不可避免地利用到难以在地球上复制或根本不具有复制效益的特征。比如,外空活动可能创造出纯度水平在地球上通常无法达到的物质。纯度水平本身可以充分满足专利申请的新颖性或创造性要求。此外,还可以根据发明的方法进一步证明其满足了新颖性或创造性要求。通过控制重力等外部影响,可以更好地把握外空的物理过程。有学者主张在外空开展实验的反应与在地球上发生的反应不同,据此论证实验所得产品是可以获得专利的。②尽管

---

① NA KANAS. Human Interactions in Space: ISS Vs. Shuttle/Mir [J]. Acta Astronautica, 2006, 59: 413 -14.
② O Vorobieva, "Intellectual Property Rights with Respect to Inventions Created in Space" in Sa'id Mosteshar (ed), Research and Invention in Outer Space, Liability and Intellectual Property Rights (Dordrecht: Martinus Nijhoff Publishers 1995), p 179.

描述一个新颖的产品会因难以理解其结构而具有挑战性,但用于制造或创造该新颖产品的方法是已知的。因此产品方法主张可能是专利保护的可行方法。对方法专利性的强调意味着专利性的方法所形成的最终产品也将被专利法所保护。①

外空的发明或者实用新型也能够满足"实用性"的要求。"实用性"主要包含以下几点要求:①能够制造或者使用。作为发明或者实用新型的技术方案,应当是可以实施的,即如果该发明的目的是制造一种产品,那么这一产品就必须能够按照发明的技术方案制造出来;如果发明是一种工艺方法,则这种工艺方法应当可以在工业生产中使用。②能够产生积极的效果。发明或者实用新型同现有技术相比,其所产生的经济、技术和社会的效果应当是积极的和有益的。明显无益、脱离社会需要、严重污染环境、严重浪费能源资源、损害人身健康的发明或实用新型不具备实用性。③必须具有再现性。发明或者实用新型作为一种技术方案应当可以重复实现,即所属技术领域的技术人员,根据公开的技术内容,能够重复实施专利申请中为达到其目的所采用的技术方案。如果是一种产品,应当可以重复制造出来;如果是一种方法,则应当可以反复使用。

《专利法》(2020年修正)第25条规定了对于科学发现、智力活动的规则和方法、疾病的诊断或治疗方法、动物和植物品种以及用原子核变换方法获得的物质,不授予专利权。科学发现是指对自然界中已经客观存在的未知物质、现象、变化过程及其特性和规律的发现和认识。这些发现和认识本身并不是一种技术方案,不是专利法意义上所说的发明创造,不能直接实施用以解决一定领域内的特定技术问题,因而不能被授予专利权。例如对于宇宙中一些新的小行星的发现是属于科学发现。疾病的诊断和治疗方法不宜授以专利权出于以下考虑:①这类方法以有生命的人体或者动物作为直接实施对象,目的是治疗疾病,由于涉及人体健康,因而不能为少数人所独占;②这类治疗或诊断方法无法在产业上制造或使用,不具备实用性,因而不能获得专利权。《与贸易有关的知识产权协定》对此也做了规定,即成员可以将诊治人类或动物的诊断方法、治疗方法及外科手术方法排除于可获专利之外。但是,疾病的诊断或治疗方法不同于外空实验可能产生的大量药物和其他化学产品,后者可以在我国申请专利。外空是一个进行研究的独特实验室,可能会影响处于外空以及地球上的人类的共同健康。在国际空间站上进行的实验涉及诸如可能对人体健康构成威胁的问题、零重力对人体生理的影响以及实现较长时间太空飞行任务的各种技术等。制药行业也被优先考虑作为国际空间站的研究领域。国际空间站的研究人员已经取得了一些有益于人类的成就,包括预防骨质疏松症,提高免疫防御能力的新方法、针对热健康和生物节律以及改善平衡和运动的新疗法等。②为了享受专利保护,我国有关个人或者单位应当向国务院专利行政部门提出申请,该部门应审查申请材料,并决定是否授予专利权。③

专利制度有两个基本特征,即排他性和公开性。个人或者单位的一项发明被授予专利权

---

① GS MASKEL. Product-by-Process Patent Claim Construction: Resolving the Federal Circuit's Conflicting Precedent [J]. Fordham Intellectual Property, Media and Entertainment Law Journal, 2006, 17: 115.

② Julie Robinson and Kirt Constello (eds.), International Space Station Benefits for Humanity (NASA, 3rd edn, 2019), at section of human health, available at https://www.nasa.gov/sites/default/files/atoms/files/benefits-for-humanity_third.pdf (visited 19 December 2020).

③ 《专利法》(2020修正),第三条。

的,该主体在一定期限内享有该发明的专有使用权,任何单位或者个人未经专利权人许可,都不得实施其专利,即不得为生产经营目的制造、使用、许诺销售、销售、进口其专利产品,或者使用其专利方法以及使用、许诺销售、销售、进口依照该专利方法直接获得的产品。① 为了获得专利权,个人或单位应公开发明的实质内容。因此,专利申请人应当向专利部门提交请求书、说明书及其摘要和权利要求书等文件。② 根据专利法的规定,说明书应当对发明或者实用新型作出清楚、完整的说明,以所属技术领域的技术人员能够实现为准,必要的时候,应当有附图。摘要应当简要说明发明或者实用新型的技术要点。③

《专利法》对确定适当的专利权人作出了明确的规定,这对于保护创作者的利益非常重要。为执行工作单位的任务所作的发明或者利用本单位的物质技术手段做出的发明,为职务发明。职务发明申请专利权属于本单位。申请被批准后,该单位为专利权人。非职务发明的申请专利权属于发明人或者设计人。申请被批准后,发明人或者设计人是专利权人。利用所在单位的物质技术手段进行的发明,与发明人、设计人订立专利申请权和专利权归属合同的,从合同约定。④

在专利申请方面,国有企业事业单位的发明专利,对国家利益或者公共利益具有重大意义的,国务院有关主管部门和省、自治区、直辖市人民政府报经国务院批准,可以决定在批准的范围内推广应用,允许指定的单位实施,由实施单位按照国家规定向专利权人支付使用费。⑤ 申请专利应当提交有关文件。要求优先权的申请人,应当在提出申请时作出书面声明,并在3个月内提交第一次提交的专利申请文件的副本。⑥ 经初步审查认为符合《专利法》规定的,自申请之日起满18个月后,国务院专利行政部门应当及时予以公告。⑦ 发明专利申请自申请日起3年内,国务院专利行政部门可以根据申请人随时提出的请求,对其申请进行实质审查。⑧ 发明专利申请经实质审查没有发现驳回理由的,由国务院专利行政部门作出授予发明专利权的决定,发给发明专利证书,同时予以登记和公告。发明专利权自公告之日起生效。⑨ 发明专利的期限为自申请之日起20年,实用新型或外观设计专利的期限为10年。⑩

在我国没有经常居所或者营业所的外国人、外国企业或者外国其他组织在我国应当委托专利代理机构办理专利事宜。⑪ 无论是我国国籍还是外国国籍,对在我国境内或者其他地方完成的发明,希望在我国享受专利保护的,都可以在我国申请专利。任何单位或者个人将在我国

---

① 《专利法》(2020年修正),第十一条。
② 《专利法》(2020年修正),第二十六条第一款。
③ 《专利法》(2020年修正),第二十六条第三款。
④ 《专利法》(2020年修正),第六条。
⑤ 《专利法》(2020年修正),第四十九条。
⑥ 《专利法》(2020年修正),第三十条。
⑦ 《专利法》(2020年修正),第三十四条。
⑧ 《专利法》(2020年修正),第三十五条。
⑨ 《专利法》(2020年修正),第三十九条。
⑩ 《专利法》(2020年修正),第四十二条。
⑪ 《专利法》(2020年修正),第十八条。

完成的发明或者实用新型向外国申请专利的,应当事先报经国务院专利行政部门进行保密审查。① 国务院于1991年发布了《专利代理管理办法》,进一步完善专利代理机构的运作并维护专利代理行业的正常秩序。国家知识产权局于2003年颁布了《专利代理管理办法》予以补充。2019年国家市场监督管理总局颁布了新的《专利代理管理办法》。②

专利权被授予后,未经专利权人许可,任何单位或个人不得实施其专利。这里所说的实施,包括制造、使用、销售、许诺销售、进口其专利产品,或者将专利方法用于生产、经营和使用,销售、许诺销售或者进口与专利方法直接相关的专利产品。③ 当事人应当就专利申请权或者专利权的转让订立书面合同,并向国务院专利行政部门登记。④

专利法规定了强制许可的某些情形。强制许可只适用于以下两种情形:①专利权人自专利权授予之日起3年内,自提出专利申请之日起满4年后,无正当理由未实施或者未充分实施其专利;②专利权人行使其专利的行为被依法认定为垄断行为,强制许可是为了消除或者减少该行为对竞争的不利影响。⑤ 但是,第一种情形不适用于半导体技术。⑥ 具备实施条件的实体在合理期限内未取得发明或者实用新型专利权人的许可的,专利行政部门可以给予实施该专利的强制许可。但是,通常情况下不给予强制许可,除非申请强制许可的单位或者个人应当提供证据,证明其以合理的条件请求专利权人许可其实施专利,但未能在合理的时间内获得许可。⑦ 此外,在国家发生紧急状态、非常情况或者为了公共利益的目的,国务院专利行政部门可以给予强制许可。⑧ 为了公共健康目的,对取得专利权的药品也给予实施强制许可。⑨ 取得实施强制许可的单位或个人不享有独占的实施权,并无权允许第三方实施。⑩ 取得实施强制许可的单位或者个人应当付给专利权人合理的使用费,其数额由双方协商达成协议;不能达成协议的,由国务院专利行政部门作出裁决。⑪

下述介绍国防专利。

如前所述,许多外空活动具有双重用途性质。外空技术往往被认为对国家安全和国防至关重要。因此,对国防专利保护的相关规则进行研究具有现实意义。根据《专利法》,国务院、中央军事委员会于2004年9月制定了《国防专利条例》。⑫

国防专利是指对国防建设有潜在作用需要保密的发明专利。⑬ 国家国防专利机构是审查

---

① 《专利法》(2020年修正),第十九条。
② 《专利代理管理办法》(2019),国家市场监督管理总局令第6号,2019年4月4日。
③ 《专利法》(2020年修正),第十一条。
④ 《专利法》(2020年修正),第十条第三款。
⑤ 《专利法》(2020年修正),第五十三条。
⑥ 《专利法》(2020年修正),第五十七条。
⑦ 《专利法》(2020年修正),第五十九条。
⑧ 《专利法》(2020年修正),第五十四条。
⑨ 《专利法》(2020年修正),第五十五条。
⑩ 《专利法》(2020年修正),第六十一条。
⑪ 《专利法》(2020年修正),第六十二条。
⑫ 国务院、中央军事委员会令第418号,2004年9月17日发布,自2004年11月1日起施行。
⑬ 《国防专利条例》,第二条。

国防专利申请的主体,一经批准,国务院专利行政部门授予国防专利权。① 在实践中,国务院国防科学技术工业主管部门和中国人民解放军总装备部分别负责地方系统和军队系统的国防专利管理工作。② 绝密级国家秘密的发明不得申请国防专利。③ 国防专利的期限为自申请之日起20年。④ 国防专利经批准可以转让给中国单位和个人,但是禁止向外国单位和个人转让国防专利,不论是在中国境内还是境外。⑤

《国防专利条例》对国防专利提出了与普通专利相同的实质性要求,即新颖性、创造性和实用性。⑥ 条例也做出了国防专利的优先权规定。⑦ 我国对国防专利实行"指定申请"制度。⑧ 国防专利机构应当自授予国防专利权之日起3个月内,将该国防专利有关文件副本送交国务院有关主管部门或者中国人民解放军有关主管部门。收到文件副本的部门,应当在4个月内就该国防专利的实施提出书面意见。⑨ 国防专利行政机关应当将指定的申请予以记载,并在属于国家秘密的《国防专利内部通报》中予以公告。⑩

实施他人国防专利的单位应当与国防专利权人订立书面实施合同,应向国防专利权人支付费用,并报国防专利机构备案。实施单位不得允许合同规定以外的单位实施该国防专利。⑪ 国防专利权人许可国外的单位或者个人实施国防专利,应当经过严格的手续。所有人应当向国防专利机构申请初审,并经国务院国防科学技术工业主管部门和总装备部进一步审查批准;所有者应确保没有泄露国家机密,也不会对国防和军事建设造成不利影响。⑫ 实施他人国防专利的,应当向国防专利权人支付国防专利使用费;但是,实施使用国防科研经费或者其他国防经费进行科研活动所产生的国防专利,符合产生该国防专利的经费使用目的的,可以只支付国防专利实施费;国防专利实施费进一步涵盖提供技术资料、培训人员以及进一步开发技术等所需的费用。⑬

虽然《国防专利条例》为创作者提供了成为国防专利权人的可能性,但如何区分这种创作是否归于职务发明尚不清楚。该条例关于这一问题的唯一规定是国家应向国防专利权人提供补偿;属于职务发明的,国防专利权人应当将不少于50%的补偿费发给发明人。⑭ 本条例通过提供调解机制,确认了在确定专利权人存在争议的可能性。国防专利机构应当事人请求,可以对下列国防专利纠纷进行调解:①国防专利申请权和国防专利权归属纠纷;②国防专利发明人

---

① 《国防专利条例》,第三条。
② 《国防专利条例》,第三条。
③ 《国防专利条例》,第四条。
④ 《国防专利条例》,第五条。
⑤ 《国防专利条例》,第七条至第八条。
⑥ 《国防专利条例》,第十二条。
⑦ 《国防专利条例》,第十三条。
⑧ 《国防专利条例》,第二十二条。
⑨ 《国防专利条例》,第二十一条。
⑩ 《国防专利条例》,第二十八条。
⑪ 《国防专利条例》,第二十三条。
⑫ 《国防专利条例》,第二十四条。
⑬ 《国防专利条例》,第二十五条。
⑭ 《国防专利条例》,第二十七条。

资格纠纷;③职务发明的发明人的奖励和报酬纠纷;④国防专利使用费和实施费纠纷。①

12.2.2 外空著作权保护的内容

著作权保护区别于专利保护和商标保护之处在于其不需要提交申请和注册,书面作品一旦制作完成,将自动享有著作权保护。由我国公民、法人或其他组织完成的书面作品或外国人、无国籍人首先在我国境内出版,应在我国享有著作权保护。②在外空活动过程中,从理论研究或技术发展而形成的书面作品应同样享有著作权保护。

由于外空技术的复杂性,大多数研究由法人组织所雇佣的研究人员进行,或者通过两个或多个法人组织通过合作进行联合研究。研究结果在大多数情况下都可以得到专利保护,但是成熟的技术和相关的理论研究结果可以发表在著作和期刊论文中。此类出版物应享有著作权保护。《著作权法》规定了有关此类研究结果的所有权和商业使用的规则。

《著作权法》区分职务作品与非职务作品。公民为完成法人或者其他组织工作任务所创作的作品是职务作品。由法人或者非法人组织主持,代表法人或者非法人组织意志创作,并由法人或者非法人组织承担责任的作品,法人或者非法人组织视为作者。③外空研究和实验通常需要昂贵的材料和技术资源,并需要法人或其他组织提供设施;因此,该法人或其他组织对于大多数外空研究结果享有广泛的著作权。

卫星应用是外空商业化的典型示范,外空商业化已从公共和军事目的转变为商业甚至私营目的。卫星应用有3种主要形式:电信、遥感和导航。卫星生成数据,然后将其转换以用于不同的用途。值得思虑的是,《著作权法》是否也适用于对外空卫星生成的数据的保护。

认定著作权对地理空间数据保护的适用性,首先需要明确其法律定义。参考国际和国内法规是确有必要的,因为它们已经提供了明确的定义。1986年的联合国《关于从外层空间遥感地球的原则》(以下简称《遥感地球原则》)将遥感数据分为3类,即原始数据、处理过的数据和分析过的资料。④原始数据是指空间物体所载遥感器取得的并从空间以遥测方式用电磁信号播送或以照相胶卷、磁带或任何其他手段传送到地面的粗泛数据。处理过的数据是指为了能利用原始数据而对这些数据进行处理所得到的产物。分析过的资料是指对处理过的数据和从其他来源获得的数据和知识进行解释所得到的资料。⑤

《世界知识产权组织版权条约》未在其著作权的客体内考虑数据保护。⑥原始数据因不符合原创性标准而存在问题,故而不能受到著作权保护,通常在生产原始数据时不会涉及任何的人类智力创造。数据的收集,无论是原始的、处理过的还是分析过的,都因未涉及人类的智力创造而不符合原创性标准。《美国遥感法案》和《遥感地球原则》都将原始地理空间数据与其他

---

① 《国防专利条例》,第三十一条。
② 《著作权法》(2020年修正),第二条。
③ 《著作权法》(2020年修正),第十一条。
④ 《关于从外层空间遥感地球的原则》,UNGA Res. 41/65, of December 3, 1986; UN Doc. A/AC.105/572/Rev.1, at 43; 25 ILM 1334 (1986).
⑤ 《关于从外层空间遥感地球的原则》,原则一(2)~(4)。
⑥ 《世界知识产权组织版权条约》第二条。

类型的地理空间数据区分开来。这种区分可能意味着它们没有法定义务根据《世界知识产权组织版权条约》对数据给予著作权保护。故而应当在其他国家的国内法或其他国际法中寻求适当的著作权保护规则。如果这些规则明确表明著作权保护的唯一标准是原创性,那么地理空间数据的生成者最终会发现,即便他们意图提出著作权保护的主张,其原始数据也是难以受到著作权保护的。①

处理过的数据或分析过的资料应受著作权保护,它们大部分是人工分析的产物。首先,处理地理空间数据和分析资料需要掌握各种知识。其次,处理和分析数据需要人类专家的介入,他们深知获得预期结果的步骤。处理这些数据或分析此类资料需要人类的智力创造。最后,受著作权保护的作品包括图像和地图。处理地理空间数据需要大量的智力创造,以便将从卫星获得的地球电磁数据转换成图像和视觉上能够吸引人的形式。它们因具有独特的颜色和颜色组合而与众不同。从这个意义上讲,处理过的地理空间数据可以成为最终资料产物的地理空间数据而受著作权保护。美国《遥感政策法》将遥感活动定义为"收集可以处理为地球表面特征图像的数据",即遥感所得地理空间数据必须经过处理,然后将其转换为图像、地图或地理信息系统组件。这种转变意味着其可以寻求著作权或其他形式的知识产权保护。②

综上所述,处理过的数据和分析过的资料由于处理和分析原始数据而涉及人类创造力,因此具有可著作权性。原始数据的著作权保护存疑,因为它仅构成以电子方式存储的空间和非空间数据的集合,并不涉及人类的创造力。③将数据作为商业秘密进行法律保护的方式也并非理想的或者可行的,遥感数据可被认为是信息而不是数据,因此需要处理的是(公共)信息访问的因素,该信息并未涉及仅处理遥感活动营利方面的商业机密。④

当前,我国没有关于上述数据分类的明确规则,随着法律和遥感领域技术的发展,上述数据在我国现行的著作权制度下应享有保护。其中一个重要标志便是 2007 年颁布了《国防科工委关于中巴地球资源卫星 01/02/02B 星国内数据管理规则(试行版)》,该规则将中巴地球资源卫星遥感数据产品分为 6 个级别。⑤虽然与《遥感地球原则》中的 3 种分类有所不同,但该文件为不同类别的遥感数据的著作权保护提供了一个良好的开端。在这 6 个级别的数据产品中,0 级的原始数据产品相当于《遥感地球原则》中定义的原始数据,可能不享有著作权保护,因为它不涉及人类的创造力。所有其他 5 个级别的数据产品都涉及人类某些创造性的工作,并应在当前的我国著作权制度下享有著作权保护。

鉴于处理过的数据和分析过的资料均受著作权的保护,并且通常与排他许可协议关联,这进一步促进并加速了卫星的商业运用。关于电信服务,国际电信卫星组织最初是一个政府间组织,于 1965 年启动了第一个商业全球卫星通信系统。电信服务的商业化已有 50 多年的历

---

① CATHERINE DOLDIRINA. A Rightly Balanced Intellectual Property Rights Regime as a Mechanism to Enhance Commercial Earth Observation Activities [J]. Acta Astronautica,2010,67:639-642.
② 美国《遥感政策法》规定,原始遥感数据由未经处理或仅经过数据预处理的"信号或图像产品"组成。
③ KARJALA D S, Copyright in Electronic Maps [J]. Jurimetrics Journal,1995,35:396.
④ BALSANO A M, Space Technology and International Cooperation-The Role of Intellectual Property [J]. Air and Space Law,1995,20:185.
⑤ 《国防科工委关于中巴地球资源卫星 01/02/02B 星国内数据管理规则(试行版)》,第二条。

史。①国际电信卫星组织随后在2001年重组为一家私营公司。一些其他电信企业也进行了私营化,包括国际海事卫星组织和欧洲电信卫星组织。②因此,在对卫星产生的数据提供著作权保护的前提下,电信服务行业可以作为外空商业化发展的典型代表。

遥感行业不再为国家所垄断。不断变化的环境导致具有遥感卫星的政府或非政府团体均在商业上提供遥感服务。许多商业供应商诸如美国的Quick Bird和德国的Rapid Eye,它们已经在遥感市场上向缺乏遥感能力的非政府团体或国家提供产品和服务。③至于导航服务市场,GALILEO和北斗这两个系统已共同合作提供导航服务,打破了GPS和GLONASS供应商的长期垄断。导航服务已用于商业用途,尤其是从导航卫星获取增值数据。④据此,将著作权应用于对部分潜在的外空活动进行保护也不足为奇。

著作权仅保护思想表达的形式,而不保护作品中的思想。一旦将科学发现从纸上转化为实用的技术,并且一旦对工程设计图、产品设计图和示意图等根据技术规格进行了相关操作,这些技术就应作为科学成果而享有保护。著作权人不能阻止其他人使用其论文中涵盖的内容。故而对于大多数涉及高科技和敏感信息的外空项目,机密性就显得很重要。某些技术成果可能无法发布,在某些情形下,《国家安全法》和《保守国家秘密法》适用于对这些技术的保护。⑤

国家机密与国家安全和利益高度相关;《保守国家秘密法》将国家秘密分为绝密、机密和秘密三个级别。⑥与科学技术有关的机密事项已被列为一种国家机密。⑦保密期限应"根据事项的性质和特点,按照维护国家安全和利益的需要,限定在必要的期限内;不能确定期限的,应当确定解密的条件。"⑧

12.2.3 外空秘密保护的内容

技术成果可分为两种:专利技术和非专利技术。⑨一项技术在申请专利前或申请专利未公开之前应当作为商业秘密加以保护。一项技术或者若干项相关联的技术可以将部分内容申请专利,将这部分内容作为商业秘密加以保护。实践中对技术信息同时采用商业秘密和专利两种方式保护是最有效的。《专利法》为已登记为专利的技术提供保护。非专利技术可以作为

---

① SMITH D. The Legal Ordering of Satellite Telecommunication: Problems and Alternatives [J]. India Law Journal, 1969, 44(3): 337.
② Zhao, "Space Commercialization" (n 1 above), p 5.
③ Zhao, "Space Commercialization" (n 1 above), p 5.
④ PAUL B. LARSEN. International Regulation of Global Navigation Satellite Systems [J]. Journal of Air Law and Commerce 2015, 80: 365.
⑤ 《国家安全法》于1993年由全国人大通过,并以第68号主席令颁布。随后于2009年和2015年进行了修订。第十一条要求中国的所有公民和组织都应对有关国家安全的机密保密。《保守国家秘密法》于1988年被人大通过,并于2010年进行了修订。
⑥ 《保守国家秘密法》,第十条。
⑦ 《保守国家秘密法》,第九条第五款。
⑧ 《保守国家秘密法》,第十五条第一款。
⑨ 参见 Hailing Shan, The Protection of Trade Secrets in China (The Hague: Kluwer Law International, 2008), 9.

"其他技术成果"受到《民法典》的保护。此类技术也可以被视为技术秘密或商业秘密。对简单的、易被他人自行研究成功或者较容易被他人通过反向工程解析的技术信息,商业秘密权利人应考虑采用申请专利的方式加以保护。技术信息先进性程度高的,可以先采用商业秘密保护;技术信息可能丧失先进性或者可能被他人申请专利的,应当采用专利保护。根据《反不正当竞争法》,商业秘密是指不为公众所知悉、能为权利人带来经济利益、具有实用性并经权利人采取保密措施的技术信息和经营信息。[①] 它的构成要件为非公知性、价值性、实用性和保密性。商业秘密保护的落脚点是权利人和合法持有人的市场竞争优势。

商业秘密的非公知性,即不为公众所知悉,有时又称为"秘密性"。作为商业秘密的技术信息,是不能轻易从公开渠道直接获取的,需要依靠商业秘密的创造者利用公知的知识、经验或技巧,经过创造或探索,和/或人力、财力、物力的投入方能获得。作为商业秘密的技术信息,是在某地区、某阶段不可直接知悉的。商业秘密的技术信息并非是通常从事有关该信息工作领域的人们所普遍了解或者容易获得的。有6种情形是不构成不为公众所知悉的情形:①该信息为其所属技术或者经济领域的人的一般常识或者行业惯例;②该信息仅涉及产品的尺寸、结构、材料、部件的简单组合等内容,进入市场后相关公众通过观察产品即可直接获得;③该信息已经在公开出版物或者其他媒体上公开披露;④该信息已通过公开的报告会、展览等方式公开;⑤该信息从其他公开渠道可以获得;⑥该信息无须付出一定的代价而容易获得。

商业秘密的价值性指的是能为权利人带来经济利益。商业秘密必须具有商业价值或者经济价值,能给商业秘密权利人带来市场竞争优势,是商业秘密权利人追求商业秘密保护的目的和需求法律保护的目的。商业秘密的价值性可能是现实的,也可能是潜在的;可能是正价值,也可能是负价值(比如失败实验的记录)。对于价值性而言,应从客观上加以认定,不能以商业秘密权利人主观上的"认为"来确定。价值性并非仅指商业秘密信息评估价值的高低,价值低或者尚未实现经济利益的,依然能够构成商业秘密。

商业秘密的实用性指商业秘密信息应当具有确定的可应用性,具体要求商业秘密信息具有相对的识别性和相对的完整性。具有相对的识别性,是区别于一般知识、经验、技能的重要特征,并可用于实践中,具有实用性。具有相对的完整性,可以通过自行利用或者许可/转让的方式允许他人使用、实施,通过实用性的运用和经营产生和实现价值。

商业秘密的保密性指商业秘密权利人或合法持有人采取的与商业秘密信息相适应的合理的保密措施,应当根据所涉信息载体的特性、权利人保密的意愿、保密措施的可识别程度、他人通过正当方式获得的难易程度等因素采取措施。采取保密措施不要求是绝对的、无缺陷的措施,只要是合理的、适当的即可。

商业秘密自合法取得之日起享有权利,并不需要国家授权或者注册产生。商业秘密依赖权利人的自身保护,无须向有关部门支付任何费用。商业秘密只要不被公开,即可以享有无限期的法律保护。商业秘密不具有绝对的排他性,不能对抗第三人自主研发与商业秘密相同或者近似的技术信息和经营信息,也不能对抗第三人从合法渠道知悉或者对合法知悉的商业秘密加以实施的行为,且商业秘密一旦被披露,就进入公知领域,任何人均可以使用、利用。

商业秘密的技术信息主要包括技术设计、程序、质量控制、应用试验、工艺流程、设计图纸(含草图)、工业配方、制作工艺、制作方法、试验方式和试验记录等。作为技术信息的商业秘

---

① 《反不正当竞争法》(2019年修正),第九条。

密,也被称作技术秘密。技术信息可以是一项完整的技术方案,也可以是一项完整技术方案中的一个或若干个相对独立的技术要点。

商业秘密的权利主体可以是自然人、法人或其他经济组织,从其享有的权利范围上,包括商业秘密的所有人和被许可的使用人。商业秘密的取得是认定权利人的方式,非法取得或者占有商业秘密的人不能认定为权利人。权利人可以按约定的比例共同享有一项商业秘密。如技术信息,权利人对权属约定比例的,视为共同所有,其权利使用和利益分配,按共有技术成果的有关规定处理。另有约定的,从其约定。权利人可以按约定共同享有一项商业秘密的使用权。如果对技术成果的使用权约定比例的,视为权利人对实施该项技术成果所获收益的分配比例。另有约定的,从其约定。商业秘密同样区分职务成果与非职务成果,职务成果是指员工执行本单位的任务或者主要利用本单位的物质技术条件所完成的商业秘密。职务成果的转让权、使用权属于单位。非职务成果是指员工在本职工作外,利用自己的专业知识和物质条件完成的商业秘密,与职务无关,其权利人是员工个人。非职务成果的转让权、使用权属于完成人。

商业秘密的技术信息存在于许多外空研究活动中。空间技术是各种高精尖技术的集合,有些享有专利保护,有些不受专利保护。通过保护商业秘密的方式保护这些未申请专利的技术通常是首选方案。外空科学实验可通过研发立项、记录文件、试验数据、技术成果验收备案文件等证明商业秘密的形成及归属。

禁止下列侵犯商业秘密的行为:①以盗窃、贿赂、欺诈、胁迫、电子侵入或者其他不正当手段获取权利人的商业秘密;②披露、使用或者允许他人使用以前项手段获取的权利人的商业秘密;③违反保密义务或者违反权利人有关保守商业秘密的要求,披露、使用或者允许他人使用其所掌握的商业秘密;④教唆、引诱、帮助他人违反保密义务或者违反权利人有关保守商业秘密的要求,获取、披露、使用或者允许他人使用权利人的商业秘密。[①]

12.3 其他的外空知识产权保护制度

12.3.1 外空商标保护的内容

空间技术不仅在军事领域得到了广泛的应用,而且在民用和商业领域也得到了广泛的应用。用空间技术创造的产品一旦进入市场,商标就成了为这些产品增值的重要工具。虽然商标保护不需要在行政部门注册商标,但拥有注册商标将有利于相关产品的推广和销售。对未注册商标的保护是相当有限的,其只提供给未注册的驰名商标。[②]

驰名商标是指为相关公众所熟知的商标。应当注意的是,认定商标是否驰名,主要应当考虑其在相关公众中的知晓程度,而非在所有公众中的知晓程度。这是因为,不同商品或者服务的受众差别较大。我国需履行保护驰名商标的国际义务。我国目前是《保护工业产权巴黎公约》和《与贸易有关的知识产权协定》的成员国,应当履行公约和协定规定的义务。《保护工业

[①] 《反不正当竞争法》(2019年修正),第九条。
[②] 《商标法》(2019年修正),第十三条。

产权巴黎公约》规定:"本联盟各国承诺,应依职权(如本国法律允许),或依利害关系人的请求,对商标注册国或使用国主管机关认为在该国已经驰名,属于有权享受本公约利益的人所有,并且用于相同或类似商品的商标构成复制、摹仿或翻译,易于产生混淆的商标,拒绝或撤销注册,并禁止使用。"《与贸易有关的知识产权协定》第16条在巴黎公约上述规定的基础上,进一步扩大了驰名商标的保护范围:①将保护对象从商品商标扩大到服务商标;②如果商标已经在成员国注册并且驰名,且他人的使用会表明他人的商品或服务与驰名商标所有者之间存在某种联系,并且有可能损害驰名商标所有者的利益,那么其在该成员国的保护范围将由其实际注册的"相同或者类似商品或者服务"扩大到其声誉所及的未注册的"不相同或者不相类似商品或者服务"。驰名商标保护制度设立的目的,主要是弥补商标注册制度的不足,对相关公众所熟知的商标在其未注册的部分领域提供保护(对未注册驰名商标提供保护,扩大到已经注册的驰名商标的保护范围),制止他人复制模仿、傍名牌的不正当竞争行为,防止消费者对商品来源产生混淆。

我国《商标法》第13条从两个方面对驰名商标的保护做出了明确规定,对未在我国注册的驰名商标和已在我国注册的驰名商标的保护范围有所不同。首先,就相同或者类似商品申请注册的商标是复制、摹仿或者翻译他人未在中国注册的驰名商标,容易导致混淆的,不予注册并禁止使用。也就是说,对未在我国注册的驰名商标,只保护其在相同或者类似商品或服务上注册和使用的权利。如果某一申请注册的商标是复制、摹仿或翻译他人未在我国注册的驰名商标,用于相同或者类似商品或服务上,容易导致混淆的,则对该商标不予注册并禁止使用。但是,如果使用该申请注册的商标的商品或服务与使用未在我国注册的驰名商标的商品或服务不相同或不相类似,则不禁止其注册和使用。其次,就不相同或者不相类似商品申请注册的商标是复制、摹仿或者翻译他人已经在我国注册的驰名商标,误导公众,致使该驰名商标注册人的利益可能受到损害的,不予注册并禁止使用。也就是说,对已在我国注册的驰名商标,不仅禁止他人在相同或者类似商品或服务上注册和使用,也禁止他人在其声誉所及的不相同或者不相类似商品或服务上注册和使用,体现了我国《商标法》侧重保护注册商标的原则。本条规定符合《保护工业产权巴黎公约》和《与贸易有关的知识产权协定》的规定,对强化和完善我国驰名商标保护制度将发挥重要的作用。

认定驰名商标应当考虑下列因素:①相关公众对该商标的知晓程度;②该商标使用的持续时间;③该商标的任何宣传工作的持续时间、程度和地理范围;④该商标作为驰名商标受保护的记录;⑤该商标驰名的其他因素。[①]一是相关公众对该商标的知晓程度。驰名商标是在市场上有较高声誉的商标,为相关公众所认同。把公众知晓程度作为认定驰名商标的首要因素,符合《与贸易有关的知识产权协定》的原则和一般大众心理。这里的"相关公众",是指与使用该商标的商品和服务有关的公众,而非所有的公众。二是该商标使用的持续时间。一个商标要取得市场信誉,形成竞争力,必须经过使用。无论是注册商标还是未注册商标,只有通过使用才能为公众知晓,被公众认同;使用时间越长,越容易为更多相关公众所知晓。因此,把商标使用的持续时间作为认定驰名商标的因素是必要的。三是该商标的任何宣传工作的持续时间、程度和地理范围。驰名商标应当是公众熟知的商标,要让公众熟知,需要广为宣传。随着市场经济的发展,相互竞争的商品或者服务日益丰富,生产经营者优胜劣汰速度很快,相关公众对

[①] 《商标法》(2019年修正),第十四条。

一具体商标,尤其是对于新的商品或服务的商标的了解,可能主要来自于对该商标的宣传。因此,把商标的任何宣传工作的持续时间、程度和地理范围作为认定驰名商标的因素是很有意义的。四是该商标作为驰名商标受保护的记录。根据《保护工业产权巴黎公约》和《与贸易有关的知识产权协定》的规定,驰名商标在该公约和协定成员国中都是受保护的,如果能够提供曾经作为驰名商标受过保护的记录及相关证明文件,对在我国认定该商标为驰名商标将起重要作用。应当明确的是,商标驰名情况是个案认定,该商标此前作为驰名商标受保护的记录,只是证明其驰名程度的考虑因素,而不能直接推定该商标在争议案件中也驰名。五是该商标驰名的其他因素。如使用该商标的商品和服务的销售或经营额、销售或服务区域、市场占有率等。应当注意的是,本条所列认定的驰名商标应当考虑的因素只是认定商标驰名情况的最主要的参考因素,而不是认定驰名商标要具备的必要条件。在每一案例中,驰名商标的认定取决于该案例的特殊情况,有的可能与全部因素都相关,有的可能只与部分因素相关。

在航天领域,航天政府性机构的商标应当受到法律的保护,例如,美国国家航空航天局、欧洲航天局以及我国的国家航天局,等等。就具体的航天工业而言,航天产品和服务也已产生出重要的商标。Space X 等知名航天公司已分别在美国注册一系列与航天有关的商标。[①]在我国,宇航员杨利伟先生的肖像和签名被注册为商标,"神舟五号"也被注册为保护商标。[②]因此,关于航天相关的商标的注册与使用可能产生潜在的纠纷。

外空相关产品和服务的商标注册与其他类别的商标注册没有太大区别。与所有商标一样,它们必须满足有显著性和便于识别的条件。[③]个人、法人或者其他单位可以向国务院工商行政管理部门商标局申请商标注册。[④]外国人或者外国单位应当委托经中国政府指定的商标代理机构办理。[⑤]任何人,无论是中国公民还是外国人,都可以在我国申请商标保护,而不需要与我国有实质性联系。注册商标的有效期为 10 年,自核准之日起计算,可以续展。[⑥]

12.3.2 外空植物新品种保护的内容

动物和植物品种是指以生物学方法培养出来的动植物新品种。动物和植物是有生命的物体,是自然生成的,不是人们创造出来的,不能以工业方法生产,因而不具备《专利法》意义上的创造性和实用性,故不能授予专利权。但是,对于动物和植物品种,可以通过《专利法》以外的其他法律保护。对此,《与贸易有关的知识产权协定》规定,成员应以专利制度或有效的专门制度,或以任何组合制度,给植物新品种以保护。世界上许多国家也都制定了相应的法规。我国已于 1997 年由国务院颁布了《植物新品种保护条例》,对植物新品种的定义及品种权的内容和归属等问题做了规定,对符合该条例的植物新品种予以保护。

对于动物和植物品种的生产方法,则可以依照《专利法》的规定授予专利权。此处所论的

---

① 美国商标检索系统,http://tmsearch.uspto.gov/bin/gate.exe? f=searchss&state=4810:yorg71.1.1。
② 国家知识产权局商标局商标检索系统,http://wcjs.sbj.cnipa.gov.cn/txnT01.do。
③ 《商标法》(2019 年修正),第九条。
④ 《商标法》(2019 年修正),第二条。
⑤ 《商标法》(2019 年修正),第十八条。
⑥ 《商标法》(2019 年修正),第三十九至四十条。

"生产方法",是指非生物学的方法。这类方法由于技术成分的介入,并对最终达到的目的或效果起到主要的控制作用或者决定性的作用,因而可以被授予专利权。专利法未对微生物品种及其生产方法做出限制。因此,对于微生物品种和微生物品种的生产方法,可以授予专利权。

基于外空独特的地域属性,有可能开展许多新颖的创新性实验,进而产生新的植物品种。这些新的植物品种有可能给社会带来巨大的利益,并改变目前整个生物工程科学领域的竞争格局。由于外空活动没有专门的法律法规,国务院为保护植物新品种而颁布的《植物新品种保护管理条例》在解决植物新品种知识产权保护问题中发挥了重要作用。[①]

植物新品种是指经过人工培育的或者对发现的野生植物加以开发,具备新颖性、特异性、一致性和稳定性,并有适当命名的植物品种。[②]新颖性是指申请品种权的植物新品种在申请日前该品种繁殖材料未被销售,或者经育种者许可,在我国境内销售该品种繁殖材料未超过 1 年;在我国境外销售藤本植物、林木、果树和观赏树木品种繁殖材料未超过 6 年;销售其他植物品种繁殖材料未超过 4 年。[③]特异性是指申请品种权的植物新品种应当明显区别于在递交申请以前已知的植物品种。[④]一致性是指申请品种权的植物新品种经过繁殖,除可以预见的变异外,其相关的特征或者特性一致。[⑤]稳定性是指申请品种权的植物新品种经过反复繁殖后或者在特定繁殖周期结束时,其相关的特征或者特性保持不变。[⑥]

完成育种的单位和个人对该植物品种享有排他的独占权。[⑦]在执行本单位任务中完成的或者利用本单位物质条件完成的育种,应当视为职务育种。植物新品种的申请权归该单位所有,经批准后,该单位为植物新品种权利人。[⑧]对于非职务育种,植物品种的申请权属于完成育种的个人;申请被批准后,品种权属于申请人。[⑨]对于委托育种或者合作育种,双方可以通过合同约定品种权的归属;没有合同约定的,品种权属于受委托完成或者共同完成育种的单位或者个人。[⑩]

植物新品种的申请权和品种权可以依法转让。我国单位或者个人向外国转让在我国完成的植物新品种的申请权或者品种权的,需要经过审批机关批准;国有单位在我国境内转让也应当征得批准。[⑪]审批机关为了国家利益或者公共利益,可以作出强制许可的决定。[⑫]品种权的保护期限,自授权之日起,藤本植物、林木、果树和观赏树木为 20 年,其他植物为 15 年。[⑬]

[①] 《植物新品种保护条例》(2014 年修订),国务院令第 653 号,2014 年 7 月 29 日。
[②] 《植物新品种保护条例》(2014 年修订),第二条。
[③] 《植物新品种保护条例》(2014 年修订),第十四条。
[④] 《植物新品种保护条例》(2014 年修订),第十五条。
[⑤] 《植物新品种保护条例》(2014 年修订),第十六条。
[⑥] 《植物新品种保护条例》(2014 年修订),第十七条。
[⑦] 《植物新品种保护条例》(2014 年修订),第六条。
[⑧] 《植物新品种保护条例》(2014 年修订),第七条第一款。
[⑨] 《植物新品种保护条例》(2014 年修订),第七条第一款。
[⑩] 《植物新品种保护条例》(2014 年修订),第七条第二款。
[⑪] 《植物新品种保护条例》(2014 年修订),第九条。
[⑫] 《植物新品种保护条例》(2014 年修订),第十一条第一款。
[⑬] 《植物新品种保护条例》(2014 年修订),第三十四条。

虽然《植物新品种保护管理条例》没有特意提及外空环境，但其同样适用于通常被认为是国家领土地域延伸的我国太空舱或航天器中开发的植物新品种。[①]这些品种包括从地球带到外空的新品种，用月球或其他天体上的自然物质培育而来的新品种。如果植物新品种仅仅是在外空环境中获得的，在育种过程中没有任何额外的、独特的或新颖的努力，育种人就不享有品种权。

12.3.3 外空集成电路保护的内容

卫星发射必须克服各种障碍，其中之一就是重力。因此，用于卫星和运载火箭的大多数材料和设备必须小而精确。集成电路通常可以满足此类需求，从而在外空活动中发挥重要作用。这种集成电路布图技术是现代科学技术发展的必然产物，因此需要得到保护，这是知识产权的重要组成部分。

为此，我国于2001年颁布了《集成电路布图设计保护条例》。[②]根据这些规定，集成电路特指半导体集成电路，即以半导体材料为基片，将至少有一个是有源元件的两个以上元件和部分或者全部互连线路集成在基片之中或者基片之上，以执行某种电子功能的中间产品或者最终产品。[③]集成电路布图设计是指集成电路中至少有一个是有源元件的两个以上元件和部分或者全部互连线路的三维配置，或者为制造集成电路而准备的上述三维配置。[④]

集成电路布图设计必须符合独创性的要求，才能受到法规的保护。更具体地说，这种设计应当是创作者自己的智力劳动成果，并且在其创作时，该布图设计在布图设计创作者和集成电路制造者中不是公认的常规设计。[⑤]设计人经国务院知识产权行政主管部门登记后，方可享有专有使用权。登记是为布图设计专有权设定的法定程序。《集成电路布图设计保护条例》明确规定，未经登记的布图设计不予保护。[⑥]

综上所述，我国在知识产权保护领域做出了巨大努力。在专利、著作权、商业秘密、商标、植物新品种和集成电路等方面都制定了诸多法律法规。我国能够在这么短的时间内建立起一套比较完整的知识产权法律体系，是一个了不起的成就。这些法律应直接适用于我国外空活动的结果。虽然对特殊环境（如外空）有一些更具体的规定会更好，但现行的法律制度已经为进一步发展外空活动所产生的知识产权保护规则奠定了坚实的基础。

[①] 《外空条约》第八条明确规定，各国有权将其法律的范围扩大到登记为准领土的航天器。这种延期并不是自动注册的结果，它需要有意识的单独法律行为。参见 FRANS G. VON DER DUNK, Sovereignty Versus Space-Public Law and Private Launch in the Asian Context [J]. Singapore Journal of International & Comparative Law, 2001, 5: 33.

[②] 国务院令第300号，2001年4月2日。

[③] 《集成电路布图设计保护条例》，第二条第一款。

[④] 《集成电路布图设计保护条例》，第二条第二款。

[⑤] 《集成电路布图设计保护条例》，第四条第一款。

[⑥] 《集成电路布图设计保护条例》，第八条第二款。

第 13 章　外空非军事化规则

13.1　外空非军事化的一般理论

13.1.1　外空非军事化的概念

何谓外空非军事化？要回答这个问题，首先应搞清楚外空军事化的基本内涵。一般认为，外空军事化通常指以军事为目的或具有军事服务性质的各种利用或穿越外空或直接在外空发展和部署外空武器的活动。[①]关于外空军事化的内容，有学者认为，外空军事化是指通过空间能力来支撑地面上的作战任务，即在陆地军事作战中对空间系统的应用。[②]但是目前认为，外空军事化主要包括以下两个方面：一是利用人造卫星支持和增强以地球为基地的武器系统和陆海空军的作战效能；二是发展和部署以外空为基地的武器系统或从陆海空发射穿越外空的武器，以打击或摧毁对方以地球和外空为基地的各种武器或使其丧失正常的军事功能。[③]

长期以来，国际社会对于外空非军事化问题，一直存在绝对非军事化和部分非军事化两种主要的看法：前者主张，外空全部应当实行绝对的非军事化，即禁止在外空和天体以及环绕和飞向这些天体的轨道从事任何具有军事目的或军事性质的活动，包括一国从陆、海、空向另一国家或区域发射穿越外空的导弹或拦截另一国家或实体的卫星或导弹的活动；后者则认为，应当对外空的活动实施部分非军事化，即限制外空非军事化的范围，仅对在外空或天体上从事现行国际空间活动规则所明令禁止的军事活动进行限制，除此之外，各国可从事国际规则所不禁止的军事活动。

从外空法的角度，外空非军事化实际上还涉及对《外空条约》和《月球协定》中的"和平目的"的不同理解和解释。现阶段，国际社会对这一概念的解释主要有以下两种观点：一种观点认为，"和平目的"是指"非军事性"，即禁止在外空从事任何带有军事目的或具有军事性质的活动，不论该活动是攻击性的还是防御性的；另一种观点则认为，"和平目的"所指的是"非攻击性"，应当将军事活动区分为"攻击性的"和"非攻击性的"，而非攻击性的军事活动是属于可被

[①] 贺其治.外层空间法[M].北京：法律出版社，1992.
[②] 弗兰斯·冯·德·邓克，等.空间法专论（上册）[M].张超汉，等，译.北京：知识产权出版社，2020.
[③] 李寿平.外层空间的军事化利用及其法律规制[J].法商研究，2007(3)：16.

允许的外空活动。我国也有学者持有类似的观点。[①]对此,国际社会的各国之间还存在较大分歧。其中,主要的分歧在于是否允许在外空使用武器。例如,加拿大在1999年的裁军谈判会议上表示,"加拿大接受将外空用于侦察、收集情报以及通信等当前的军事用途",并表示加拿大的侧重点是"外层空间非武器化,即不在外层空间实际放置武器"。[②]法国则认为"禁止在外空使用任何武器既不现实,也不会收到实效"。对此,我们应当从以下两个方面来看:

1)空间技术应用本身具有很强的军民两用性质。例如,一颗民用导航卫星的信号很可能通过种种途径,被地面军事设备、天基军事设施或军事人员使用。除此之外,世界上很多火箭和民用卫星的发射或多或少地涉及军事设施的使用或军事人员的参与等问题。因而,严格意义上,完全做到"绝对的非军事化"需要进一步深入研究和不断努力。另外,很多单为军事目的而建造或使用的设施或专为民用目的而制造生产的设备等,在一定条件下是可以被转化为其相对目的(军事目的转化为民事目的或民事目的转化为军事目的)而进行使用。因而,对于这类活动,采取严格意义上的区分并加以绝对禁止也同样是有一定难度的。此外,目前,主要的空间国家在外空或地面均有用于军事目的或服务于军事活动的设施、设备和器材等,例如侦察卫星、军事通信卫星等。如果全盘否定在外空开展任何带有军事目的或军事性质的活动,那么,如何解决上述国家的既有实践将变得十分棘手或将遭到彻底否定,有学者认为,这不但不利于国际社会的稳定,反而有可能破坏既有平衡,进而妨碍外空事业的正常发展。

2)从有关国际条约的规定来看,已经有条约规定了严格意义上的"非军事化"。例如,随着人类空间活动范围的不断扩大,一些国家的军事活动开始向国家主权范围以外的疆域不断扩展。为了防止这些地区成为新的军备竞赛和国际纷争的场所,在国际社会的积极推动下,1959年12月1日,通过的《南极条约》第1条就明确规定:"南极洲应仅用于和平目的。在南极洲,应特别禁止任何军事性措施,如建立军事基地和设防工事,举行军事演习,以及试验任何类型的武器。"至此,南极地区成为第一个严格意义上"非军事化"的区域,即一切具有军事性质的活动和任何类型的武器在南极地区均予禁止。

综上所述:①现阶段国际社会关于外空非军事化的解释和实践越来越趋向于"非攻击性";②从国际法的发展现状而言,目前尚未在法律上实现外空的完全非军事化。与此同时,实行严格的非军事化在实践中依然有尚需解决的问题。但是,应当说,在外空等非国家管辖区域实行严格意义上的非军事化,从长远的角度出发,有利于维护普遍持久的国际和平与安全。国际社会也应当基于此,将外空完全非军事化作为长期持续努力的目标和方向。当前,从现阶段的实际出发,最重要的是防止在单边主义的影响下,发生新的外空军备竞赛。

13.1.2 外空非军事化的原则

外空法是国际法的一个分支,因此,与外空活动有关的原则首先要遵循国际法的基本原则,即那些各国公认的、具有普遍意义的、适用于国际法一切效力范围的、构成国际法基础的法律原则。具体而言,国际法的基本原则主要包括国家主权平等原则、互不侵犯原则、互不干涉

---

① 例如,我国著名航天法学者高国柱认为,军用卫星发射及相关活动、军用卫星应用、空间态势感知能力建设等都属于外空军事利用的范畴,但此种军事利用未必就不属于"和平目的"。

② 联合国文件CD/1569,1999年2月4日。

原则、平等互利原则、和平共处原则、民族平等和自决原则、和平解决国际争端原则等。因此，国际社会上的主体在从事与外空相关的活动时，首先应当遵守相应的国际法基本原则。

除此之外，与外空有关的活动，还需遵守相应的外空法基本原则。这些具体原则，通过联合国大会一系列宣言、条约等形式被逐渐确立形成。具体而言，外空法基本原则包括：探索和利用外层空间，必须为全人类谋福利和利益原则；各国在平等基础上，根据国际法自由探索和利用外层空间及天体原则；外层空间和天体不能通过主权要求、使用或占领，或采取其他任何方法据为一国所有原则；各国探索和利用外层空间必须遵守国际法原则；各国在探索和利用外层空间时，应遵守合作和互助的原则；和平利用外层空间和限制军事化原则；保护外空环境原则等。

就外空军事活动而言，根据国际法基本原则和外空法基本原则，各国首先应当彼此尊重主权和领土完整，不得以任何借口进行侵略，不得以违反国际法的任何其他方法使用武力或以武力威胁侵犯另一国的主权、独立或领土完整，不得以战争作为解决国际争端的手段。另外，各国应当彼此尊重各自的社会经济制度，不得使用武力或武力威胁，以及其他任何方法改变或企图改变对方的社会经济制度。此外，外空是对全人类平等开放的空间，在以和平为目的的探索和利用的前提下，各国享有在外空进行自由活动的权利。禁止在外空放置或使用核武器和大规模毁灭性武器，禁止在月球和其他天体上建立军事基地和军事堡垒，试验任何种类的武器以及举行军事演习。应当使人类探索和利用外空的成果惠及和造福全人类。

这些国际法基本原则和外空法基本原则都对外空的活动起到了规范作用。尤其是互不侵犯、和平共处、和平解决国际争端、和平利用外空和限制军事化等原则，更是直接影响和规范着外空的军事活动。即便如此，还应当指出的是，虽然这些原则得到了国际社会上绝大多数国家的认可，但是在具体适用中仍存在一些分歧，加上现阶段在一些国家的单边主义的影响下，国际社会上还存在某些对外空非军事化努力的既有成果的挑战，这些不确定因素和负面影响都使外空非军事化的努力变得任重而道远。

13.2 外空非军事化的国际法律制度

13.2.1 一般国际法与外空非军事化

1945年6月26日签订，并于同年10月24日生效的《联合国宪章》，作为当今国际社会最具普适性的国际法规范，无疑是当代国际法体系的基石。宪章所确立的各项国际法规则和原则，广泛而深远地影响着战后国际社会的秩序和格局。虽然在宪章制定之初，外空可能并不是其考虑的规范对象，但是宪章所确立的国际法原则和具体规范也同时在外空制度和规则的建立和适用中体现着。

在展开宪章的具体规则和原则之前，需要明确《联合国宪章》在外空活动中的可适用性，对此，1963年《外空宣言》第2条规定，"各国都可以在平等基础上，根据国际法自由探索和利用外空及天体"。此外，1967年的《外空条约》第3条进一步规定，"本条约当事国探索和利用外空，包括月球与其他天体在内的活动，应按照国际法，包括联合国宪章，并为了维护国际和平与安全及增进国际合作与谅解而进行"。可以说,宣言和条约的具体规定是外空活动应当遵守国际法之依据。因此,国际空间法中有关非军事化的相关规定,也必须符合包括《联合国宪章》在内的国际法的规定。

《联合国宪章》有关使用武力的国际法原则和规则的核心,是其第 2 条第 4 项所确立的禁止使用武力原则,该原则也被认为具有国际强行法(jus cogens)的属性。该条规定:"各会员国在其国际关系上不得使用威胁或武力,或以与联合国宗旨不符之任何其他方法,侵害任何会员国或国家之领土完整或政治独立。"首先,根据规定,武力侵害的对象不论是联合国会员国还是其他国家,均为宪章所禁止。其次,《宪章》第 2 条第 6 项还规定了联合国在维持国际和平及安全的必要范围内,应保证非联合国会员国遵行禁止使用武力原则。也就是说,联合国同时可能会对非会员国使用或威胁使用武力的情形采取制止措施。因此,宪章所确立的禁止使用武力原则对所有国家行使武力或威胁,或以与联合国宗旨不符之任何其他方法,侵害任何其他国家的行为都是具有约束力的。

与此同时,《联合国宪章》还对国际关系中禁止使用武力原则预留了两种例外情况,《宪章》第 42 条规定的联合国安理会授权使用武力的情形和第 51 条规定的因行使自卫权而使用武力的情形。

对于联合国安理会授权使用武力的情形,实际上根据《联合国宪章》第 43 条的进一步规定,联合国会员国应当根据特别协定向安理会提供其使用的部队。然而,上述协定从未达成,实际上安理会并没有任何通过武力执行集体安全任务的途径。正因此,安理会逐步发展了授权个别国家使用武力的做法。一般情况下,各国通知安理会他们使用武力恢复和平和安全的意图或意愿,并请求安理会对此授权。

对于因行使自卫权而使用武力的情形,虽然宪章规定了联合国成员国在受到武力攻击时,有行使单独或集体自卫之自然权利,但是对自卫权的解释和具体适用,尤其是何时才得以行使自卫权的判断是有争议的。虽然有主张"先发制人的自卫";但是,目前通说认为,一国只有在受到武装攻击之后才可以行使自卫权,这一观点也为国际法院在尼加拉瓜案中所采取。此外,任何自卫行动都必须遵守必要性和对称性原则,即只有在和平手段无法解决争端的时候,诉诸武力才可能合法;自卫行为必须与攻击行为相对称,不得超越引起该自卫行为事件的程度。

如上所述,《联合国宪章》规定了禁止使用武力原则,并规定了适用该原则的例外情形。目前为止,安理会从未真正讨论过授权某些国家在外空使用武力。然而,考虑到维护空间资产利益的重要性,这种可能性并不能被完全排除。而安理会对外空使用武力的授权目前在国际社会上尚未产生分歧,因为,这不仅属于《联合国宪章》第 7 章规定的内容,也被认为是与第 7 章规定的适用条件相同的。唯一可能的障碍是来自于安理会常任理事国的否决权。

然而,针对上述自卫权在外空的适用性,长期以来国际社会上是存在较大分歧的。一方面,基于组织机构的设立宗旨和目的以及对外空武器化和外空军备竞赛进一步加剧的担忧,在联合国和平利用外空委员会和联合国裁军谈判会议以及防止外空军备竞赛特设委员会的多边框架下,国际社会始终倾向于否定国家在外空行使自卫的权利。另一方面,也有观点认为,各国可以在外空行使这一权利以保护其空间资产。因为,根据当前的国际法规则,尤其是国际海洋法的相关规定,如果对行驶在公海的悬挂某一国家国旗的船只进行攻击,即构成对该船只的船旗国"领土"的攻击,因此如果一国在外空的资产遭到攻击,也应当构成是对该国"领土"的攻击,那么在符合自卫权行使条件的前提下,是应当允许其行使这一权利的。

在实践中,首先,美国政府发布的多项空间政策和法令一直主张:故意干扰美国的外空系统及其基础保障设施的行为,将被视为对美国国家权利的侵犯,美国将采取多种措施,并根据固有之自卫权摄制他方的干扰和攻击。其次,欧盟委员会于 2008 年 12 月通过的《外空活动行为准则》草案,也"承认《联合国宪章》赋予各国单独或集体自卫之自然权利",即肯定了外空自卫权。虽然该草案不具有任何法律约束力,且《准则》的审议也被搁浅,但这也表明了欧盟在该问题上的看法。

实际上,虽然目前还没有任何外空武力冲突的情况发生,但是如果完全否定宪章所确立的禁止使用武力原则的例外情形,尤其是自卫权在外空的适用,在极端的情形下,可能导致一国的空间资产在遭受另一国的武力攻击后,该国并不能获得采取自卫行为保护本国外空资产的国际法上的依据。一方面,这会使受侵害国在国际法上处于被动;另一方面,如果该国有能力针对该攻击采取报复行为,那么也自然不受自卫行为之"必要性"和"对等性"原则的约束,当然,这也绝非宪章精神之所在。因此,笔者认为,完全否定外空的自卫行为的一个前提应当是外空绝对的"非军事化",只有在这一基础上,才有可能建立真正有序且可持续的国际秩序。虽然从现阶段国际社会上的整体发展趋势来看,这将十分困难,但是,无论从《联合国宪章》的宗旨与目的来看,还是维护人类社会长期和平与稳定的愿景,都应当将此作为国际社会为之不断奋斗的长期和终极目标。

此外,还需要注意的是,虽然宪章明确了禁止使用武力原则,但是,对"武力"或"威胁"并没有提供具体的认定标准。同时,随着空间科技的不断发展,损害空间物体和外空资产的方式也变得十分多样。考虑到现阶段国际社会对某种行为是否构成使用或威胁使用武力的基础仍缺乏共识,国际社会应当继续努力共同推进相关概念的进一步明确,这对维护国际和平与稳定以及提高国际法的确定性来说都尤为必要。

13.2.2 外层空间条约与外空非军事化

《外空条约》《营救协定》《责任公约》《登记公约》和《月球协定》是规范外空活动的 5 项重要的国际空间条约。其中,《外空条约》和《月球协定》中的相关条款对外空非军事化问题做出了具体规定。

1.《外空条约》

《外空条约》中有关外空非军事化规定的条款主要在条约第 4 条中。该条文首先明确规定:"本条约当事国承诺不将任何载有核武器或任何他种大规模毁灭性武器之物体放入环绕地球之轨道,不在天体上装置此种武器,亦不以任何其他方式将此种武器设置外空。"随后,该条进一步规定了:"月球与其他天体应由本条约所有当事国专为和平目的使用。于天体上建立军事基地装置及堡垒,试验任何种类之武器及举行军事演习,均所禁止。使用军事人员从事科学研究或达成任何其他和平目的在所不禁。使用为和平探测月球与其他天体所需之任何器材或设备,亦所不禁。"

《外空条约》的上述条文包含以下 3 个层次的内容:首先,《外空条约》第 4 条明确的是在包括天体和绕地轨道在内的整个外层空间中,禁止放置核武器和大规模毁灭性武器。然而,其他不在禁止之列的武器,例如军事卫星、反卫星武器等并不在该条的禁止之列。其次,条文仅针对月球和其他天体,规定了严格的"非军事化"。规定中的"应专为和平目的"排除了为任何军事目的使用月球和其他天体的活动。进而言之,条文中涉及的"军事基地""军事装置""军事堡垒""试验任何种类之武器"以及"举行军事演习"等的规定只是重点列举,任何与军事目的有关的活动也应被禁止。最后,条文还明确了在探索和利用月球和其他天体的活动中,只要是为了和平目的,不论是军事人员还是科学研究人员均可有序开展其活动,包括使用任何所需的器材和设备。

应当说,虽然条文在维护外空和平发展,防止外空军事化中发挥着重要作用,但是该条文的局限性还是十分明显的,这主要表现在:在外层空间中,条文仅对核武器和大规模毁灭性武器做出了禁止性规定;而严格的非军事化规定仅适用于月球和其他天体。此外,条文并没有对"大规模毁灭性武器"进行界定,这对解释和适用条约也造成了一定困难和障碍。

还值得注意的是,《外空条约》第3条确定的"探索和利用外层空间必须遵守国际法"原则,根据条文的规定,包括《联合国宪章》在内的国际法,对在外空开展的活动均可适用。因此,国际法主体参与外空活动的同时,应当遵守有关的国际法原则、规范和习惯法的约束,包括《联合国宪章》关于维持国际和平与安全的规定,以及不得使用威胁或武力侵害任何会员国或国家之领土完整或政治独立的要求。

除此之外,条约第1条确立的"探索和利用外层空间必须为全人类谋福利和利益"原则,从立法精神上来说,任何单方面探索和利用外层空间,而不顾他国和全人类利益的活动,都是违反此项原则的。虽然国际社会对"全人类利益"的概念界定仍存在分歧,但是可以确定的是,将外空武器化、战场化,无论如何都是与条约的规定和原则相违背的。

综上所述,《外空条约》的相关条文虽然明确禁止了在外空部署核武器和大规模毁灭性武器,但并未全面禁止在外空试验、部署和使用其他类型的武器或武器系统,因而难以有效防止在外空开展军备竞赛,也不能有效防止对外空物体使用或威胁使用武力。随着科技的进步,特别是外空武器的研究和发展,国际社会有必要采取预防性措施,弥补现有外空国际法律体系的不足与漏洞,就防止外空武器化和防止外空军备竞赛,制定新的国际法律文书,从源头和法律机制上防止外空武器化。

2.《月球协定》

从《月球协定》的诞生历史历程来看,该协定也是冷战催生的产物之一。1966年2月3日,随着苏联第一颗月球探测器"月球9号"成功在月球上实现软着陆,美国担心苏联可能会对月球和其他天体进行军事化利用,并将进一步控制月球资源。因此,美国在联合国发起了关于起草规范月球和其他天体的条约的提议,并提议对月球和其他天体应本着和平原则进行探索和利用。虽然,协定的诞生之初是为了限制冷战敌对阵营各自在月球和其他天体上开展军事活动,但是协定最终却没能获得包括美国和苏联在内的主要空间活动国家的签署。截至2019年1月,《月球协定》仅有18个缔约国。

即便如此,《月球协定》对外空非军事化问题进行的一些具体规范还是值得国际社会的广泛关注的。尤其是《月球协定》规定的"专为和平目的"使用月球的条款,一般认为,这是"完全非军事化"的。与此同时,《月球协定》第1条还规定了,协定内关于月球的条款适用于太阳系内地球以外的其他天体。也就是说,对包括月球在内的其他天体均应"专为和平目的"而为各缔约国加以探索和利用,任何具有军事目的或军事性质的活动均为条约所禁止。

具体来说，协定除了重申《外空条约》的有关规定外，《月球协定》还明确规定了：①正如上文所述，月球和其他天体应为全体缔约国"专为和平目的"而加以利用。②协定明确了"月球"一词包括环绕月球的轨道或其他飞向或飞绕月球的轨道。③协定规定不得在月球上使用武力或以武力相威胁，禁止利用月球对地球、月球、宇航器或人造空间物体的人员实施武力或威胁。④禁止在月球上、月球内、绕月轨道或飞向月球的轨道上放置核武器或大规模毁灭性武器。⑤协定禁止在月球上建立军事基地、军事装置及防御工事，试验任何类型的武器及举行军事演习。当然，上述这些规定不仅适用于月球，也适用于其他天体。

除此之外，《月球协定》第11条还规定了"月球及其自然资源均为全体人类的共同财产"，月球不得被占领，月球上的自然资源不应成为任何国家、政府间或非政府间国际组织、国家组织或非政府实体或任何自然人的财产等具体内容。条约中的这些规定也反映出对月球及其自然资源应本着和平探索和开发的精神和为全体人类谋福利的原则进行利用。

但是，正如前文所指出的，《月球协定》自1979年12月18日开放签字，1984年7月11日生效。虽然协议制定之初的动机是限制美、苏两国在月球和其他天体再次展开激烈的军事竞争；但是，在协议的制定过程中，两国对条约中相关条款，例如"月球及其自然资源是全人类的共同财产"等规定均表示不赞成。因此，到目前为止，签署和批准该协定的国家仅有18个，主要的空间活动国家（包括美国、俄罗斯、中国等）均尚未批准或加入该条约。这无疑削弱了《月球协定》在规范和治理外空活动中的影响力，也使得条约中有关非军事化的条款不能充分发挥应有的作用。即便如此，对在《月球协定》协商和制定过程中，主要的空间国家达成一致的一些意见，尤其是针对月球和其他天体非军事化的条款，仍应当加以重视，并应当以此为基础，在时机成熟时或者通过修订条约的方式，使更多的国家加入条约；或者通过重新起草或协商条约的方式，进一步推进外空和平利用和外空非军事化进程。

13.2.3 其他国际法文件与外空非军事化

1.《部分禁止核试验条约》

1945年7月16日，美国在新墨西哥州阿拉莫戈多的一个沙漠试验场引爆了第一颗原子弹，从此开启了人类核试验的历史。联合国的统计数据显示，自1945年第一颗原子弹试验开始，至1963年止，全球累计进行了602次核试验，其中仅1962年当年就进行了178次之多。

随着冷战的不断升级，美、苏两国的军事较量也不断加剧，为了减缓冷战期间美、苏两国的军备竞赛，防止核武器试验造成地球大气中过量的放射性尘埃，加上1962年爆发的古巴导弹危机的"催化"，苏联、英国和美国之间长达数年的谈判产生了新的紧迫感。1963年8月，美、英、苏三国最终签订了《禁止在大气层、外空和水下进行核武器试验条约》（简称《部分禁止核试验条约》），条约于同年10月10日正式生效。截至目前，条约共有125个缔约国。

《部分禁止核试验条约》从空间法发展史的角度上来说，是首个涉及规范外空军事化和武器化问题的国际条约。它对允许在陆地开展的军事活动与禁止在大气层、外空和水下开展的军事活动之间做出了明确的区分。然而，从时间上来讲，该条约从未打算对国际空间法的相关规定予以补充，因后者毕竟都是在《部分禁止核试验条约》生效后才开始谈判的。但是，条约的通过开启了对外空军事利用进行国际规制的时代。

从内容上来看,虽然《部分禁止核试验条约》禁止在水下、大气层和外空进行核试验,并未禁止地下核试验。但是,外空在条约中却直接受到了保护,使其免受核武器试验爆炸或任何其他核爆炸的危害,与此同时,缔约国也不得引起、鼓励或参与在外空进行的或在会对外空产生影响的地方进行核武器试验爆炸或任何其他核试验。此外,条约对各缔约国无限期地有效,除非缔约国选择退出条约。但是,应当指出的是,条约并未就在外层空间放置核武器或使用核武器问题进行规范,也没有提供相应的国际核查机制以保障条约的实施。

从目的上来看,条约制定的主要目的还是按照联合国的宗旨尽速达成一项在严格的国际监督下的全面彻底的裁军协定,这项协定将制止军备竞赛和消除刺激生产和试验各种武器(包括核武器)的因素,谋求永远不继续一切核武器试验爆炸,即条约主要是为未来进行全面禁止核试验的努力做铺垫。虽然后来在1963年《部分禁止核试验条约》的基础上,联合国大会于1996年9月10日通过了《全面禁止核试验条约》,但是因该条约附件2中的44个国家尚未全部批准,因此该条约至今尚未生效。

2.《普遍及彻底裁军问题》决议

1963年10月17日,联合国大会通过的《要求各国不要将任何载有核武器或任何其他种类大规模毁灭性武器的物体放置在环绕地球的轨道上,也不要在天体上装置这种武器》的第1884(XVIII)号决议①。决议通过的政治背景和社会动因与同年联大通过的《部分禁止核试验条约》是类似的,即当时的美国和苏联分别对敌对方的核武器发展以及核军事能力表现出深切的担忧,除此之外,双方还担心任何一方会先将核武器放置或使用于外空。在这一背景下,两国就在外空使用核武器和大规模毁灭性武器问题逐步达成了一致。

具体来说,决议首先重申了1961年12月20日大会通过的第1721(XVI)号决议有关探索和利用外空应仅为人类福祉之目的;赞许了苏联和美国在国际社会上的表态,即两国均表示不意图在外空放置任何载有核武器或大规模毁灭性武器的物体。此外,决议还号召所有国家"勿将任何载有核武器或任何他种大规模毁灭性武器之物体放入环绕地球之轨道,勿在天体上装置此种武器,或以任何方式将此种武器放置于外层空间"。与此同时,决议号召所有国家"勿促使、鼓励或通过任何渠道参与从事上述活动"。

就《普遍及彻底裁军问题》这一决议本身的效力来说,虽然其对国际社会并不具有约束力;但是,当时冷战双方能够就在外空放置核武器及大规模杀伤性武器这一问题达成一致,对整个外空非军事化的进程而言无疑是具有重要的积极推动作用的。随后,决议所规定的内容在1967年的《外空条约》序言中被援引,并纳入条约第4条第1款的具体规定中,也因此对所有缔约国产生了约束力。

3.《关于各国探索和利用外空活动的法律原则宣言》

1963年12月13日,联合国大会通过了题为《关于各国探索和利用外层空间活动的法律原则宣言》的第1962(XVIII)号决议,也被称为是《外空宣言》,它包含了为全人类谋福利原则、自由探索和利用外空原则、不得将外空和天体据为己有原则、国际合作原则等各项内容。

---

① 联合国文件1884(XVIII)号决议,1963年10月17日。

需要指出的是,早在 1957 年苏联向外空成功发射了第一颗人造卫星后,联合国立即对此给予了高度重视。与此同时,国际法学界在这之前就已经开始密切关注这一领域的发展,并意识到了制定国际空间法的必要性。这之后,联合大会分别于 1958 年 11 月 14 日通过决议并指出,为了保障外空物体的发射完全用于科学及和平目的,应共同研究制定一套国际规则。同年 12 月 13 日,联合国大会再次通过决议,确认外空是人类共同利益之所在,强调外空只能用于和平目的,并成立了"和平利用外层空间特设委员会"。1959 年 12 月 12 日,联合国大会决定特设委员改为常设机构,称为"和平利用外层空间委员会",专门负责与外空有关之诸事项。随后,为了制定和发展外空法,外空委于 1962 年成立了法律小组委员会,负责拟订有关外空活动的条约、协定和其他法律文书草案。可以说 1963 年《外空宣言》的通过是联合国和国际社会多年以来不断努力和积极推动外空领域国际秩序的一项重要成果。

《外空宣言》的原则和内容,后来也被纳入并体现在五项国际空间条约的文本中,并对缔约国产生条约的责任和义务,成为规范国际社会空间秩序和维护空间和平发展的重要基石和保障。其中关于探索和利用外空,必须为全人类谋福利和利益原则,以及各国探索和利用外空的活动,必须遵守国际法(包括《联合国宪章》),以保持国际和平和安全的原则,在当时的政治背景下,为进一步防止和限制外空军备竞赛和维护外空和平作出了积极贡献。

4.《禁止改变环境技术公约》

《禁止改变环境技术公约》全称为《禁止为军事或任何其他敌对目的使用改变环境的技术的公约》是一个旨在巩固国际社会和平与利益,通过禁止为军事或任何敌对目的使用改变环境的技术,以消除使用这类技术对人类造成危害的国际裁军方面的公约。公约于 1976 年 12 月 10 日经联合国大会第 96 次全体会议通过,并于 1978 年 10 月 5 日生效。

条约与禁止外空军事化具有较强的关联性,它被认为是可以被适用于限制反卫星武器使用的一项国际条约,尤其是当使用该武器会对外空环境造成广泛而持久的严重影响时。根据条约的规定,"本公约各缔约国承诺不为军事或任何其他敌对目的使用具有广泛、持久或严重后果的改变环境的技术作为摧毁、破坏或伤害任何其他缔约国的手段",并且特别指出,公约适用于包括"蓄意操纵自然过程改变外空的动态、组成或结构的技术"。

虽然,从条约的规定来看,《禁止改变环境技术公约》的适用范围比《部分禁止核试验条约》等其他条约要广,即它禁止缔约国基于军事或任何其他敌对目的而使用能够对外空等特定区域带来广泛、持续或严重的环境影响的技术。但是,条约的适用仍需满足一定的条件:首先,使用"改变环境的技术"适用于当一国为军事或敌对目的对抗另一缔约国的情形,倘若一国攻击本国的资产或损毁本国的利益而使用"改变环境的技术",那么该行为不在条约的适用范围内;其次,使用"改变环境的技术",需为军事或敌对目的;再次,若缔约国虽然使用了"改变环境的技术",但如果是为了和平目的,那么,条约的适用不应影响这种使用的公认原则和国际法的适用规则;最后,条约之缔约国也不得从事协助、孤立或引导任何国家、国家集团或国际组织从事违反条约规定的活动。

《禁止改变环境技术公约》目前共有 78 个缔约国,包括美国、俄罗斯和中国在内的空间活动大国均为该条约的缔约国。因此,条约对外空非军事化,尤其是对使用可能危害外空环境的技术用于军事和对抗的情形,具有十分重要的国际规范作用。除此之外,《禁止改变环境技术公约》对缔约国是无限期有效的。

13.3 主要航天国家的外空非军事化政策与制度

13.3.1 中国的外空非军事化政策

1. 中国在国际层面上的努力

外空是人类的共同财产,中国政府主张对外空的探索和利用应服务于促进世界各国的经济、科学和文化的发展,造福于全人类。外空军事化和武器化将阻碍和平利用外空、破坏各国在外空的安全互信,打破全球战略平衡与稳定。因此,自1982年"防止外空军备竞赛"被列入联合国裁军谈判会议议程以来,中国始终支持各种有助于实现外空非军事化的努力。

中国早在1985年即向联合国裁军谈判会议第一届和平利用外层空间特设委员会提交过"防止外空军备竞赛"的立场文件,明确表示:外空是人类的共同财产;主张对外空的探索和利用应服务于促进世界各国的经济、科学和文化的发展,造福于全人类;反对在外空进行任何形式的军备竞赛[①]。此外,中国一贯致力于和平利用外空,反对外空武器化,反对在外空进行任何形式的军备竞赛,积极推动国际社会谈判达成有关法律文书,并长期致力于推动防止外空军备竞赛的多边进程。中国认为,谈判制定相关国际法律文书是维护外空安全、防止外空军备竞赛的最佳途径。

2008年2月,中国与俄罗斯共同向联合国裁军谈判会议提交了《防止在外空放置武器、对外空物体使用或威胁使用武力条约》草案,得到了国际社会上大多数国家的支持和欢迎。2014年6月,根据外空安全新形势并结合各方意见和建议,中、俄对上述条约草案进行了更新。中、俄有关条约草案立足于国际政治安全和外空技术发展的现实,提出现阶段以具有法律约束力的形式在国际上实现防止外空武器化和军备竞赛的可行途径:禁止在外空部署武器、禁止对外空物体使用或威胁使用武力;核查问题留待今后以附加议定书的形式解决,透明度和信任建立措施可作为履约补充自愿实施。迄今为止,这仍是国际社会上有关该议题唯一可作为谈判基础的文本。

不仅如此,中国和俄罗斯为降低外空对抗程度,在联合国大会、联合国外空和平利用委员会和联合国裁军大会上多次呼吁禁止外空武器化,但都被美国拒绝,外空非武器化谈判陷于僵局。俄罗斯、中国、巴西在联合国宣布不首先在外空部署武器,尽管得到绝大多数国家的支持,但美国仍不予表态。2017年,中国与俄罗斯及有关国家共同推动联大通过决议,成立"防止外空军备竞赛"政府专家组,讨论防止外空武器化国际法律文书的实质性要素。政府专家组于2018年8月和2019年3月举行了两期会议,并于2019年1月举行面向所有联合国会员国的开放式非正式磋商。然而,由于美国的单方面阻挡,会议未能通过提交联合国大会的实质性报告。

---

① 联合国文件 CD/579,1985年3月19日。

2019年,中国裁军大使李松在联合国裁军与国际安全委员会就外空议题举行的专题辩论中进一步重申了中国立场并表示:外空是全人类共同财产,随着外空开发、空间科技进步及其广泛运用,外空与人类命运共同体的关系必将越来越紧密。维护外空安全必须以防止外空武器化和军备竞赛为前提。失去这个前提,外空永无宁日。在新的国际安全形势下,国际社会更需认真吸取历史教训,摒弃冷战思维,反对外空武器化,避免外空陷入军备竞赛。

总之,中国政府所做的这些努力,得到了大部分国家的赞赏,虽然由于某些航天大国的阻挠,与外空非军事化有关的国际制度至今尚未形成,但是经过中国政府的努力,各国在外空非军事化及防止外空武器化等方面的共识加深了,这对于有关国际习惯的形成以及达成相关条约奠定了基础。

2. 中国的国内立法和政策

2015年7月1日,第十二届全国人民代表大会常务委员会第十五次会议通过了《中华人民共和国国家安全法》,该法自公布之日起施行。《中华人民共和国国家安全法》体现了国家安全观的总体要求,从政治安全、国土安全、军事安全、经济安全、文化安全、社会安全、科技安全、信息安全、生态安全、资源安全、核安全等11个领域对国家安全任务进行了明确,并首次规定了有关维护外空等新型领域的国家安全任务。

具体来说,《中华人民共和国国家安全法》第32条明确规定:"国家坚持和平探索和利用外层空间、国际海底区域和极地,增强安全进出、科学考察、开发利用的能力,加强国际合作,维护我国在外层空间、国际海底区域和极地的活动、资产和其他利益的安全。"条文以国内立法的形式再次明确了中国在外空和平探索和利用上的一贯立场和主张。中国按照相关国际公约的规定,在外空等领域开展科学考察、资源勘探、开发利用,有助于提高对外空等新型领域的科学认知水平,更好地服务于全人类的共同利益。此外,在《国家安全法》中对外空的国家安全任务做出原则规定,还有利于为相关领域工作提供法律支撑。

在政策层面,《中国的航天》白皮书也一直强调中国航天事业发展的宗旨和原则是"和平探索和利用外层空间",此外,2011年和2016年《中国的航天》白皮书指出,中国"反对外空武器化和外空军备竞赛",主张"合理开发和利用空间资源,使航天活动造福全人类"。

可以说,无论是在国内立法层面,还是国内政策层面,中国对外空活动的立场是一致的,即始终坚持和平利用外空,反对外空武器化和外空军备竞赛,合理开发和利用空间资源,切实保护空间环境,维护一个和平、清洁的外层空间,使航天活动造福全人类。未来,一方面在国际上,作为《防止在外空放置武器、对外空物体使用或威胁使用武力条约》草案的发起国之一,中国应继续积极推动该草案,以期可以缔结国际条约,从而在更深、更广的范围推动外空非军事化和非武器化的发展进程;另一方面,中国还应当进一步加深国际合作,增进国际社会的理解和互信,不断推动外空非军事化。

13.3.2 美国军事航天政策与外空非军事化

美国一直视外空为其军事优势的最后一块"高地"。冷战结束后,美国的世界领先地位不断突出,国际社会呈现出新的政治格局,外空军事化的步伐也在这样的背景下似乎有所放慢。但是,随着美国在常规武器技术和网络技术方面被世界其他国家迅速追赶并逐渐缩小差距,美国展开了一系列不断扩大自己在太空的现有优势的各项活动。

当前,最棘手的问题是美国不仅没有响应国际社会有关外空非军事化努力的各项成果,而且开始进一步开展各项得以不断增强其太空作战能力的活动。以美国太空军的成立为例,美国声称其成立太空军是为了防御他国的军事威胁,但其真实意图是为了谋取太空绝对军事优势,夺取美国在太空的军事霸主地位,并在他们认为必要时对敌手发起猝不及防的太空军事攻击。

事实上,美国太空军的建设,并非最近才开始。早在1982年,美国就已成立了空军太空司令部,并于1993年建立了太空战争研究中心,并进行了大规模的太空军事演习。自2001年以来,美军进行了9次"施里弗"太空战军事演习,着重发展太空和网络空间的整合,以协调在太空与网络空间的作战能力。2018年6月18日,美国总统特朗普在国家空间委员会会议上签署了一份要求组建太空部队的行政令。随后,美国总统特朗普于2019年2月19日签署了《第4号太空政策指令》,旨在成立美国第六个军种——太空军。根据4号令的规定,太空军将首先在美国空军部下组建,与空军平级。2019年12月17日,美国国会投票通过了《2020财年国防授权法案》,随后20日美国总统特朗普签署了该法案,标志着美国太空军正式成立。根据法案的规定,太空被视为军事行动区域,成立太空军前5年的预算总计约129亿美元。按照美国国防部此前的设想,美国太空军将配备约1.5万人。

美国此举无疑加剧了国际社会已经不断升级的外空武器化和外空军备竞赛的进程。例如,2019年7月13日,法国总统马克龙宣布将在法国空军内部成立太空军事指挥部,空军最终将变身为"航空与太空部队",这与美国此前宣布组建"太空军"的方式如出一辙。同年8月22日,日本共同社报道称,日本防卫省《2020年度预算草案》详细内容中写明了新设"宇宙作战队",作为提升日本太空领域作战能力的举措。在美国的鼓动下,2019年12月4日,北约各成员国更是通过了《北约新太空政策》,将太空列为与陆海空以及网络空间并列的"第五战场"。可以说,美国加剧了国际社会对这一"没有硝烟的战场"的普遍忧虑,并纷纷催化了各国的空间军事化和武器化的计划。这严重破坏了国际社会的战略平衡,只会使得各国太空军备竞赛的态势愈演愈烈。

不仅如此,美国还是将国际空间条约中"和平目的"解释为"非攻击性"的发起国和主要倡议国,并且是在国际社会上提出"先发制人的"外空自卫权的国家。在国际社会上,美国不仅拒绝《防止在外空放置武器、对外空物体使用或威胁使用武力条约》草案的提议,还致力于加强与盟国的军事合作关系,以增进其在太空军事作战方面的能力,例如美国太空司令部设有太空合作办公室,负责在范登堡空军基地接待盟国联络官,其中法国和德国是首批向该办公室派驻军官的两个国家,澳大利亚、加拿大、新西兰、英国和日本都是美国太空军事合作的盟国。

可以说,美国的外空非军事化相关规则和政策的制定,体现的完全是"美国优先"和"美国主导",这违背了外空法原则和规则关于"外层空间是全人类的事情,探索和利用外层空间应为人类的福祉谋利益"的要求。不仅如此,美国还通过在国际社会上对条约义务进行解释的"边界探索",寻求在现有国际条约框架内本国利益的最大化,并通过倡导对本国最有利的解释,实现美国的政治和军事利益最大化。此外,美国罔顾现行联合国条约、原则以及联合国《国际空间合作宣言》有关"和平利用外层空间国际合作"的规定,一方面反对异己,另一方面不断拉拢组建以美国为首的外空军事联盟,搞国际上的"小团伙",服务美国未来的太空作战需求。凡此种种,均表明了美国在国际社会不断呼吁禁止外空武器化和外空军备竞赛,并为之不懈努力的背景下,不仅没有促进国际社会共同努力的成果,反而进一步加剧了各国的外空军备竞赛。对此,国际社会除了应当继续为外空非军事化努力,还应当敦促美国继续履行其相关国际条约的义务,正确对待决议和宣言等国际文件,并切实为维护外空和平做出应有的贡献。

13.3.3 俄罗斯外空安全战略与外空非军事化政策

从外空军事能力的角度来讲,俄罗斯是目前世界上仅次于美国的第二军事强国。因此,俄罗斯的空间法律和政策,尤其是与外空军事化和武器化相关的举措,对国际社会也有十分重要的影响。然而,俄罗斯对国际社会外空安全的回应,应当在更广阔的政治背景下加以考量。

由于20世纪90年代的"失去的10年",尤其是当时的政治动荡对俄罗斯航天部门带来的严重影响,俄罗斯在外空武器和装备方面,无论是数量上还是发展上均已明显落后于美国;与此同时,俄罗斯在某些关键领域仍保持着先进的技术和科研基础。因此,随着1991年后地缘政治的改变,俄罗斯采取了更加务实的做法,即根据资源的配置,优先满足某些关键和基础领域的空间事业的发展。

这种地缘政治的变化带来的转变,也体现在俄罗斯在外空安全领域的一些战略和政策调整上。虽然俄罗斯依然面对美国核威慑力量及其外空武器的威胁,但是俄罗斯在外空武器问题上采取了一种自我克制的态度,以反卫星武器为例,俄罗斯就奉行了该战略。这一方面是出于外空军事预算的考虑;另一方面是冷战时期的历史经验表明:保持稳定的外空战略平衡是有益的。虽然奉行克制的外空军事战略,但俄罗斯还表示,任何其他国家试图将外空武器化的举动,都将受到俄罗斯"对称手段"的对抗。此外,俄罗斯还在一系列外交政策和国际谈判上采取相应举措以防止外空军备竞赛。例如,前文所述,俄罗斯为了防止外空武器化和外空军备竞赛,于2008年同中国一起向联合国裁军谈判会议提交了《防止在外空放置武器、对外空物体使用或威胁使用武力条约》草案,并于2014年对该草案进行了更新。

在俄罗斯国内航天事业的发展中,俄罗斯联邦政府认为,研究和利用外空,包括月球和其他天体,具有最重要的优先地位。根据俄罗斯通过的国际空间政策和空间活动规则,俄罗斯空间活动的优先任务除了外空基础科学和研究工作,以及高精尖技术的不断开发等,还包括对非常事件进行控制并消除其后果以及在任何时刻提供全球高精度时空坐标的保证等。此外,俄罗斯联邦政府2016年3月23日第230号法令批准了《俄罗斯联邦航天发展规划:2016—2025年》。为了实现俄罗斯空间活动领域国家政策的主要目标,计划确立了对包括"捍卫国家和国家安全"以及"履行各项空间协议和国际条约"在内的空间活动事项,是未来10年俄罗斯空间发展的优先任务。

正如一位俄罗斯问题专家所说,"俄罗斯的未来本质上仍然是一个悖论,一种雄心勃勃的意图恢复俄罗斯在世界上地位的努力,与不可避免地削弱其能力的结构性弱点的现实之间的紧张关系"。[1]这一说法也完全适用于俄罗斯的外空军事领域。但是,无论如何,现阶段俄罗斯在国际社会上针对外空武器化和外空军备竞赛的努力,以及其在外空军事问题上采取的克制的做法是值得肯定的。未来国际社会仍需要联合更多的国家进一步推进外空非军事化的发展。

---

[1] MICHAEL L R. Roi.Russia: The Greatest Arctic Power? [J].The Journal of Slavic Military Studies,2010(4):551.

第14章 我国航天立法的现状与未来展望

我国的航天事业起步于20世纪50年代,在计划经济时期,主要依靠行政命令推进航天发展,并未形成一般意义上的法律法规体系。自20世纪90年代开始,伴随着航天管理体制的变革,我国逐渐制定了一些与航天行业相关的规范性文件。1998年,新的国防科工委成立后,先后制定了有关航天科研生产、空间物体登记和民用航天发射许可证等专门性的航天部门规章。这一时期,国务院和中央军委还颁布了有关军品和导弹及其物项的出口管制条例。2008年,国防科工局成立后,也在其职权范围内发布了诸多的行政规范性文件。近年来,全国人大和全国人大常委会通过的部分法律,如《国家安全法》《网络安全法》《测绘法》《出口管制法》等也包含部分适用于航天活动的规定。截至目前,我国已经初步形成了由部分法律、法规、规章所构成的航天法律法规体系,辅之以大量的政策和行政规范性文件,已覆盖了从航天准入、科研生产管理、发射许可、空间物体登记、外空活动安全、出口管制等多个环节与领域。

14.1 我国现行航天法律制度

14.1.1 航天行业的准入制度

我国目前关于航天行业的准入缺乏系统性法律文件加以规范,这方面主要依赖政策和行政规范性文件加以管理。由于历史原因,我国一直将航天行业作为国防科学技术工业的一部分加以管理,这导致在相当长的时期内我国的航天行业处于严格的计划经济管束下,内资(主要是指民间资本)和外资很难进入我国的航天领域。

2005年以来,我国逐渐放开了对非公经济的管制,努力为非公经济创造良好的竞争环境。2007—2017年的10年间,国务院、原国防科工委、原总装备部,以及后来的国防科工局等先后发布了多个政策性指导文件和行政规范性文件,主要涉及社会投资和民间资本进入国防科技工业(含航天行业)的准入问题。

严格地说,社会投资与民间资本不同,前者区分的是出资方,凡是各类内资法人单位出资的非政府投资均属于社会投资;后者区分的是资本的所有权性质,凡不属于国有资本的,均属于民间资本。因此,社会投资的范围大于民间资本,但实践中在个别政策性文件中出现了混用的现象。从2014年以来的相关文件措辞看,大多包含鼓励民间资本进入航天业的某一些领域的表述,且2017年国办发[91]号文使用了"打破军工和民口界限,不分所有制性质"的措辞,可以认定其中的民口应当指的是社会投资,而不分所有制性质,则意味着民间资本与同属社会投资的"国有资本"处于平权地位。由此,目前中国的航天业已经全面向民间资本开放。

尽管如此,按照国防科工局有关国防科技工业社会投资项目核准和备案管理的相关规定,依然存在禁止类、限制性和放开类的区别。限制类实施核准管理,目前在科研生产环节存在资质、许可、质量认证体系等能力要求。放开类主要涉及"民用卫星开发总装测试""载人飞船各分系统开发装配""空间站各分系统开发装配"和"运载火箭固体火箭发动机壳体、喷管加工制造"等项目,实行备案制度。

目前部分政策性文件鼓励民间资本投资于特定航天领域。如 2014 年《国务院关于创新重点领域投融资机制鼓励社会投资的指导意见》(2014 年)(60 号文)规定:"鼓励民间资本参与国家民用空间基础设施建设。完善民用遥感卫星数据政策,加强政府采购服务,鼓励民间资本研制、发射和运营商业遥感卫星,提供市场化、专业化服务。引导民间资本参与卫星导航地面应用系统建设。"2015 年 11 月发布的《国家民用空间基础设施中长期发展规划》(2015—2025 年)要求:"建立和完善政府购买商业卫星遥感数据及服务的政策措施,促进卫星数据开放共享和高效利用。""支持民间资本投资卫星研制和系统建设,增强发展活力。支持各类企业开展增值产品开发、运营服务和产业化应用推广,形成基本公共服务、多样化专业服务与大众消费服务互为补充的良性发展格局。"

伴随着准入限制的逐渐消除,我国自 2015 年以来涌现出了一大批民营卫星、火箭研发制造企业和航天服务提供企业,我国的商业航天活动呈现出蓬勃发展的态势。

外商投资方面,外国投资者投资于中国的航天产业,如果采取新设企业的方式,应适用《外商投资法》的规定。此外,其准入的航天业领域还应遵守商务部的有关《外商投资产业指导目录》和《外国投资准入负面清单》的规定。依据《鼓励外商投资产业指导目录》(2019 年),鼓励类产业包括:247.航空航天用新型材料开发、生产;249.运载火箭地面测试设备、运载火箭力学及环境实验设备;250.民用卫星设计与制造,民用卫星有效载荷制造;251.民用卫星零部件制造;252.星上产品检测设备制造;280.卫星数字电视上行站设备制造;301.卫星通信系统设备制造;396.民用卫星应用技术。《外商投资准入特别管理措施(负面清单)(2019 年)》主要包含的禁止准入的航天产业是:使用卫星进行测绘和遥感地质调查等;禁止投资广播电视卫星、卫星上行站、卫星收转站等。

如果外国投资者以并购国内企业方式进入航天领域,需要遵守商务部 2009 年 6 号文件,即《商务部关于外国投资者并购境内企业的规定》,该规定规范了资产并购和股权并购两种方式。因此,合格的境外投资者可以在《鼓励外商投资产业指导目录》和外商投资准入特别管理措施(负面清单)》允许的范围内,采取新设三资企业或通过资产并购或股权并购的方式设立三资企业,在获得商务部或地方商务主管部门批准后,在完成工商登记、外汇登记和税收登记等事项后从事有关业务。值得注意的是,外资并购不得对我经济安全造成影响,在这方面,商务部门应遵守国务院办公厅 2011 年 2 月 3 日发布的《关于建立外国投资者并购境内企业安全审查制度的通知》。

在航天企业的工商登记方面,须遵循我国现有的公司和企业登记的规定。根据国防科工局和军委装备发展部《关于促进商业运载火箭规范有序发展的通知》(2019 年 6 月 10 日),"运载火箭整箭、发动机以及火工品等含能材料具有军民两用性,涉及国家安全和公众利益,从事商业运载火箭科研生产活动的企业(以下简称"商业火箭企业"),须按照《企业经营范围登记管理规定》依法注册登记。"按照目前市场监管部门有关工商登记的前置审批事项的目录,内资企业可以采用"先照后证"的方式依法登记。此外,涉及国家规定实施准入特别管理措施的外商投资企业的设立及变更审批,需要在登记前获得前置审批。

14.1.2 航天科研生产制度

鉴于我国的航天事业起步于火箭导弹的研制,因此,航天行业长期属于国防科学技术工业的一部分,自20世纪90年代末以来,一直由国防科学技术工业主管部门加以管理。目前,火箭、卫星等航天科研生产活动属于武器装备科研生产活动的一部分,实行许可制度。2008年,国务院和中央军委联合颁布了《武器装备科研生产许可管理条例》,规定国家对列入武器装备科研生产许可目录(以下简称"许可目录")的武器装备科研生产活动实行许可管理。许可证应由国防科工局受理申请后经审查做出准予许可或不准予许可的决定,并在其做出决定前书面征求武器装备主管部门的意见。2009年11月12日,工业和信息化部颁布了《武器装备科研生产许可实施办法》,自2010年5月10日起施行。该实施办法明确了部门职责和协调程序,并对申请与受理、审查与批准、变更与延续、监督与管理和法律责任做出了明确规定。2015年8月,国防科工局和原总装备部颁布了2015年版许可目录。2018年12月,国防科工局和军委装备发展部修订了该目录,新目录包括导弹武器与运载火箭等7大类共285项。

火箭、航天科研生产企业还需获得装备承制单位资格和质量管理体系认证。前者分为A类(军队专用装备承制单位,原产品在目录内的第一类和产品在目录外的第二类合并为A类)和B类(军选民用装备承制单位,原为第三类),由中央军委装备发展部负责审查颁发。后者由国务院国防科技工业主管部门和军委装备发展部门联合组织实施认证。

在保密要求方面,2016年,国家保密局、国防科工局和中央军委装备发展部制定了新的《武器装备科研生产单位保密资格认定办法》,依据该法,武器装备科研生产单位保密资格分为一级、二级、三级三个等级。取得保密资格的单位,列入《武器装备科研生产单位保密资格名录》。

为简化准入程序,自2015年3月1日起,武器装备科研生产许可与装备承制单位资格实行联合审查制度。采取联合审查和颁发双证的方式,有助于提高工作效率,减轻企业的负担,体现了深化"放管服"改革的精神。自2017年10月1日开始,武器装备质量管理体系审核与装备承制单位资格审查两项活动,合并为装备承制单位资格审查活动,只需一次审查做出结论,发放一个证书(装备承制单位资格证书)并标明满足国家军用标准质量管理体系要求。简而言之,军工"四证"变成了军工"三证"。

为落实国务院"放管服"改革要求,在简化事前准入审批的同时,规范和加强对武器装备科研生产许可放开部分的事中事后管理,国防科工局于2019年发布了《武器装备科研生产备案管理暂行办法》。国防科工局对列入《武器装备科研生产备案专业(产品)目录》的武器装备科研生产活动实行备案管理。

14.1.3 航天行业的固定投资制度

在航天领域的固定资产投资方面(主要适用于国有航天类军工企业),原国防科工委和国防科工局先后制定了多个相关规范性文件。目前,国防科技工业固定资产投资项目(军工固定资产投资项目)由国防科工局负责审批。

2016年11月30日,国务院颁布了《企业投资项目核准和备案管理条例》,对于企业在中国境内投资建设的固定资产投资项目做出了明确的规定。该《条例》对关系国家安全、涉及全国重大生产力布局、战略性资源开发和重大公共利益等项目,实行核准管理。具体项目范围以及核准机关、核准权限依照政府核准的投资项目目录执行。其他项目,实行备案管理。政府核准的投资项目目录由国务院投资主管部门会同国务院有关部门提出,报国务院批准后实施,并适时调整。国务院另有规定的,依照其规定。2017年3月8日,国家发展与改革委员会发布了《企业投资项目核准和备案管理办法》,作为《条例》的配套实施办法。

《政府核准的投资项目目录(2016年)》规定了"由国务院投资主管部门核准"①的项目,应由国务院投资主管部门会同行业主管部门核准,其中重要项目报国务院核准。该《目录》第八项"高新技术"指出:"民用卫星制造、民用遥感卫星地面站建设项目,由国务院投资主管部门核准。"该《目录》还要求列入《外商投资产业指导目录》中总投资(含增资)3亿美元及以上限制类项目,由国务院投资主管部门核准,其中总投资(含增资)20亿美元及以上项目报国务院备案。《外商投资产业指导目录》中总投资(含增资)3亿美元以下限制类项目,由省级政府核准。"

2017年《企业投资项目核准和备案管理条例》第二十三条指出:"国防科技工业企业在中国境内投资建设的固定资产投资项目核准和备案管理办法,由国务院国防科技工业管理部门根据本条例的原则另行制定。"

2019年7月1日,国务院颁布的《政府投资条例》正式施行。该《条例》第三十七条指出:"国防科技工业领域政府投资的管理办法,由国务院国防科技工业管理部门根据本条例规定的原则另行制定。"

因此,国防科工局应依据上述条例要求修订原有的企业固定资产投资项目和政府固定资产投资项目的规范性文件,但目前尚未有最新文件出台。

14.1.4 航天科研(工程)管理制度

航天科研(工程)活动因其经费来源、项目类别和归口管理部门不同,我国在不同历史时期发布了多层级的法律、法规、规章和规范性文件,这一领域还有大量的政策性文件。具体可区分为适用于所有科研活动的一般性法律和适用于航天科研(工程)的专门性法律。

目前在法律层面,有适用于所有科研活动的基本性法律,如《科学技术进步法》《专利法》《科学技术普及法》和《促进科技成果转化法》等。在法规层面,有《国家科学技术奖励办法》《国防专利条例》等。

为规范国家科技重大专项的管理,科技部、发改委、财政部三部门于2017年6月1日印发了《国家科技重大专项(民口)管理规定》,对专项的组织、实施、监督和验收等做了明确规定。2017年6月27日,财政部、科技部、发改委又印发了《国家科技重大专项(民口)资金管理办法》,对中央财政安排的重大专项资金的管理、概算、开支、预算、执行和监督等提出了明确要求。2018年2月1日,三部门又联发了《国家科技重大专项(民口)验收管理办法》。上述有关规定和办法适用于已经列入国家科技重大专项的"高分辨率对地观测系统专项"和"探月工程

---

① 国务院投资主管部门现为中华人民共和国国家发展与改革委员会。

专项"。

为规范国家重点研发计划的组织管理、申报指南、立项、实施、验收与成果管理、监督等事宜,科技部、财政部于2017年6月22日印发了《国家重点研发计划管理暂行办法》。财政部、科技部于同年12月30日颁布了《国家重点研发计划资金管理办法》。2019年1月22日,科技部、财政部又颁布了《关于进一步优化国家重点研发计划项目和资金管理的通知》,对相关资金管理提出了进一步的要求。

在包含卫星、火箭研制的航天领域,原国防科工委和现国防科工局也制定并发布了大量的部门规章或规范性文件。财政部、原国防科工委于2002年8月18日联合颁布了《国防科技工业民用专项科研管理办法》,对于由国家财政资金支持的包括国防科技工业民用航天等在内工程技术开发和应用科学研究活动的民用专项科研项目(具体划分为工程研制项目和技术研究项目两类)管理,包括项目计划编制、申报审批、经费预算、项目实施与验收、经费管理等做出了规定。

为了加强国防科技工业科研经费管理,提高资金使用效益,财政部、原国防科工委制定了《国防科技工业科研经费管理暂行办法》,自2008年1月25日起实施。该暂行办法针对的是国防科技工业科研经费——由原国防科工委归口管理,并与国防科技工业研究开发活动直接相关的各种科研经费(包括中央财政拨款和项目研制单位配套自筹两部分)的预算、拨款、决算和经费科目管理,并确定了财政部、原国防科工委、归口管理科研项目的单位/部门和项目研制单位各自的管理职责。

2008年国防科工局成立后,也非常重视包括航天科研项目在内的国防科技工业项目的管理工作,先后颁布了《国防科工局基础科研管理办法》(2010年)、《国防科工局技术基础科研管理办法》(2010年)、《国防科工局科研项目管理办法》(2012年)、《国防科技工业企业管理创新成果评审奖励办法》(2014年)、《国防科技工业科研项目后补助管理暂行办法》(2016年)、《国防科技重点实验室稳定支持科研管理暂行办法》(2018年)等。此外,在有关科技重大专项的管理方面,国防科工局也制定了配套的管理办法。这些规范性文件总体上也适用于航天科研项目。

目前在民用航天科研工程方面,实行审批制度。审批的依据包括《民用航天科研项目管理暂行办法》(科工一司〔2010〕828号)、《民用航天技术预先研究项目管理实施细则》(科工一司〔2012〕361号)等。

为规范民用卫星工程管理,加强航天行业监管,落实国务院《国家民用空间基础设施中长期发展规划(2015—2025年)》要求,充分发挥卫星工程的投资和应用效益,2016年,国防科工局发布了《民用卫星工程管理暂行办法》,该办法适用于全部或部分使用中央财政资金,由国务院或国家有关部门批准立项的民用科研卫星、业务卫星等工程项目。国防科工局负责卫星工程组织管理和大总体协调。用户部门负责卫星工程应用需求论证、应用系统建设运行、卫星业务应用组织管理等。地面建设单位负责地面系统建设和管理。发射测控部门负责卫星发射、测控和相关在轨长期管理等任务组织实施。星箭研制单位负责所承担工程任务的组织实施。按照《国家国防科技工业局型号研制领导人员管理规定》,建立工程"两总"系统。民用卫星工程设工程总师,重大工程视需要设工程总指挥。工程总师负责工程总体设计、系统接口和天地一体化协调、重大技术问题决策等工作。工程各大系统设型号"两总",负责本系统各项工作组织实施。该办法还对卫星频率申请、发射许可、碎片减缓、空间物体登记、数据分享政策、标准体系建立等,依据现行规定进行了重申。

14.1.5 航天设备设施制度

航天设备设施的范围非常广泛,包括空间基础设施(包括通信、导航、遥感卫星系统,含空间系统和地面系统),发射相关设施(包括发射场、测控、运控等系统),宇宙飞船,空间站,探测器,宇航员训练设备设施,航天企业的生产、科研、试验设备设施等。从最广义的角度讲,部分观测设施、导航定位基准站、用于通信的固定地球站、部分广电的地面设施等都属于航天设备设施(目前由气象局、天文台、测绘局、无管局、广电总局等归口部门管理)。

目前我国主要的航天资产、设施是由政府、军队部门和国有军工集团管理的。对国有军工集团而言,这些航天资产和设施一方面属于国有资产,应依《企业国有资产监督管理暂行条例》(2019年修订版)加以有效地监督、管理与保护;另一方面,这些设备设施中又包含部分军工关键设备设施,同时应受相关军工关键设备设施管理立法的约束。

为保持和提高国防科研生产能力,加强军工关键设备设施的管理,保障军工关键设备设施的安全、完整和有效使用,国务院和中央军委在2011年6月24日联合颁布了《军工关键设备设施管理条例》,规定国家对军工关键设备设施实行登记管理,对使用国家财政资金购建的用于武器装备总体、关键分系统、核心配套产品科研生产的军工关键设备设施的处置实行审批管理。国务院国防科技工业主管部门会同国务院有关部门依照条例规定,对全国军工关键设备设施进行管理。省、自治区、直辖市人民政府负责国防科技工业管理的部门会同同级有关部门依照条例规定,对有关军工关键设备设施进行管理。

2012年7月10日,国防科工局颁布了《军工关键设备设施登记管理办法》和《军工关键设备设施处置管理办法》,作为实施《军工关键设备设施管理条例》的配套立法。2012年7月13日,国防科工局、财政部、国资委、总装备部联合下发了《军工关键设备设施目录》(2012年)。

在重大科研基础设施方面,早在2011年7月,国防科工局就发布了《国防重点学科实验室管理办法》。对国防科工局管理的国防重点学科实验室的设立、审批、管理和运行等做了规定。

为优化资源利用,促进共享共用,2014年国务院颁布了《关于国家重大科研基础设施和大型科研仪器向社会开放的意见》,科技部、发改委、财政部于2017年联合颁布了《国家重大科研基础设施和大型科研仪器开放共享管理办法》。随后,科技部、发展改革委、国防科工局、军委装备发展部、军委科技委于2018年6月22日联合下发了《促进国家重点实验室与国防科技重点实验室、军工和军队重大试验设施与国家重大科技基础设施的资源共享管理办法》。

14.1.6 发射、在轨操作与再入制度

2002年11月21日,原国防科工委发布《民用航天发射项目许可证管理暂行办法》(以下简称《暂行办法》),自同年12月21日起施行。《暂行办法》建立了对在中国境内非军事用途的航天器进入外层空间的行为的许可证管理体系。根据该制度,民用航天发射项目包括本土发射和海外发射两种情况。前者是指民用卫星在中国境内进入外层空间的行为;后者是指中国自然人、法人或其他组织已拥有产权的或者通过在轨交付方式拥有产权的卫星等航天器在中国境外进入外层空间的行为。《暂行办法》对许可证的申请与审批、监督与管理以及法律责任

等都做了明确的规定,从而使民用航天发射步入了有法可依的阶段,也为中国的空间商业发射活动奠定了良好的法律基础。该办法中有关于申请许可证需有责任保险的相关规定。1997年,财政部和国家税务总局曾就卫星保险业务有专门的函[财税证字〈1997〉142号文)]。

根据《暂行办法》的规定,民用卫星在申请时,如果需在国内发射场发射,还需提供项目预定发射时间,卫星、运载火箭、发射和测控通信系统之间的技术要求,运载火箭详细轨道参数及落区或回收场区的勘察报告,卫星详细轨道参数、频率资源使用情况的文件。

鉴于火箭发射可能会对民航安全产生重大的危险,因此,执行发射任务还需要做好空中飞行管制。依据《中华人民共和国飞行基本规则》,由国务院和中央军委空中交通管制委员会负责国内空域管理,由空军负责具体的飞行管制工作。

按照国防科工局和军委装备发展部联合下发的《关于促进商业运载火箭规范有序发展的通知》(科工一司〔2019〕647号)的规定:从事航天发射活动的商业火箭企业,按照《民用航天发射项目许可证管理暂行办法》编制申报材料,经省级国防科技工业管理部门向国防科工局申请办理发射许可;按照有关规定编制相关材料,报军委装备发展部进行专项审查。获得发射许可和通过专项审查后,方可按程序执行发射试验活动。

发射许可和专项审查申报材料中商业火箭企业需对轨道频率登记和协调、减缓空间碎片、采取的安全防控措施方案以及第三方责任保险、相关商业保险购买生效情况等进行重点说明。相关发射活动不得对国家安全和公众利益造成危害。

凡实施航天器入轨的发射任务,须在国家认可的航天发射场实施发射。在发射许可申报前,商业火箭企业需完成与发射场等方面的技术协调、制定发射飞行大纲,火箭进场后,严格遵守发射场安全监管等有关规定。

对于没有航天器入轨的试验验证及相关发射试验,可依托和利用国家有关部门和企业所属发射场或试验场等设施,开展相关活动。任务实施前,商业火箭企业须与发射场或试验场就发射任务技术保障、安全保密等事项协调一致,经相关主管部门批准后组织实施。

发射场或试验场按照发射试验有关规定,负责协调发射试验等任务的安全管控,明确各方责任分工,确保发射场区、飞行航区以及落区或回收场区陆地、空域、海域安全。

目前关于在轨操作、避碰等并没有明确的法律和法规。在规章方面,2002年,原科工委发布的《民用航天发射项目许可证管理暂行办法》要求申请人提交的材料中包括与该项目相关的安全设计报告及保障公众安全的材料,关键安全系统的可靠性、运载火箭发射过程中正常及故障状态对发射场附近及发射轨迹范围内的财产及人身安全构成的影响、如何避免污染和空间碎片问题以及其他有关安全的补充材料。这在某种程度上包含了发射入轨时的避碰要求。在规范性文件方面,《关于促进商业运载火箭规范有序发展的通知》也要求发射许可和专项审查申报材料中商业火箭企业提交安全防控措施方案,从事探空火箭发射、运载火箭亚轨道发射及相关演示验证等活动的商业火箭企业,需在项目预定发射、试验的15个工作日前,将相关任务准备以及安全管控等情况向国防科工局、军委装备发展部以及相关省级国防科技工业管理部门进行通报。

在空间碎片减缓方面,中国早在1995年就加入了机构间空间碎片协调委员会(Inter-Agency Space Debris Coordination Committee,IADC),并开始着手研究空间碎片的减缓问题。目前,中国正逐步形成适合本国国情的空间碎片标准体系。该体系覆盖通用、管理、技术三大领域及空间碎片三大工程。其中,将技术与管理标准体系细分为减缓、航天器防护、监测与预警三类标准。其中,航天行业标准《空间碎片减缓要求》(QJ 3221—2005)已于2005年7月正式发布实施,至2010年,共完成首批共19项已成熟的管理与技术标准,其中18项为报批稿,1项为征求意见稿。2009年,国防科工局发布了《空间碎片减缓与防护管理办法》,在国内首次明确对航天器研制的空间碎片控制管理要求。初步建立我国空间碎片标准体系,编制完成减缓设计与管理有关标准和规范,推进监测、预警、防护和减缓工程化应用有关要求。2015年,该暂行办法修订为《空间碎片减缓与防护管理办法》,包含总则、减缓要求、防护要求、监管措施和附则等5章25条。2017年,国家质量监督检验检疫总局和国家标准化管理委员会又发布了《空间碎片减缓要求》(GB/T 34513—2017)的国家推荐性标准,该标准主要采自国际标准化组织的相关标准(ISO 24113:2011 IDT)。

在航天器、运载器的再入方面,目前还缺乏明确的法律规定。在火箭残骸落区安全管理方面,目前只有贵州省人民政府办公厅和贵州省军区司令部联合下发了《贵州省火箭残骸落区工作管理办法》,其中的落区工作包括火箭残骸坠落有关的危害防范、残骸搜索、应急管理、损害赔偿等工作。实践中还有一些市地州政府通过工作通知的方式对落区安全工作做出了指示。

14.1.7 空间物体的登记制度

早在1988年12月,中国就加入了《登记公约》。为加强国家对空间活动的管理,建立空间物体登记制度,维护中国作为空间物体发射国的合法权益,有效履行《登记公约》缔约国的义务,2001年2月8日,原国防科工委和外交部联合发布了《空间物体登记管理办法》(以下简称《办法》),这是中国第一部有关民用航天的部门规章。

该《办法》明确了空间物体的内涵、登记空间物体的主管部门、登记程序和要求,要求建立空间物体的国家登记册,规定了空间物体的国内登记(由所有者向国防科工局提交登记资料)和国际登记(国防科工局将登记资料交外交部递送给联合国秘书长),以及存在共同发射国时应协商确定登记国,在履行《登记公约》义务的基础上建立了中国空间物体的登记管理制度。

空间物体登记并非一般意义上的物权登记,作为履行《登记公约》义务的行为,登记主要是为了确认一国对其空间物体(及所载人员)的管辖权和控制权,以及所有权(登记并不自然意味着该空间物体必然为该国所有,因为存在着共同发射的登记和共同出资的空间物体,具体应参考登记文件的记载),从而有助于辨识该空间物体,对该空间物体的损害作为发射国或发射国之一承担赔偿责任(登记国必然是发射国或发射国之一)。需要指出的是,不登记并不意味着一国对其发射的空间物体没有管辖权、控制权或所有权,因为登记必然需要时间(在此期间一国对其空间物体仍有管辖权和控制权),而许多国家也并未加入《登记公约》或依照联大1721号决议进行自愿登记(所以存在未登记的情况),从一般国际法的原理看,国家对其财产是理所当然享有管辖权、控制权和所有权的。

通常,除非基于国际协议,一国不会登记其无法行使管辖权、控制权或不拥有所有权的外国空间物体,这是各国的通常做法。我国的《空间物体登记管理办法》却存在登记外国卫星的规定,比如要求承担国际商业发射服务的公司(长城公司)对发射的外国卫星进行国内登记,显然是对《登记公约》中的国内登记与国际登记的关系认识不清,定位错误导致的。国内登记导致了建立国家空间物体登记册,这个登记册不是我国空间活动的发射记录册,如果将外国卫星列入其中，按照国内登记与国际登记对接的要求，势必导致中国在联合国空间物体登记文件中登记了外国的空间物体（登记信息项目可选择，但登记的卫星不能挑选），这显然不是我们的初衷（除非是经我外交部与其他发射国协商由我国登记）。因此，《空间物体登记管理办法》的有关条款必须修订。

学术界曾有对空间物体物权登记和国籍登记的探讨，值得商榷。如果将卫星等航天器视为《民法典》上的动产物权，将可能产生严重的错位问题：卫星等并不发生一般意义上的占有问题，其交付也与一般动产交付时可查验产品质量等不同。无论是船舶、航空器还是机动车，都存在登记前的检验这一程序，但卫星显然很难做到这一点。目前的登记实践表明，民营企业卫星的所有人登记可以通过空间物体的国内登记文件（可记载事项更多）和国际登记文件加以体现，可以通过完善登记事项的方式达到确权的目的。就国有卫星而言，并不需要确权和登记。对民营企业利用卫星抵押融资的需求，目前看来需求并不迫切，当前的风险投资和资本市场足以解决资金缺乏问题。由于这一制度创设和运行成本过大，因此目前大多数学者的观点认为不宜贸然推进。

国籍登记通常出现在进出国境的航空器和船舶上，这方面是有国际条约要求的。航天器通常不涉及进出国境问题，事实上也难以监管。在《登记公约》要求的登记文件中各国通常都会记载空间物体的所有者，我国的登记文件中记载的所有者绝大多数是中国，这已经起到了国籍登记的作用。事实上，《外空条约》和《登记公约》从其起草时就已确立了"发射国—登记国"的思路，国籍登记并未成为公约起草者的选择，其主因就在于航天器的国籍登记并无实际意义。如果将国籍登记理解为国内法的要求，在大量空间物体属于国有的情况下，就必须确定登记义务人和登记信息，这面临实际工作中的困难且可能对国家安全造成不良影响。因此，所谓国籍登记并无实际意义，如果登记空间物体出现迟延，还容易误导其他国家，得不偿失。

14.1.8 航天贸易与境外投资管理制度

1997年10月22日，国务院、中央军委颁布了《军品出口管理条例》（2002年修订），对包括军用航天产品在内的军品出口的许可制度做出了明确规定。2002年11月1日，原国防科技工业委员会、中国人民解放军总装备部联合颁布了《军品出口管理清单》，其中第八类为"火箭、导弹、军用卫星及其辅助设备"。

为了加强对导弹及相关物项和技术出口的管制，维护国家安全和社会公共利益，我国于2002年8月22日颁布了《中华人民共和国导弹及相关物项和技术出口管制条例》，规定了导弹及相关物项和技术出口许可审批制度。与这一管制条例配套的《导弹及相关物项和技术出口管制清单》（作为《两用物项和技术进出口许可证管理目录》的第六部分）明确包含了"完整的运载工具""动力系统""制导""材料""电子设备""控制系统""战斗部""地面设备""推进剂""软件"和"其他部件、组件"共14类186个物项，其中大约有一半与航天有关，如"运载火箭""液体火箭发动机""固体火箭发动机""航天惯性制导仪"等。

在民用和商用卫星出口方面，目前并无明确的法律规定，实践中管控主要针对的是高分辨率的遥感卫星，这方面主要是由国防科工局负责审批。

此外，《对外贸易法》《货物进出口管理条例》《技术进出口管理条例》也普遍适用于航天类货物和技术的进出口管理。按照《中国禁止出口限制出口技术目录》,禁止出口的航天技术包括空间材料生产技术、航天器测控技术、空间数据传输技术、卫星应用技术、大地测量技术。限制出口的航天技术包括航空、航天轴承技术、大型振动平台设计建设技术、北斗导航基带及射频芯片设计与制造技术、空间仪器及设备制造技术、空间数据传输技术以及卫星应用技术等。

值得注意的是,2020年12月1日实施的《出口管制法》适用于两用物项、军品、核以及其他与维护国家安全和利益、履行防扩散等国际义务相关的货物、技术、服务等物项(以下统称管制物项)的出口管制,这导致部分航天产品、技术和服务应依照该法的要求由国家出口管制管理部门按照职责分工负责其出口管制工作。国务院、中央军事委员会和其他有关部门应按照职责分工负责出口管制有关工作。未来我国将实行统一的出口管制制度,通过制定管制清单、名录或者目录(统称管制清单)、实施出口许可等方式进行管理。因此,现有规范中的部分航天产品、技术和服务的出口管制清单将做适当的合并和调整。

对于境内航天企业向境外投资的,应适用国家发改委、商务部、国家外汇管理局和国资委的相关部门规章。2017年12月,国家发改委颁布了《企业境外投资管理办法》,该《办法》对境外投资指导和服务、境外投资项目核准和备案、境外投资监管等做了规定,自2018年3月1日起施行。依据该《办法》,国家发改委对投资主体直接或通过其控制的境外企业开展的敏感类项目实行核准管理。非敏感类的实施备案管理。敏感类项目包括:①涉及敏感国家和地区的项目;②涉及敏感行业的项目。[①] 上述规定之外的中央管理企业投资项目和地方企业投资3亿美元及以上项目报国务院投资主管部门备案。依照《境外投资敏感行业目录》(2018年),"武器装备的研制生产维修"被列入第一项,这意味着卫星、火箭的研制生产维修等均属于对外投资的敏感类项目。

商务部于2014年9月6日发布了修订后的《境外投资管理办法》。依照该《办法》,商务部和省级商务主管部门按照企业境外投资的不同情形,分别实行备案和核准管理。企业境外投资涉及敏感国家和地区、敏感行业的,实行核准管理。企业其他情形的境外投资,实行备案管理。央企由商务部核准和备案,地方企业由所在地省级商务主管部门备案(通过其向商务部提交核准申请)。

在境外投资外汇管理上,现行有效的部门规章主要是国家外汇管理局2009年发布的《境内企业境外直接投资外汇管理办法》。

为确保国有资产保值增值,中央企业境外投资还应遵守2017年1月国资委颁布的《中央企业境外投资监督管理办法》,建立健全的境外投资管理制,由国资委对其境外投资进行事前、事中、事后管理,其自身做好境外投资风险管理。《中央企业境外投资负面清单》(2017版)规定了禁止类和特别监管类两类项目,前者主要是一些基本原则限制,后者是指投资额在20亿美元(含以上)的境外特别重大投资项目。对其中特别监管类的境外投资项目,中央企业应当在履行企业内部决策程序后、在向国家有关部门首次报送文件前报国资委履行出资人审核把关程序。

---

① 敏感国家和地区包括:①与我国未建交的国家和地区;②发生战争、内乱的国家和地区;③根据我国缔结或参加的国际条约、协定等,需要限制企业对其投资的国家和地区;④其他敏感国家和地区。敏感行业包括:①武器装备的研制生产维修;②跨境水资源开发利用;③新闻传媒;④根据我国法律法规和有关调控政策,需要限制企业境外投资的行业。敏感行业目录由国家发展改革委发布。

考虑到卫星整体、火箭整体等均属于《武器装备科研生产许可目录》的许可项目，我们认为：企业境外投资卫星整体、火箭整体或重要分系统等敏感行业的，应当由过国家发改委、商务部、国家外汇管理局进行核准。

14.1.9 卫星频轨和空间数据资源制度

无线电频率作为一种稀缺的自然资源，是卫星/卫星、卫星/地面传输数据时必须使用的，也广泛用于其他航天活动。对于有关无线电的划分、分配和指配，国际电信联盟的《无线电规则》有详细规定，我国也有对应的《国务院关于设置和使用无线电台的管理办法》《中华人民共和国无线电管制规定》《中华人民共和国无线电管理条例》（2016 修订）、《中华人民共和国无线电频率划分规定》（2018 年）等法规或部门规章。此外在卫星通信系统建立和使用方面，工业和信息化部分别发布了《建立卫星通信网和设置使用地球站管理规定》（2009 年）和《卫星移动通信系统终端地球站管理办法》（2011 年）、《卫星固定业务通信网内设置使用移动平台地球站管理暂行办法》（2013 年）、《工业和信息化部关于调整卫星通信网网络编号格式的通告》（工信部无〔2013〕99 号）、《工业和信息化部关于印发〈卫星地球站国际协调与登记管理暂行办法〉的通知》（工信部无〔2015〕33 号）、《卫星网络申报协调与登记维护管理办法（试行）》（2016 年）等诸多规范性文件。为适应修订后的《无线电管理条例》的要求，上述多个规范性文件正在修订之中。目前，无线电管理局的有关许可项目中，组建卫星通信网和设置、使用卫星地球站审批、设置、使用空间无线电台审批和无线电频率使用许可与卫星业务密切相关。此外，依照《电信条例》的规定，部分电信设施，如电信卫星，由信息产业主管部门负责。

在卫星数据分享与管理方面，原国防科工委时期就发布了《国防科工委关于鼓励国内用户使用中巴地球资源卫星数据的若干意见》（2007 年）、《国防科工委关于中巴地球资源卫星 01/02/02B 星国内数据管理规则（试行）》（2007 年）。规定由中国资源卫星应用中心负责数据的接收、处理、存档与分发。并对具体数据产品进行了分类分级管理，区分不同阶段，实行免费分发、收费分发或授权分发的形式。

国防科工局成立后，为实施探月工程和高分专项的需要，曾先后发布了《探月工程科学数据发布管理办法》（2010 年）、《资源三号卫星数据管理规则（试行）》（2012 年）、《民用遥感科研卫星数据管理的若干意见》等，鉴于其时效性，目前均已废止。

为加强对国防科工局牵头组织实施的高分辨率对地观测系统重大专项（以下简称"高分专项"）的卫星遥感数据（以下简称"高分数据"）管理，大力推进高分数据在各领域的广泛应用，充分发挥高分数据对国家安全和经济社会发展的支撑服务作用，国家国防科技工业局高分观测专项办公室于 2015 年 8 月印发了《高分辨率对地观测系统重大专项卫星遥感数据管理暂行办法》。该办法对国防科工局重大专项工程中心的职责、高分数据分级分类、数据申请与分发、数据推广应用和成果管理、国际合作与服务、安全保密与罚则等做出了明确规定。其他民用遥感卫星和相关军转民遥感卫星数据可参照本办法执行。2016 年 12 月，国防科工局高分办又颁布了《高分辨率对地观测系统重大专项数据应用推广指导意见》这一政策性文件，对发展目标、发展重点和保障措施等做了进一步的指示，用于指导已成立的 27 个省级数据与应用中心的相关工作。

2016年9月,科工局下发了《月球与深空探测工程科学数据管理办法》,对探月工程中的相关科学数据的管理、分析、分发和使用等做了更为明确的规定,取代了之前颁布的《探月工程科学数据发布管理办法》。

为进一步加强和规范科学数据管理,保障科学数据安全,提高开放共享水平,更好支撑国家科技创新、经济社会发展和国家安全,2018年3月17日,国务院办公厅印发了《科学数据管理办法》,该文件规定了科学数据管理工作实行国家统筹、各部门与各地区分工负责的体制。该办法所称科学数据显然将所有空间数据包括其中。

2019年5月8日,国家航天局在第二届数字中国建设峰会上,颁布了《民用遥感卫星数据管理暂行办法》。该办法适用于全部或部分使用中央财政资金支持的遥感数据管理,境内自主运营的商业卫星遥感数据参照该办法实施相关管理。依据该《办法》,国防科工局(国家航天局)会同发展改革委、财政部开展国家民用卫星遥感体系运行维护、互联互通、共享共用等重大事项组织协调,负责遥感数据军民融合及重大应急响应等统筹协调。中国陆地观测卫星数据中心、国家卫星气象中心、国家卫星海洋应用中心作为卫星数据中心按职责分别负责相关卫星遥感数据的获取、处理、存档和分发。国家航天局对地观测与数据中心做好高分专项等卫星的任务规划和数据管理。部分使用中央财政资金支持遥感数据的处理、存档和分发等,依据项目批复、投资核准或政府与社会资本合作(Public Private Partnership,PPP)合同等规定的各方职责执行。

14.1.10 其他与航天生产经营相关的制度

航天企业在科研生产过程中首先需要遵守《安全生产法》的规定,加强安全生产管理,建立、健全安全生产责任制和安全生产规章制度,改善安全生产条件,推进安全生产标准化建设,提高安全生产水平,确保安全生产。该法还要求"生产、经营、运输、储存、使用危险物品或者处置废弃危险物品的,由有关主管部门依照有关法律、法规的规定和国家标准或者行业标准审批并实施监督管理。生产经营单位从事上述活动的,必须执行有关法律、法规和国家标准或者行业标准,建立专门的安全管理制度,采取可靠的安全措施,接受有关主管部门依法实施的监督管理。"

依据2014年《安全生产许可证条例》的规定,我国目前对特定危险产品实施生产安全许可证制度,其中与航天相关的主要是危险化学品和民用爆炸物品。管理和处置危险化学品应遵循《危险化学品安全管理条例》《危险化学品登记管理办法》的相关规定,军工企业还要遵守《军工危险化学品安全管理暂行办法》。企业和科研院所生产、销售、购买、运输、爆破作业、贮存等涉及民用爆炸物品的,应适用《民用爆炸物品安全管理条例》(2014年修订)的规定,除贮存外,均需获得相应的许可证方可从事。

航天企业从事特种设备的生产(包括设计、制造、安装、改造、修理)、经营、使用、检验、检测和特种设备安全的监督管理,应适用《特种设备安全法》。国家对特种设备生产实行许可制度。该法所称的特种设备,是指对人身和财产安全有较大危险性的锅炉、压力容器(含气瓶)、压力管道等,以及法律、行政法规规定适用本法的其他特种设备。国家对特种设备实行目录管理。特种设备目录由国务院负责特种设备安全监督管理的部门制定,报国务院批准后执行。《特种设备安全监察条例》对特种设备的生产、使用、检验检测、监督检查、事故预防和调查处理以及法律责任做了明确规定。

航天企业在生产经营过程中涉及运输危险品的,应遵守我国《民用航空法》《道路交通安全法》《铁路法》《铁路安全管理条例》《海上交通安全法》《内河交通安全管理条例》《道路运输条例》和《道路危险货物运输管理规定》等相关法律法规的规定。

2010年5月,国防科工局下发了《武器装备科研试验安全管理暂行办法》,对军工集团公司进行武器装备科研试验时的安全管理工作做出了部署。2010年12月22日,国防科工局又下发了《国防科技工业安全生产监督管理规定》,对国防科工局、省级国防科技工业管理部门和军工单位在安全生产方面的监管或管理责任进行了明确,提出了建立安全责任制、组织机构建设、条件建设、教育培训、隐患排查和应急管理等监管内容,并要求实行生产安全目标管理和责任追究制度。工信部于2010年12月24日颁布的《国防科研生产安全事故报告和调查处理办法》对取得武器装备科研生产许可的单位在装备科研、生产、贮存、试验、销毁等活动中发生的人身伤亡和直接经济损失的事故进行了分级,并规定了事故报告、事故调查和事故处理等内容。为遏制科研试验伤亡事故高发势头,规范和加强武器装备科研试验安全管理工作,国防科工局于2015年12月组织编制了《武器装备科研试验安全管理九条规定》。对于安全生产事故的应急处理,国务院于2019年3月颁布的《生产安全事故应急条例》也适用于航天企业的安全生产事故的应急救援和处置。

航天领域的企业和科研院所在生产、储存、运输、销售、使用、销毁易燃易爆危险品时,还应遵守《消防法》的相关规定。

在产品质量控制和管理方面,军工产品适用《武器装备质量管理条例》的规定,不适用《产品质量法》。但非军工产品的航天产品,生产者和销售者应当依照《产品质量法》建立健全内部产品质量管理制度,并应承担产品质量责任。

航天领域的军工企业和民营企业从事航天相关的生产经营活动时,应依照我国各项税收法律(如《企业所得税法》)和国务院有关税收的行政法规(如《企业所得税法实施条例》以及有关增值税、消费税、营业税等方面的税收条例)履行纳税义务,具体的征管权利义务可以适用《税收征收管理法》(2015年修订)。

就航天业直接相关的税收规定而言,财政部、国家税务总局2015年6月15日颁布了《关于航天发射有关增值税政策的通知》,对境内单位提供航天运输服务适用增值税零税率政策,实行免退税办法。其提供的航天运输服务免征增值税,相应购进航天运输器及相关货物,以及接受发射运行保障服务取得的进项税额予以退还。境内单位在轨交付的空间飞行器及相关货物视同出口货物,适用增值税出口退税政策,实行免退税办法。其在轨交付的空间飞行器及相关货物免征增值税,相应购进空间飞行器及相关货物取得的进项税额予以退还。

2016年5月1日起实施的《营业税改征增值税试点实施办法》规定:"在中华人民共和国境内(以下称境内)销售服务、无形资产或者不动产(以下称应税行为)的单位和个人,为增值税纳税人,应当按照本办法缴纳增值税,不缴纳营业税。"该法还规定从事运输服务的单位,其增值税税率为11%。按照该办法附件《销售服务、无形资产、不动产注释》的规定:"航天运输服务,按照航空运输服务缴纳增值税"。航天运输服务,是指利用火箭等载体将卫星、空间探测器等空间飞行器发射到空间轨道的业务活动。同日实施的《跨境应税行为适用增值税零税率和免税政策的规定》规定跨境提供的"航天运输服务"适用"增值税零税率"。

14.2 我国现行航天法律体系存在的问题及完善建议

14.2.1 现有航天法体系存在的问题与不足

从我国现有航天法来看,仍存在诸多亟待解决的问题。主要体现在下述五方面。

1. 从所涉内容看,相关性法律较多,但专门性法律偏少[①]

从国家规范、保护和促进航天活动(产业)的角度看,目前除《国家安全法》直接规定了太空安全外,几乎没有专门规范航天活动的法律(人大或人大常委会制定的法律性文件),但在航天科研(科研项目管理、资金使用)、武器装备研制(可以涵盖火箭、卫星及重要分系统的研制和型号管理等,包括承制资格、科研生产许可、保密、质量体系认证等)、航天生产(包括生产安全、质量监督、计量、保密、产品责任、运输等)、设备设施管理(包括军事设施、军工设备设施、发射场、测控设施管理)、技术转化与知识产权保护(主要体现于国防专利领域)、航天企业的经营(包括内资和外资准入审批、工商登记、经营许可、固定资产投资、融资、境外投资、税收等)、航天发射(测控支持、发射场任务安排及相关的运输、贮存、保险、税收等)、军品、导弹及相关物项出口管制、科学数据管理、测绘等领域存在着大量的相关性法律、法规、规章或规范性文件。

相对而言,仅在民用航天发射(部门规章)、空间物体登记(部门规章)、卫星与空间数据管理与使用(多为规范性文件)、卫星频率(多为规范性文件)、民用航天科研(规范性文件)以及卫星工程管理(规范性文件)等领域存在一些专门性法律。

2. 从规范类型看,政策性、规范性文件多,法律性文件少[②]

目前在航天领域存在着较多的政策性文件,有国务院和/或中央军委发布的有关航天的综合性政策文件、有关国民经济、社会发展和科技进步的中长期规划和有关特定航天产业促进的专项政策性文件。国家发改委、财政部、商务部、科技部、国防部、工信部、国家税务总局、测绘地理信息局等在其职权范围内也发布了为数众多的的中长期规划、重大专项建设和产业促进政策。基于航天行业管理的需要,国防科工局自2008年成立以来也发布了诸多的政策性文件和行业规范性文件。[③] 国务院其他政府部门基于工作需要也颁布了许多与航天活动相关(并非专门规范航天活动)的规范性文件。由此可知,在法律、行政法规和部门规章之外,通过政策性文件和规范性文件,弥补了航天领域法律法规规章偏少的问题。

但政策性文件的指引性较强,约束性较差,且稳定性不强;规范性文件囿于国防科工局或其他业务部门的职权范围,其适用性不可避免地受到限制。相比之下,法律性文件约束力强、

---

① 严格意义上讲,行政规范性文件不属于法律,但考虑其效力,仍旧将其归入广义性法律之列。
② 为便于体现不同规范的效力,这里的法律性文件将规范性文件排除在外。
③ 国防科工局作为航天行业管理部门,作为隶属于工信部之下的局,缺乏适当的立法权,因此,科工局发布的诸多行业管理性质的文件,除与有关部委联合发布的之外,基本都属于部门规范性文件之列,其约束力次于法律、法规和部门规章。

适用范围广,稳定性较好,能够满足我国长期发展航天事业的需要。但法律性文件中法律数量偏少,规范范围有限。行政法规和部门规章虽然较多,但内容上比较分散。从整体角度看,我国的航天法律法规和规章并未形成一种位阶分明、层次清晰、体系严密的法律体系。从实施的角度看,已有的立法空白之处较多,彼此之间关联较差甚至偶有冲突,可操作性不强,无法适应我国飞速发展的航天事业的需要。

3.缺乏一部综合性的航天基本法

中国政府把发展航天事业作为国家整体发展战略的重要组成部分,并且提出了"全面建成航天强国"的发展愿景,这需要在技术发展上"百尺竿头,更进一步",在立法工作上也应"正视不足,与时俱进"。目前世界上的航天强国,大多具有一部综合性的"空间活动法",这并非出于偶然。美国航天的强大得益于其完备的航天法律法规体系所构建的体制合理、机制公平、权责分明、利益共享的制度基础。为实现从航天大国向航天强国的转变,适应航天活动规模不断扩大、参与主体不断增多的趋势,我国应在总结既有体制、机制经验教训的基础上,不断在改革中探索前行,适时通过一部综合性《航天法》来明确各方责、权、利关系,保障各方的合法权益,通过航天活动的实施来确保国家安全、维护国家利益、规范航天活动、提升技术实力、促进产业发展等诸多目标的实现。现有的分散零碎的规制航天活动的法律、法规、规章或行业规范性文件不足以承载如此重大的历史使命。因此,在考虑我国现行航天管理体制运作的基础上,通过梳理和分析现有规则,并考察其实施情况,从中总结出制约或阻碍我国航天事业发展的因素,以解决问题为突破口,集中战略专家、技术专家、管理专家、经济学家和法学专家的智慧,在广泛征求社会各界建议和意见的基础上,制定一部规制、促进和保障军、民、商航天活动的综合性航天基本法既具有必要性,又具有可行性。

4.部分航天活动存在无法可依或有法难依的情况

从目前我国航天活动的法律、法规、规章(含依据性法律和相关性法律)以及有关政府部门基于行业管理需要或归口管理需要制定的规范性文件来看,其法律性质、约束效力和适用范围各不相同,形成了一种错综复杂的适用于航天活动的法律体系,其立法进程体现了从计划经济管制到市场化改革过程中对航天活动从不同层面和不同角度进行监管的制度构建过程,这一过程中也体现了利益纷争和博弈,这与管理体制上的改革息息相关。

尽管存在如此复杂的法律体系,但长期以来我国航天活动由国家主导这一现实导致部分航天活动存在无法可依或有法难依的困局。由于过去很长时间内绝大多数卫星发射活动属于国家任务,因此对于此类国家行为引起的损害赔偿,在立法上(主要是在赔偿主体和赔偿限额上)面临较大难度,迄今未有明确规定。在发生航天事故时,主要考虑技术问题的解决,缺乏法律意义上的追责。由于遥感卫星在建设上缺乏国家统筹,遥感数据作为资源分散在多方手中,彼此数据无法互通互联,目前虽然存在一些部门级别的规范性文件,乃至国家层面的政策性文件,但仍凸显了法律层面缺失遥感数据使用原则所引发的实施层面的问题。由于航天业务管理复杂,现有的部门职权划分仍难免百密一疏,存在职权交叉和管理空白之处。比如航天基础设施的统筹问题,民用卫星的出口管理问题等。是否应对部分卫星应用业务(如卫星通信、卫星遥感业务)颁发许可,由哪一部门负责等,都值得深入研究。

值得注意的是,某些存在法律规定的航天领域,如民用航天发射项目的许可制度、空间物体登记制度等,国家任务的属性和所有制问题,导致相关法律文件中的"项目总承包人""所有人"在实践中难以确定,导致立法实施中容易出现错位、走样和难以执行的问题,"有法难依"问题也是未来《航天法》必须加以解决的问题。

5.现有立法无法解决我国航天事业发展所面临的问题

我国航天事业发展中所面临的问题是非常复杂的,有的属于需要明确和细化改革方向的问题,有的属于传统计划经济模式无法适应市场化需要引发的问题,有的属于已有市场化过程中规则缺失的问题,有的属于已有规则实施中需要完善的问题。这些问题有的需要未来的《航天法》加以明确,有的涉及现有法规规章的废止问题,有的则需要对现有法规规章做出修改或解释。

14.2.2 我国《航天法》立法工作的进展

我国目前虽然在多个航天活动环节和领域存在为数众多的法规、规章和规范性文件,也辅之以多项政策性文件,构成了我国错综复杂、立体交叉的航天法律体系。但与此不相匹配的是,我国目前尚缺乏一部能够从总体上规范和促进航天活动的基本法,难以适应我国航天事业快速发展对立法的需求。

鉴于此,在近20年间的历次全国人民代表大会会议上都有代表提出制定《航天法》或类似法律的提议。2012年,全国人大财经委员会牵头军民各方对《航天法》立法开展了前期调研工作,在此基础上,2013年第十二届全国人大常委会五年立法规划将《航天法》列为三类项目。2014—2016年,国务院年度立法计划第一次列入了《航天法》,指定国家国防科技工业局(以下简称"科工局")拟定该法草案。经过数年的调研论证,《航天法》立法时机日趋成熟。2018年,第十三届全国人大常委会五年立法规划将《航天法》升级为二类项目,航天法立法工作进入了全面加速阶段。目前航天法的立法工作正由航天相关部门牵头共同推进。

14.2.3 推进我国《航天法》立法工作的建议

1.《航天法》的定位和定性问题

《航天法》的立法工作首先应解决《航天法》的定位和定性问题。从《航天法》的名称来看,并未采取欧美国家经常使用的"空间活动法"(space activities act,也可译为"航天活动法"),这里的"航天"是指"航天事业"(《中国的航天》系列白皮书中使用了 space industry 一词),这意味着航天活动的准入、组织管理体制、航天科研生产的开展、航天设施的管理与使用、发射、在轨操作、再入、空间物体登记等活动的监管、航天事故调查与处理、空间物体的损害责任、航天事业的保障与促进、管辖权与控制权、太空安全、航天产品与技术的进出口管制、航天业的境外投资和国际合作等均应作为"航天事业"的一部分而成为航天法的调整范围。从这一角度来说,我国的《航天法》应定位为:"航天事业(发展促进)法",它应当集组织法、活动法和产业促进法于一身,调整的航天活动应涵盖"军""民""商"三种性质的活动。军事航天活动是与国家太空安全有关的航天活动,民事航天活动是政府组织的公益性航天活动,商业航天活动是自然人、法人和非法人组织以盈利为目的开展的航天活动。

从定性角度看,我国的航天事业关乎国家安全,属于"国家主权事项";航天活动的管理体制涉及部分国家机关的职责,与"国家机构组织法"相关;鉴于历史原因,航天科研生产环节、发射环节存在着许可制度,空间物体还要履行登记程序,这显然属于行政法的范畴。此外,外国投资者投资我国航天业存在准入方面的禁止和限制,境内企业境外投资航天业也属于特别监管事项,从经济活动考虑,这已经涉及基本的经济制度问题,属于"经济法"的范畴;航天活动还关乎社会安全、环境损害、产品责任等,又与"社会法"相关;还需要指出的是,我国的侵权责任法适用于平等主体的当事人之间发生的侵权行为的损害赔偿,从其立法本意和措辞来看,很难确定其可以解决国家行为引发的侵权责任。因此,如果认为国家实施的航天活动引发的侵权不能直接适用《侵权责任法》,未来《航天法》对此所做的规定应视为填补了部分民事法律的空白。此外,《航天法》所规定的的法律责任应包括民事责任、行政责任和刑事责任。由此可见,《航天法》是与多个法律门类相关的法律,其所涉事项不能完全划入《中华人民共和国立法法》(简称《立法法》)第八条的前十项,但显属"必须由全国人民代表大会及其常务委员会制定法律的其他事项"。

中国的航天事业起步于导弹火箭技术工业的建立,具有强烈的军事色彩和计划经济特点。因此,从大航天角度出发,导弹的科研生产和出口管控等也属于航天活动的一部分。但纵观世界各国的航天活动立法,美国将导弹等军品研发归于国防事项立法,俄罗斯虽然在其1993年《空间活动法》中为国防部规定了权限,但并未特别提及导弹等军品研发活动。欧洲各国的空间活动法大体以航天器发射活动为规制对象,辅之以空间物体登记和空间物体损害赔偿责任的追索。此外,就目前国际外空条约而言,外空活动的主要载体是"空间物体",依据《责任公约》和《登记公约》,"空间物体"包括其组成部分和运输载器及其零部件。我国2001年颁布的《空间物体登记管理办法》所称的空间物体是指进入外层空间的人造地球卫星、载人航天器、空间探测器、空间站、运载工具及其部件以及其他人造物体。短暂穿越外层空间的高空探测火箭和弹道导弹,不属于空间物体。因此,有关导弹的科研生产、销售使用和进出口管制等属于军事立法的范畴,不宜由《航天法》加以规范和调整。

2.确定《航天法》的立法要素应遵循的原则

在对我国《航天法》进行定性和定位基础上,还应确定我国《航天法》的构成要素。要素一词通常是指构成事物的必要因素,即事物的必不可少的组成部分。我国航天法作为一部法律,其构成要素是指该法律应当具备的必要组成部分。从我国《航天法》的立法背景、立法目的及其定位定性来看,在起草《航天法》文本时,就确定其构成要素应考虑以下5项原则。

(1)立足本国国情,考虑现实需要并与现有政策法律相衔接

中国的航天事业发展至今,已经形成了具有中国特色的航天发展之路。《航天法》作为推进我国航天事业发展的基本法律,必须立足中国国情,解决当代航天事业发展中的重大问题,包括体制、机制和实施问题。

长期以来,法律学界对中国的航天立法存在认识上的误区,即中国缺乏成型的航天立法。这一观点无法解释中国航天事业如何在缺乏法律规范和保障的情况下取得了举世瞩目的成就。事实上,我国存在着与航天活动有关的众多法律、法规、规章和规范性文件,其中的多部法律可一般性地适用于航天科研生产活动(并限于航天活动);部分法规和规章则适用于航天活动的某一特定环节,如特定航天科研生产活动的许可、进出口管控、发射许可、空间物体登记等;规范性文件则主要是行业管理的依据,有时也针对特定类型航天活动或航天活动的某一

环节。

如上所述,作为国防科技工业组成部分的航天业已经基本形成了包含政策、一般性法律、专门性规章、规章和规范性文件在内的规则体系,这些既有规定应当由《航天法》做出原则性规定、授权性规定或进行适当协调或修订。需注意的是,政策是有变动性的,因此宜将可长期适用的政策性规定以立法形式加以固定。

(2) 宣示中国的太空权益,明确中国关于和平利用外空的基本立场

《国家安全法》第三十二条指出:"国家坚持和平探索和利用外层空间、国际海底区域和极地,增强安全进出、科学考察、开发利用的能力,加强国际合作,维护我国在外层空间、国际海底区域和极地的活动、资产和其他利益的安全。"2016年《中国的航天》白皮书中,中国发展航天事业的宗旨是:探索外层空间,扩展对地球和宇宙的认识;和平利用外层空间,促进人类文明和社会进步,造福全人类;满足经济建设、科技发展、国家安全和社会进步等方面的需求,提高全民科学文化素质,维护国家权益,增强综合国力。《新时代中国的国防》白皮书中进一步指出:"太空是国际战略竞争制高点,太空安全是国家建设和社会发展的战略保障。着眼和平利用太空,中国积极参与国际太空合作,加快发展相应的技术和力量,统筹管理天基信息资源,跟踪掌握太空态势,保卫太空资产安全,提高安全进出、开放利用太空能力。"这些战略、政策和立场的宣示也应在《航天法》中适当体现。

(3) 遵循有关联大决议对国家空间立法的指引

联大第68/74号决议建议各国根据本国法,同时考虑到本国的具体需要和要求,在颁布本国空间活动监管框架时酌情考虑8个要素:监管框架的范围;确定本国对在其管辖和(或)控制领土上实施的空间活动的管辖权及对本国公民或法人从事空间活动的监管;空间活动应需要国家主管机关审批并规定许可的条件和程序;审批条件应与国家承担的国际义务保持一致,并考虑国家安全和外交政策利益、环境保护、申请人的经验、知识和技术资格等;应规定适当的监督检查措施和处罚手段;应当由相应国家主管机关维持射入外空物体的国家登记册;各国可以考虑当空间物体的运营人或所有人按照联合国各项外空条约负有损害赔偿责任时如何向其索赔并可酌情规定保险要求和赔偿程序,以确保损害索赔得到适当偿付;在轨空间物体所有权或控制权若发生转让,应确保对非政府实体的空间活动继续实施监督等。这些要素可以在制定《航天法》时通过具体条文加以体现。

(4) 适当参考和借鉴其他航天大国的成功立法经验

就立法范围而言,美国的立法覆盖面最广,《联邦成文法大全》第51编和《联邦行政法规大全》第14编对各类航天活动做了体系化的立法规定。此外,有关国防、通信、知识产权等与航天相关的内容还散见于其他编之中。就航天管理体制而言,中国与俄罗斯、乌克兰等因为历史原因和计划经济的特色比较趋近,这两国法律中有关航天活动的组织、对航天设备设施、人员管理、国家对航天活动的计划和资金支持等值得我们吸收和借鉴。欧洲各国的航天法自成体系,主要以规范发射活动和相关活动为主,因此属于"空间活动法",是一种监管环节立法。鉴于其"许可制度""登记制度"和"涉外损害赔偿制度"比较完善,我国在航天法立法时,在涉及空间活动的监管环节,可以适当吸收借鉴其成熟的立法经验。但考虑到我国航天法是"航天事业立法",所以章节设计上会比较宽泛,不必沿用其有关"许可""登记"和"损害赔偿责任"作为单独的章。日本的组织立法比较先进,其规定的决策—监管—实施体制值得借鉴。但有关航天

活动的组织仅是我《航天法》的一部分,无法做到面面俱到,且我国现行的管理体制也比较成熟,仅是缺乏必要的决策机制。因此,若航天法需要必要的配套性的组织法,可以参考借鉴日本的相关法律。此外,日本在产业促进方面颇有心得,立法操作性也比较强,值得参考和吸收。韩国在其立法中引入了营救宇航员的规定,并单独制定了《空间责任法》,对空间物体的损害赔偿做了比较详细的规定,值得我们在推进涉及相关内容的立法时借鉴。澳大利亚立法的最大特点是立法覆盖面宽,各项制度的规定极为细致,可操作性强。这一点显然是英美法系国家成文立法的优点,虽然不善于概括,但非常重视细节性规定。我国的成文立法通常过于原则化,在立法的细节上往往比较模糊,这固然为主管部门留下了灵活性,但对特定航天活动的当事人而言,则有失确定性。

(5)确保法律的涵盖性并具有一定的前瞻性

航天活动的国内立法通常具有管理、许可、登记、保护、责任与促进等六方面的构成要素。从我国目前现有的航天法规来看,仅仅规定了发射许可制度和空间物体登记制度,与欧洲各国的航天立法相比,至少在空间活动的主管部门与职责、损害责任制度、保险制度、空间活动的保障与促进、在轨空间物体的转移、载人航天、外空资源开发、外空环境保护、空间技术应用(包括卫星通信、导航、定位、广播电视等)等方面存在大面积的空白。在这些方面,仅靠现有的法律法规还远远不够。一部综合性的航天法是未来中国航天活动有序开展的基础和保障,其内容应当具有较强的涵盖性,应当能够覆盖我国现行的航天活动,并为未来的航天活动留下必要的立法空间。

3.《航天法》的章节框架的设计建议

任何法律文件都有其内在的逻辑次序。欧陆国家的航天立法文件是以规范发射活动及其后续活动作为逻辑出发点,因此,通常按照界定法律适用范围、明确发射活动定义、规定发射活动许可、登记空间物体、处理损害赔偿(主要是国家追偿)为章节布局。俄罗斯1993年《空间活动法》作为体制转轨时期的过渡性立法,是遵循明确航天活动的宗旨/原则、界定航天活动、明确空间活动的组织(军民分立,由联邦航天局和国防部各司其职,并规定了特定航天活动需要许可证)、国家对航天活动的资金和技术支持、航天基础设施的管理与使用、航天活动的安全与事故调查、法律责任(含赔偿责任)、国际合作等部分组成。美国航天法律法规在制定上采取事项立法的单行法模式(其后通过立法编纂进入美国成文法大全 U.S.Code),主要涉及航天管理体制(NASA 负责民用,国防部负责军用,通过采购制度满足商用)、卫星通信、武器和技术出口管制、商业航天发射许可与促进(包括技术、财务、环境评估与保险等要求)、遥感卫星管理与数据分享、商业航天活动(包括航天飞机、商业航天运输、空间站、全球卫星导航系统等)、空间物体登记、私营及商业航天竞争能力、空间资源探索和利用等多个方面,其中又会明确国会的立法目的、政策取向、部门职责、程序、工作流程与法律责任等,辅之以其他领域(如交通、通信、军队、知识产权等)的联邦成文法和配套的联邦行政法规(如有关航空航天的第 14 编),构建了完善且操作性极强的航天法律法规体系。

我国虽名义上称为大陆法系国家,但实际立法模式更接近英美单行立法模式。从立法技术看,全国人大法工委已经公布了《立法技术规范(试行)》(一)(二),这种更趋标准化的立法技术要求使得未来《航天法》必须采取总则、分则、附则的立法要求。总则通常涉及立法目的、适用范围、术语与定义等内容。分则是《航天法》的核心内容,附则通常涉及生效时间、过渡性条款、与其他法律法规的关系、法律修订与解释等。因此,目前面临的工作主要是研究分则的篇章结构及其基本内容。

从逻辑顺序而言,应按照顶层设计、规范管理、确保安全、发展促进和加强合作的递进关系安排章节。

顶层设计涉及总则和管理机构两章。前者涉及航天法的总体定位问题,后者涉及监管体制的建立问题。

规范管理主要体现在应设立"航天活动的监管"一章,从监管理念看,应将准入(从事航天活动的主体、活动要求、航天活动的准入类别的划分)、科研生产(准入后的资质要求,如军工四证)、活动监管(发射许可、在轨操作、物体登记、在轨转让、再入管理等)、航天产品技术与服务的出口管制、特定航天活动的管理(如载人航天活动、北斗导航系统、临近空间飞行活动、小卫星及大规模星座管理)、重大航天事故的调查与处理等均纳入其中,实行全环节、全寿命监管。

确保安全是从安全维度确保航天活动的环境安全和活动安全,包括 safety 和 security 两个层面。鉴于本章可能与监管的交叉重叠,宜将监管中的安全要求、安全监管均置于此章。可以考虑按立场宣示、安全要求、能力建设、应急处置等顺序安排条文。其中的安全立场应考虑我国有关的相关政策和立场性文件的内容;其后就太空环境的安全和活动安全做出总体规定(可提及碎片减缓要求)。基于构建空间交通管理系统的能力建设需求,可对系统建设、交会评估、避碰、数据交换、事件通报等一一做出规定。此外,涉及某些航天事故或事件中的应急处理、征用补偿等问题。

发展促进涉及航天事业发展和产业促进等内容,在明确航天活动的监管和安全后,应采取有力措施促进和保障航天事业的长期可持续发展。为此,应考虑制定航天战略、规划和政策,支持航天科技创新发展,推进应用和成果转化,加速推进航天系统建设,推动航天设备设施的共享使用,加强空间数据共享、使用与监管,为航天产业发展创造有力条件,促进航天学科建设和人才培养等。鉴于我国各界对商业航天的外延和内涵仍未形成共识,政策层面仍有未明确之处,条文上无须突出对商业航天的支持,但所规定的各项发展和保障措施应覆盖航天发展的各个领域,足以支撑包括国企和民企基于营利和市场化取向从事商业航天活动的需要。

加强合作应落实在理顺机制、提升能力和国际形象塑造方面。通过有效的部门间分工和协调机制,提升对外合作的实效。国际合作需考虑合作机制、部际协调、重点推进的合作领域等。可考虑将空间站、探月合作纳入其中,以体现与时俱进的精神。国际形象塑造包括减灾、分享卫星气象数据、营救宇航员、归还空间物体、促进北斗系统的国际应用,构建一带一路天基信息走廊等。

鉴于空间物体的损害赔偿责任是立法空白点,且与安全存在一定联系,可以考虑在法律责任和附则部分之前以单章形式加以规定,包括归责原则、责任主体、涉外损害赔偿的处理等。其中的难点在于确定损害赔偿的义务人的问题,这里不能简单套用《侵权责任法》的规定。在存在大量国家任务的情况下,发射所造成的损害是难以避免的,最重要的确认谁代表国家来赔偿的问题。建议原则性明确赔偿义务人是发射服务的提供方(从事国际商业发射服务的,以承揽发射服务方作为发射服务提供方),这样无论是国家发射任务还是民企提供发射服务抑或是提供国际商业发射服务均可明确赔偿义务人。不宜确定"许可证持有人"作为赔偿义务人,因为国家基于公共利益和国家安全而发射空间物体无须许可,这也是各国的通例。

以上关于《航天法》的章节设计仅作为学术建议,供有关部门在推进《航天法》立法工作时参考。

参 考 文 献[①]

一、著作/教材类

[1] 王铁崖,田如萱.国际法资料选编:续编[M].北京:法律出版社,1993.
[2] 贺其治.外层空间法[M].北京:法律出版社,1994.
[3] 詹宁斯,王铁崖.奥本海国际法:第1卷[M].北京:中国大百科全书出版社,1995.
[4] 王铁崖.王铁崖文选[M].北京:中国政法大学出版社,2003.
[5] 梁西.国际法[M].武汉:武汉大学出版社,2003.
[6] 李寿平.现代国际责任法律制度[M].武汉:武汉大学出版社,2003.
[7] 布朗利.国际公法原理[M].曾令良,译.北京:法律出版社,2003.
[8] 周忠海.国际法[M].北京:中国政法大学出版社,2004.
[9] 凌岩.国际空间法问题新论[M].北京:人民法院出版社,2006.
[10] 赵云.外空商业化和外空法的新发展[M].北京:知识产权出版社,2008.
[11] 李寿平,赵云.外层空间法专论[M].北京:光明日报出版社,2009.
[12] 尹玉海,郑婷婷,姚鸿,等.月球探索与开发的国际法律问题研究[M].北京:中国民主法制出版社,2013.
[13] 王丽娜,王兵.卫星通信系统[M].2版.北京:国防工业出版社,2014.
[14] 古祖雪,柳磊.国际通信法律制度研究[M].北京:法律出版社,2014.
[15] 朱立东,吴廷勇,卓永宁.卫星通信导论[M].4版.北京:电子工业出版社,2015.
[16] 李寿平.21世纪空间活动新发展及其法律规制[M].北京:法律出版社,2016.
[17] 《国际公法学》编写组.国际公法学[M].北京:高等教育出版社,2016.
[18] 霍贝,施密特-泰德,施罗格.科隆空间法评注:第一卷 《外空条约》[M].李寿平,等译.北京:世界知识产权出版社,2017.
[19] 王国语.外空资源开发法律问题研究[M].北京:中国宇航出版社,2018.
[20] 聂明岩."总体国家安全观"指导下外空安全国际法治研究[M].北京:法律出版社,2018.
[21] 巨效平.国外商业航天发展模式概论[M].北京:中国宇航出版社,2019.
[22] JASENTULIYANA N,LEE R. Manual on Space Law[M]. New York:Oceana Publications,1981.
[23] CHENG B. Studies in International Space Law[M]. Oxford:Oxford University Press,1997.
[24] CHRISTOL C Q. Project 2001:Legal Framework for the Commercial Use of Outer Space. Cologne:Carl Heymans Verlag,2002.
[25] CONTANT-JORGENSON C,LALA P,SCHROGL K U. The IAA Cosmic Study on Space Traffic Management[M]. Stockholm:International Academy Astronautics,2006.

[①] 说明:参考文献统一按照出版时间的先后顺序编排,对于各类参考文献中的中外文文献,则一律中文在前、外文在后,特此说明。

[26] FRANCIS L,LARSEN P B. Space Law：A Treatise[M]. Surrey：Ashgate Publishing Limited,2009.

[27] JAKHU R S. National Regulation of Space Activities[M]. New York：Springer,2010.

[28] ITO A. Legal Aspects of Satellite Remote Sensing[M]. Leiden：Martinus Nijhoff Publishers,2011.

[29] NIE M. Legal Framework and Basis for the Establishment of Space Cooperation in Asia[M]. Zuerich：Lit Verlag,2016.

二、论文类

[1] 黄解放.空间法的"共同利益"原则:《外空条约》第1条第1款再探讨[J].中国国际法年刊,1987:179-196.

[2] 欧阳自远,邹永廖.月球的地质特征和矿产资源及我国月球探测的科学目标[J].国土资源情报,2004(1):37.

[3] 高国柱.航空航天物体之概念与性质研究[J].北京航空航天大学学报(社会科学版).2006(1):40-44.

[4] 李滨.外层空间国内立法的趋势及中国的立法选择[J].北京航空航天大学学报(社会科学版),2007(4):47-51.

[5] 李寿平.试论空间环境损害的国际责任[J].现代法学,2007(1):102-106.

[6] 薛培元.欧洲航天政策决议[J].国际太空,2007(8):1-4.

[7] 徐祥民,王进.外空资源利用与外空环境保护法律制度的完善[J].中国人口·资源与环境,2007(4):111.

[8] 金斗焕.构建亚洲空间发展局的必要性研究[J].中国空间法年刊,2009:43.

[9] 赵云.外层空间法中的热点问题评议[J].北京航空航天大学学报(社会科学版),2010(1):46.

[10] 李寿平.试论空间旅游的若干法律问题[J].北京航空航天大学学报(社会科学版),2010(2):42-44.

[11] 侯瑞雪.风险社会视阈中的外空环境法律保护:以空间碎片污染为例[J].当代法学,2010(5):141-142.

[12] 赵海峰.欧洲外空法律政策及其对中国与亚洲的影响[J].北京航空航天大学学报(社会科学版),2011(1):21.

[13] 凌岩.营救协定对外空游客的适用性[J].北京理工大学学报(社会科学版),2012,14(3):102.

[14] 王真真.外空旅游责任制度研究[J].中国航天,2012(12):55.

[15] 高阳.论外空资源开发法律制度的构建[J].中国空间法年刊,2014:64.

[16] 蔡高强,刘玉冰.论我国航天员的健康权保护[J].广州大学学报(社会科学版),2014,13(3):23-24.

[17] 王国语,陶阳子.美国《2015外空资源探索与利用法》的分析及应对建议[J].中国航天,2015(12):22.

[18] 李寿平.自由探测和利用外空自然资源及其法律限制:以美国、卢森堡两国有关空间资源立法为视角[J].中外法学,2017(6):1576.

[19] 韩雪晴.自由、正义与秩序:全球公域治理的伦理之思[J].世界经济与政治,2017(1):137.

[20] 冯国栋.论中国商业航天的法律体系构建[J].中国航天,2017(9):8-14.

[21] 廖敏文.外空资源法律地位的确定问题研究[J].国际法研究,2018(2):40-41,65-66.

[22] 赵云,蒋圣力.外空资源的法律性质与权利归属辨析:兼论外空资源开发、利用之国际法律机制的构建[J].探索与争鸣,2018(5):86,90.

[23] 胡建发,夏春利.《外空资源活动国际框架发展要素(草案)》评析[J].北京航空航天大学学报(社会科学版),2019(6):136-141.

[24] 杨开.Space X 是怎样长大的:政府支持对太空探索技术公司成长影响分析[J].太空探索,2019(3):22-27.

[25] 高国柱.我国航天法的调整事项与立法要素研究[J].中国航天,2019(10):44-48.

[26] 尹玉海,余佳颖.外层空间软法规制之发展及其价值判断[J].北京航空航天大学学报(社会科学版),2019(1):106.

[27] 李寿平.外空安全面临的新挑战及其国际法律规制[J].山东大学学报(哲学社会科学版),2020(3):57.

[28] 黄建余,冯旭.航天法的主要特征与基本原则初探[J].北京航空航天大学学报(社会科学版),2020(6):107-113.

[29] VON DER DUNK F G. Sovereignty Versus Space:Public Law and Private Launch in the Asian Context[J]. Singapore Journal of International & Comparative Law,2001,5:33.

[30] MASKEL G. Product-by-Process Patent Claim Construction:Resolving the Federal Circuit's Conflicting Precedent, Fordham Intellectual Property[J]. Media and Entertainment Law Journal,2006,17:115.

[31] KANAS N. Human Interactions in Space:ISS Vs. Shuttle[J].Mir, Acta Astronautica, 2006(59):413-414.

[32] TRONCHETTI F. The Exploitation of Natural Resources of the Moon and Other Celestial Bodies[J]. Studies in Space Law,2009,4:259-260.

[33] CATHERINE D.A Rightly Balanced Intellectual Property Rights Regime as a Mechanism to Enhance Commercial Earth Observation Activities[J]. Acta Astronautica, 2010(67):639-642.

[34] PAUL B, LARSEN. International Regulation of Global Navigation Satellite Systems[J]. Journal of Air Law and Commerce,2015,80:365.

[35] FOSTER C. Excuse me You're Mining My Asteroid:Space Property Rights and the U.S. Space Resource Exploration and Utilization Act of 2015[J]. University of Illinois Journal of Law,Technology & Policy,2016:26-28.

[36] BENNETT E C. To Infinity and Beyond:the Future Legal Regime Governing Near-Earth Asteroid Mining[J]. Texas Environmental Law Journal,2018,48:10.